Linguagem C

O GEN | Grupo Editorial Nacional – maior plataforma editorial brasileira no segmento científico, técnico e profissional – publica conteúdos nas áreas de ciências exatas, humanas, jurídicas, da saúde e sociais aplicadas, além de prover serviços direcionados à educação continuada e à preparação para concursos.

As editoras que integram o GEN, das mais respeitadas no mercado editorial, construíram catálogos inigualáveis, com obras decisivas para a formação acadêmica e o aperfeiçoamento de várias gerações de profissionais e estudantes, tendo se tornado sinônimo de qualidade e seriedade.

A missão do GEN e dos núcleos de conteúdo que o compõem é prover a melhor informação científica e distribuí-la de maneira flexível e conveniente, a preços justos, gerando benefícios e servindo a autores, docentes, livreiros, funcionários, colaboradores e acionistas.

Nosso comportamento ético incondicional e nossa responsabilidade social e ambiental são reforçados pela natureza educacional de nossa atividade e dão sustentabilidade ao crescimento contínuo e à rentabilidade do grupo.

LINGUAGEM C

Luís Damas

10.ª Edição

Tradução

João Araújo Ribeiro
Doutorado em Informática pela Université
de Versailles Saint Quentin En Yvelines – UVSQ – França
Professor do Departamento de Engenharia de Sistemas
e Computação da Universidade do Estado do Rio de Janeiro

Orlando Bernardo Filho
Doutorado em Engenharia Elétrica pela Universidade Federal do Rio de Janeiro
Professor do Departamento de Engenharia de Sistemas e Computação
da Universidade do Estado do Rio de Janeiro

- O autor deste livro e a editora empenharam seus melhores esforços para assegurar que as informações e os procedimentos apresentados no texto estejam em acordo com os padrões aceitos à época da publicação. Entretanto, tendo em conta a evolução das ciências, as atualizações legislativas, as mudanças regulamentares governamentais e o constante fluxo de novas informações sobre os temas que constam do livro, recomendamos enfaticamente que os leitores consultem sempre outras fontes fidedignas, de modo a se certificarem de que as informações contidas no texto estão corretas e de que não houve alterações nas recomendações ou na legislação regulamentadora.

- O autor e a editora se empenharam para citar adequadamente e dar o devido crédito a todos os detentores de direitos autorais de qualquer material utilizado neste livro, dispondo-se a possíveis acertos posteriores caso, inadvertida e involuntariamente, a identificação de algum deles tenha sido omitida.

- **Atendimento ao cliente: (11) 5080-0751 | faleconosco@grupogen.com.br**

- Traduzido de:
  LINGUAGEM C, DÉCIMA EDIÇÃO
  Copyright © FCA – EDITORA DE INFORMÁTICA LDA. – JANEIRO 1999
  Reservados todos os direitos.
  Proibida a venda fora do Brasil

- Direitos exclusivos para a língua portuguesa
  Copyright © 2007 by
  LTC | Livros Técnicos e Científicos Editora Ltda.
  Uma editora integrante do GEN | Grupo Editorial Nacional
  Travessa do Ouvidor, 11
  Rio de Janeiro – RJ – 20040-040
  www.grupogen.com.br

- Reservados todos os direitos. É proibida a duplicação ou reprodução deste volume, no todo ou em parte, em quaisquer formas ou por quaisquer meios (eletrônico, mecânico, gravação, fotocópia, distribuição pela Internet ou outros), sem permissão, por escrito, da LTC | Livros Técnicos e Científicos Editora Ltda.

- Editoração eletrônica: Imagem Virtual

- Ficha catalográfica

CIP-BRASIL. CATALOGAÇÃO NA PUBLICAÇÃO
SINDICATO NACIONAL DOS EDITORES DE LIVROS, RJ

D161L
10.ed.

Damas, Luís, 1951-
Linguagem C / Luís Damas ; tradução João Araújo Ribeiro, Orlando Bernardo Filho. - 10.ed. - [Reimpr.]. - Rio de Janeiro : LTC, 2023.

Tradução de: Linguagem C
Apêndices
Inclui bibliografia
ISBN 978-85-216-1519-4

1. C (Linguagem de programação de computador). I. Título.

06-3403.   CDD 005.13
            CDU 004.43

À Minha Mãe

Material Suplementar

Este livro conta com o seguinte material suplementar:

- Ilustrações da obra em formato de apresentação (exclusivo para professores).

O acesso ao material suplementar é gratuito. Basta que o leitor se cadastre e faça seu *login* em nosso *site* (www.grupogen.com.br), clicando em Ambiente de Aprendizagem, no *menu* superior do lado direito.

O acesso ao material suplementar online fica disponível até seis meses após a edição do livro ser retirada do mercado.

Caso haja alguma mudança no sistema ou dificuldade de acesso, entre em contato conosco (gendigital@grupogen.com.br).

Sumário

INTRODUÇÃO 1
    Breve História da Linguagem C 1
    Mil e Uma Razões para Programar
       em C 1
    Filosofia da Programação em C 3
    C *versus* C++ 4
    Ciclo de Desenvolvimento de uma Aplicação 4
    A Composição deste Livro 6

1. O MEU PRIMEIRO PROGRAMA 8
    Objetivos 8
    Introdução 9
    O Caractere Especial \ 13
    /* Comentários */ 14
    Resumo do Capítulo 1 15
    Exercícios Resolvidos 16
    Exercícios Propostos 17

2. TIPOS DE DADOS BÁSICOS 21
    Objetivos 21
    Introdução 22
    Variáveis 22
    Nomes de Variáveis 23
        Nomes das variáveis (Cuidados a seguir). 24
    Atribuição 24
    Inteiros – *int* 26
    Operações sobre Inteiros 26
    Inteiros e Variações 30
    short e long 31
    signed e unsigned 32
    Reais – *float* e *double* 33
    Operações sobre Reais 35
    Caracteres – *char* 36
    getchar() vs. scanf() 39
    Caracteres e Inteiros 40
    (Casting) 42
    Situações em que Inteiros e Caracteres
       Não se Devem Misturar 43
    Caracteres e Variações 45
    Formatos de Leitura e Escrita (Resumo) 45
    Resumo do Capítulo 2 45

    Exercícios Resolvidos 46
    Exercícios Propostos 47

3. TESTES E CONDIÇÕES 51
    Objetivos 51
    Introdução 52
    Valores Lógicos – Verdadeiro e Falso 52
    Operadores Relacionais 53
    if-else 54
    Bloco de Instruções 57
    Indentação 58
    Instruções if-else Encadeadas 60
    Operadores Lógicos 63
    Precedência dos Operadores Lógicos e
       Relacionais 65
    Operador Condicional — ? 66
    switch 68
    Funcionamento do *Switch* 68
    break 70
    Resumo do Capítulo 3 75
    Exercícios Resolvidos 76
    Exercícios Propostos 77

4. LAÇOS 80
    Objetivos 80
    Introdução 81
    while 81
    for 85
    do … while 88
    Laços (Resumo) 89
    break 89
    continue 90
    Laços Encadeados 91
    Laços Infinitos 93
    Operadores ++ e −− 93
    Diferença entre ++x e x++ 94
    Atribuição Composta 96
    Resumo do Capítulo 4 97
    Exercícios Resolvidos 98
    Exercícios Propostos 100

5. FUNÇÕES E PROCEDIMENTOS 104
   Objetivos... 104
   Introdução... 105
   Características de uma Função.................. 107
   Nome de uma Função............................. 108
   Como Funciona uma Função..................... 108
   Parâmetros.. 110
   O Corpo da Função............................... 112
   return 113
   Funções que Retornam um Valor 113
   Funções e Procedimentos......................... 115
   O "*tipo*" void....................................... 116
   Onde Colocar as Funções......................... 117
   Variáveis Locais 119
   Considerações Finais.............................. 119
   Resumo do Capítulo 5............................. 120
   Exercícios Resolvidos 121
   Exercícios Propostos.............................. 124

6. VETORES... 129
   Objetivos... 129
   Introdução... 130
   Declaração de Vetores............................ 130
   Carga Inicial Automática de Vetores 132
   Vetores – Exemplos de Declaração 134
   Algumas Notas sobre Vetores 135
   Passagem de Vetores para Funções 135
   Constantes 137
   Definição de Constantes 138
   Diferenças entre *const* e *#define*................ 139
   Matrizes e Vetores Multidimensionais 140
   Vetores Multidimensionais: Carga Inicial
      Automática 141
   Vetores Multidimensionais: Passagem
      para Funções.................................. 142
   Resumo do Capítulo 6............................. 144
   Exercícios Resolvidos 145
   Exercícios Propostos.............................. 150

7. STRINGS... 153
   Objetivos... 153
   Introdução... 154
   Strings e Caracteres 154
   Strings... 154
   Carga Inicial Automática de *Strings*............ 156
   Vetores de Caracteres e *Strings* 156
   Leitura e Escrita de *Strings* 157
      Função *printf* 157
      Função *puts* – (*put string*).................. 157
      Função *scanf*.................................. 157
      Função *gets* – (*get string*) 158

Passagem de *Strings* para Funções............. 159
Principais Funções de Manipulação de
   Strings... 159
Resumo do Capítulo 7............................. 169
Exercícios Resolvidos 170
Exercícios Propostos.............................. 171

8. PONTEIROS (*POINTERS*)...................... 174
   Objetivos... 174
   Introdução... 175
   História no País dos Telefones 175
      Divulgação..................................... 175
      Publicidade 177
      O País dos Telefones – A Vingança
         Continua................................... 177
      O País dos Telefones – O Ataque
         Final 179
      Happy End 179
   Conceitos Básicos 180
   Declaração de Ponteiros 181
   Carga Inicial Automática de Ponteiros 182
   Ponteiros em Ação................................ 182
   Ponteiros e Tipos de Dados 184
   Ponteiros e Vetores 185
   Aritmética de Ponteiros 186
      1. Incremento.................................. 186
      2. Decremento................................. 187
      3. Diferença 188
      4. Comparação 189
   Resumo das Operações sobre
      Ponteiros 189
   Ponteiros e Vetores – Acesso aos
      Elementos 190
   Passagem de Vetores para Funções 191
   Ponteiros de Ponteiros 194
   Notas Finais....................................... 196
   Resumo do Capítulo 8............................. 196
   Exercícios Resolvidos 197
   Exercícios Propostos.............................. 199

9. PASSAGEM DE PARÂMETROS.................. 203
   Objetivos... 203
   Introdução... 204
   Tipo de Retorno................................... 205
   Troca – O Exemplo Clássico 205
   Tipos de Passagem de Parâmetros............... 206
   Invocação de uma Função 207
   Passagem de Parâmetros por Valor............. 209
   Passagem de Parâmetros por Referência..... 209
   Passagem de Vetores para Funções 212
   Quando É que Necessito Passar Endereços
      de Variáveis para uma Função? 214

Passagem de Parâmetros na Linha de Comando 215
O Parâmetro argv em Detalhes 218
Recursividade 219
Como Funciona uma Chamada Recursiva 220
Regras para a Escrita de Funções Recursivas 221
Resumo do Capítulo 9 223
Exercícios Resolvidos 223
Exercícios Propostos 226

10. ARQUIVOS **228**
Objetivos 228
Introdução 229
Tipos de Periféricos 229
Streams 229
Operações Básicas sobre Arquivos 230
Abertura de um Arquivo 230
Nome de um Arquivo 231
Modos de Abertura 231
Modo de Texto e Modo Binário 232
Fechamento de um Arquivo 233
Leitura de Caracteres de um Arquivo 234
Escrita de Caracteres num Arquivo 236
Entrada e Saída Formatadas 238
Arquivos-padrão: stdin, stdout, stderr, stdprn e stdaux 239
Redirecionamento 240
Pipes 242
Filtros 244
Processamento de Arquivos Binários 250
Escrita de Blocos em Arquivos Binários 251
Leitura de Blocos de Arquivos Binários 252
Detecção do Final de Arquivo (End-of-File) 254
Acesso Seqüencial e Acesso Direto a Arquivos 256
Posicionamento ao Longo de um Arquivo 257
Resumo do Capítulo 10 262
Exercícios Resolvidos 263
Exercícios Propostos 265

11. ESTRUTURAS **266**
Objetivos 266
Introdução 267
Declaração de Estruturas 267
Declaração de Variáveis do Tipo Estrutura 268
Acesso aos Membros de uma Estrutura 269
Carga Inicial Automática de Estruturas 269

Definição de Tipos – typedef 270
Onde Definir Estruturas e typedef 272
Estruturas dentro de Estruturas 272
Passagem de Estruturas para Funções 273
Operações sobre Estruturas 277
Arquivos de Estruturas 278
Escrita de Blocos em Arquivos Binários 278
Resumo do Capítulo 11 279
Exercícios Resolvidos 280
Exercícios Propostos 281

12. MEMÓRIA DINÂMICA **282**
Objetivos 282
Introdução 283
Alocação de Memória 283
Liberar a Memória 286
Implementação de Estruturas de Dados Dinâmicas 287
Resumo do Capítulo 12 291
Exercícios Resolvidos 291
Exercícios Propostos 293

13. MACROS E O PRÉ-PROCESSADOR **295**
Objetivos 295
Introdução 296
Macros 297
Macros: Regras para a Colocação de Parênteses 300
Operador de Continuidade \ 301
Operador # 301
Operador ## 302
O Pré-processador 302
#define 303
#include 303
Compilação Condicional 305
#if ... #endif 305
#ifdef #ifndef #undef 305
Operador defined() 307
#line 307
#error 307
#pragma 308
Macros Predefinidas 308
Macro assert() 309
Macro offsetof() 309
Evitar Múltiplos Includes 310
Visualizar a Expansão das Macros 310
Compiladores da Borland / Inprise 311
Sistema Unix ou Equivalente 311
Compiladores da Microsoft 311
Macros *versus* Funções 311
Resumo do Capítulo 13 311

Exercícios Resolvidos 312
Exercícios Propostos 313

14. ASPECTOS AVANÇADOS **314**
    Objetivos... 314
    Introdução 315
    enum 315
    register 316
    union 316
    goto 318
    Decimal, Octal, Hexadecimal e
        Binário 318
        Bit a *Bit* 318
        Byte a *Byte* 321
        Decimal, Octal e Hexadecimal 322
        Base Octal 322
        Base Hexadecimal 323
    Conversões entre Bases 324
        Converter Decimal para Binário 324
        Converter Binário para Octal 325
        Converter Binário para
            Hexadecimal 325
        Converter Binário para Decimal 326
        Converter Octal para Decimal 326
        Converter Hexadecimal para
            Decimal 326
    Operações *Bit* a *Bit* 327
        Operadores de Manipulação de *Bits* 327
    Bit Fields 329
    Ponteiros para Funções 330
    Divisão dos Projetos por Vários
        Arquivos 333
    Utilização de Variáveis Globais
        entre Arquivos 334
    Funções *static* 335
    Variáveis *static* 337
    Resumo do Capítulo 14 338
    Resolução de Exames Completos 338
        Exame N.º 1 338
        Exame N.º 2 341
        Exame N.º 3 345

SOLUÇÃO DOS EXERCÍCIOS PROPOSTOS **349**
    Capítulo 1 - Resoluções 349
    Capítulo 2 - Resoluções 351
    Capítulo 3 - Resoluções 353
    Capítulo 4 - Resoluções 358
    Capítulo 5 - Resoluções 363
    Capítulo 6 - Resoluções 368
    Capítulo 7 - Resoluções 371
    Capítulo 8 - Resoluções 378
    Capítulo 9 - Resoluções 381
    Capítulo 10 - Resoluções 385
    Capítulo 11 - Resoluções 387
    Capítulo 12 - Resoluções 394
    Capítulo 13 - Resoluções 398

APÊNDICES **401**
    I - Palavras Reservadas 403
    II - Tabela de Precedências 405

BIBLIOGRAFIA **406**

ÍNDICE **407**

LINGUAGEM C

Introdução

Bem-vindo ao mundo da programação em C!!!

Este livro irá apresentar todas as características de uma verdadeira linguagem de programação — a **Linguagem C**, além das dicas e truques usados pelos programadores mais experientes, através de múltiplos exemplos explicados e comentados.

No final de cada capítulo serão propostos diversos exercícios práticos, de acordo com a matéria ali tratada, visando cimentar os conhecimentos adquiridos ao longo de cada um dos capítulos.

Embora uma das características da linguagem C seja a sua portabilidade, existem no entanto limitações associadas aos diferentes tipos de máquinas (*hardware*) disponíveis no mercado. Não é exatamente a mesma coisa escrever um código para executar num microcomputador ou numa máquina multiutilizadora ou multiprocesso. Ainda assim, os exemplos apresentados neste livro tentarão basear-se no padrão ANSI C, de forma a garantir o seu funcionamento em qualquer arquitetura.

Breve História da Linguagem C

Embora possua um nome estranho quando comparada com outras linguagens de terceira geração, como FORTRAN, PASCAL ou COBOL, a linguagem C foi criada em 1972 nos *Bell Telephone Laboratories* por Dennis Ritchie com a finalidade de permitir a escrita de um sistema operacional (o Unix), utilizando uma linguagem de relativo alto nível, evitando assim o recurso ao Assembly.

Devido às suas capacidades e através da divulgação do sistema Unix pelas universidades dos Estados Unidos, a linguagem C deixou cedo as portas dos laboratórios Bell, disseminou-se e tornou-se conhecida por todos os tipos de programadores, independentemente dos projetos em que estivessem envolvidos, sendo o livro *The C Programming Language*, de Kernighan & Ritchie, o único elo comum entre os programadores.

Essa dispersão levou a que diferentes organizações desenvolvessem e utilizassem diferentes versões da linguagem C, criando assim alguns problemas de portabilidade, entre outros. Perante tal estado de coisas, e uma vez que a linguagem C se tinha tornado um verdadeiro fenômeno entre programadores e organizações, o American National Standards Institute (ANSI) formou em 1983 um comitê para a definição de um padrão da linguagem C, padrão esse que visa ao funcionamento semelhante de todos os compiladores da linguagem, com especificações muito precisas sobre aquilo que a linguagem deve ou não fazer, seus limites, definições, etc.

O nome da linguagem (e a própria linguagem) resulta da evolução de uma outra linguagem de programação, desenvolvida por Ken Thompson também nos Laboratórios Bell, chamada de B. Dessa forma, é perfeitamente natural que a evolução da linguagem **B** desse origem à linguagem **C**.

Mil e Uma Razões para Programar em C

Perante um enorme leque de linguagens de programação disponíveis no mercado, seria necessário que uma delas se destacasse muito em relação às outras para conseguir interessar tantos programadores.

A maior parte das linguagens tem um objetivo a atingir:

- **COBOL** — Processamento de Registros
- **PASCAL** — Ensino das Técnicas de Programação
- **FORTRAN** — Cálculo Científico
- **LISP** e **PROLOG** — Vocacionadas para as áreas de Inteligência Artificial

Quanto à C, a que área de desenvolvimento se destina?

A resposta é — *nenhuma em particular*. É aquilo que habitualmente se denomina *general purpose*, e esta é uma das suas grandes vantagens, pois adapta-se ao desenvolvimento de qualquer projeto, como sistemas operacionais, interfaces gráficas, processamento de registros, etc. Por incrível que pareça, C é também utilizada para escrever os compiladores de outras linguagens.

C é uma linguagem extremamente potente e flexível.

Rapidez — Consegue obter *performances* semelhantes às obtidas pelo Assembly, através de instruções de alto nível, isto é, fazendo uso de instruções semelhantes às utilizadas por linguagens como PASCAL ou COBOL, mesmo para usar mecanismos de mais baixo nível, como o endereçamento de memória ou a manipulação de bits.

Simples — A sua sintaxe é extremamente simples, e o número de palavras reservadas, de tipos de dados básicos e de operadores é diminuto, reduzindo assim a quantidade de tempo e esforço necessários à aprendizagem da linguagem.

Portável — Existe um padrão (ANSI) que define as características de qualquer compilador. Desse modo, o código escrito numa máquina pode ser transportado para outra máquina e compilado sem qualquer alteração (ou com um número reduzido de alterações).

Popular — É internacionalmente conhecida e utilizada. Está muito bem documentada em livros, revistas especializadas, manuais, etc. Existem compiladores para todo tipo de arquiteturas e computadores.

Modular — C permite o desenvolvimento modular de aplicações, facilitando a separação de projetos em módulos distintos e independentes, recorrendo à utilização de funções específicas dentro de cada módulo.

Alto Nível — C é considerada uma linguagem de terceira geração, tal como PASCAL, COBOL, BASIC, etc., as quais são habitualmente denominadas de alto nível quando comparadas com a linguagem Assembly. C permite, ainda, o acesso à maior parte das funcionalidades de Assembly, utilizando expressões e instruções de alto nível.

A título de exemplo: é possível manipular a memória diretamente, utilizando o endereço de qualquer objeto (seja variável ou função), atuando diretamente na memória sem qualquer tipo de restrição, o que aumenta a flexibilidade da linguagem.

Bibliotecas Muito Poderosas — O fato de C possuir um número reduzido de palavras-chave indica que as capacidades de C são muito limitadas, e na realidade são. A maior parte das funcionalidades da linguagem C é adicionada pela utilização de funções que existem em bibliotecas adicionais e realizam todo tipo de tarefas, desde a escrita de um caractere na tela até o processamento de *strings*, etc.

Macros — C tem a possibilidade de utilização de Macros no desenvolvimento de aplicações, reduzindo assim a necessidade de escrita de funções distintas para a realização do mesmo processamento para tipos de dados diferentes. As Macros permitem aumentar a velocidade de execução sem ter que aumentar a complexidade de escrita do código.

Foco — A linguagem C permite ao programador escrever o código como bem quiser. Um programa pode ser todo escrito numa única linha ou dividido por inúmeras linhas.

A forma como o código é escrito depende unicamente do gosto do programador. Este tem apenas que se preocupar com o objetivo e a correção da aplicação que está desenvolvendo, de modo a obter no final o resultado desejado. Por isso não é necessário formatar o código a partir da coluna x e os dados a partir da coluna y, como acontece com outras linguagens.

Evolução — C é uma linguagem particularmente estável. A evolução das linguagens fez com que também C evoluísse no sentido das Linguagens Orientadas a Objetos, dando origem a uma nova linguagem: C++, a qual mantém a sintaxe da linguagem C e permite um conjunto adicional de características (Encapsulamento, Hereditariedade, Polimorfismo, sobrecarga, etc.).

Atualmente, uma nova linguagem — **Java** — apresenta-se como nova base expandida de trabalho para os programadores. Também essa linguagem se baseia em C e C++.

Estas são algumas das mil e uma razões para aprender a programar em C; as outras, espero que o leitor venha a descobrir ao longo deste livro e com sua futura experiência em projetos informáticos.

Filosofia da Programação em C

C é uma linguagem que reflete um pouco a filosofia subjacente ao Unix, incorporando, aliás, algumas das suas características (*case sensitive*, por exemplo).

O sistema operacional Unix possui um grande conjunto de comandos, sendo cada um deles responsável por realizar uma só tarefa.

Caso se queira realizar uma tarefa complexa, pode-se recorrer a um conjunto de comandos do sistema Unix, encadeando-os através de *pipes* ou outras estruturas de comunicação, obtendo assim o resultado pretendido.

Dessa forma, a probabilidade de a tarefa ser realizada com deficiências é menor do que se ela fosse resolvida por um único comando, uma vez que a complexidade subjacente a um programa complexo é maior que a soma das complexidades da soma de todos os programas simples que o constituem.

Com tudo isso queremos dizer que é mais fácil implementar pequenos pedaços de código que realizem corretamente uma única função, e a realizem bem, do que fazer grandes quantidades de código que utilizem elevado conjunto de condições, variáveis e situações de exceção de forma a atingir o mesmo resultado.

Assim, um projeto deve ser dividido em módulos.

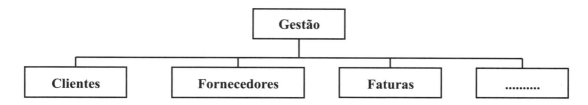

Cada módulo deve ser implementado de forma independente dos outros módulos, reduzindo assim a preocupação com o módulo que estamos implementando nesse momento.

Cada módulo, por seu turno, deverá ser dividido nos diversos componentes que o constituem.

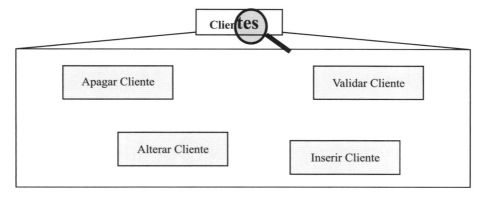

Cada componente poderá ainda ser subdividido de forma a facilitar a sua implementação, até que cada um deles realize apenas uma função, sendo por isso mais fácil de implementar corretamente, contribuindo assim para o todo, reduzindo o tempo de desenvolvimento e de futura manutenção.

C *versus* C++

Mas a linguagem C não parou de se desenvolver, e nesse meio tempo surgiu a linguagem C++ (inicialmente chamada C com classes), com uma filosofia completamente diferente da linguagem C, mas que usa as características básicas da linguagem C — sintaxe, funções, tipos de dados, operadores, etc.

A linguagem C é um subconjunto da linguagem C++. Isto é, C++ contém todas as características da linguagem C e mais um conjunto de características próprias. O leitor poderá, assim, utilizar um compilador de C++ para testar os exemplos presentes neste livro.

De qualquer modo, é imprescindível o domínio da linguagem C para se poder dar o salto para a linguagem C++.

Ciclo de Desenvolvimento de uma Aplicação

Tradicionalmente, o ciclo de desenvolvimento de uma aplicação engloba quatro fases distintas:

1. Edição do Código-Fonte

Nesta fase, todo o trabalho é realizado pelo programador, o qual deverá escrever o código em arquivos com extensão **.c** (ex: prog31.c).

2. Compilação do Programa

Uma vez feito o programa, o próximo passo é verificar se este foi corretamente escrito (isto é, se a sintaxe das instruções está ou não correta).

Esse processo, denominado **Compilação**, é realizado pelo **Compilador**. Caso seja detectado algum erro, o processo de compilação é terminado. O programador terá que regressar ao ponto 1. para corrigir no código o erro encontrado pelo compilador.

O compilador pode também detectar situações que não são de erro, isto é, em que a sintaxe está correta, mas que levantam algumas suspeitas. Nesse caso, continua a compilação e emite um aviso (*Warning*) para cada situação suspeita.

Caso não seja detectado nenhum erro (independentemente de ter emitido *Warnings* ou não), o compilador cria um arquivo objeto, com o nome igual ao nome do programa e extensão **.OBJ** (em DOS) ou **.o** (em Unix); p.ex., PROG31.OBJ ou prog31.o.

A maior parte dos compiladores de C existentes para PC utiliza um editor em que o próprio programa pode ser compilado sem ter que sair do editor para o sistema operacional.

Para compilar um programa na linha de comando deve-se escrever:

Turbo C (Borland)

```
$ tcc prog31.c
```

Borland C (Borland)

```
$ bcc prog31.c
```

Microsoft C (Microsoft)

```
$ cl prog31.c
```

Ambiente Unix

```
$ cc prog31.c
```

(para criar o arquivo objeto usa-se a opção -c (compile only))

```
$ cc -c prog31.c
```

3. "*Linkagem*" do(s) Objeto(s)

A fase de compilação serve simplesmente para a verificação sintática e para a criação do arquivo objeto. O arquivo executável é criado a partir do arquivo objeto, obtido através do processo de compilação, e através das bibliotecas (extensões .LIB em DOS e .a em Unix) que contêm código já compilado das funções da própria linguagem C (como o *printf*(), *scanf*(), etc.) que são necessárias ao executável final (extensões **.EXE** em DOS e sem extensão em Unix). O responsável por essa fase é o ***Linker***.

Essa fase permite, assim, juntar num único executável arquivos objeto que tenham como origem compiladores de linguagens diferentes

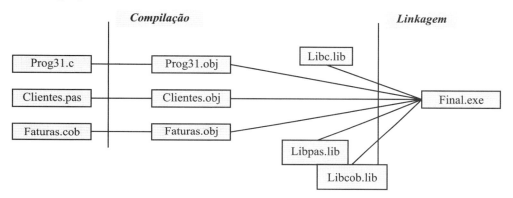

O processo de *linkagem* falha se algum símbolo ou função, utilizada pelo programa, não for encontrada pelo *linker*, quer no código objeto, quer nas bibliotecas. Nesse caso o arquivo executável não é criado.

Em geral, quando se compila um programa com um compilador externo (de linha de comando) este faz todo o processo de Compilação e *Linkagem*, criando o arquivo executável em seguida. Caso não se queira que o compilador realize todo o processo, este tem opções que permitem realizar apenas a compilação.

No caso do ambiente Unix, o arquivo executável criado tem sempre o nome **a.out**, o que faz com que cada nova compilação apague o executável do projeto anterior.

Para criar um arquivo executável com um nome diferente de **a.out** deve-se usar a opção **-o** seguida do nome do executável.

```
$ cc prog31.c -o prog31
```

Existe, no entanto, um utilitário em Unix que evita a escrita de uma linha de comando tão grande. Esse utilitário chama-se *make*, e basta passar-lhe o nome do executável (sem extensão) que ele vai à procura de um arquivo com o mesmo nome e de extensão .c para compilar, bastando para tal fazer

```
$ make prog31
```

4. Execução do Programa

Se o processo de linkagem terminar com sucesso, temos então disponível um arquivo executável. Se é executável vamos executá-lo, digitando o seu nome.

```
$ prog31
```

Caso o programa não faça aquilo que se esperava que fizesse, é porque o elemento mais fraco de todo esse processo (o programador) se enganou. Ele deverá, então, editar o código-fonte, alterá-lo e voltar a realizar todo o processo novamente.

Nota: O ciclo de desenvolvimento de uma aplicação aqui apresentado é verdadeiro para a grande maioria das linguagens. No entanto, C ainda adiciona uma fase antes da Compilação, a qual tem por missão a expansão de todas as Macros e a execução de todas as linhas de código para o pré-processador. Mais informações sobre essa fase podem ser obtidas no capítulo sobre Macros.

A Composição deste Livro

Neste livro serão apresentados múltiplos exemplos de programas escritos na Linguagem C.

No início de cada capítulo é apresentado um pequeno sumário com o conjunto dos tópicos que irão ser apresentados no capítulo.

Sempre que possível, é apresentado o código de um programa para exemplificar a matéria apresentada. Cada programa é denominado seguindo a terminologia **prog***nnkk***.c**, em que *nn* representa o número do capítulo a que o programa pertence e *kk* o número do programa dentro desse capítulo.

Por exemplo, prog0305.c é o nome do quinto programa apresentado no terceiro capítulo deste livro.

Os programas são sempre apresentados com o aspecto que se segue, sendo o nome do programa colocado no cabeçalho do mesmo.

prog0103.c

```
1: #include <stdio.h>
2: main()
3: {
4:   printf("Hello World\n");
5: }
```

Antes de cada linha de código é colocado o número da linha, apenas por simplicidade de representação e referência. No entanto, ao escrever um programa nunca coloque o número da linha, pois irá obter um erro de compilação.

A sintaxe das várias instruções ao longo do livro é apresentada através do seguinte formato:

Exemplo: A definição de variáveis faz-se utilizando a sintaxe

```
tipo var₁ [, var₂ , .... , varₙ];
```

O uso de colchetes na sintaxe indica que o componente dentro dos mesmos é opcional.

Sempre que se indica ao utilizador para pressionar uma determinada tecla ou conjunto de teclas, o nome da tecla vem representado como <Tecla>. Por exemplo:

Pressione **<Enter>** para continuar o programa.

Sempre que se pretende representar a execução de um programa, este é representado como sendo executado no *Prompt* $[1].

```
$ prog0103
Hello World
$
```

No exemplo, é executado o programa prog0103, tendo este escrito na tela a mensagem Hello World, deixando em seguida o cursor na linha seguinte (onde aparece novamente o *Prompt*).

---

[1] O Prompt varia de sistema para sistema e é habitualmente C:\> no MS-DOS e **#** ou **$** nos sistemas Unix mais comuns.

Alguns dos exercícios propostos e resolvidos são utilizados pelo autor em exames de nível universitário, sendo apresentados com um cabeçalho indicativo:

[Exercício de Exame]

Durante o desenrolar dos capítulos são realçadas algumas definições ou notas importantes, as quais são apresentadas com o seguinte aspecto:

Nota:

> O caractere aspas " é um único caractere e não pode ser substituído quer pelo caractere aspas simples ' quer por duas aspas simples ' ' .

No final de cada capítulo é apresentado um resumo da matéria discutida nesse mesmo capítulo.

Em seguida vem um conjunto de **Exercícios Resolvidos**, com a explicação associada à solução que foi adotada.

Por fim, apresenta-se um conjunto de **Exercícios Propostos**, para serem resolvidos pelo leitor. No entanto, também para esses exercícios existe a resolução ou possíveis soluções no final do livro.

Não é demais referir que em informática podem existir inúmeras soluções para o mesmo problema, pelo que as soluções aqui apresentadas não são únicas e podem, eventualmente, nem ser as melhores soluções para cada um dos problemas.

1

O Meu Primeiro Programa

Objetivos

- Anatomia de um programa em C
- Bloco de instruções
- Função de escrita na tela — *printf*
- Características especiais de C
- *Strings* em C
- Caracteres especiais
- Comentários em C

Introdução

Um programa é uma seqüência de código organizada de tal forma que permita resolver um determinado problema. Um programa pode ser desenvolvido em módulos distintos e/ou em subprogramas. Dessa forma terá que existir um critério ou formato de escrita de programas bem definido que indique ao compilador, entre todo o conjunto de código escrito pelo programador, qual a instrução ou local onde irá começar a execução do mesmo.

A título de exemplo, um programa em PASCAL começa a execução na primeira instrução existente no único bloco BEGIN ... END que não esteja associado quer a uma função quer a um procedimento. É absolutamente necessário que esse bloco BEGIN ... END seja único e se encontre depois de todas as funções e procedimentos.

No caso do COBOL, a execução começa na primeira instrução existente após a linha PROCEDURE DIVISION.

No caso de C, existe uma função em que são colocadas todas as instruções que queremos que sejam executadas. Essa função chama-se **main()**, e todo o código a executar é colocado entre { } . Ao conjunto de código existente entre chaves chama-se **Bloco**.

Vamos então escrever o nosso primeiro programa em C.

prog0101.c

```
1: main()
2: {
3: }
```

Nota:

O nº de cada uma das linhas serve apenas para facilitar a localização do código. Assim, deve-se apenas escrever o código respectivo, que será:

```
main()
{
}
```

Em seguida, podemos criar o arquivo executável correspondente (prog0101.exe) e mandá-lo executar

```
$ prog0101
$
```

Como se pode observar, este programa faz uma das coisas de que mais gosto na vida, e que é — não fazer nada.

Observemos agora com maior atenção cada uma das linhas.

A primeira linha é composta pela palavra **main**, que é o local onde começam todos os programas em C.

Para indicar que se trata de uma função, a palavra **main** é seguida com parênteses — **main( )** —, pois em C qualquer função tem que ser seguida por parênteses.

Os parênteses sem mais nada após o nome da função indicam que a função não recebe qualquer informação do mundo exterior.

É necessário não esquecer que C é *Case Sensitive*, isto é, faz diferenciação entre maiúsculas e minúsculas, não sendo portanto a mesma coisa *escrever main(), Main(), MAIN() ou mAiN()*. Todas as instruções de C são escritas com letra minúscula, e só se deve utilizar letras maiúsculas quando desejarmos utilizar variáveis, mensagens ou funções escritas por nós.

O código executado pela função *main()* é escrito entre as chaves { }. No caso do nosso programa, como não escrevemos qualquer instrução o programa simplesmente começa e acaba logo em seguida. E assim escrevemos o primeiro programa em C.

Nota:

Caso o seu compilador tenha apresentado um *WARNING* com uma mensagem semelhante a "Function should return a value" ou "main : no return value" é porque, em princípio, está-se usando um compilador de C++. Pode-se ignorar o *Warning* sem qualquer problema. Mas se o leitor quiser que este desapareça coloque, antes da função main, a palavra void (que significa *nada*).

Nesse caso, o seu programa deverá ser escrito da seguinte forma:

```
void main()
  {
  }
```

mais tarde você saberá o porquê.

É habitual que o primeiro programa escrito em qualquer linguagem seja para fazer a apresentação da linguagem ao mundo. Vamos então escrever o mais conhecido dos programas de C.

prog0102.c

```
1: #include <stdio.h>
2: main()
3: {
4:   printf("Hello World");
5: }
```

Depois de executado, esse programa proporciona a seguinte saída:

```
$ prog0102
Hello World$
```

Esse programa é em tudo semelhante ao anterior, com a exceção da existência de uma linha de código entre as chaves.

A linha 4: é a responsável pela apresentação da mensagem que queremos imprimir.

A mensagem que queremos imprimir é `Hello World`.

Sempre que queremos tratar conjuntos de caracteres temos que colocá-los entre aspas, para que sejam considerados como um todo — `"Hello World"`.

Sendo C uma linguagem com muito poucas palavras reservadas, não é de surpreender que C não possua mecanismos de Entrada e Saída incorporados. Em vez disso, ela recorre à sua potente biblioteca de funções para fornecer esse tipo de serviço.

Uma das funções que permite a escrita na tela é a função **printf** = **print** + formatado. Tratando-se de uma função, tem que ser necessariamente escrita com parênteses — **printf()**. Dentro dos parênteses é feita a comunicação com a função. Nesse caso passamos a *string* (conjunto de caracteres) que queremos que seja escrita — **printf("Hello World")**.

Em C, cada instrução deve ser terminada com um ponto-e-vírgula (;), obtendo-se assim a linha nº 4 do programa **printf("Hello World");**

Notar que o caractere aspas " é um único caractere e não pode ser substituído pelo caractere aspas simples ' ou por duas aspas simples ''.

Como foi referido anteriormente, C não possui mecanismos de Entrada e Saída. Para resolver esse problema temos que recorrer a um conjunto de funções que existem em **Bibliotecas de Funções**. Isso implica que temos que adicionar à linguagem um conjunto de outras funcionalidades que, por defeito, ela não nos proporciona.

Para ter acesso a esse conjunto de funções teremos que incluir a sua definição no nosso programa.

A linha **#include <stdio.h>** não é C, mas sim uma diretiva que indica ao compilador (mais propriamente ao pré-processador) que deverá adicionar ao processo de compilação um arquivo existente em alguma parte no disco do seu computador, chamado **stdio.h**, de forma que o compilador tenha acesso a um conjunto de informações sobre as funções que virá a utilizar.

Esses arquivos têm sempre a extensão **.h,** pois não têm código, mas apenas os cabeçalhos (*headers*) das funções que representam. São por isso habitualmente designados por ***header files***.

Desse modo, a linha **#include <stdio.h>** significa "adiciona o arquivo **stdio.h** ao meu programa". Exatamente nessa posição. Como não é uma instrução de C, não é seguida de ;.

O arquivo stdio.h permite o acesso a todas as funções de entrada e saída normais; **stdio** quer dizer ***standard input/output***.

`#include <stdio.h>`	Inclui também as funções de Entrada e Saída
`main()`	O Programa começa aqui
`{`	Início do Bloco de Instruções
`    printf("Hello World");`	Escrever a *string* "Hello World" usando a função printf
`}`	Fim do Bloco de Instruções (e fim de programa)

O mesmo programa poderia ser escrito através de um outro conjunto de instruções equivalentes:

```
#include <stdio.h>
main()
{
  printf("Hello");
  printf(" ");
  printf("World");
}
```

O resultado seria exatamente o mesmo. Aquilo que fizemos foi invocar a função *printf* várias vezes, com partes da *string* que originalmente queríamos escrever.

O compilador de C é particularmente liberal no que diz respeito à forma como escrevemos o código. Este pode ser escrito como cada programador muito bem entender. O programa anterior poderia ser escrito da seguinte forma:

```
#include <stdio.h>
main      ( )  {
   printf(
"Hello"
);
   printf(    " "          )
;   printf(         "World"            );}
```

sendo o resultado o mesmo, pois o que interessa não é a forma, mas antes o conteúdo. Espaços em branco são ignorados pelo compilador.

O programa original (prog0102.c) apresenta um pequeno problema. Depois de escrita a mensagem *Hello World*, o cursor fica colocado imediatamente após a palavra *World* e não na linha seguinte, como seria normal. A razão para que tal se verifique é que ninguém mandou o programa mudar de linha após escrever a mensagem.

Como é que C resolve esse problema?

Normalmente as linguagens de programação apresentam funções ou instruções distintas para a escrita na tela seguida ou não de uma nova linha. Por exemplo, PASCAL apresenta as instruções WRITE e WRITELN.

No caso de C a filosofia é outra. A função *printf* escreve todos os caracteres que lhe sejam enviados entre aspas. O problema que se depara a seguir é: como representar a mudança de linha?

Tradicionalmente, a mudança de linha é denominada **New Line**, e em C é representada pelo símbolo **\n**.

Dessa forma, deveremos alterar o nosso programa para

prog0103.c

```
1: #include <stdio.h>
2: main()
3: {
4:   printf("Hello World\n");
5: }
```

Depois de executado, esse novo programa proporciona a saída esperada, deixando o cursor na linha seguinte à *string* que escreveu na tela. Notar que nos interessava que a mudança de linha fosse realizada apenas depois de escrever a *string Hello World*. Para tal, o caractere indicador de mudança de linha deve ser escrito após *Hello World*, mas é um caractere como outro qualquer, logo também faz parte da *string*.

```
$ prog0103
Hello World
$
```

O caractere especial *New Line* é representado por dois caracteres **\n**. Ora, o *New Line* é um caractere como outro qualquer, e por isso pode ser escrito tantas vezes quantas necessárias.

A saída gerada por

```
printf("Hello\n\nWor\nld\n");
```

seria:

```
Hello↵
↵
Wor↵
ld↵
```

Problema: Escreva um programa em C que tenha a seguinte saída:

```
C
is the greatest
Language
```

A solução é simples:

prog0104.c

```
1: #include <stdio.h>
2: main()
3: {
4:   printf("C\n");
5:   printf("is the greatest\n");
6:   printf("Language\n");
7: }
```

ou, usando um único *printf()*,

prog0104.c

```
1: #include <stdio.h>
2: main()
3: {
4:   printf("C\nis the greatest\nLanguage\n");
5: }
```

Como se pode verificar, não é necessário deixar qualquer espaço em branco antes ou depois do símbolo **\n**.

Suponhamos agora que queríamos escrever um programa que apresentasse a seguinte saída:

```
Hoje está um "LINDO" dia!!!
```

A nossa primeira tentativa seria

prog0105.c   (Com erros de compilação)

```
1: #include <stdio.h>
2: main()
3: {
4:   printf("Hoje está um "LINDO" dia!!!\n");
5: }
                         ↑              ↑
```

Ora, acontece que esse programa vai originar um erro de compilação, uma vez que tudo aquilo que queremos escrever deverá estar entre aspas. Nesse caso, a *string* a ser escrita acaba junto à primeira seta e não junto à segunda seta, como deveria.

O compilador detecta que após a *string* a ser escrita ("Hoje está um") existe algo mais, além do fecho da *string*, e emite um erro de sintaxe.

O problema que se apresenta é: se as aspas servem para delimitar uma *string*, como poderemos escrever uma frase (*string*) em que as aspas sejam um caractere não delimitador?

A resolução desse problema é obtida através da colocação de uma \ antes das aspas que se pretende escrever, que devem ser tratadas como caracteres normais e não como delimitadores de *strings*:

prog0105.c

```
1: #include <stdio.h>
2: main()
3: {
4:   printf("Hoje está um \"LINDO\" dia!!!\n");
5: }
```

dessa forma, obtemos a saída desejada.

O Caractere Especial \

O símbolo \ é utilizado para retirar o significado especial que um caractere apresenta. No caso do caractere aspas ("), retira-lhe o significado de delimitador, passando a ser considerado simplesmente como o caractere aspas.

No caso do \n (e outros), serve para representar um caractere que, de outro modo, seria difícil ou quase impossível de representar.

A lista completa dos caracteres que podem ter que ser representados, precedidos do caractere especial \, é:

\7	*Bell* (sinal sonoro do computador)
\a	*Bell* (sinal sonoro do computador)
\b	*BackSpace*
\n	*New Line* (mudança de linha)
\r	*Carriage Return*
\t	Tabulação Horizontal
\v	Tabulação Vertical
\\	Caractere \ (forma de representar o próprio caractere especial \ )
\'	Caractere ' (aspas simples)
\"	Caractere " (aspas)
\?	Caractere ? (ponto de interrogação)
\ooo	Caractere cujo código *ASCII* em Octal é ooo
\x$_{nn}$	Caractere cujo código *ASCII* em Hexadecimal é $_{nn}$
%%	caractere %

/* Comentários */

No dia-a-dia, é habitual escrevermos notas sobre algo que não queremos esquecer. Quantos de nós já não foram para casa ou para o trabalho com um guardanapo de papel de alguma lanchonete ou restaurante escrito com algumas notas sobre o que fazer naquele dia ou a quem telefonar na parte da tarde?

Por vezes, quando se estuda por um livro em que algo não é apresentado de forma clara o melhor é usar um lápis e tomar algumas notas, para que da próxima vez não tenhamos tanto trabalho para perceber aquilo que lá estava apresentado.

São essas notas que nós tomamos no dia-a-dia que também nos podem ser particularmente úteis quando estamos escrevendo um programa. A essas notas damos habitualmente o nome de **Comentários**.

Os comentários não se destinam a ser interpretados pelo compilador ou por qualquer componente do processo de desenvolvimento. São simplesmente ignorados pelo compilador, e o programa executável não terá qualquer sinal deles.

Um comentário em C é qualquer conjunto de caracteres compreendido entre os sinais de /* e */.

Uma vez que os comentários não têm qualquer interferência num programa, servem apenas para documentação de código. O seu objetivo é facilitar a vida do programador que tem que olhar para um determinado projeto em C, evitando que este tenha que perceber todo o código para saber o que determinado conjunto de instruções faz.

Exemplo do cabeçalho de um programa:

```
/* PROG0199.C :   Comentários e Companhia    */
/* AUTOR :        Luís Damas                  */
/* DATA :         01/11/1995                  */
```

Um comentário pode estender-se por mais de uma linha, e até é habitual usá-lo dessa forma:

```
/* PROG0199.C :   Comentários e Companhia
 * AUTOR:         Luís Damas
 * DATA:          01/11/1995
 */
```

ou

```
/*********************************************
 * PROG0199.C :    Comentários e Companhia    *
 * AUTOR:          Luís Damas                 *
 * DATA:           01/11/1995                 *
 *********************************************/
```

Os asteriscos horizontais ou verticais não têm qualquer significado especial. Servem unicamente para reforçar o sentido estético de apresentação do comentário. O que realmente interessa é que o compilador ignora tudo o que existe entre os símbolos /* e */.

Os comentários podem também ser colocados dentro de expressões ou de instruções, o que pode aumentar a complexidade de leitura do programa.

```
printf("Hello World" /* Falta o \n */)  /* Notar o ponto e vírg. */ ;
```

A única situação em que os caracteres /* e */ não são ignorados pelo compilador acontece quando se encontram dentro de uma *string*.

```
printf("Um comentário em C começa com /* e termina com */\n");
```

Nesse caso os caracteres /* e */ perdem o seu significado especial e passam a ser tratados como caracteres normais dentro da *string*. A saída seria

```
Um comentário em C começa com /* e termina com */
```

mostrando que os símbolos /* e */ não são ignorados pelo compilador quando se encontram dentro de uma *string*.

Os compiladores não permitem, em geral, a existência de comentários dentro de comentários:

```
/*   início do comentário nº 1
     /*   printf("Ola\n"); Comentário Interno */
 */
```

porque seguindo a regra dos comentários em C, o comentário inicial terminava quando encontrasse o símbolo */, que encerra o comentário. A extensão do comentário variaria então apenas entre a primeira ocorrência de /* e a primeira ocorrência de */, detectando então um final de comentário sem o correspondente início.

Alguns compiladores permitem, no entanto, que se faça uma compilação usando a opção de **"Nested Comments"**, verificando os comentários que estão dentro uns dos outros. Essa opção não é reconhecida pelo ANSI.

Resumo do Capítulo 1

Em C, um programa começa com a função **main()**.

O código a executar é colocado entre { } .

Um **Bloco** é formado por qualquer conjunto de instruções entre { } .

Cada instrução deve ser seguida de ponto-e-vírgula (;).

A disposição do código é arbitrária e depende das preferências de cada programador.

C faz distinção entre minúsculas e maiúsculas — diz-se que é *Case Sensitive*.

As *strings* em C são delimitadas pelo caractere aspas ".

Para escrever uma mensagem na tela usa-se a função **printf()**.

A função **printf** não faz parte da linguagem C. Pertence à sua extensa biblioteca de funções.

Para termos acesso a esta e a outras funções de entrada/saída devemos incluir nos nossos programas o arquivo **stdio.h** através da diretiva ao pré-processador **#include <stdio.h>**.

As linhas começadas por # (**#include, #define**, etc.) não são C, mas sim diretivas ao pré-processador. Por isso não devem ser seguidas de ponto-e-vírgula.

A representação de caracteres especiais ou de caracteres que, de outra forma, seriam difíceis de representar faz-se através de um conjunto de dois ou mais caracteres, sendo em geral o primeiro caractere a barra invertida (\ — *Backslash*).

Os **comentários** são escritos entre /* e */ e são simplesmente ignorados pelo compilador (a menos que se encontrem dentro de uma *string*).

Não podem existir comentários dentro de comentários.

Exercícios Resolvidos

➔ Escreva um programa em C que apresente a seguinte *saída*:

```
1 -        Clientes
2 -        Fornecedores
3 -        Faturas

0 -        Sair
```

prog0106.c

```
#include <stdio.h>

main()
{
  printf("1 -\tClientes\n");      /* \t para colocar uma tabulação */
  printf("2 -\tFornecedores\n");
  printf("3 -\tFaturas\n\n");     /* Mais uma linha em Branco */
  printf("0 -\tSair\n");
}
```

➔ Escreva um programa em C que apresente duas linhas com a *string* "Aqui vai um Apito", ouvindo-se ao final de cada *string* um sinal sonoro.

prog0107.c

```
#include <stdio.h>

main()
{
  printf("Aqui vai um Apito\a\n");   /* \a - Sinal Sonoro          */
  printf("Aqui vai um Apito\7\n");   /* \7 ou \a representam o     */
                                     /* mesmo caractere            */
}
```

➔ Escreva um programa em C que indique qual o significado dos seguintes caracteres especiais: \n , \\ , \t , %%.

prog0108.c

```
#include <stdio.h>

main()
{
  printf("Programa que apresenta os Caracteres Especiais\n\n");
  printf("\\n\t-\t<ENTER>\n");      /* Saída: \n      -      <ENTER> */
```

```
    printf("\\\\\\t-\t\\\n");        /* Saída: \\      -     \       */
    printf("\\t\t-\t<TAB>\n");       /* Saída: \t      -    <TAB>    */
    printf("%%%%\t-\t%%\n");         /* Saída: %%      -     %       */
}
```

Exercícios Propostos

1. Qual a função que deve estar presente em todos os programas em C?
2. Como devem terminar todas as instruções em C?
3. Como é delimitado um bloco em C?
4. A função **printf** é parte integrante da linguagem C?
5. Para que serve a linha **#include <stdio.h>** num programa?
6. A extensão **.h** indica que o arquivo correspondente é composto por ... ?
7. Os arquivos com extensão **.h** são também conhecidos por ... ?
8. Por que razão não se utilizou a linha **#include <stdio.h>** no programa prog0101.c?
9. Dentro de uma *string* pode-se usar letras maiúsculas? Justifique.
10. Qual o significado de **stdio**?
11. Identifique os erros de compilação que seriam detectados nos seguintes programas:

    11.1

```
/*
 * Copyright: Asneira Suprema Software!!!
 */

#include <stdio.h>
Main()
{
  printf("Hello World");
}
```

   11.2

```
/*
 * Copyright: Asneira Suprema Software!!!
 */

#include <stdio.h>
main
{
  printf("Hello World");
}
```

   11.3

```
/*
 * Copyright: Asneira Suprema Software!!!
 */

#include <stdio.h>
main()
{
  print ("Hello World");
}
```

11.4

```
/*
 * Copyright: Asneira Suprema Software!!!
 */

#include <stdio.h>
main()
{
  printf("Hello")(" World");
}
```

11.5

```
/*
 * Copyright: Asneira Suprema Software!!!
/*

#include <stdio.h>
main()
{
  printf("Hello World");
}
```

11.6

```
/*
/* Copyright: Asneira Suprema Software!!! */
 */

#include <stdio.h>
main()
{
  printf("Hello World");
}
```

11.7

```
/*
 * Copyright: Asneira Suprema Software!!!
 */

#include <stdio.h>
main()
{
  printf(Hello World);
}
```

11.8

```
/*
 * Copyright: Asneira Suprema Software!!!
 */

#include <stdio.h>
main()
{
  printf("Hello World")
}
```

11.9

```
/*
 * Copyright: Asneira Suprema Software!!!
 */

include <stdio.h>
main()
{
  printf("Hello World");
}
```

11.10

```
/*
 * Copyright: Asneira Suprema Software!!!
 */

#include <stdio.h>
main()
{
  printf('Hello World');
}
```

12. Os comentários devem ser escritos

   a) Antes de qualquer instrução do programa.
   b) Depois de todas as instruções.
   c) Antes do main.
   d) Sempre que o programador ache necessário ou conveniente.

13. Um programa em C, que tenha comentários no seu código, é, em relação a outro que não os tenha,

   a) Mais rápido para executar.
   b) Mais lento para executar.
   c) Executado praticamente à mesma velocidade, pois os comentários exigem uma utilização ínfima da CPU.
   d) Executado à mesma velocidade, pois os comentários são simplesmente ignorados pelo compilador, não havendo qualquer reflexo deles no tempo de execução.

14. Indique se são verdadeiras ou falsas as seguintes afirmações:

   Os Comentários

   a) só podem ocupar uma única linha.
   b) podem ocupar várias linhas.
   c) podem conter outros comentários dentro.
   d) começam por /* e terminam com */.
   e) não têm qualquer influência na velocidade de execução de um programa.
   f) têm que começar no início de uma linha.
   g) quando ocupam apenas uma linha não precisam terminar com */.

15. Escreva um programa que coloque na tela a seguinte frase:

   ```
   Bem-vindos ao /Mundo\ da programação em "C"
   ```

16. Escreva um programa que coloque na tela uma árvore com o seguinte formato:

   ```
       *
      ***
     *****
      /|\
   ```

17. Escreva um programa que coloque na tela a seguinte saída:

```
Total      =      100%
IVA        =      17%
IRS        =      15%
--------------------
Líq.       =      68%
```

18. Experimente a função `puts("Hello World");` (*put string*) para escrever a *string* "Hello World" e indique qual a diferença entre esta e a função *printf*. (*Nota*: Essa função também faz parte do *stdio.h*.)

2
Tipos de Dados Básicos

Objetivos

- Tipos de dados em C — *char*, *int*, *float* e *double*
- Variáveis — declaração, regras para o nome de variáveis
- Atribuição — simples e encadeada
- Inteiros, reais e caracteres — características próprias e gerais
- Operadores numéricos — +, –, * , / e %
- Leitura e escrita de variáveis e expressões — funções *printf*, *scanf* e *getchar*
- Formatos de leitura e escrita — %c, %d, etc.
- Caracteres *versus* inteiros
- *Casting* — promoção de expressões/variáveis a tipos diferentes
- Alguns erros comuns

Introdução

Sempre que abrimos a nossa geladeira nos deparamos com uma enorme variedade de recipientes para todo tipo de produtos: sólidos, líquidos, regulares, irregulares etc.

Cada um dos recipientes foi desenhado e moldado de forma a guardar um tipo de bem ou um produto bem definido.

Temos, assim, copos e garrafas para armazenar os líquidos, prateleiras com buracos de diâmetro certo para a colocação de ovos e ainda um enorme conjunto de recipientes em plástico para guardar o mais variado leque de produtos, sejam quadrados ou redondos, altos ou baixos, regulares ou não.

Se pensarmos um pouco, veremos que os recipientes referidos anteriormente não foram produzidos para guardar um determinado produto ou bem, mas antes uma gama de produtos cujas características e/ou formas são semelhantes. Por exemplo, um jarro, quando é produzido, não tem por objetivo armazenar água ou vinho, mas sim armazenar líquidos em geral.

Do mesmo modo, um recipiente quadrado com 20 cm pode armazenar fatias de presunto (quadradas), fatias de mortadela (redondas) ou o último pedaço do bolo de aniversário da Mimi, o qual, devido à tenra idade da aniversariante, apresenta uma forma muito pouco definida, não tanto pelo formato ou consistência, mas antes pelos maus-tratos que sofreu por parte dos convidados, que o foram cortando e retalhando sem grande sentido estético ou geométrico.

Facilmente se verifica que armazenar ovos não é semelhante a armazenar água ou outro líquido qualquer. Da mesma forma, a maneira como se medem os ovos (1, 2, 3, 12, …) não é semelhante à forma como se medem os líquidos (0,2; 1,5; …). Não faz qualquer sentido falar em 0.32 ovos ou em duas dúzias de água.

Ora, ninguém tem a necessidade de fazer um curso ou de ler um livro para saber qual o tipo de recipiente que melhor se adapta a cada produto que se quer guardar na geladeira.

Na programação em C é necessário, no entanto, primeiro conhecer aquilo que queremos guardar e só então selecionar os melhores recipientes para a tarefa.

Os diversos formatos de recipientes para armazenar produtos na nossa geladeira correspondem em C aos **Tipos de Dados Básicos**.

Estes são apenas quatro (**char**, **int**, **float** e **double**)[1], e serão apresentados detalhadamente em seguida.

Variáveis

Sempre que desejarmos guardar um valor que, por qualquer razão, não seja fixo, devemos fazê-lo utilizando variáveis.

Nota:

> **Uma variável é nada mais que um nome que damos a uma determinada posição de memória para conter um valor de um determinado tipo.**

Como o seu próprio nome indica, o valor contido em uma variável pode variar ao longo da execução de um programa.

Uma variável deve ser sempre definida antes de ser usada. A definição de uma variável indica ao compilador qual o tipo de dado que fica atribuído ao nome que indicarmos para essa variável.

A definição de variáveis é feita utilizando a seguinte sintaxe:

```
tipo var₁ [, var₂ , .... , varₙ];
```

---

[1] Existe ainda um outro tipo — o tipo **Ponteiro** — que poderá ser considerado um tipo básico.

Exemplos:

```
int i;                  /* i é uma variável do tipo inteiro */
char ch1, novo_char;    /* ch1 e novo_char são vars do tipo char */
float pi, raio, perimetro;
double total, k123;
```

Nota:

A declaração de variáveis tem que ser sempre realizada antes de sua utilização e antes de qualquer instrução.

```
main()
{
  Declaração de variáveis   ←

  Instrução₁;
  Instrução₂;
}
```

As variáveis são sempre armazenadas em memória, e são uma forma simples de referenciar posições de memória. O tipo que lhes está associado indica o número de *bytes* que serão utilizados para guardar um valor nessa variável.

Nomes de Variáveis

O nome que se vai atribuir a variáveis em C implica observar um número reduzido de regras:

- *O nome de uma variável pode ser constituído por letras do alfabeto (minúsculas ou maiúsculas), dígitos (0 ... 9) e ainda pelo caractere* underscore *(_).*
- *O primeiro caractere não pode ser um dígito. Terá que ser uma letra ou o caractere* underscore. *No entanto, é desaconselhável a utilização deste último como primeira letra identificadora de uma variável.*
- *Maiúsculas e minúsculas representam caracteres diferentes, logo variáveis distintas.*
- *Uma variável não pode ter por nome uma palavra reservada da própria Linguagem C. Assim, não podemos ter uma variável denominada float, if ou for, uma vez que essas palavras são instruções ou tipos da própria linguagem.*

Não é aconselhável a utilização de caracteres acentuados (ã, õ, á, é, etc.) no nome das variáveis, pois a grande maioria dos compiladores não os aceita como caracteres admissíveis.

O caractere *underscore* (_) é habitualmente utilizado para fazer a separação entre palavras que representam uma única variável. Ex: *Num_Cliente, Id_Fatura, Vou_Continuar* etc.

Exercício:

Indique quais são as variáveis que têm nomes corretos e incorretos na seguinte lista:

```
int idade;          /* Correto */
int Num_Cliente;    /* Correto */
float a1b2c3;       /* Correto */
float 7a2b3c;       /* INCORRETO: primeiro caractere é um dígito */
char float;         /* INCORRETO: utilizou-se uma palavra reservada */
double vinte%;      /* INCORRETO: utilizou-se caractere inadmissível */
char sim?não;       /* INCORRETO: utilizou-se caractere inadmissível */
int _alfa;          /* Correto, mas não aconselhável */
int _123;           /* Correto, mas não aconselhável */
                    /* Notar que o primeiro caractere não é um dígito */
                    /* mas sim o underscore */
char Num, NUM;      /* Correto, pois o C é case sensitive. */
                    /* Será aconselhável ??? */
```

O número de caracteres que o nome de uma variável pode conter depende do compilador, mas é normal que sejam permitidos nomes de variáveis com até 32 caracteres (ou mais).

Nomes das variáveis (Cuidados a seguir)

- O nome de uma variável deve ser descritivo daquilo que ela armazena.

    Ex: *xxx, yyy* **vs.** *Id_Cliente, num_fatura*

- O nome de uma variável não deve ser todo escrito em maiúsculas, pois identificadores totalmente escritos em maiúsculas são tradicionalmente utilizados pelos programadores de C para referenciar constantes.
- Caso o nome de uma variável use mais do que uma palavra, utilize o caractere *underscore* ou a diferença entre minúsculas e maiúsculas para as separar, facilitando assim a leitura.

    Exemplos:
    ```
    nomeprincipalcliente
    nome_principal_cliente
    NomePrincipalCliente
    Nome_Principal_Cliente
    ```

- Não utilize o caractere *underscore* (_) para iniciar o nome de uma variável.

Atribuição

Sempre que uma variável é declarada, estamos solicitando ao compilador para reservar espaço em memória para armazená-la. Esse espaço passará a ser referenciado através do nome da variável.

No caso do inteiro, o espaço em *bytes* que lhe é reservado varia com as arquiteturas em que é utilizado. Em microcomputadores o seu valor é normalmente de 2 *bytes*, enquanto em máquinas maiores é habitualmente de 4 *bytes*.

Independentemente do número de *bytes* que ocupe, o nome da variável referencia a totalidade do espaço ocupado pela variável.

Sempre que uma variável é definida, um conjunto de *bytes* fica associado a ela. Ora, esses *bytes* têm *bits* com valor **1** e outros *bits* com **0**, constituindo um número qualquer. Dessa forma, quando uma variável é criada fica automaticamente com um valor que não é **0** nem **1**, nem qualquer valor predefinido, mas sim um valor qualquer aleatório que resulta da disposição dos *bits* que se encontram nos *bytes* reservados para a representação dessa variável.

Nota:

> **Quando uma variável é declarada fica sempre com um valor, o qual resulta do estado aleatório dos *bits* que a constituem.**

Desse modo, uma variável poderá ser iniciada com um valor através de uma operação de atribuição.

A atribuição de um valor só pode ser realizada para variáveis. Ao realizar uma atribuição o valor anterior presente na variável é eliminado, ficando nela o novo valor que lhe foi atribuído.

É essa capacidade que certos objetos têm de possuir diferentes valores que lhes confere o nome de **variáveis**, isto é, o seu conteúdo pode variar ao longo da execução de um programa.

Uma atribuição é realizada obedecendo à seguinte sintaxe:

```
variável  =  expressão;
```

A atribuição de valores em C é realizada através do sinal de =, sendo a variável a alterar **SEMPRE** colocada no lado esquerdo da atribuição, e o valor a atribuir no lado direito.

Exemplo: Para colocar o valor -17 na variável num faz-se:

```
int num;        /* Declaração da Variável  num    */
num = -17;      /* num passa a ter o valor -17    */
```

Nota:

Uma variável pode ser automaticamente iniciada quando se faz a sua declaração.

As duas linhas anteriormente escritas poderiam ser agrupadas numa única linha.

```
int num = -17;   /* num é declarada do tipo int e automaticamente */
                 /* iniciada com o valor -17 */

int n1=3, n2=5;  /* n1 e n2 são declaradas e ficam com os valores */
                 /* 3 e 5 respectivamente */

int a = 10, b, c = -123, d;
                 /* a e c são automaticamente iniciadas com os
                  * valores 10 e -123.
                  * b e d ficam com um valor aleatório ("lixo")
                  * porque não foram iniciadas.
                  */
```

Exemplo: Colocar na variável **val** o mesmo valor da variável num

```
val = num;       /* val recebe o valor que está em num */
```

Nota:

Em C é possível atribuir o mesmo valor a várias variáveis.

Exemplo: Colocar o valor 5 nas variáveis a, b, c e d previamente declaradas:

```
a = 5;
b = 5;
c = 5;
d = 5;
```

ou, então, poder-se-ia fazer

```
a = b = c = d = 5;
```

Isso só é possível porque em C, sempre que se faz uma atribuição, o valor atribuído é devolvido (como se tratasse de uma função), podendo ser utilizado por outras expressões ou variáveis.

Vamos, então, ver como funciona o exemplo anterior em detalhe.

Suponhamos que as quatro variáveis eram iniciadas com valores distintos:

```
a = 1;    /* a variável a recebe o valor 1 */
b = 2;
c = 3;
d = 4;
```

Qual é o valor das variáveis a, b, c e d se, em seguida, fosse executada a seguinte instrução:

```
a = b = c = d = 5;
```

Duas respostas são normalmente apresentadas por quem olha para essa instrução pela primeira vez:

1. Todas as variáveis ficam com o valor 5.

2. A variável **a** fica com o valor de **b** (2), **b** fica com o valor de **c** (3), **c** fica com o valor de **d** (4) e apenas **d** fica com o valor 5.

Aparentemente, a resposta nº 2 parece mais consistente com aquilo que sabemos de programação, pois as atribuições seriam realizadas da esquerda para a direita, seguindo o sentido normal de execução das instruções.

No entanto, é a resposta nº 1 que está correta. Por quê?

A razão é muito simples, e tem muito a ver com as características da linguagem C. Quando são escritas várias atribuições consecutivas, estas são realizadas não da esquerda para a direita, mas sim da direita para a esquerda.

```
a = b = c = d = 5;
```
◄─────────────

Vamos então verificar como é realizada essa instrução.

1. Como se trata de atribuições, estas são realizadas da direita para a esquerda.

2. A primeira a ser realizada é **d = 5.**

3. Como foi referido anteriormente, o valor atribuído a **d** é devolvido como resultado da atribuição:

```
a = b = c = ◄── 5 ◄── d = 5;
```
◄─────────

4. O valor devolvido (5) é então atribuído a **c.**

5. Como é uma atribuição, devolve o valor atribuído (5) que é colocado em **b** e em **a** pelo mesmo processo.

6. A atribuição do valor 5 à variável **a** devolve também um valor, mas que não é aproveitado.

Todo o processo pode ser observado através do seguinte esquema

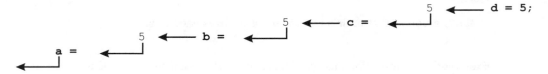

Inteiros — *int*

As variáveis declaradas do tipo inteiro são utilizadas para armazenar valores que pertencem ao conjunto dos números inteiros (sem parte fracionária). Ex: 2, 345, +115, 0.

Como já foi dito antes, a definição de uma variável num do tipo inteiro é realizada através da seguinte instrução:

```
int num;   /* Qual é o valor com que fica ??? */
```

Operações sobre Inteiros

Uma vez que estamos falando de números inteiros, é possível realizar um conjunto de operações sobre eles, cujo resultado é sempre um valor inteiro.

Operação	Descrição	Exemplo	Resultado
+	Soma	21 + 4	25
−	Subtração	21 - 4	17
*	Multiplicação	21 * 4	84
/	Divisão Inteira	21 / 4	5
%	Resto da Divisão Inteira (**Módulo**)	21 % 4	1

Se em relação à soma, à subtração e à multiplicação não haverá muito a dizer, o mesmo já não se aplica aos operadores / e %.

Nota:

Qualquer operação entre inteiros retorna um inteiro.

Assim, da divisão entre 21 e 4 não irá resultar 5,25, como se poderia pensar, uma vez que o resultado de uma operação entre dois inteiros (21 e 4) tem sempre como resultado um inteiro.

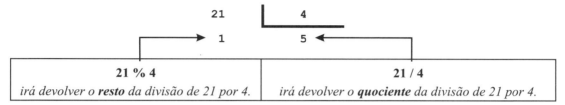

O quociente da divisão é obtido pelo operador divisão (/), e o resto da divisão é devolvido pelo operador Módulo (%).

Vamos agora aprender como se pode escrever inteiros na tela.

Observe com atenção o seguinte programa:

prog0201.c

```
1: #include <stdio.h>
2:
3: main()
4: {
5:   int num=123;
6:
7:   printf("O valor de num = %d e o valor seguinte = %d\n",num,num+1);
8: }
```

No programa prog0201.c é feita a declaração da variável num do tipo int, que é automaticamente iniciada com o valor 123 (linha 5:). Como foi referido antes, as variáveis têm, obrigatoriamente, que ser declaradas antes de serem utilizadas e antes de qualquer instrução (como o *printf*).

Em seguida é invocada a função *printf* com um conjunto algo estranho de parâmetros. Vamos então tentar compreender aquilo que é passado à função *printf*.

Queremos escrever na tela a seguinte *string*:

```
O valor de num = 123 e o valor seguinte = 124
```

Esta é a *string* que deveria ser passada ao *printf*:

```
"O valor de num = 123 e o valor seguinte = 124\n"
```

Acontece, no entanto, que o valor de **num** está guardado numa variável, e não podemos colocar a variável **num** dentro da *string* do *printf*, uma vez que o *printf* iria escrever a *string* "num" em vez do valor que estaria guardado na variável.

Assim, aquilo que nós queremos escrever é:

```
O valor de num = <inteiro> e o valor seguinte = <inteiro>
```

em que <inteiro> representa o valor inteiro que está guardado numa variável, constante ou é o resultado de qualquer expressão.

Ora, sempre que quisermos escrever um inteiro dentro de um *printf* devemos substituir o valor desse inteiro por um formato de escrita (lembrar que *printf* quer dizer *print+format*) que, naquele preciso local, representará o inteiro a ser escrito.

Nota:

> **O formato de escrita de um inteiro na função printf é %d.**

Vamos então colocar o símbolo **%d** no local onde queremos escrever os inteiros:

```
O valor de num = %d e o valor seguinte = %d\n
```

Falta apenas indicar ao *printf* quais os valores que terá que colocar nos locais assinalados por %d.

```
printf("O valor de num = %d e o valor seguinte = %d\n",num,num+1);
```

Para tal, finalizamos a *string* que queremos escrever e colocamos **por ordem** as variáveis ou os valores que irão ser substituídos em cada **%d**, separados por vírgula.

Nesse caso, o primeiro %d será substituído pelo valor da variável *num* e o %d seguinte será substituído pelo resultado da soma de *num+1*.

Obtém-se, assim, a saída esperada:

```
$ prog0201
O valor de num = 123 e o valor seguinte = 124
$
```

Da mesma forma que existe a função *printf* para a escrita de valores, existe uma função correspondente para a leitura de valores — a função **scanf**.

prog0202.c

```
 1: #include <stdio.h>
 2:
 3: main()
 4: {
 5:   int num;
 6:
 7:   printf("Introduza um Nº: ");
 8:   scanf("%d",&num);
 9:   printf("O Nº introduzido foi %d\n",num);
10: }
```

A função **scanf** (leitura formatada) funciona de forma semelhante à função *printf*. Uma vez que ela foi implementada para a leitura de valores, a *string* inicial deve conter apenas o formato das variáveis que queremos ler.

Depois de especificados os formatos de leitura na *string*, devem ser colocadas todas as variáveis correspondentes pela ordem em que ocorrem os formatos, precedidas de um **&**[2].

Nota:

> **Para ler qualquer variável do tipo int, char, float ou double utilizando a função scanf é preciso preceder cada variável de um & ("E" comercial). Caso não se faça isso, a execução do programa poderá ter resultados inesperados.**

---
[2]Exceto se forem strings.

No caso do programa anterior, queremos ler um valor para uma variável. Para tal usamos a função:

```
scanf()
```

O primeiro parâmetro dessa função é uma *string* com os formatos de leitura. Como só queremos ler uma variável, haverá apenas um formato de leitura. Sendo a variável que queremos ler do tipo inteiro, o formato de leitura será **%d**.

```
scanf("%d")
```

Em seguida, temos que indicar qual a variável que irá receber o valor inteiro a ser lido. Essa variável, como é do tipo inteiro, tem que levar um **&** antes de seu nome.

```
scanf("%d", &num);
```

e assim se obtém a linha 8, que permite realizar a leitura de um inteiro e armazená-lo numa variável.

O inteiro, depois de lido, é guardado na variável *num* e, em seguida, o seu valor é escrito na tela através da função *printf*.

Nota:

A *string* enviada para a função scanf não deve conter outros caracteres que não sejam os caracteres indicadores de formatos. Um erro comum é terminar a *string* com \n, o que está completamente errado e faz com que a função printf não termine a leitura dos valores assim que estes são introduzidos.

O que faz o seguinte programa?

prog0203.c

```
 1:     #include <stdio.h>
 2:
 3:     main()
 4:     {
 5:             int n1,n2;
 6:             printf("Introduza dois Números: ");
 7:             scanf("%d%d", &n1 , &n2);
 8:             printf("O resultado de %d + %d = %d\n",n1,n2,n1+n2);
 9:     }
10:
```

$ prog0203
Introduza dois Números: 12   45
O resultado de 12 + 45 = 57
$

Nesse caso são declaradas duas variáveis (*n1* e *n2*) do tipo *int*.

São pedidos dois valores.

São lidos dois inteiros e colocados em *n1* e *n2*.

```
scanf("%d%d", &n1 , &n2);
```

Em seguida, é apresentado o valor da soma dos dois inteiros lidos:

```
printf("O resultado de %d + %d = %d\n",n1,n2,n1+n2);
```

- *Analisando o printf, este vai escrever a string "O resultado de ".*
- *Em seguida, vai substituir o primeiro %d pelo valor de n1.*

- *Continua a escrever os caracteres da string " + ".*
- *Em seguida vai substituir o segundo %d pelo valor de n2.*
- *Continua a escrever os caracteres da string " = ".*
- *Em seguida vai substituir o terceiro %d pelo valor resultante da soma de n1+n2.*
- *Escreve o último caractere da string "\n".*

Inteiros e Variações

Como foi mencionado anteriormente, o tamanho em *bytes* de um inteiro varia de arquitetura para arquitetura, sendo os valores mais habituais de 2 ou 4 *bytes*.

É importante saber qual a dimensão de um inteiro quando se desenvolve uma aplicação, caso contrário corre-se o risco de tentar armazenar um valor numa variável inteira com um nº de *bytes* insuficiente.

Para saber qual a dimensão de um inteiro (ou de qualquer tipo ou variável), o C disponibiliza um operador denominado **sizeof**, cuja sintaxe é semelhante à utilizada para invocar uma função.

A sintaxe do operador sizeof é

```
sizeof <expressão>   ou   sizeof ( <tipo> )
```

Exemplo: Escreva um programa que indique qual o número de *bytes* que ocupa um inteiro.

prog0204.c

```
1: #include <stdio.h>
2:
3: main()
4: {
5:   printf("O Tamanho em bytes de um Inteiro = %d\n", sizeof(int));
6: }
```

Como resultado da execução num microcomputador, obtém-se:

```
$ prog0204
O Tamanho em bytes de um Inteiro = 2
$
```

Caso a execução se tivesse verificado numa máquina Unix, por exemplo, o resultado provavelmente seria:

```
$ prog0204
O Tamanho em bytes de um Inteiro = 4
$
```

Se quisermos saber o tamanho em *bytes* de todos os Tipos de Dados Básicos em C, bastaria alterar o programa de forma a contemplar também os tipos **char**, **float** e **double**.

Exemplo: Escreva um programa que indique qual o nº de *bytes* que ocupam todos os tipos básicos em C.

prog0205.c

```
1: #include <stdio.h>
2:
3: main()
4: {
5:   printf("O Tamanho em bytes de um char   = %d\n", sizeof(char));
6:   printf("O Tamanho em bytes de um int    = %d\n", sizeof(int));
7:   printf("O Tamanho em bytes de um float  = %d\n", sizeof(float));
8:   printf("O Tamanho em bytes de um double = %d\n", sizeof(double));
9: }
```

```
$ prog0205
O Tamanho em bytes de um char   = 1
O Tamanho em bytes de um int    = 2
O Tamanho em bytes de um float  = 4
O Tamanho em bytes de um double = 8
$
```

O fato de o tamanho de um inteiro poder variar é algo preocupante, pois os limites das variáveis que armazenam inteiros podem variar de maneira drástica, reduzindo fortemente a portabilidade dos programas entre máquinas diferentes. Repare bem na diferença entre os valores que uma variável pode conter:

Nº de *Bytes*	Menor Valor	Maior Valor
2	−32 768	32 767
4	−2 147 483 648	2 147 483 647

Como podemos então garantir que um programa escrito por nós usa sempre dois ou quatro *bytes* para armazenar um inteiro, se o tamanho de um inteiro varia de máquina para máquina?

Na declaração de um inteiro podem ser utilizados quatro prefixos distintos para melhor definição das características da variável.

- **short** — Inteiro pequeno (2 *bytes*)
- **long** — Inteiro grande (4 *bytes*)
- **signed** — Inteiro com sinal (nºs negativos e positivos)
- **unsigned** — Inteiro sem sinal (apenas nºs positivos)

short e long

Para garantirmos que o inteiro *n* usa apenas 2 *bytes* de memória, independentemente da arquitetura utilizada, devemos declarar a variável como:

```
short int n;    /* ou short n; */
```

Para garantirmos que o inteiro *n* usa sempre 4 *bytes* de memória, independentemente da arquitetura utilizada, devemos declarar a variável como:

```
long int n;     /* ou long n; */
```

O prefixo **short** garante o tamanho mínimo do inteiro, e o prefixo **long** garante o tamanho máximo, independentemente da dimensão do inteiro utilizada.

Assim:

short int	int	long int
2	2	4
2	4	4

(valores em bytes)

Nota:

> O formato de leitura e escrita de variáveis inteiras short e long nas funções scanf e printf deve ser precedido dos prefixos h (s<u>h</u>ort) e l (<u>l</u>ong).

Exemplo: Escreva um programa que solicite ao usuário a idade, o montante a depositar e o nº de conta em que se quer realizar o depósito, declarando as variáveis como *short*, *int* e *long*.

prog0206.c

```
 1: #include <stdio.h>
 2:
 3: main()
 4: {
 5: short int idade;          /* ou short idade   */
 6: int montante;
 7: long int n_conta;         /* ou long n_conta  */
 8:
 9:    printf("Qual a Idade: "); scanf("%hd",&idade);
10:    printf("Qual o montante a depositar: "); scanf("%d",&montante);
11:    printf("Qual o nº de conta: "); scanf("%ld",&n_conta);
12:
13:    printf("Uma pessoa de %hd anos depositou $%d na conta %ld\n",
14:           idade, montante,n_conta);
15: }
```

```
$ prog0206
Qual a Idade: 25
Qual o montante a depositar: 1500
Qual o nº da conta: 123456789
Uma pessoa de 25 anos depositou $1500 na conta 123456789
$
```

signed e unsigned

Por padrão, uma variável do tipo inteiro admite valores inteiros positivos e negativos.

Por exemplo, se um inteiro for armazenado em 2 *Bytes* os seus valores podem variar entre -32 768 e 32 767.

Caso se deseje que a variável contenha apenas valores positivos, deverá ser declarada com o prefixo **unsigned**.

Exemplo:

```
unsigned int Idade; /* ou unsigned Idade; */
                    /* A Idade de um indivíduo não pode ser negativa */
```

Nota:

> O prefixo *signed*, antes de um inteiro, não é necessário, pois por padrão todos os inteiros quando são criados são sinalizados (signed).

Ao trabalhar com valores sem sinal, o conjunto de valores com que podemos trabalhar no lado positivo é ampliado.

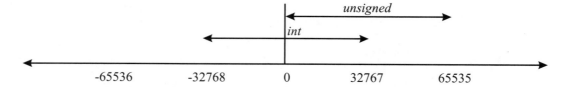

Nota:

> O formato de leitura e escrita de variáveis inteiras sem sinal (unsigned int), utilizando as funções scanf e printf, é %u em vez de %d.

Supondo que o tamanho de um inteiro é de 2 *bytes*, apresenta-se em seguida a lista de limites em que uma variável inteira pode variar, dependendo dos prefixos utilizados.

Tipo de Variável	Nº de *Bytes*	Valor Mínimo	Valor Máximo
`int`	2	-32 768	32 767
`short int`	2	-32 768	32 767
`long int`	4	-2 147 483 648	2 147 483 647
`unsigned int`	2	0	65 535
`unsigned short int`	2	0	65 535
`unsigned long int`	4	0	4 294 967 295

Reais — *float* e *double*

As variáveis declaradas do tipo **float** ou **double** são utilizadas para armazenar valores numéricos com parte fracionária. São também freqüentemente denominadas reais ou de ponto flutuante (Ex: 3.14, 0.0000024514, 1.0).

A diferença entre uma variável do tipo **float** e uma outra do tipo **double** é o número de *bytes* que reserva para armazenar o valor. A dimensão do *float* é normalmente de quatro *bytes*, enquanto a do *double* é de oito *bytes*. Habitualmente pode-se dizer que esses dois tipos também armazenam números com precisão simples (*float*) ou com dupla precisão (*double*).

Um *float* é representado por uma parte inteira e por outra decimal, separadas por um ponto (e não por uma vírgula — como é habitual em nosso uso do dia-a-dia).

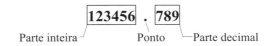

```
float Pi = 3.1415;
double erro = 0.000001;
float total = 0.0;
```

Exemplo: Escreva um programa que calcule o perímetro e a área de uma circunferência.

prog0207.c

```
 1: #include <stdio.h>
 2:
 3: main()
 4: {
 5:   float raio, perimetro;
 6:   double Pi = 3.1415927, area;
 7:
 8:    printf("Introduza o Raio da Circunferência: ");
 9:    scanf("%f", &raio);
10:    area = Pi * raio * raio;
11:    perimetro = 2 * Pi * raio;
12:
13:    printf("Área = %f\nPerímetro = %f\n", area , perimetro);
14: }
```

```
$ prog0207
Introduza o Raio da Circunferência: 1500
Área = 7068583.575000
Perímetro = 9424.778320
$
```

Nota:

O formato de leitura e escrita para números reais é %f

No exemplo anterior, declararam-se duas variáveis de precisão simples (raio e perimetro) e duas outras de precisão dupla (Pi e area). No caso da variável Pi, esta, na realidade, comporta-se como uma constante ao longo do programa. Mais tarde aprenderemos como se trabalha com constantes.

Será conveniente relembrar que, relativamente a uma circunferência, a **Area** = πr^2 e que o **Perimetro** = $2\pi r$.

Não existe qualquer operador que permita calcular o quadrado de um número. Este terá que ser realizado através da multiplicação desse número por si próprio ou através da utilização de uma função de biblioteca (*pow*).

Depois de lido o valor do raio com o formato %f, é realizado o cálculo da área e perímetro. Em seguida, são apresentados os resultados obtidos.

A atribuição, a leitura e a escrita de números reais podem ser realizadas usando a notação científica, especificando uma base e um expoente. Nesse caso, o formato do número deve ser:

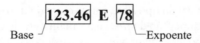

O número armazenado nesse exemplo é $123.46 * 10^{78}$.

Exemplo: Escreva um programa que realize a conversão de toneladas para quilos e gramas escrevendo o resultado em notação tradicional (*aaaa.bbb*) e científica (*aaa E±bb*).

prog0208.c

```
 1: #include <stdio.h>
 2:
 3: main()
 4: {
 5: float  quilos = 1.0E3; /* Uma tonelada são 1000 quilos */
 6: double gramas = 1.0e6; /* Uma tonelada são 1 000 000 de gramas */
 7: float n_toneladas;
 8:
 9: printf("Quantas toneladas comprou: "); scanf("%f", &n_toneladas);
10: printf("Nº de Quilos = %f  = %e\n",n_toneladas * quilos,
                                        n_toneladas * quilos);
11: printf("Nº de gramas = %f  = %E\n", n_toneladas * gramas,
                                        n_toneladas * gramas);
12: }
```

$ prog0208
```
Quantas toneladas comprou: 134.567
Nº de Quilos = 134567.001343  = 1.345670e+05
Nº de gramas = 134567001.342773  = 1.345670E+08
$
```

- *No programa anterior, declaramos duas variáveis reais* quilos *e* gramas *para conter os valores mil e um milhão, os quais podem ser escritos no formato tradicional (1 000.0 e 1 000 000.0) ou na notação científica (1.0E3 e 1.0E6).*
- *É solicitada ao usuário a introdução de um determinado nº de toneladas.*
- *Em seguida são escritos o nº de quilos e o nº de gramas correspondentes ao nº de toneladas introduzidas (no formato tradicional e no formato científico).*

Nota:

> Os valores, quando são armazenados em números de ponto flutuante, podem comportar algum erro mínimo, resultante de arredondamentos ou do formato interno de representação do mesmo.

No exemplo anterior utilizaram-se dois formatos de escrita para a notação científica, **%e** e **%E**. A diferença está na forma como os valores são depois apresentados (com **e** minúsculo 1.2e+5 ou com **E** maiúsculo 1.2E+5).

Operações sobre Reais

Qualquer operação que inclua um dos operandos do tipo real obtém um resultado do tipo real. A diferença entre um inteiro e um número real está na presença ou na ausência do **ponto,** que é o separador das partes inteira e fracionária.

```
10       Inteiro 10
-10      Inteiro -10
10.      Real 10.0 (pois tem o ponto)
10.0     Real 10.0 (idêntico ao anterior)
10.25    Real 10.25
```

O conjunto de operações disponíveis para os números de ponto flutuante é igual ao dos números inteiros (à exceção do operador % — Módulo).

Operação	Descrição	Exemplo	Resultado
+	Soma	21.3 + 4.1	25.4
-	Subtração	21.7 - 4.8	16.9
*	Multiplicação	21.2 * 4.7	99.64
/	Divisão Real	21.0 / 4.0	5.25
%	Não faz sentido aplicar a reais	n.a.	n.a.

Nota:

> Qualquer operação em que pelo menos um dos operandos seja real produz um resultado do tipo real. Se algum dos operandos for, por exemplo, inteiro e um outro real, o inteiro é alterado para o tipo real (4 ➔ 4.0), para que se possa realizar a operação entre dois reais.

Exemplos:

```
21   / 4    ➔ 5    /* Divisão inteira */
21.0 / 4    ➔ 5.25 /* Como 21.0 é um real, o valor 4 é alterado para 4.0 */
21   / 4.   ➔ 5.25 /* Como 4. é um real, o valor 21 é alterado para 21.0 */
21.0 / 4.0  ➔ 5.25 /* Divisão real */
```

Assim, da divisão entre 21 e 4 não irá resultar 5.25, como se poderia pensar, uma vez que o resultado de uma operação entre dois inteiros (21 e 4) tem sempre como resultado um inteiro. Para que o resultado tenha casas decimais, pelo menos um dos operandos terá que ser do tipo real.

O resto da divisão (**% — Módulo**) não pode ser aplicado a reais, pois não faz sentido aplicar um operador cujo resultado seja sempre zero.

Esse operador **%** não pode se aplicar a reais porque (salvo os erros de arredondamento inerentes às próprias operações) o resto da divisão entre dois reais é sempre zero, pois o quociente de uma divisão real contém as casas decimais que permitem representar o resultado da divisão de forma tão apurada quanto possível.

Caso se tente aplicar o operador % em que um dos operandos seja real, o compilador apresenta o respectivo erro e suspende o processo de compilação.

Caracteres — *char*

O tipo *char* permite armazenar **UM ÚNICO CARACTERE** numa variável desse tipo.

A razão por que dei tanta ênfase à expressão **UM ÚNICO CARACTERE** é que um dos erros mais comuns de programação em C é pensar que o tipo *char* permite armazenar *strings* ou conjuntos de caracteres numa variável do tipo *char*.

Volto a repetir que uma variável do tipo *char* pode conter apenas um único caractere.

Se em relação aos inteiros e reais pode existir alguma dúvida quanto à dimensão (nº de *bytes*) reservada para representá-los, no caso do *char*, independentemente da arquitetura utilizada, sempre se armazena num único *byte*.

Nota:

> Um *char* é sempre armazenado num *byte*.

Assim, o número de caracteres possíveis de representar é 256, pois é o número de combinações possíveis de representar num único *byte* (0...255).

`00000000` — Todos os *bits* com 0 (valor 0).
`11111111` — Todos os *bits* com 1 (valor 255).

A declaração de uma variável do tipo *char* segue a sintaxe já conhecida:

`char var1, ch, var2;`

Para realizar uma carga automática de uma variável do tipo *char* deverá ser colocado o caractere a atribuir entre **Aspas simples** (Ex: `'A'`), e não entre **Aspas**.

Nota: A representação de um caractere individual é sempre realizada entre aspas simples (`'A'`, `'2'`, `'\n'`).

A utilização de aspas para a representação de um caractere "A" é um erro comum, está totalmente incorreta e pode levar a algumas surpresas não muito agradáveis.

Nota:

> A representação de caracteres em C faz-se utilizando aspas simples (`'A'`) e não aspas (`"A"`).

`char ch = 'A', v = '$', nl = '\n';`

A representação de caracteres está particularmente facilitada, uma vez que a maior parte dos caracteres de uso mais comum está presente no nosso teclado, bastando para isso pressionar a tecla correspondente ao caractere que queremos escrever e colocá-lo entre aspas simples para que ele possa ser utilizado.

Existem, no entanto, outros caracteres que são particularmente úteis, mas que não são possíveis de escrever com o nosso teclado. O exemplo mais flagrante é o caractere **New Line**.

No caso do *New Line*, este está associado à tecla <ENTER> ou <RETURN>, a qual é normalmente representada pelo símbolo ↵. Se desejar escrever um New Line num *printf*, não basta clicar na tecla <ENTER> enquanto se escreve a *string* do *printf*, uma vez que o <ENTER> é uma tecla especial de edição de texto que tem normalmente por função abrir uma nova linha no seu editor.

Esse e outros caracteres especiais podem ser representados entre aspas simples por mais de um caractere, desde que sejam precedidos do caractere \ (*Backslash*). O caractere \ indica que o caractere seguinte deve ser considerado de forma especial.

Exemplo:

- *'n' — Caractere 'n'*
- *'\n' — Caractere especial (New Line)*

A seguir apresenta-se a lista de todos os caracteres especiais:

\7	*Bell (sinal sonoro do computador)*
\a	*Bell (sinal sonoro do computador)*
\b	*BackSpace*
\n	*New Line (mudança de linha)*
\r	*Carriage Return*
\t	*Tabulação Horizontal*
\v	*Tabulação Vertical*
****	*Caractere \ (forma de representar o próprio caractere especial \ )*
\'	*Caractere ' (aspas simples)*
\"	*Caractere " (aspas)*
\?	*Caractere ? (ponto de interrogação)*
\ooo	*Caractere cujo código ASCII em Octal é ooo*
\xyy	*Caractere cujo código ASCII em Hexadecimal é yy*

O formato de leitura e escrita para caracteres é %c.

O programa seguinte é uma outra forma de escrever *Hello World* na tela.

prog0209.c

```
1: #include <stdio.h>
2:
3: main()
4: {
5:     printf("%cello Wo%cld%c",'H','r','\n');
6: }
```

$ prog0209
Hello World
$

Repare que cada um dos %c é substituído pelo caractere correspondente, escrevendo no final a famosa frase Hello World.

```
printf("%cello Wo%cld%c",'H','r','\n');
```

Exemplo: Escreva um programa que leia um caractere e a seguir o escreva na tela.

prog0210.c

```
1: #include <stdio.h>
2:
3: main()
4: { char ch;
5:   printf("Introduza um Caractere: ");
6:   scanf("%c", &ch);
7:   printf("O caractere introduzido foi '%c'\n",ch);
8: }
```

```
$ prog0210
Introduza um Caractere: A
O caractere introduzido foi 'A'
$
```

Como se pode observar, o programa é em tudo semelhante aos programas anteriormente apresentados. Note, no entanto, que na linha 7 o *printf* não necessitava de aspas simples em torno do formato %c. As aspas simples são, dentro de uma *string*, um caractere como qualquer outro.

Desejava-se que o caractere, ao aparecer na tela, ficasse entre aspas simples, isto é, antes e depois de realizada a substituição de **%c** pelo valor de *ch* é escrita uma aspa simples.

Vejamos qual a saída produzida por essas duas versões diferentes da sétima linha.

```
7:    printf("O caractere introduzido foi '%c'\n",ch);
O caractere introduzido foi 'A'

7:    printf("O caractere introduzido foi %c\n",ch);
O caractere introduzido foi A
```

A leitura de caracteres pode ser realizada sem ter que se recorrer à função *scanf*. Pode-se utilizar uma outra função desenhada unicamente para a leitura de um caractere — a função **getchar()**.

A função *getchar* é invocada sem qualquer parâmetro. Ela lê um caractere e devolve o caractere obtido como resultado da função, evitando a escrita de parâmetros, formatos, *&ch* etc.

caractere lido ← getchar();

O programa anterior poderia ser escrito da seguinte forma:

prog0211.c

```
1: #include <stdio.h>
2:
3: main()
4: { char ch;
5:   printf("Introduza um Caractere: ");
6:   ch = getchar();
7:   printf("O caractere introduzido foi '%c'\n",ch);
8: }
```

A sexta linha do programa invoca a função *getchar()*, a qual é responsável por ler um caractere introduzido pelo usuário. Depois de lido, a função devolve esse mesmo caractere, que é atribuído à variável *ch*.

getchar() vs. scanf()

Como se pode observar, a utilização da função **getchar** evita a presença do formato de leitura (%c), pois o **scanf** é uma função genérica de leitura, enquanto o **getchar** é uma função especificamente dedicada à leitura de caracteres. Como a variável não é passada como parâmetro à função *getchar*, não precisa ser precedida pelo **&**.

O tratamento de caracteres pode, no entanto, apresentar algumas surpresas. Observe com atenção o seguinte exemplo.

Exemplo: Escreva um programa que solicite, através da função *scanf*, um caractere ao usuário e, em seguida, peça outro. Depois de introduzidos ambos os caracteres, tal programa deverá mostrar os dois caracteres lidos entre aspas simples.

É muito importante experimentar o seguinte programa!

prog0212.c

```
 1: #include <stdio.h>
 2:
 3: main()
 4: { char ch1, ch2;
 5:   printf("Introduza um Caractere: ");
 6:   scanf("%c",&ch1);
 7:   printf("Introduza outro Caractere: ");
 8:   scanf("%c",&ch2);
 9:   printf("Os caracteres introduzidos foram '%c' e '%c'\n", ch1,ch2);
10: }
```

Experimente executar esse programa com os caracteres a e b. Qual é a saída?

```
$ prog0212
Introduza um Caractere: a
Introduza outro Caractere: Os caracteres introduzidos foram 'a' e '
'
$
```

Estranho, não é?

Mas existe uma razão para que isso aconteça. A leitura de valores através da maioria das funções usa o *buffer* do teclado como repositório temporário dos caracteres que nós escrevemos.

A utilização do *buffer* é visível pelo fato de podermos alterar o caractere escrito antes de o enviarmos para o programa, bastando para tal clicar na tecla BackSpace ⌫, apagando o caractere atual e voltando a escrever o caractere ou caracteres desejados. O que importa realçar é que, enquanto não pressionarmos a tecla <ENTER>, o conteúdo do *buffer* do teclado não é enviado às variáveis.

Se não estivéssemos usando o *buffer* do teclado, assim que batêssemos numa tecla o caractere seria automaticamente colocado na variável sem necessitar que fosse pressionada a tecla <ENTER>.

Desse modo, quando solicitamos o primeiro caractere somos obrigados a escrever o caractere e teclar em <ENTER>. Assim, enviamos ao programa não um, mas dois caracteres.

```
Introduza um Caractere: a ↵
```

Como o primeiro *scanf* só necessita de um caractere, vai proceder à leitura do primeiro caractere disponível no *buffer* e colocá-lo na variável *ch1*. No entanto o ↵ ainda se encontra no *buffer*, e note que o <ENTER> é um caractere como outro qualquer.

Assim, quando é feito o segundo pedido, como já existe um caractere disponível no *buffer* (o New Line) o programa não pára e aproveita esse caractere para continuar a execução do mesmo.

Assim, quando se escrevem os caracteres escreve-se o caractere 'a' e o caractere '\n'.

```
Introduza um Caractere: a ↵
```

```
printf("Os caracteres introduzidos foram '%c' e '%c'\n", ch1,ch2);
```

Como ambos foram colocados entre aspas simples ao escrever o *New Line*, o cursor é automaticamente colocado numa nova linha onde o *printf* ainda vai escrever a aspa simples e o *New Line* finais.

Como se pode resolver esse problema?

A solução é particularmente simples, e consiste em colocar um espaço em branco '☐' imediatamente antes do *%c* do segundo *scanf*, mas dentro da *string* do formato.

prog0212.c

```
 1: #include <stdio.h>
 2:
 3: main()
 4: { char ch1, ch2;
 5:   printf("Introduza um Caractere: ");
 6:   scanf("%c",&ch1);
 7:   printf("Introduza outro Caractere: ");
 8:   scanf("☐%c",&ch2);
 9:   printf("Os caracteres introduzidos foram '%c' e '%c'\n", ch1,ch2);
10: }
```

E o resultado é o inicialmente esperado

```
$ prog0212
Introduza um Caractere: a
Introduza outro Caractere: b
Os caracteres introduzidos foram 'a' e 'b'
$
```

Nota:

> **O espaço em branco dentro de um scanf pede a essa função para ler e ignorar todos os Espaços em Branco, *New Lines* e Tabs que encontrar.**

No nosso exemplo, como o caractere <ENTER> ficava no *buffer* após a primeira leitura, era necessário removê-lo antes de realizar a nova leitura de um caractere. Assim, colocamos um espaço em branco antes do %c de forma que o *scanf* ignore e retire do *buffer* todos os separadores ('\n', '\t' e ' ') que encontrar.

Este é um pequeno truque que é bom fixar!

Uma outra forma de resolver o problema consiste em limpar todos os caracteres que existam no *buffer* do teclado utilizando a função **fflush(stdin);**

Caracteres e Inteiros

Ao contrário da maioria das linguagens de programação, os caracteres em C não são mais do que valores inteiros guardados num único *byte*. Dessa forma, todas as operações anteriormente realizadas sobre os inteiros são também aplicadas ao tipo *char*.

Depois de declarada uma variável do tipo *char*

```
char ch;
```
existem diversas formas de colocar o caractere 'A' nessa variável.

Exemplo:
```
ch = 'A';      /* Formato tradicional */
ch = 65;       /* Caractere cujo código ASCII é 65 */
ch = '\101';   /* Caractere cujo código ASCII escrito em octal é 101 */
ch = '\x41';   /* Caractere cujo código ASCII escrito em hexa é  41 */
```

As quatro instruções anteriores são equivalentes, pois trabalhar em C com caracteres ou com o seu código ASCII é exatamente o mesmo. Sendo o código ASCII de um caractere um valor numérico, podem ser realizadas com ele todas as operações que poderiam ser realizadas com um inteiro.

Observe agora o seguinte programa:

prog0213.c

```
1: #include <stdio.h>
2:
3: main()
4: { char ch;
5:   printf("Introduza um Caractere: ");
6:   scanf("%c",&ch);
7:   printf("O caractere '%c' tem o ASCII n° %d\n", ch , ch);
8: }
```

$ prog0213
Introduza um Caractere: **a**
O caractere 'a' tem o ASCII n° 97
$

Repare que declaramos uma única variável do tipo *char*.

Fazemos a sua leitura através da função *scanf* (podia-se ter feito *ch = getchar();*).

Em seguida vamos escrever o caractere lido (%c) e também o seu código ASCII, que é armazenado internamente como se tratasse de um inteiro, embora ocupe só um *byte* .

```
printf("O caractere '%c' tem o ASCII n° %d\n", ch , ch);
```

Como se pode observar, o valor contido dentro da variável ch é escrito uma vez com o formato de caractere %c, mostrando o desenho do caractere, e na outra vez com o formato de inteiro %d mostrando o inteiro armazenado na variável ch (o seu código ASCII).

Embora esse programa funcione bem, não está escrito corretamente, pois o *printf* está esperando dois valores,

```
printf("O caractere '%c' tem o ASCII n° %d\n", ch , ch);
```

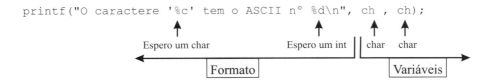

um valor do tipo *char* para colocar em %c e outro do tipo *int* para colocar em %d. Mas no local das variáveis são enviados dois caracteres, e não um caractere e um inteiro, como seria de se esperar.

(Casting)

Nota:

> Sempre que numa variável ou expressão temos um valor de um determinado tipo e queremos modificar o tipo desse valor, alterando-o para um tipo maior ou para um tipo mais baixo, podemos indicar o tipo ao qual queremos "promover" esse valor colocando o tipo pretendido entre parênteses antes do valor.

No exemplo anterior, o que queríamos era que o terceiro parâmetro passado à função *printf* fosse do tipo *int*, e não do tipo *char*. Para tal, devemos enviar não um caractere, mas antes o seu valor armazenado num inteiro, colocando antes da variável o prefixo **(int)**, promovendo o valor da variável **temporariamente** a inteiro antes de ser enviado para o *printf*.

```
printf("O caractere '%c' tem o ASCII nº %d\n", ch , (int) ch);
```

Nesse caso já existe correspondência entre os formatos de escrita e os tipos dos valores enviados para a função *printf*.

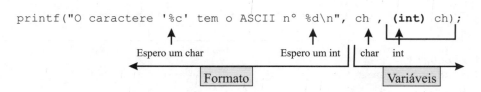

Exemplo: Escreva um programa que solicite um inteiro (entre 0 e 255) ao usuário e mostre o inteiro seguinte e o caractere correspondente.

prog0214.c

```
 1: #include <stdio.h>
 2:
 3: main()
 4: { int num;
 5:   printf("Introduza um Inteiro: ");
 6:   scanf("%d",&num);
 7:   printf("Foi introduzido %d cujo caractere = '%c'\n",
 8:          num, (char) num);
 9:   printf("O caractere seguinte = '%c' tem o ASCII nº %d\n",
10:          (char) (num+1) , num+1);
11: }
```

```
$ prog0214
Introduza um Inteiro: 67
Foi introduzido 67 cujo caractere = 'C'
O caractere seguinte = 'D' tem o ASCII nº 68
$
```

Nesse exemplo, fazemos a leitura de um inteiro e vamos apresentar o caractere que ele tem armazenado. Para escrevermos o seu código ASCII bastará escrever o próprio inteiro num. Para escrever o caractere cujo código está guardado em num, bastará escrever esse valor com o formato %c. É, no entanto, aconselhável alterar a variável temporariamente de (*int*) para (*char*), de forma a serem enviados parâmetros dos tipos correspondentes aos formatos de escrita do *printf*.

Para escrever o caractere seguinte e o seu respectivo código ASCII bastará somar uma unidade ao valor armazenado em num e enviá-lo para *printf*, escrevendo-o também duas vezes com os formatos %c e %d.

Note que, no último *printf*, **num+1** aparece entre parênteses (num+1), de forma que o resultado da soma de **num+1** seja *"promovido"* a *char*.

Situações em que Inteiros e Caracteres Não se Devem Misturar

Atenção:

> Apesar de se poder realizar conversões de inteiros para caracteres e vice-versa, a leitura de inteiros com formato %c ou a leitura de caracteres com %d leva a resultados completamente inesperados e excepcionalmente perigosos, não devendo por isso ser realizada.

A razão é muito simples. Quando se pede para ler um caractere (%c), a função *scanf* apenas vai alterar um *byte* em memória. Ao colocar o caractere lido num inteiro, apenas um dos *bytes* do inteiro será alterado, ficando num dos *bytes* o caractere lido. Todos os outros *bytes* componentes do inteiro ficam exatamente como estavam antes da chamada à função *scanf*.

Um (**mau**) exemplo disso é apresentado pelo programa prog0215.c

prog0215.c   (Má implementação!)

```
1: #include <stdio.h>
2:
3: main()
4: { int num=1000;
5:   printf("Introduza um Caractere: ");
6:   scanf("%c",&num);
7:   printf("O valor de num = %d cujo caractere = '%c'\n",
8:           num,(char) num);
9: }
```

$ prog0215
Introduza um Caractere: A
O valor de num = 833 cujo caractere = 'A'
$

Como se pode observar, o valor inteiro armazenado em num não é 65 (ASCII do 'A'), mas sim 833.

Vejamos como é obtido esse valor:

O valor inicial de *num = 1000;*

Ora, se um inteiro ocupar dois *bytes,* os *bits* que representam o valor 1000 estão dispostos da seguinte forma:

| 0000 0011 | 1110 1000 |

Quando é realizada a leitura com *%c*, apenas um dos *bytes* será alterado (nesse caso o *byte* da direita), colocando aí o valor do caractere lido 'A', cujo aspecto em binário é 01000001.

Assim, o *byte* da direita possuirá o valor 65, correspondente ao código ASCII do 'A', ficando o inteiro *num* com o seguinte aspecto:

O que representa o número $2^9 + 2^8 + 65 = 833$

que foi o inteiro que o programa apresentou como presente na variável num.

Se o exemplo anterior é considerado bastante ruim, observe então o que se segue:

prog0216.c   (Má implementação!)

```
1: #include <stdio.h>
2:
3: main()
4: { char ch1 = 'X', ch2 = 'Y';
5:   printf("Introduza um Inteiro: ");
6:   scanf("%d",&ch2);
7:   printf("O valor de ch1 = '%c' e ch2 = '%c'\n", ch1,ch2);
8: }
```

```
$ prog0216
Introduza um Inteiro: 16706
O valor de ch1 = 'A' e ch2 = 'B'
$
```

Nesse último caso, a situação é contrária à anterior. Declaram-se duas variáveis do tipo *char* (*ch1* e *ch2*) e inicia-se com os caracteres `'X'` e `'Y'`, respectivamente.

Em seguida, solicitamos um inteiro, e vamos supor que digitávamos o nº 16706 e vamos colocá-lo na variável do tipo *char ch2*.

Embora não nos pareça lógica essa operação, é um erro muito comum e obtém-se como resultado a alteração não apenas da variável *ch2*, mas também da variável *ch1*.

Como isso foi possível?

Ao declarar duas variáveis do tipo *char* (*ch1* e *ch2*), o compilador vai reservar um *byte* para cada uma delas e vai colocar os *bits* de cada uma delas de forma a que representem o caractere `'X'` e o caractere `'Y'`. Vamos supor que, por azar, as duas variáveis fiquem (como ficaram) uma depois da outra em memória.

| ch1 | 0101 1000 | Caractere 'X' |
| ch2 | 0101 1001 | Caractere 'Y' |

Ao realizar uma leitura de um inteiro (*%d*), independentemente do tipo da variável que seja passada ao *scanf* para salvaguardar o valor lido, é sempre alterado o número de *bytes* relativos a um inteiro (pois o formato de leitura *%d* corresponde ao formato de leitura de inteiros). Nesse caso, vão ser alterados dois *bytes* consecutivos.

Como foi enviada a variável *ch2* ao *scanf*, os dois *bytes* que representam o inteiro vão ser armazenados a partir de *ch2*. Como a variável *ch1* está imediatamente após a *ch2*, ambas as variáveis vão ser alteradas pelo valor lido pelo *scanf*, o qual, separado em dois *bytes,* forma os números 65 e 66, que representam os caracteres ASCII `'A'` e `'B'`.

Nota:

> A leitura de variáveis com a função scanf, utilizando formatos não adequados ao tipo das variáveis que são passadas, poderá levar a erros particularmente difíceis de detectar.

Nota:

> Os exemplos anteriores apresentaram os problemas de leitura de inteiros e caracteres com formatos incorretos. Tudo o que foi afirmado antes é válido para qualquer tipo de C (char, int, float ou double) em que se utilize a função scanf, com formatos não adequados às variáveis que vão receber cada um dos valores.

Caracteres e Variações

Tal como o tipo *int*, também o tipo *char* permite uma pequena variante na declaração de uma variável desse tipo.

Como já foi referido, um caractere ocupa um *byte* e não é mais do que um pequeno inteiro guardado num único *byte* que representa o código ASCII de um caractere.

Tal como o inteiro, um caractere também pode ser declarado com sinal (**signed**) ou sem sinal (**unsigned**).

Normalmente, declarar uma variável do tipo *char* é equivalente a declarar uma variável do tipo unsigned *char*, isto é, normalmente as variáveis do tipo *char* não têm sinal. No entanto, por padrão alguns compiladores muito utilizados (como é o caso dos compiladores da Borland Turbo C, Borland C etc.) utilizam os caracteres com sinal.

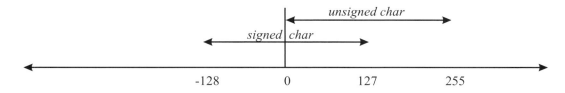

Nota:

Quer seja signed ou unsigned, a leitura ou escrita de uma variável do tipo char, utilizando as funções scanf e printf, é sempre realizada com %c.

Formatos de Leitura e Escrita (Resumo)

Tipo	Formato	Observações
char	%c	Um único **caractere**
int	%d ou %i	Um **i**nteiro (Base **d**ecimal)
int	%o	Um inteiro (Base **o**ctal)
int	%x ou %X	Um inteiro (Base **h**exadecimal)
short int	%hd	Um **s**hort inteiro (Base **d**ecimal)
long int	%ld	Um **l**ong inteiro (Base **d**ecimal)
unsigned short int	%hu	short inteiro positivo
unsigned int	%u	inteiro positivo
unsigned long int	%lu	long inteiro positivo
float	%f ou %e ou %E	
double	%f ou %e ou %E	

Resumo do Capítulo 2

A linguagem C apresenta quatro tipos de dados básicos — **char**, **int**, **float** e **double**.

Podemos declarar variáveis de cada um desses tipos para armazenar valores. Depois de declarada, uma variável fica com um valor aleatório.

A atribuição de valores a uma variável é realizada através do sinal de =.

Podem ser realizadas atribuições encadeadas (a=b=c=2;). Nesse caso, elas são realizadas da direita para a esquerda, pois uma atribuição devolve sempre o valor atribuído.

Uma variável pode ser iniciada assim que é declarada, colocando o sinal de atribuição seguido do valor a ser atribuído (Ex: *int a = 234;*).

O nome de uma variável deverá sempre representar a informação que ela contém.

Qualquer operação entre inteiros devolve sempre um resultado inteiro. As operações mais comuns são: a soma (+), a subtração (–), a multiplicação (*), a divisão inteira (/) e o resto da divisão inteira (%), também conhecido por módulo.

Os reais também podem ser submetidos às operações anteriores, à exceção do módulo (%).

A leitura e a escrita de valores podem ser realizadas através das funções *scanf* e *printf*, respectivamente, utilizando os formatos adequados a cada tipo **%d** - *int*, **%f** - *float* e *double* e **%c** - *char*. No caso do *scanf*, cada variável deverá ser precedida de um **&**.

O tipo *int* permite algumas pequenas variações, quer no tamanho, quer na forma, através dos prefixos **short**, **long**, **signed** e **unsigned**.

O tipo *char* permite as variações **signed** e **unsigned**.

As variáveis do tipo *char* não são mais do que pequenos inteiros guardados num único *byte*. Assim, podem ser realizadas todas as operações numéricas que se podem realizar com inteiros.

Sempre que é necessário alterar uma expressão para um determinado tipo utiliza-se o *casting* **(tipo)**. Essa alteração é temporária.

Não se deve realizar a leitura de variáveis de um determinado tipo usando um formato de leitura que não corresponda a esse tipo.

Exercícios Resolvidos

→ Escreva um programa em C que peça ao usuário dois inteiros e apresente o resultado da realização das operações aritméticas tradicionais.

prog0217.c

```
 1: #include <stdio.h>
 2:
 3: main()
 4: { int a,b;
 5:   printf("Introduza dois Inteiros: ");
 6:   scanf("%d%d",&a, &b);
 7:   printf("%d + %d = %d\n",a,b,a+b);
 8:   printf("%d - %d = %d\n",a,b,a-b);
 9:   printf("%d * %d = %d\n",a,b,a*b);
10:   printf("%d / %d = %d\n",a,b,a/b);
11:   printf("%d %% %d = %d\n",a,b,a%b);
12: }
```

Nota: Note que, para escrever o caractere % num printf (pois é um caractere com um significado especial) é necessário escrever %%.

→ Escreva um programa em C que solicite um determinado número de segundos e, em seguida, indique quantas horas, minutos e segundos esse valor representa.

prog0218.c

```
 1: #include <stdio.h>
 2:
```

```
 3: main()
 4: { long int n_segundos;
 5:   printf("Introduza o Nº de segundos: ");
 6:   scanf("%ld",&n_segundos);
 7:   printf("Horas   : %d\n",(int) n_segundos/3600);
 8:   printf("Minutos : %d\n",(int) (n_segundos%3600/60));
 9:   printf("Segundos: %d\n",(int) n_segundos % 60);
10: }
```

Nota: Nesse programa o número de horas é calculado através do quociente da divisão inteira entre o número total de segundos e o número de segundos contidos em uma hora (3600).

O número de minutos é calculado através do quociente da divisão dos segundos restantes (os quais podem ser obtidos através do resto da divisão anterior) dividido pelo número de segundos contidos em um minuto (60).

O número de segundos é simplesmente obtido pelo resto da divisão entre o número total de segundos e 60 (pois são apenas aqueles segundos que não cabem num minuto).

→ Escreva um programa em C que solicite um determinado número real e mostre qual a sua parte inteira e a sua parte fracionária.

prog0219.c

```
 1: #include <stdio.h>
 2:
 3: main()
 4: { float x;
 5:   printf("Introduza um Nº real: ");
 6:   scanf("%f",&x);
 7:   printf("Parte Inteira    : %d\n",(int) x);
 8:   printf("Parte Fracionaria: %f\n", x - ((int) x));
 9:
10: }
```

Nota: Para obter a parte inteira de um número real é necessário fazer a sua alteração para inteiro, fazendo o casting para o tipo int. Assim, se x tivesse o valor 12.34, (int) x indicaria a parte inteira do float x (12). Para obter a parte fracionária, seria necessário retirar do valor x a sua parte inteira x - ((int) x).
x - ((int) x) é equivalente a 12.34 - ((int) 12.34), é equivalente a 12.34 - 12, que é igual a 0.34, que corresponde à parte fracionária do número real x.

Exercícios Propostos

1. Indique quais das seguintes declarações estão corretas.

   a) y int;
   b) int ;
   c) integer x;
   d) inta , b;
   e) float f, g , c;
   f) char ch1=ch2='A';
   g) char ch1 = 'A', ch2 = 'A';

2. Uma variável inteira, quando é declarada, é sempre iniciada com ...

   a) 0 (Zero)
   b) 1 (Um)
   c) Um valor aleatório
   d) Um valor negativo

3. Indique, na seguinte lista, quais os identificadores corretos e incorretos de variáveis:

   a) Valor
   b) &xvar
   c) dez%
   d) a+b
   e) _Kabonga
   f) MENOS
   g) 10a
   h) a10
   i) main
   j) F1

4. O nome de uma variável ...

   a) deve indicar aquilo que ela armazena
   b) deve ser o menor possível
   c) deve ser o maior possível
   d) deve ser o mais explícito possível
   e) deve ser todo escrito em maiúsculas
   f) pode, mas não deve, começar por underscore (_)
   g) pode conter mais do que um caractere

5. Associe os seguintes tipos aos correspondentes formatos de leitura e escrita.

`int`	`%e`
`float`	`%ld`
`char`	`%f`
`short int`	`%d`
`long int`	`%hd`
`signed long int`	`%c`

6. Indique quais das seguintes afirmações são verdadeiras e quais são falsas.

   a) O tipo float reserva espaço em memória para um real com precisão simples, enquanto o tipo double reserva espaço para uma variável com precisão dupla.
   b) O tipo char pode ter os prefixos long e short.
   c) O tipo char pode ter os prefixos signed e unsigned.
   d) Uma variável declarada como unsigned pode comportar valores superiores a uma outra que seja declarada como signed.
   e) Uma variável do tipo char pode armazenar caracteres individuais ou conjuntos de caracteres também denominados por strings.
   f) Uma variável do tipo char pode armazenar vários caracteres, desde que todos eles sejam caracteres ASCII.
   g) Uma variável do tipo char pode armazenar vários caracteres, desde que sejam caracteres especiais.
   h) O operador módulo (%) não pode ser utilizado em reais.

7. Identifique os erros de compilação que seriam detectados nos seguintes programas:

   7.1

```
/*
 * Copyright: Asneira Suprema Software!!!
 */

#include <stdio.h>
main()
```

```
{
   int x, y, x;
}
```

7.2

```
/*
 * Copyright: Asneira Suprema Software!!!
 */

#include <stdio.h>
main()
{
  int x, y;
  float int = 5.23;
  printf("%f",int);
}
```

7.3

```
/*
 * Copyright: Asneira Suprema Software!!!
 */

#include <stdio.h>
main()
{
        int x=y=z=0;
   printf("%d %d %d \n",x,y,z);
}
```

8. Embora os programas que se seguem não tenham erros de compilação, identifique as causas de seu possível mau funcionamento.

8.1

```
/*
 * Copyright: Asneira Suprema Software!!!
 */

#include <stdio.h>
main()
{
        int n;
   scanf("Introduza um Nº %d", &n);
   printf("O nº = %d\n",n);
}
```

8.2

```
/*
 * Copyright: Asneira Suprema Software!!!
 */

#include <stdio.h>
main()
{
        int n;
   printf("Introduza um Nº");
   scanf("%d\n", &n);
   printf("O nº = %d\n",n);

}
```

8.3

```
/*
 * Copyright: Asneira Suprema Software!!!
 */

#include <stdio.h>
main()
{
        int n;
    printf("Introduza um Nº");
    scanf("%f", &n);
    printf("O nº = %f\n",n);
}
```

9. Escreva um programa que solicite ao usuário uma determinada data e a mostre em seguida no formato dd/mm/aaaa.

10. Escreva um programa que solicite ao usuário uma determinada data no formato aaaa-mm-dd e a mostre em seguida no formato dd/mm/aaaa.

3
Testes e Condições

Objetivos

- Como se representam em C os valores lógicos VERDADE e FALSO
- Condições lógicas
- Operadores relacionais — (== , > , < , >= , <= , !=)
- Operadores lógicos — (&& , || , !)
- *if-else, switch, break*
- Instruções *if-else* encadeadas
- Operador condicional – ?
- Precedência dos operadores
- Blocos de instruções
- Indentação

Introdução

Até o momento, os programas que fizemos estão particularmente adaptados a um mundo perfeito, sem erros, dúvidas ou qualquer tipo de variações. As instruções seguem-se umas às outras, seguindo sempre a mesma ordem de execução, quaisquer que sejam os valores de entrada.

Com a matéria apresentada até agora, podíamos escrever um programa que tivesse por objetivo preparar uma pessoa para o seu dia de trabalho. Seria algo parecido com:

```
Vestir Camiseta
Vestir Casaco
Vestir Calças
Calçar Sapatos
Pentear
...
```

No entanto, basta pensar no nosso dia-a-dia e verificar que, mal nos levantamos, uma das primeiras coisas que fazemos é verificar qual o estado do tempo, de forma a decidir se devemos ir ou não mais agasalhados.

No caso de nos encontrarmos em pleno inverno, o programa anterior podia estar mais ou menos adaptado, no entanto, caso o sol brilhasse de forma abrasadora talvez não fosse a melhor maneira de nos equiparmos para o trabalho, pois não faz qualquer sentido vestir um casaco durante o verão.

Qual seria então a solução?

Se retirarmos a linha **Vestir Casaco**, o programa fica adaptado ao verão, mas não ao inverno.

A solução é manter a linha **Vestir Casaco** no programa e executá-la apenas quando a temperatura for suficientemente baixa.

Ao contrário dos programas anteriormente realizados, em que todas as instruções eram sempre executadas, podemos escrever programas que tenham a capacidade de tomar decisões sobre que instruções executar.

```
Vestir Camisa
Se estiver um frio de rachar então Vestir Casaco
Vestir Calças
Calçar Sapatos
Pentear
```

No exemplo acima, a opção de **Vestir Casaco** existe no programa, mas só para dias de inverno rigoroso.

Esse tipo de programação não faz mais do que refletir computacionalmente a nossa atividade diária sobre que produtos comprar, relação preço/qualidade, o que almoçar, onde almoçar, etc., um sem-fim de decisões que temos que tomar no dia-a-dia, e vamos agora analisar como se pode implementá-las através da linguagem C.

Valores Lógicos — Verdadeiro e Falso

Como vimos no capítulo anterior, a linguagem C possui apenas quatro tipos de dados (*int*, *float*, *char* e *double*), não existindo nenhum tipo que permita representar os valores lógicos (Verdadeiro e Falso). Existem, contudo, linguagens que disponibilizam um tipo específico para representar valores lógicos (Ex.: BOOLEAN em PASCAL, o qual pode receber os valores TRUE e FALSE).

Nota:

Em C não existe nenhum tipo específico de dados para armazenar valores lógicos.

Nota:

Em C o valor lógico FALSO é representado por 0 (ZERO).

Tudo aquilo que seja diferente de 0 (ZERO) representa o valor lógico VERDADEIRO.

Exemplos:

```
Falso    : 0
Verdade  : 2 , -3 , 123.45 , 0.000001
```

Nota:

O valor lógico VERDADE em C não é o valor 1, mas sim qualquer valor diferente de 0 (ZERO).
O valor 1 é apenas um dos valores possíveis para representar VERDADE.

Os valores lógicos resultam, normalmente, de afirmações que são analisadas e cuja avaliação determina se a afirmação é verdadeira ou falsa.

Exemplos:

```
A terra é quadrada. (FALSO)
O gelo apresenta-se no estado sólido. (VERDADE)
O valor 20 é superior ao valor 14. (VERDADE)
O valor 20 é superior ao valor 34. (FALSO)
```

Operadores Relacionais

Em C existe um conjunto de seis operadores relacionais, os quais podem ser usados na avaliação de expressões. Seu objetivo consiste no estabelecimento de relações entre os operandos.

Operador	Nome	Exemplo	Significado do Exemplo
==	**Igualdade**	a == b	a é **igual** a b?
>	**Maior que**	a > b	a é **maior** que b?
>=	**Maior ou Igual que**	a >= b	a é **maior ou igual a** b?
<	**Menor que**	a < b	a é **menor** que b?
<=	**Menor ou Igual que**	a <= b	a é **menor ou igual a** b?
!=	**Diferente de**	a != b	a é **diferente** de b?

Nota:

Uma expressão que contenha um operador relacional devolve sempre como resultado o valor lógico VERDADE (1) ou FALSO (0).

Exemplo: Implemente um programa que solicite ao utilizador dois inteiros e, em seguida, aplique todos os operadores relacionais de C aos inteiros lidos.

prog0301.c

```
1: #include <stdio.h>
2:
3: main()
4: {
5: int x,y;
```

```
 6: printf("Introduza 2 inteiros: ");
 7: scanf("%d%d",&x,&y);
 8: printf("O Resultado de %d == %d : %d\n",x,y,x==y);
 9: printf("O Resultado de %d >  %d : %d\n",x,y,x>y);
10: printf("O Resultado de %d >= %d : %d\n",x,y,x>=y);
11: printf("O Resultado de %d <  %d : %d\n",x,y,x<y);
12: printf("O Resultado de %d <= %d : %d\n",x,y,x<=y);
13: printf("O Resultado de %d != %d : %d\n",x,y,x!=y);
14: }
```

```
$ prog0301
Introduza 2 inteiros: 7 5
O Resultado de 7 == 5 : 0
O Resultado de 7 >  5 : 1
O Resultado de 7 >= 5 : 1
O Resultado de 7 <  5 : 0
O Resultado de 7 <= 5 : 0
O Resultado de 7 != 5 : 1
$
```

No exemplo anterior, as expressões são avaliadas e o resultado de cada avaliação é escrito como inteiro (0 — Falso, 1 — Verdade).

Os operadores relacionais podem ser aplicados a expressões simples ou complexas.

Exemplo:

```
4 >= 2
x <= y
(x+y) < (x*2+y*(-4))
```

Atenção:

> Um erro muito freqüente em programação é a troca do operador == pelo operador =. O operador == verifica se duas expressões são iguais, enquanto o operador = é utilizado para a atribuição de valores a variáveis.

if-else

A instrução *if-else* é uma das instruções de controle de fluxo da linguagem C. Permite indicar quais as circunstâncias em que se deve executar determinada instrução ou conjunto de instruções.

A sua sintaxe é:

```
if (condição)
   instrução1;
[ else instrução2; ]
```

Como se pode observar, a componente **else** do *if* é facultativa (colchetes).

Essa instrução permite a existência de instruções que não sejam executadas num programa. Para tal, basta que a condição necessária para a sua execução nunca se verifique.

A instrução if-else funciona da seguinte maneira:

- *A condição é avaliada;*
- *Se o resultado da condição for verdadeiro, executa a instrução1;*
- *Se o resultado da condição for falso, executa a instrução2 (caso exista o else).*

Nota:

A condição do if tem que estar sempre dentro de parênteses. Tanto a instrução1 como a instrução2 são seguidas de ponto-e-vírgula (;)

Exemplo: Implemente um programa que indique se um número é positivo (>=0) ou negativo.

prog0302.c

```
 1: #include <stdio.h>
 2:
 3: main()
 4: {
 5: int x;
 6: printf("Introduza um Nº ");
 7: scanf("%d", &x);
 8: if (x>=0)
 9:    printf("Número Positivo\n");
10: else
11:    printf("Número Negativo\n");
12: }
```

No exemplo anterior é solicitado e lido um inteiro (linhas 6: e 7:). Como se pretende indicar se o número lido é positivo ou negativo, vamos testar se o número **x** é maior ou igual a zero utilizando o operador relacional >= (linha 8:).

Se o resultado da avaliação da expressão (x>=0) for **Verdadeiro**, então invoca-se a função *printf* com a *string* **"Número Positivo\n"** (linha 9:); caso contrário, isto é, se a avaliação de (x>=0) devolver o valor **Falso** (zero), invoca-se a função *printf* com a *string* **"Número Negativo\n"** (linha 11:).

```
$ prog0302
Introduza um Nº 15
Número Positivo
```

```
$ prog0302
Introduza um Nº -15
Número Negativo
```

Exemplo: Implemente um programa que indique se o inteiro lido é zero ou não.

prog0303.c

```
 1: #include <stdio.h>
 2:
 3: main()
 4: {
 5: int x;
 6: printf("Introduza um Nº ");
 7: scanf("%d", &x);
 8: if (x!=0)
 9:    printf("%d não é zero!!!\n",x);
10: else
11:    printf("%d é igual a zero!!!\n",x);
12: }
```

Este programa é semelhante ao anterior, só o tipo de teste é que é diferente, pois utiliza o operador **!=** (diferente).

Repare agora no seguinte pormenor.

Quando o valor de x é diferente de zero, o resultado da avaliação da expressão x!=0 devolve o valor **Verdade**. Ora, como x é diferente de zero (e como zero é **Falso**, e tudo o que é diferente de zero representa **Verdade**), x representa por si só o valor lógico **Verdade** (pois é diferente de zero). Por isso, escrever (x!=0) ou (x) é exatamente a mesma coisa.

Exemplo:

Valor de x	Valor Lógico Representado por x	Valor Lógico: x!=0
5	Verdade	Verdade
0	Falso	Falso
-5	Verdade	Verdade

Dessa maneira, o programa anterior poderia ter sido escrito da seguinte forma:

prog0303.c

```
 1: #include <stdio.h>
 2:
 3: main()
 4: {
 5: int x;
 6: printf("Introduza um Nº ");
 7: scanf("%d", &x);
 8: if (x)        /* em vez de if (x!=0) */
 9:    printf("%d não é zero!!!\n",x);
10: else
11:    printf("%d é igual a zero!!!\n",x);
12: }
```

Como se pode verificar, existem mil e uma maneiras de escrever um programa corretamente. No entanto, nessa última versão perde-se legibilidade, uma vez que se aproveita o valor de uma variável como valor lógico, em vez de se usar o teste x!=0, que representa o teste que na realidade pretendemos realizar.

Nota:

> Em C, o valor de uma variável ou de uma constante pode ser aproveitado pelo programador como valor lógico, utilizando-o como FALSO (caso 0) ou VERDADE (caso seja diferente de 0).

Em geral os programadores mais experientes em C gostam de escrever um código que mais ninguém compreende, recorrendo a algumas características da própria linguagem. No entanto, muitas vezes o código por eles escrito é de tal forma compacto ou confuso que até eles mesmos têm dificuldades de entendê-lo.

Nota:

> Um programa deve estar escrito de tal maneira que um leve passar de olhos pelo código indique ao leitor, sem sombra de dúvidas, aquilo que a aplicação deve fazer.

Exemplo: Implemente um programa que adicione $1.000,00 ao salário de um indivíduo, caso este seja inferior a $100.000,00.

prog0304.c

```
 1: #include <stdio.h>
 2:
 3: main()
 4: {
 5: float salario;
 6: printf("Qual o Salário ");
 7: scanf("%f", &salario);
 8: if (salario < 100000)
 9:    salario = salario +1000;
10: printf("Salário Final: %.2f\n",salario);
11: }
```

$ prog0304
Qual o Salário 93720
Salário Final: 94720.00

$ prog0304
Qual o Salário 120000
Salário Final: 120000.00

No programa prog0304.c, o salário só recebe a adição de $1.000,00 caso seja inferior a $100.000,00.

Nesse caso, só nos interessa executar a linha 9, para os indivíduos que estejam na condição de receberem menos de $100.000,00.

Nota:

> **Embora o enunciado represente o valor como $100.000,00, este número computacionalmente é sempre representado por 100000 ou 100000.00.**

Aqueles que recebem $100.000,00 ou um valor superior ficam exatamente como estão, não havendo por isso necessidade de implementar um *else*.

Note que a linha

```
10: printf("Salário Final: %.2f\n",salario);
```

apresenta uma pequena novidade, que é o formato de escrita do salário.

Já sabíamos que o formato de escrita de um *float* é **%f**. A fim de evitar que este nos apresente um grande número de casas decimais, indicamos que depois do ponto vêm apenas dois dígitos (**.2**). Assim o real escrito apresenta apenas as duas casas decimais mais significativas da sua parte fracionária, não estando a parte inteira de algum modo limitada.

Bloco de Instruções

Como se pode observar pela sintaxe da instrução *if-else*, apenas **UMA E UMA SÓ INSTRUÇÃO** pode seguir o **if** ou o **else**.

Caso se deseje que um conjunto de instruções seja realizado, quer no *if* quer no *else*, estas devem ser escritas entre { } de forma que este conjunto de instruções forme apenas um único Bloco de Instruções.

Um **Bloco** é, assim, um conjunto de duas ou mais instruções delimitadas por chaves.

Um **Bloco** pode ser colocado sem problemas num programa, no local em que possa estar uma instrução simples.

Nota:

> **Depois de um Bloco não é necessário colocar ponto-e-vírgula (;).**

Exemplo: Escreva um programa que leia dois números e os apresente por ordem crescente.

prog0305.c

```
 1: #include <stdio.h>
 2:
 3: main()
 4: {
 5: int x,y,tmp;
 6: printf("Introd. dois Nºs: ");
 7: scanf("%d %d", &x, &y);
 8: if (x >y)
 9:   {
10:       tmp = x;
11:       x = y;
12:       y = tmp;
13:   }
14: printf("%d %d\n",x,y);
15: }
```

Repare que caso o valor de x seja maior que o valor de y é necessário trocar os valores de x e y de forma que x tenha sempre o menor dos valores, evitando assim invocar duas vezes a função *printf* para cada uma das situações.

A troca de dois valores é sempre realizada em três passos, e necessita de uma variável auxiliar.

Suponha que se queira trocar o conteúdo de dois copos, um com café e outro com leite. Para tal, necessitamos de um copo adicional para ajudar a trocar os conteúdos sem os misturar.

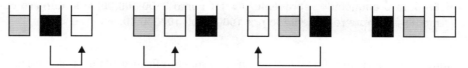

Analogamente, para trocar quaisquer dois valores é sempre necessária uma terceira variável do mesmo tipo, sendo a troca sempre realizada em três passos.

Como a troca está dependente do *if* e é composta por três instruções, temos que agrupá-las num único bloco, colocando chaves em volta. No caso de a condição do *if* ser verdadeira, são executadas as três instruções do bloco. Caso contrário, não é executada nenhuma delas.

O *printf* seguinte é sempre executado, pois não depende da instrução **if**.

Indentação

Nos dois primeiros capítulos deste livro um programa era sempre constituído por um conjunto de instruções que era sempre completamente executado. Ao adicionarmos a instrução **if-else**, existem algumas instruções que podem vir ou não a ser executadas, dependendo das condições existentes ao longo do programa.

Dessa forma, algumas instruções estão dependentes da condição do **if-else**.

É comum aos programadores indicarem a dependência que certas instruções têm das instruções anteriores colocando-as (*n espaços ou um tab*) mais à frente do que a instrução de que dependem.

Verifique a diferença de escrita

```
if (x!=0)
printf("%d é zero!!!\n",x);
else
printf("%d não é zero!!!\n",x);
```

```
if (x!=0)
   printf("%d é zero!!!\n",x);
else
   printf("%d não é zero!!!\n",x);
```

Podemos observar, através de uma breve passagem com os olhos, no exemplo à direita, que o primeiro *printf* depende do **if** e que o segundo *printf* depende do **else**, enquanto que no exemplo da esquerda temos alguma dificuldade em observar qual o encadeamento das instruções, pois estão todas colocadas ao mesmo nível.

É a essa forma de organização de código, indicando visualmente as dependências que as instruções têm umas das outras, que chamamos de **Indentação**[1].

A indentação é uma característica pessoal de cada programador, não havendo nenhuma forma melhor que as outras.

Exemplo: O modo como indento os meus programas não é a forma como estes são vulgarmente apresentados em livros de C.

Eu uso normalmente dois espaços em branco, sempre que uma instrução depende de outra

```
if (x>=0)
  printf("...");
```

Sempre que é necessária a criação de um bloco, coloco os dois espaços antes da chave que abre e coloco o código do bloco lá dentro, ficando as chaves { } no mesmo nível.

```
  if (x>0)
    {
      printf("Um");
      printf("Dois");
    }
  else
    {
      printf("Dois");
      printf("Um");
    }
```

Assim, é fácil verificar quais as chaves que abrem e quais as que fecham, pois elas estão sobre um mesmo plano vertical.

Mais uma vez se repete que o formato usado na indentação é uma característica pessoal de cada programador. O que é importante é que o código seja indentado e represente corretamente a hierarquia de instruções que se pretende executar.

O exemplo anterior mostra minha maneira pessoal de indentar um *if* com blocos. Em geral, os livros e programas publicados em C apresentam uma outra forma de indentação.

```
if (x>0) {
  printf("Um");
  printf("Dois");
}
else {
  printf("Dois");
  printf("Um");
}
```

Nesse caso, a abertura do bloco é feita logo após a condição e o fecho do bloco fica indentado pela instrução que lhe deu origem (nesse caso o *if*).

Nota:

A indentação é um processo que visa representar, de forma visualmente simples, as dependências existentes num programa. O seu objetivo é facilitar a vida do programador ou de quem vá ler o programa. A indentação não tem qualquer relevância para o compilador. Este ignora simplesmente todos os espaços, linhas em branco e tabs que encontrar durante o processo de compilação.

---

[1] Os utilizadores de sistemas Unix têm à disposição um utilitário denominado indent, cuja função é indentar automaticamente o código de um programa. A sua invocação é realizada indicando na linha de comando qual o nome do programa a indentar.
```
$ indent prog0101.c
```
Este utilitário guarda a versão original num arquivo denominado prog0101.c.BAK e coloca o programa já indentado com a denominação original prog0101.c

Instruções if-else Encadeadas

Existem situações em que o teste de uma condição não é suficiente para tomar uma decisão. Pode ser necessário testar mais do que uma condição.

Exemplo: Escreva um programa que solicite um salário ao utilizador e mostre o imposto a pagar.

- *Se o salário for negativo ou zero mostre o erro respectivo.*
- *Se o salário for maior que 1000, paga 10% de imposto, se não paga apenas 5%.*

Para resolver este problema, basta escrever o que foi dito antes, alterando os "Se" por *if-else*.

prog0306.c   (Má implementação!!!)

```
 1: #include <stdio.h>
 2:
 3: main()
 4: {
 5:    float salario;
 6:    printf("Qual o salário: ");
 7:    scanf("%f",&salario);
 8:    if (salario<=0)
 9:       printf("Salário: Valor Inválido\n");
10:    if (salario > 1000)
11:       printf("Imposto = %.2f\n",salario*0.10);
12:    else
13:       printf("Imposto = %.2f\n",salario*0.05);
14: }
```

Vejamos qual o resultado da execução.

```
$ prog0306
Qual o salário: 2000
Imposto = 200.00

$ prog0306
Qual o salário: 100
Imposto = 5.00

$ prog0306
Qual o salário: -1000
Salário: Valor Inválido
Imposto = -50.00
```

Como se pode observar, caso o valor do salário seja positivo os valores do imposto correspondente são apresentados corretamente (10% e 5%). No entanto, algo de estranho aparece quando o valor introduzido é negativo.

O que acontece, no caso de o salário ser negativo (suponhamos –1000, como no exemplo), é que o teste realizado na linha 8 devolve o valor Verdade (pois –1000 é menor que zero), indo por isso escrever a mensagem de erro correspondente. A instrução **if** termina aqui.

O programa vai passar à próxima instrução, que também é um **if**, mas agora a condição (salario > 1000) devolve Falso. Como devolve Falso não vai ser executada a instrução do **if**, mas a que está escrita, relativa ao **else**, e que corresponde ao valor do imposto a 5%.

O que é que está errado?

Uma vez testado o primeiro **if**, e caso a resposta seja verdadeira, deve ser apresentada a correspondente mensagem de erro, não devendo ser realizado qualquer dos cálculos de juros. Assim, o segundo **if** só deve ser executado caso o primeiro **if** devolva Falso. Deve então comportar-se como o *else* do primeiro **if**, de forma a que só seja executado caso a condição (salario<=0) seja falsa.

Assim, o programa prog0306.c deveria ter sido escrito:

prog0306.c

```
 1: #include <stdio.h>
 2:
 3: main()
 4: {
 5:   float salario;
 6:   printf("Qual o salário: ");
 7:   scanf("%f",&salario);
 8:   if (salario<=0)
 9:      printf("Salário: Valor Inválido\n");
10:   else
11:      if (salario > 1000)
12:         printf("Imposto = %.2f\n",salario*0.10);
13:      else
14:         printf("Imposto = %.2f\n",salario*0.05);
15: }
```

```
$ prog0306
Qual o salário: -1000
Salário: Valor Inválido
```

Repare na indentação dos dois **if-else**.

Notar que o **if** exterior não necessita de um bloco no *else*, porque o **if** interior é uma única instrução, apesar de conter um **else**.

Exemplo: Escreva um programa que calcule o Salário Bruto, o Salário Líquido e o Imposto a pagar seguindo a seguinte regra:

Salário	Taxa
<1000	5 %
>= 1000 e < 5000	11 %
>= 5000	35 %

prog0307.c

```
 1: #include <stdio.h>
 2:
 3: main()
 4: {
 5:   float salario,taxa;
 6:   printf("Qual o salário: ");
 7:   scanf("%f",&salario);
 8:   if (salario < 1000)
 9:      taxa = .05;
10:   else
11:      if (salario < 5000)
12:         taxa = .11;
13:      else
14:         taxa = .35;
15:
16:   printf("Salário: %.2f Imposto: %.2f Líquido: %.2f\n",
17:          salario, salario*taxa, salario*(1.0-taxa));
18: }
```

Repare que aquilo que nos interessa descobrir é qual a taxa a ser aplicada, guardando esse valor na variável taxa. Dessa forma, escrevemos apenas um *printf*, qualquer que seja o salário e qualquer que seja a taxa, evitando escrever três vezes o *printf* dentro de cada *if* para cada uma das três taxas.

Notar ainda que as condições escritas no código do programa são mais simples do que as escritas no enunciado.

Se alguém apresentar um salário de 3000, a primeira condição *if (salario < 1000)* devolve falso (linha 8:), entrando então pelo primeiro *else*. Temos então outro *if,* e basta-nos perguntar se o salário é menor que 5000, pois já temos a garantia de que ele é maior ou igual a mil, pois entrou pelo *else* do primeiro *if*.

Nota:

> É necessário ter algum cuidado com o cálculo de taxas, pois a atribuição taxa=.05; não poderia ser substituída pela atribuição taxa=5/100, a qual iria devolver 0 (zero), pois trata-se de uma divisão inteira.

Por vezes, as instruções *if-else* encadeadas podem causar alguns problemas se não forem utilizadas com cuidado.

Suponhamos o seguinte programa:

prog0308.c   (Má indentação!!!)

```
 1: #include <stdio.h>
 2:
 3: main()
 4: {
 5:    int a,b;
 6:    printf("Introduza dois nºs: ");
 7:    scanf("%d%d",&a,&b);
 8:    if (a >= 0)
 9:       if (b > 10)
10:          printf("B é muito grande\n");
11:    else
12:       printf("A tem um valor negativo\n");
13: }
```

Como se pode observar pela indentação do programa, existe um *if* exterior que contém um *else*. Caso a condição do *if* exterior seja verdadeira vai executar o *if* interior.

Ora, isso é o que nos revela a indentação do programa, mas, como já foi dito, a indentação serve unicamente para ajudar na leitura do código, sendo completamente ignorada pelo compilador.

Nota:

> Sempre que existam instruções if-else encadeadas, cada componente else pertence sempre ao último if (que ainda não tenha um else associado).

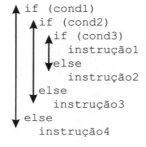

Assim, no programa anterior o *else* pertence ao *if (b > 10)* e não ao primeiro *if*, como acreditaríamos pela indentação do programa. Nesse caso a indentação correta seria:

```
 8:    if (a >= 0)
 9:        if (b > 10)
10:            printf("B é muito grande\n");
11:        else
12:            printf("A tem um valor negativo\n");
```

Mas esse não era o nosso objetivo. O nosso objetivo era que o *else* pertencesse ao primeiro *if* (exterior), e não ao segundo *if* (interior). Para resolver esse problema, colocamos chaves na instrução associada ao primeiro *if*

```
if (a >= 0)
   { if (b > 10)
       printf("B é muito grande\n");
   }
else
  printf("A tem um valor negativo\n");
```

limitando, assim, o alcance do *if* interior ao bloco a que pertence.

Nota:

Se num conjunto de instruções if encadeadas alguma delas não necessitar de else, deve-se colocar essa instrução entre chaves para que o else de algum outro if mais exterior não seja associado erradamente a este if.

Operadores Lógicos

Existem circunstâncias em que uma simples condição não é suficiente para tomar uma decisão, sendo por isso necessária a interligação de duas ou mais condições. Para tal, a maioria das linguagens coloca à disposição um conjunto de operadores lógicos, os quais funcionam da mesma forma que os operadores aritméticos, mas aplicados a valores lógicos.

Operador	Significado	Exemplo
&&	AND (E lógico)	x>=1 && x<=19
||	OR (OU lógico)	x==1 || x ==2
!	NOT (Negação lógica)	! Continuar

Esses operadores permitem a combinação de duas ou mais expressões lógicas numa única expressão, a qual devolve um único valor lógico (Verdade ou Falso).

Vejamos, então, qual o resultado da aplicação desses operadores lógicos a duas condições:

Condição1	Operador	Condição2	Resultado
✓ A terra é redonda	&&	✓ O homem é um mamífero	✓
✓ A terra é redonda	&&	• O carro é um mamífero	•
• A terra é quadrada	&&	✓ O homem é um mamífero	•
• A terra é quadrada	&&	• O carro é um mamífero	•

✓ — *representa Verdade*   • — *representa Falso*

Como se pode observar, o resultado da aplicação do operador lógico && só é igual a **Verdade** quando ambas as condições são verdadeiras, caso contrário devolve sempre **Falso**.

Normalmente, os resultados desses operadores são apresentados **em Tabelas-Verdade**, em que se coloca numa coluna e numa linha os valores de Verdade e Falso. O resultado da aplicação do operador a cada um dos valores pode ser obtido pela interseção da linha e da coluna pretendidas.

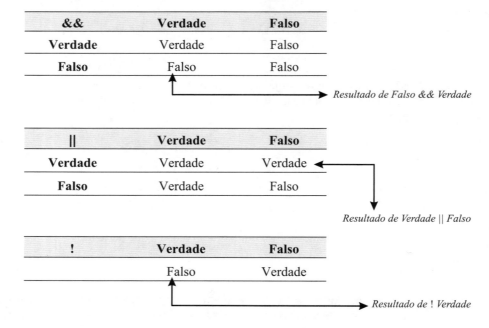

Nota:

Os operadores lógicos são operadores binários, enquanto o operador relacional ! é um operador unário, sendo aplicado apenas a uma única expressão ou condição.

Em resumo,

Operador	Exemplo	Resultado
&&	(cond1 && cond2)	Verdade se ambas as condições forem verdadeiras, Falso no caso contrário.
||	(cond1 || cond2)	Verdade se alguma das condições for verdadeira, Falso se ambas forem falsas.
!	(! cond)	Verdade se cond for falsa. Falso se cond for Verdadeira.

Nota:

Na tabela anterior falamos de condições. No entanto, qualquer expressão em C pode ser utilizada como condição, pois devolve um valor que pode ser utilizado como valor lógico.

Nota:

Embora (x==10 \|\| 20) represente aquilo que dizemos quando queremos indicar que x tem que ser 10 ou 20, essa condição está computacionalmente incorreta. Aquilo que teremos de garantir é que o valor de x seja 10 ou que o valor de x seja 20, devendo a respectiva condição ser (x==10 \|\| x==20).

Notar que, no caso da expressão (x==10 || 20), o resultado dessa avaliação é sempre Verdade, independentemente do valor de x, pois é realizado um OU com 20, que como é diferente de zero representa o símbolo Verdade (verifique qual o resultado de um OU em que um dos operandos seja Verdade).

Exemplo: Escreva um programa que aplique uma taxa de imposto de 10% aos solteiros e de 9% aos casados.

prog0309.c

```
 1: #include <stdio.h>
 2: main()
 3: {
 4:   float salario;
 5:   char est_civil;
 6:
 7:   printf("Qual o Salário: "); scanf("%f",&salario);
 8:   printf("Qual o Est. Civil: "); scanf(" %c",&est_civil);
 9:   if (est_civil=='C' || est_civil=='c')
10:      printf("Imposto: %.2f\n",salario*0.09);
11:   else
12:      if (est_civil=='S' || est_civil=='s')
13:         printf("Imposto: %.2f\n",salario*0.10);
14:      else
15:         printf("Estado Civil Incorreto!!!\n");
16: }
```

Precedência dos Operadores Lógicos e Relacionais

Em C, como na maioria das linguagens de programação, uma expressão nem sempre é avaliada da esquerda para a direita. Por exemplo, a expressão 2+3*4 devolve o valor 14 e não 20, como seria esperado se executasse (2+3)*4.

Para definir a ordem pela qual as operações são executadas existe uma **Tabela de Precedências**[2], na qual está definida a precedência de cada operador.

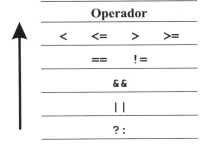

Nessa tabela estão indicados os operadores apresentados neste capítulo. Repare que eles ocupam patamares diferentes na hierarquia. A seta à esquerda indica que quanto mais elevado estiver um operador, maior a sua precedência, isto é, quando o compilador tem que decidir qual a ordem pela qual as operações são realizadas executa primeiro as operações dos operadores com maior precedência.

Suponhamos a seguinte expressão:

```
if (x != 10 || y > 1 && y < 10)
```

O conjunto de operadores em competição é:

```
!= , || , > , && , <
```

---
[2]Ver apêndice 2

Pela tabela apresentada os operadores > e < são os que têm maior precedência, por isso são realizadas as seguintes operações:

```
y > 1    e    y < 10
```

Em seguida é realizada a operação com o operador com a precedência mais alta (!=) daquelas que ainda falta realizar:

```
x!=10
```

Ainda falta realizar as operações || e &&. Repare que em C o && tem maior precedência que o ||.

Nota:

> Em C o operador && tem maior precedência que o operador ||.

Assim, a operação AND (**&&**) vai ser realizada antes da operação OR (||).

```
y > 1 && y < 10
```

E só então é que ao resultado dessa operação é realizado o OR (||) com x!=0.

Resumidamente, pode-se representar a ordem das operações através de parênteses

```
if ((x != 10) || ((y > 1) && (y < 10)))
```

Operador Condicional — ?

Exemplo: Implemente um programa que calcule os aumentos de ordenado para o corrente ano. Se o ordenado for > 1000 deve ser aumentado 5%, se não deve ser aumentado 7%.

prog0310.c

```
 1: #include <stdio.h>
 2: main()
 3: {
 4:    float salario;
 5:
 6:    printf("Qual o Salário: "); scanf("%f",&salario);
 7:    if (salario > 1000)
 8:       salario = salario * 1.05;
 9:    else
10:       salario = salario * 1.07;
11:    printf("Novo Salário: %.2f\n",salario);
12: }
```

Como se pode observar, o valor do novo salário será armazenado, em qualquer dos casos, dentro da mesma variável. O que acontece é que o novo valor a ser atribuído depende de uma determinada condição. Estamos perante um caso típico, em que se deve usar um operador especial de C — o **Operador Condicional ?**.

O **Operador Condicional ?** é o único operador ternário de C, o que indica que espera três argumentos. A sua sintaxe é:

```
condição ? expressão1 : expressão2
```

Funcionamento

- *A condição é avaliada.*
- *Se o resultado for Verdade, o resultado de toda a expressão é o valor devolvido por expressão1.*
- *Se o resultado for Falso, o resultado de toda a expressão é o valor devolvido por expressão2.*

O programa anterior poderia ser escrito da seguinte forma:

prog0310.c

```
1: #include <stdio.h>
2: main()
3: {
4:   float salario;
5:
6:   printf("Qual o Salário: "); scanf("%f",&salario);
7:   salario = salario > 1000 ? salario*1.05 : salario*1.07;
8:   printf("Novo Salário: %.2f\n",salario);
9: }
```

O operador **?** devolve   o resultado de **salario*1.05** se **salario > 1000**
                           o resultado de **salario*1.07**, caso contrário.

O resultado do operador **?** é então atribuído à variável salario.

A linha 7:

```
7:   salario = salario > 1000 ? salario*1.05 : salario*1.07;
```

poderia ter sido escrita de formas variadas:

```
7:   salario = salario * (salario > 1000) ? 1.05 : 1.07;
7:   salario = salario * (1 + ((salario > 1000) ? .05 : .07));
7:   salario = salario + salario * ((salario > 1000) ? .05 : .07);
```

Nota:

Embora parecendo semelhantes, a instrução if-else e o operador ? não são iguais. O if-else indica quais as instruções a executar, enquanto o operador ? devolve sempre um resultado (coisa que o if não faz).

Exemplo: Implemente um programa que, dada uma letra, indique qual o estado civil de uma pessoa.

prog0311.c

```
1: #include <stdio.h>
2:
3: main()
4: {
5:   char Est_Civil;
6:   puts("Qual o Estado Civil:");
7:   Est_Civil = getchar();
8:   if (Est_Civil == 'S' || Est_Civil == 's')
9:     printf("Solteiro");
10:  else
11:     if (Est_Civil == 'C' || Est_Civil == 'c')
12:       printf("Casado");
13:     else
14:       if (Est_Civil == 'D' || Est_Civil == 'd')
15:         printf("Divorciado");
16:       else
17:         if (Est_Civil == 'V' || Est_Civil == 'v')
18:           printf("Viúvo");
19:         else
20:           printf("Estado Civil Inválido");
21:
```

```
22:    printf("\n");
23: }
```

Como se pode facilmente observar, quando existem algumas condições diferentes possíveis para o mesmo valor torna-se impraticável a utilização da instrução *if-else*. O código torna-se confuso e extenso.

Para resolver esse problema, C fornece uma outra instrução que permite a seleção do código a executar, a partir de um conjunto de valores possíveis para uma determinada expressão.

switch

A instrução switch adapta-se particularmente à tomada de decisões em que o número de possibilidades é elevado (em geral maior que 2, se não usa-se o **if-else**), de forma a reduzir a complexidade de *if-else* consecutivos e encadeados.

Sintaxe:

```
switch (expressão)
{
  case constante₁: instruções₁;
  case constante₂: instruções₂;
  ......
  case constanteₙ: instruçõesₙ;
  [default: instruções; ]
}
```

Na sintaxe apresentada, **expressão** representa qualquer expressão cujo resultado seja um valor numérico dos tipos **char**, **int** ou **long**. A expressão é avaliada e, em seguida, o **switch** compara o resultado da expressão com o valor de cada *constante* que segue cada um dos **case**. O conjunto de todos os valores possíveis para a expressão é colocado entre chaves.

Funcionamento do *switch*

- *Se o valor da expressão for igual a alguma das constantes que seguem os vários* **case**, *então são executadas as instruções que seguem o* **case** *correspondente.*
- *Se o valor da expressão não for igual a nenhuma das constantes apresentadas pelos* **case**, *então são executadas as instruções que seguem o* **default**.
- *Como se pode observar pela sintaxe, o* **default** *é opcional. No caso de o valor da* **expressão** *não ser igual a nenhum dos* **case**, *nada é executado, terminando o switch. O programa continua na instrução seguinte ao* **switch**.

Nota:

Em cada case do switch só uma única constante do tipo char, int ou long pode estar presente para avaliação.

Exemplo: Escreva um programa que indique qual o estado civil correspondente a um caractere introduzido em maiúsculas.

prog0312.c   (Má implementação!!!)

```
1: #include <stdio.h>
2:
3: main()
4: {
5:   char Est_Civil;
6:   printf("Qual o estado Civil: ");
```

```
 7:     scanf(" %c",&Est_Civil); /* ou Est_Civil = getchar(); */
 8:     switch(Est_Civil)
 9:        {
10:           case 'C': printf("Casado\n");
11:           case 'S': printf("Solteiro\n");
12:           case 'D': printf("Divorciado\n");
13:           case 'V': printf("Viúvo\n");
14:           default : printf("Estado Civil Incorreto\n");
15:        }
16: }
```

No exemplo anterior é realizada a leitura de um caractere representativo do estado civil. É o valor presente na variável *Est_Civil* que teremos que estudar para saber que resultado colocar na tela.

Assim, a variável que vamos estudar é a variável *Est_Civil* (o que é representado pela linha 8:)

```
 8:     switch(Est_Civil)
```

Os vários valores que Estado Civil pode conter são : 'C', 'S', 'D' e 'V' (respectivamente **C**asado, **S**olteiro, **D**ivorciado e **V**iúvo). Assim, para cada um dos valores possíveis deve existir um **case**.

Notar que estamos trabalhando com caracteres, por isso devem ser colocados entre aspas simples.

```
10:           case 'C': printf("Casado\n");
11:           case 'S': printf("Solteiro\n");
12:           case 'D': printf("Divorciado\n");
13:           case 'V': printf("Viúvo\n");
```

O *default* apresenta a mensagem a ser impressa caso a variável *Est_Civil* não seja igual a nenhuma das constantes presentes nos *case*.

```
14:           default : printf("Estado Civil Incorreto\n");
```

Depois dos dois pontos (:) de cada *case* está colocada a instrução que queremos executar para esse *case* em particular.

Vamos então testar o programa:

```
$ prog0312
Qual o estado Civil: S
Solteiro
Divorciado
Viúvo
Estado Civil Incorreto

$ prog0312
Qual o estado Civil: D
Divorciado
Viúvo
Estado Civil Incorreto

$ prog0312
Qual o estado Civil: X
Estado Civil Incorreto
```

Como se pode verificar, o programa tem um comportamento estranho, pois não indica qual o estado civil apropriado, mas antes apresenta um conjunto de linhas que não eram esperadas.

Nota:

Na instrução switch, quando a expressão é igual a uma das constantes presentes num dos *case* a instrução ou instruções associadas a esse *case* são executadas, bem como todas as instruções de todos os *case* que se encontrem a seguir ao *case* de entrada (default incluído).

Suponhamos que indicávamos *D* no estado civil.

Caractere 'D'

```
 8:    switch(Est_Civil)
 9:      {
10:         case 'C': printf("Casado\n");
11:         case 'S': printf("Solteiro\n");
12:         case 'D': printf("Divorciado\n");
13:         case 'V': printf("Viúvo\n");
14:         default : printf("Estado Civil Incorreto\n");
15:      }
```

O **switch** vai realizar os testes e entrar no código relativo ao **case** `'D'`: (linha 12:). A partir daí vai executar todas as instruções que se encontrem associadas ao *case* de entrada ou a qualquer **case** que se siga (**default** incluído), até chegar à chave final do **switch**.

break

A instrução break permite parar a execução dentro de um **switch**, continuando o programa na instrução seguinte ao *switch*.

Nota:

> Sempre que existe coincidência entre a expressão de um switch e uma das constantes possíveis para essa expressão são executadas todas as instruções associadas ao *case* correspondente e seguintes, até que o switch termine ou seja encontrada a instrução *break* (ou seja encontrada a instrução *return*).

Apresentamos agora o programa anterior corretamente escrito

prog0312.c

```
 1: #include <stdio.h>
 2:
 3: main()
 4: {
 5:   char Est_Civil;
 6:   printf("Qual o estado Civil: ");
 7:   scanf(" %c",&Est_Civil); /* ou Est_Civil = getchar(); */
 8:   switch(Est_Civil)
 9:      {
10:         case 'C': printf("Casado\n"); break;
11:         case 'S': printf("Solteiro\n"); break;
12:         case 'D': printf("Divorciado\n"); break;
13:         case 'V': printf("Viúvo\n");
14:                   break;
15:         default : printf("Estado Civil Incorreto\n");
16:      }
17: }
```

Como se pode observar, não é necessária a criação de um bloco { } após um *case* se este for constituído por mais de uma instrução, pois todas elas serão executadas até se encontrar o **break** ou o final do **switch**.

```
$ prog0312
Qual o estado Civil: D
Divorciado
```

Nota:

O último case ou o default de um switch não necessita de break, porque depois de executar as instruções associadas ao último case termina a instrução switch.

Exemplo: Altere o programa anterior de maneira a funcionar com maiúsculas e minúsculas.

prog0313.c

```
 1: #include <stdio.h>
 2:
 3: main()
 4: {
 5:   char Est_Civil;
 6:   printf("Qual o estado Civil: ");
 7:   scanf(" %c",&Est_Civil); /* ou Est_Civil = getchar(); */
 8:   switch(Est_Civil)
 9:     {
10:       case 'c':
11:       case 'C': printf("Casado\n"); break;
12:       case 's':
13:       case 'S': printf("Solteiro\n"); break;
14:       case 'd':
15:       case 'D': printf("Divorciado\n"); break;
16:       case 'v':
17:       case 'V': printf("Viúvo\n"); break;
18:       default : printf("Estado Civil Incorreto\n");
19:     }
20: }
```

Repare que, caso se escreva uma letra minúscula ('d', por exemplo), o *switch* entra pelo *case* respectivo. Como as entradas relativas às letras minúsculas não têm *break*, continua a executar o *case* seguinte (e que corresponde ao 'D') executando o *printf* respectivo. Em seguida encontra o *break* e termina a execução do *switch*.

Exemplo: Escreva um programa que calcule o imposto pago por mulheres e por homens, sabendo que as mulheres pagam 10% de imposto e que os homens pagam mais 5% do que as mulheres.

prog0314.c

```
 1: #include <stdio.h>
 2:
 3: main()
 4: {
 5:   float salario, imposto = 0.0;
 6:   char sexo;
 7:
 8:   printf("Introduza o Salário: ");
 9:   scanf("%f",&salario);
10:   printf("Qual o Sexo: ");
11:   scanf(" %c",&sexo);
12:   switch (sexo)
13:     {
14:       case 'f':
15:       case 'F': imposto = 0.10;
16:                 break;
17:       case 'm':
18:       case 'M': imposto = 0.15;
19:                 break;
20:     }
21:   printf("Imposto %.2f\n",salario*imposto);
22: }
```

Essa é a versão tradicional, usando a instrução *break* depois de cada uma das opções do *switch*.

Exemplo: Resolva esse mesmo exercício utilizando a instrução *switch*, mas sem qualquer *break*.

Nesse caso teremos que aproveitar a própria estrutura do *switch*, de forma a realizar os cálculos corretamente.

A leitura atenta do enunciado evidencia a seguinte frase:"*sabendo que as mulheres pagam 10% de imposto e que os homens pagam mais 5% do que as mulheres*". Dessa forma, os homens pagam aquilo que as mulheres pagam, acrescido de 5%.

Repare então na resolução:

prog0315.c

```
 1: #include <stdio.h>
 2:
 3: main()
 4: {
 5:    float salario, imposto = 0.0;
 6:    char sexo;
 7:
 8:    printf("Introduza o Salário: ");
 9:    scanf("%f",&salario);
10:    printf("Qual o Sexo: ");
11:    scanf(" %c",&sexo);
12:    switch (sexo)
13:       {
14:       case 'm':
15:       case 'M': imposto = imposto + 0.05;
16:       case 'f':
17:       case 'F': imposto = imposto + 0.10;
18:       }
19:    printf("Imposto %.2f\n",salario*imposto);
20: }
```

```
$ prog0314
Introduza o Salário: 100
Qual o Sexo: m
Imposto 15.00

$ prog0314
Introduza o Salário: 100
Qual o Sexo: f
Imposto 10.00
```

Como se pode observar, os valores apresentados estão corretos. Vamos então tentar perceber qual é a estratégia utilizada.

Inicialmente a taxa de imposto é colocada em 0.0. A variável imposto vai servir de acumulador das taxas. Assim, se o utilizador for mulher, vamos entrar pelo case 'f' ou 'F' e a variável imposto é adicionada em 0.1 (0.0 + 0.10), que é a taxa de imposto para as mulheres.

Quanto aos homens, repare que eles também têm que pagar o mesmo imposto que as mulheres, mas têm que pagar ainda outros 5% adicionais. Assim, quando o *switch* detecta a entrada correspondente ao sexo masculino adiciona a taxa de 5% (0.0 + 0.05), que é o diferencial dos homens para as mulheres. Como não existe qualquer *break*, vão ser executadas todas as instruções presentes no *switch* e que são relativas às entradas 'f' e 'F' que adicionam os outros 10% à variável imposto, ficando esta com seu valor correto.

Obtém-se, assim, um acumulado que difere, caso se tenha entrado por 'f' ou 'F' (0.10) ou caso se tenha entrado por 'm' ou 'M' (0.15 = 0.05 + 0.10).

```
 5:    float salario, imposto = 0.0;          Imposto a zero
 ...
12:    switch (sexo)
13:       {
14:          case 'm':                                  Imposto
15:          case 'M': imposto = imposto + 0.05;        adicionado 5%
16:          case 'f':                                  Imposto
17:          case 'F': imposto = imposto + 0.10;        adicionado 10%
18:       }
```

Imposto Total 10%   Imposto Total 15%

Exemplo: Escreva um programa que leia uma operação binária entre dois inteiros e apresente em seguida o resultado dessa operação sobre os dois inteiros.

Isto é, o utilizador escreve uma expressão (por exemplo: 7+5) e o programa terá que ler os constituintes de uma expressão e escrever o seu resultado na tela (7+5=12).

No entanto, o utilizador pode representar a multiplicação como *, x ou X. A divisão pode ser representada pelos caracteres /, \ ou :.

prog0316.c (Má Programação!!!)

```
 1: #include <stdio.h>
 2:
 3: main()
 4: {
 5:   int num1,num2;
 6:   char op;
 7:   printf("Escreva uma Expressão: ");
 8:   scanf("%d %c %d",&num1,&op,&num2);
 9:   switch(op)
10:      {
11:         case '+' : printf("%d + %d = %d\n",num1,num2,num1+num2);
12:             break;
13:         case '-' : printf("%d - %d = %d\n",num1,num2,num1-num2);
14:             break;
15:         case '*' :            /* Multiplicação */
16:         case 'x' :
17:         case 'X' : printf("%d * %d = %d\n",num1,num2,num1*num2);
18:             break;
19:         case '/' :            /* Divisão */
20:         case '\\' :           /* Caractere especial */
21:         case ':' : printf("%d / %d = %d\n",num1,num2,num1/num2);
22:             break;
23:      }
24: }
```

Notar que o caractere \ é um caractere especial, devendo ser precedido por uma outra \ para representá-lo.

Embora o programa faça aquilo que foi solicitado, não está bem feito. Imagine que se queira alterar a forma como a expressão é escrita na tela. Teríamos assim que alterar todas as ocorrências da função *printf* dentro do *switch*. O ideal seria alterar apenas uma vez. E assim se obtém o seguinte programa:

prog0316.c

```
 1: #include <stdio.h>
 2:
 3: main()
 4: {
 5:    int num1,num2,res=0;
```

```
 6:    char op;
 7:    printf("Escreva uma Expressão: ");
 8:    scanf("%d %c %d",&num1,&op,&num2);
 9:    switch(op)
10:       {
11:       case '+' : res = num1+num2;
12:                  break;
13:       case '-' : res = num1-num2;
14:                  break;
15:       case '*' :
16:       case 'x' :
17:       case 'X' : res = num1*num2;
18:                  break;
19:       case '/' :
20:       case '\\' :
21:       case ':' : res = num1/num2;
22:                  break;
23:       }
24:    printf("%d %c %d = %d\n",num1,op,num2,res);
25: }
```

Nessa nova versão escrevemos o *printf* uma única vez, pois no *switch* só nos interessa saber qual a operação que foi digitada a fim de calcularmos o resultado correspondente.

Primeiro calculamos o resultado através do *switch*. Depois de escolhido o *case* respectivo e guardado o valor da operação na variável *res*, só nos resta sair do *switch* (através da instrução *break*) e invocar a função *printf* com os valores respectivos.

Nota:

O programa em foco apresenta um pequeno defeito. Caso a operação seja inválida, ele a escreve e coloca o resultado 0, fato que não acontecia na resolução anterior.

A instrução

```
switch (expressão)
{
  case constante₁: instruções₁; break;
  case constante₂: instruções₂; break;
  ......
  case constanten: instruçõesn; break;
  [default: instruções; ]
}
```

é equivalente a

```
if (expressão == constante1)
    instruções1;
else
  if (expressão == constante2)
      instruções2;
      ......
    else
      if (expressão == constanten)
          instruçõesn;
      else
          instruções; /* default */
```

Resumo do Capítulo 3

Em C não existe um tipo específico para armazenar valores lógicos. Estes são representados por 0-**Falso**, e qualquer valor diferente de zero representa o valor **Verdade**.

O conteúdo de uma variável, ou o resultado de uma expressão, pode ser usado como valor lógico. Embora qualquer variável ou expressão possa armazenar um valor lógico, é totalmente desaconselhável a utilização de reais como valores lógicos devido aos erros de arredondamento. Por exemplo, uma variável que seja sujeita a um conjunto de operações que retorne 0 (zero) pode não representar o símbolo Falso, mas sim Verdade, por ter sido armazenado algum erro numérico, por menor que seja. Dessa forma, 0.000001 representa Verdade, e não Falso.

O teste de condições pode ser realizado através das instruções *if-else* e *switch*.

Na instrução *if-else* a condição é avaliada e, caso seja Verdadeira (isto é, diferente de zero), é executada a instrução associada ao *if*. A componente *else* é executada quando a condição devolve o valor lógico Falso (zero).

A componente *else* do *if* é opcional.

No caso de ser necessário colocar mais do que uma instrução dentro de um *if-else*, deve-se criar uma instrução composta (uma instrução que é composta por várias instruções), colocando o conjunto de instruções entre chaves. Essa estrutura chama-se **Bloco**.

Um **Bloco** nada mais é do que um conjunto de instruções organizadas como um todo. Um Bloco pode ser sempre colocado no local em que uma instrução simples pode ocorrer. Em geral, depois de um Bloco não é necessário colocar ;.

Uma característica fundamental de qualquer programa corretamente escrito é a sua **Indentação**. A indentação não tem qualquer efeito na compilação ou execução do programa. Serve unicamente para representar as dependências que algumas instruções têm de outras que as precedem.

A indentação é uma característica pessoal de cada programador.

É possível operar valores lógicos através dos operadores binários **&&** (AND) e **||** (OR) ou através do operador unário **!** (NOT).

O operador && tem maior precedência que o operador ||.

Esses operadores permitem a combinação de duas ou mais expressões lógicas numa única expressão, devolvendo um único valor lógico como resultado da avaliação da expressão total.

A instrução *if-else* pode ser evitada sempre que uma mesma variável, dependendo de uma condição, possa receber dois valores diferentes. Nesse caso, a *instrução if-else* pode ser substituída pelo **operador condicional ?:**.

A fim de eliminar conjuntos extensos de instruções *if-else* encadeadas, C coloca à disposição dos programadores a instrução **switch**.

Ao contrário do *if*, que permite definir bandas de valores (x>=10 && x<=120), o *switch* só admite valores constantes predefinidos dos tipos *char*, *int* ou *long*.

Depois de a instrução *switch* verificar qual o *case* correspondente à expressão avaliada, inicia a execução na instrução associada a esse *case*, executando em seguida todas as instruções seguintes em cascata (incluindo as que pertençam a outros *case*) até terminar o *switch* ou até ser encontrada a instrução **break**.

A instrução **break** permite parar a execução de um conjunto de instruções dentro de um *switch*, continuando o programa na instrução seguinte ao *switch*.

Uma vez que o conjunto de instruções a executar dentro de um *switch* é controlado pela instrução *break*, não é necessário o uso de chaves para agrupar o conjunto de instruções associadas a um *case*.

Exercícios Resolvidos

→ Escreva um programa que indique quantos segundos tem um determinado número de horas.

prog0317.c

```
 1: #include <stdio.h>
 2:
 3: main()
 4: {
 5:   int n_horas;
 6:   long n_seg; /* pode ser muito grande */
 7:   printf("Nº de Horas: "); scanf("%d",&n_horas);
 8:   n_seg = n_horas<0 ? 0 : n_horas * 3600L;
 9:   printf("%d Horas tem %ld segundos\n",n_horas,n_seg);
10: }
```

Note-se que o número de segundos pode ser obtido através da multiplicação do número de horas por 3600 segundos (número de segundos existentes em uma hora). No entanto, a multiplicação entre dois inteiros devolve sempre um número inteiro e não um *long*, como era desejado. Para tal, temos que fazer o *casting* com pelo menos um dos valores operados.

Escolhemos a constante 3600 para promover a *long*. Essa promoção pode ser realizada através de (long) 3600 ou colocando um **L** imediatamente após a constante.

```
 8:   n_seg = n_horas<0 ? 0 : n_horas * 3600L;
```

Notar que esse tipo de *casting* só pode ser realizado com constantes. Para variáveis teremos que realizar o *casting* normal (long) var, pois um **L** junto ao nome da variável iria alterar o nome desta.

→ Altere o programa anterior de tal forma que permita indicar, a partir de um determinado número de horas, quais os minutos, os segundos ou mesmo os décimos de segundo que esse número de horas contém.

prog0318.c

```
 1: #include <stdio.h>
 2:
 3: main()
 4: {
 5:   int n_horas;
 6:   long res;
 7:   char tipo;
 8:   printf("Nº de Horas: "); scanf("%d",&n_horas);
 9:   printf("O que Mostrar (m/s/d): ");
10:   scanf(" %c", &tipo);
11:   if (tipo == 'm' || tipo == 'M')
12:     res = n_horas<0 ? 0 : n_horas * 60L;
13:   else
14:     if (tipo == 's' || tipo == 'S')
15:       res = n_horas<0 ? 0 : n_horas * 3600L;
16:     else
17:       if (tipo == 'd' || tipo == 'D')
18:         res = n_horas<0 ? 0 : n_horas * 36000L;
19:
20:   printf("%dh --> %ld%c ",n_horas,res,tipo);
21: }
```

→ Resolva o mesmo enunciado utilizando um switch.

prog0319.c

```
 1: #include <stdio.h>
 2:
 3: main()
```

```
 4: {
 5:    int n_horas;
 6:    long res;
 7:    char tipo;
 8:    printf("Nº de Horas: "); scanf("%d",&n_horas);
 9:    printf("O que Mostrar (m/s/d): ");
10:    scanf(" %c", &tipo);
11:    switch(tipo)
12:       {
13:          case 'm':
14:          case 'M': res = n_horas<0 ? 0 : n_horas * 60L;
15:                  break;
16:          case 's':
17:          case 'S': res = n_horas<0 ? 0 : n_horas * 3600L;
18:                  break;
19:          case 'd':
20:          case 'D': res = n_horas<0 ? 0 : n_horas * 36000L;
21:                  break;
22:       }
23:    printf("%dh --> %ld%c ",n_horas,res,tipo);
24: }
```

➔ Resolva o mesmo enunciado utilizando um switch, mas sem qualquer break. Suponha que o número de horas está correctamente escrito.

prog0320.c

```
 1: #include <stdio.h>
 2:
 3: main()
 4: {
 5:    int n_horas;
 6:    long res;
 7:    char tipo;
 8:    printf("Nº de Horas: "); scanf("%d",&n_horas);
 9:    printf("O que Mostrar (m/s/d): ");
10:    scanf(" %c", &tipo);
11:    res = n_horas;
12:    switch(tipo)
13:       {
14:          case 'd':
15:          case 'D': res = res * 10;
16:          case 's':
17:          case 'S': res = res * 60;
18:          case 'm':
19:          case 'M': res = res * 60;
20:       }
21:    printf("%dh --> %ld%c ",n_horas,res,tipo);
22: }
```

Exercícios Propostos

1. Por que razão variáveis do tipo *float* não devem armazenar valores lógicos?

2. Indique quais, das seguintes afirmações, são verdadeiras e quais são falsas.

- **2.1** O *else* de um *if* é facultativo.
- **2.2** Num *if* são necessários parênteses em torno da condição.
- **2.3** O *if* pode conter a palavra *then* opcionalmente.
- **2.4** Tanto a componente *if* como a componente *else* só podem conter uma única instrução.
- **2.5** O *if* tem que estar numa linha diferente do *else*.
- **2.6** Na condição do *if* pode ser colocada uma constante, uma variável ou uma expressão.

3. Como consegue uma instrução *if-else* saber onde termina o *if* e começa o *else*, ou se o *if* tem ou não *else*.

4. Um bloco pode ser constituído por apenas uma instrução?

5. Depois de um bloco é obrigatório o uso de ; ?

6. **[Exercício de Exame]**

   Existe alguma diferença no funcionamento dos seguintes trechos?

   ```
   if (x==0)      if (x=0)
     printf("X");   printf("X");
   else           else
     printf("Y");   printf("Y");
   ```

7. **[Exercício de Exame]**

   A indentação facilita o processo de

   a) Compilação
   b) Linkagem
   c) Execução
   d) Programação

8. Um programa indentado é, em geral:

   a) Mais rápido de executar que outro que não o seja.
   b) Mais lento de executar que outro que não o seja.
   c) Mais legível que outro que não seja indentado.
   d) Menos legível que outro que não o seja.

9. **[Exercício de Exame]**

   Sempre que um compilador detecta um código mal indentado:

   a) Emite um erro.
   b) Emite um "WARNING".
   c) Escreve o arquivo corretamente indentado.
   d) Um compilador não faz qualquer tipo de verificação da indentação.

10. Indique duas vantagens e duas desvantagens do *if-else* em relação ao *switch*.

11. Será que a instrução *break*, quando apresentada dentro de um *if*, passa a execução automaticamente para o *else*?

12. Qual o valor lógico que as seguintes expressões enviam para o *if*?

    a) `if (10 == 5)`
    b) `if ((2+3) == -( -2 -3))`
    c) `if (x = 5)`
    d) `if (x = 0)`

13. Supondo x= 4, y= 6 e z= −1, qual o valor lógico das seguintes expressões:

    a) `if (x == 5)`
    b) `if (x == 5 || z < 0)`
    c) `if (y - x +z -1)`
    d) `if (x == 4 || y>= z && ! (z))`

14. Escreva, utilizando um único *if*, o seguinte código.

    ```
    if (x == 0)
      if (y <= 32)
        printf("Sucesso!!!");
    ```

15. Identifique os erros de compilação que seriam detectados nos seguintes programas.

15.1

```
/*
 * Copyright: Asneira Suprema Software!!!
 */

#include <stdio.h>
main()
{ int x;
  if (x==0)
          break;
  else
    printf("X não é zero \n");
}
```

15.2

```
/*
 * Copyright: Asneira Suprema Software!!!
 */

#include <stdio.h>
main()
{
  int x;
  if (x==0) then
    printf("X é zero \n");
  else
    printf("X não é zero \n");
}
```

15.3

```
/*
 * Copyright: Asneira Suprema Software!!! */

#include <stdio.h>
main()
{ int x;
  switch (x)
     {
         case 1: printf("um"); break;
         case 2: printf("dois"); break;
         else:   printf("Nem um nem dois");
     }
}
```

16. Escreva um programa, de quatro formas distintas, que leia um inteiro e indique se esse inteiro é ou não igual a zero.

17. Reescreva o programa anterior com um *switch*.

18. Escreva um programa que verifique se um ano é bissexto ou não.

19. Escreva um programa que indique o número de dias existentes em um mês (fevereiro = 28 dias).

    19.1 Usando apenas a instrução de teste *if-else*.
    19.2 Usando o *switch*.
    19.3 Usando o *switch* sem qualquer *break*.

20. Escreva um programa que leia uma data e verifique se esta é válida ou não.

4

Laços

Objetivos

- Laços *while*, *for* e *do...while*
- Instruções *break* e *continue*
- Laços encadeados
- Laços infinitos
- Operadores ++ e – –
- Atribuições compostas +=, – =, *=, /=, %=

Introdução

Nos primeiros capítulos deste livro um programa não era mais do que uma seqüência de instruções a serem executadas. No capítulo anterior abordamos uma nova forma de escrever programas, em que as instruções podem ou não ser executadas mediante uma ou mais condições predefinidas. O controle de fluxo de um programa pode assim ser realizado através das instruções **if** e **switch** e através de outras instruções, que serão apresentadas neste capítulo e que permitem a repetição de instruções. Tais instruções, pelo papel que desempenham, são habitualmente designadas por instruções de **Controle de Fluxo** e incluem o *if*, o *switch* e os laços *while*, *for* e *do...while*.

while

A instrução **while** (também chamada de laço *while*) executa uma instrução ou bloco de instruções enquanto uma determinada condição for verdadeira. A sua sintaxe é:

```
while (condição)
    instrução;
```

O seu funcionamento pode ser resumido nos seguintes pontos:

- *A condição é avaliada.*
- *Se o resultado da avaliação for Falso (0-zero), o laço termina e o programa continua na instrução imediatamente depois do while.*
- *Se o resultado da avaliação for Verdade (diferente de zero), é executada a instrução (ou bloco de instruções ali presente) associada ao while.*
- *Volta-se ao ponto 1.*

Nota:

A instrução de um laço também é chamada de CORPO DO LAÇO.

Nota:

Em um while coloca-se entre parênteses a CONDIÇÃO QUE SE TEM QUE VERIFICAR para que a instrução ou bloco de instruções seja executado.

Problema: Escreva um programa que coloque na tela os primeiros 10 números inteiros.

A saída que pretendemos na tela é a seguinte:

```
1
2
3
4
5
6
7
8
9
10
```

prog0401.c

```
1: #include <stdio.h>
2:
3: main()
4: {
5:    int i;
```

```
 6:     i=1;
 7:     while (i <= 10)
 8:       {
 9:           printf("%d\n",i);
10:           i = i+1;
11:       }
12: }
```

Para resolver esse problema, vamos começar por declarar uma variável do tipo inteiro que inicializamos com o valor 1 e que vai sendo escrita na tela **enquanto** o seu valor for **inferior ou igual a 10** (que é a condição presente no *while*).

Depois de escrita a variável através da função *printf*, é necessário incrementá-la em uma unidade, de forma a passar ao próximo valor.

Repare que o teste da condição é realizado antes da execução do bloco de instruções.

Note que é necessária a criação de um bloco dentro do *while*, pois é preciso executar duas instruções distintas (o *printf* e o incremento da variável) dentro de cada iteração do laço.

Pergunta: Qual seria a saída se não fossem colocadas as chaves na instrução do *while*?

Resposta: Iria originar um laço infinito, que imprimiria sempre o número 1, pois a variável de controle do laço nunca seria alterada, permanecendo a condição do laço eternamente Verdadeira.

Note ainda que é necessário que a variável que controla o laço seja alterada dentro desse laço, de forma a permitir que o mesmo em algum momento termine.

O que faz o programa que se segue?

prog0402.c

```
 1: #include <stdio.h>
 2:
 3: main()
 4: {
 5:    int n;
 6:    n=10;
 7:    while (n)
 8:      {
 9:          printf("%d\n",n);
10:          n = n-1;
11:      }
12: }
```

A variável **n** é iniciada com 10.

A condição do *while* é representada pela própria variável **n**, isto é, a condição do *while* é verdadeira quando n apresentar um valor que não seja zero (pois zero é Falso). Dessa forma, escrever *while(n)* ou *while (n != 0)* é exatamente o mesmo.

Se **n** tiver um valor diferente de zero, a condição devolve Verdade e então são executadas as duas instruções dentro do bloco do *while* – escreve-se o valor de **n** e em seguida **n** é decrementado.

Quando **n** for zero, o programa termina. O número zero não é escrito, pois como zero representa o valor lógico **Falso** o laço termina e, nesse caso, o programa termina, pois não existe nenhuma instrução depois do laço *while*.

Em resumo, o programa anterior apresenta na tela os 10 primeiros números de forma decrescente.

Problema: Escreva um programa que coloque na tela a tabuada do número 5.

O que deve aparecer na tela é:

```
5 *  1 =  5
5 *  2 = 10
5 *  3 = 15
5 *  4 = 20
5 *  5 = 25
5 *  6 = 30
5 *  7 = 35
5 *  8 = 40
5 *  9 = 45
5 * 10 = 50
```

Analisando o problema, verifica-se que a primeira coluna tem sempre o valor 5.

Em seguida aparece uma coluna que varia entre 1 e 10 (que corresponde ao número de vezes que vamos iterar).

Na última coluna apresenta-se o resultado da multiplicação de 5 pelo valor atual da variável que controla o laço. O programa resultante é o seguinte:

prog0403.c

```
 1: #include <stdio.h>
 2:
 3: main()
 4: {
 5:   int n;
 6:   n=1;
 7:   while (n<=10)
 8:     {
 9:        printf("5 * %2d = %2d\n",n, 5*n);
10:        n = n+1;
11:     }
12: }
```

Repare que os valores são escritos através de *%2d*, para que sejam reservados dois caracteres para representar o número. Se o número não ocupar o número de caracteres indicado (2), são colocados espaços à esquerda, evitando assim que os valores apareçam desalinhados.

Problema: Reescrever o programa anterior de modo a apresentar a tabuada de qualquer número introduzido pelo usuário.

prog0404.c

```
 1: #include <stdio.h>
 2:
 3: main()
 4: {
 5:   int n,num;
 6:
 7:   printf("Introd. um Nº: "); scanf("%d",&num);
 8:   n=1;
 9:   while (n<=10)
10:     {
11:        printf("%2d * %2d = %2d\n",num, n, num*n);
12:        n = n+1;
13:     }
14: }
```

A solução é simples, e consiste em alterar todas as ocorrências da constante 5 pela nova variável num. O *printf* teve assim que ser adaptado, substituindo o valor 5 pelo formato de escrita do inteiro introduzido pelo usuário.

Problema: Escrever o conjunto das cinco primeiras tabuadas (tabuada do 1, 2, ..., tabuada do 5).

O processamento de uma tabuada genérica, armazenada na variável num, é realizado pelo código seguinte:

```
n=1;
   while (n<=10)
     {
        printf("%2d * %2d = %2d\n",num, n, num*n);
        n = n+1;
     }
```

O trecho anterior mostra a tabuada completa de um número armazenado na variável num. Como queremos mostrar as cinco primeiras tabuadas, queremos que esse número (num) varie entre 1 e 5.

prog0405.c

```
 1: #include <stdio.h>
 2:
 3: main()
 4: {
 5:    int n,num;
 6:
 7:    num=1;
 8:    while (num <= 5)
 9:      {
10:        n=1;
11:        while (n<=10)
12:          {
13:             printf("%2d * %2d = %2d\n",num, n, num*n);
14:             n = n+1;
15:          }
16:        /* Passar à próxima tabuada */
17:        num = num + 1;
18:      }
19: }
```

Atenção:

Antes de o laço interno ser iniciado, é necessário voltar a colocar a variável n com o valor 1. Dessa forma, a linha 10: tem que ser executada para cada nova tabuada armazenada em num, não podendo ser colocada antes do primeiro while.

Problema: Altere o programa anterior de forma que seja colocada uma linha em branco depois de cada tabuada.

prog0406.c

```
 1: #include <stdio.h>
 2:
 3: main()
 4: {
 5:    int n,num;
 6:
 7:    num=1;
 8:    while (num <= 5)
 9:      {
```

```
10:         n=1;
11:         while (n<=10)
12:           {
13:             printf("%2d * %2d = %2d\n",num, n, num*n);
14:             n = n+1;
15:           }
16:         /* Passar à próxima tabuada */
17:         num = num + 1;
18:         putchar('\n');
19:         }
20: }
```

Note que a mudança de linha tem que ser realizada depois de o laço interno ter terminado (laço que mostra uma tabuada inteira). Usamos a função **putchar**, que recebe um caractere (entre aspas simples) e o coloca na tela.

for

A instrução **for** (ou laço **for**, como é vulgarmente conhecida), adapta-se particularmente a situações em que o número de iterações é conhecido *a priori*. A sua sintaxe é:

```
for (cargas iniciais ; condição ; pós-instrução)
    instrução;
```

Embora apresente um formato estranho, é um laço particularmente bem desenhado, que resume, em uma mesma instrução repetitiva, tudo aquilo de que ela necessita.

O seu funcionamento pode ser resumido pelo seguinte esquema:

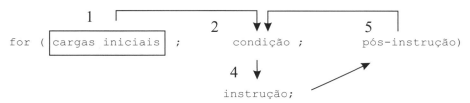

1. O código presente em **cargas iniciais** é executado. Normalmente aqui são iniciadas as variáveis presentes no laço. Esse componente do laço *for* é executado apenas uma única vez.

2. A **condição** é avaliada.

3. Se o resultado da condição retornar o valor Falso (zero), então o laço *for* termina e o programa continua na instrução imediatamente a seguir.

4. Se o resultado da condição retornar o valor Verdade, então é executada a **instrução** (ou bloco de instruções) do laço.

5. Depois de executada a instrução presente no laço, é executada a **pós-instrução**. Nesse componente do laço *for* são normalmente realizadas as alterações necessárias para passar à próxima iteração do laço (incremento ou decremento de variáveis etc.).

6. Voltar ao ponto 2.

Voltemos a observar o programa **prog0401.c**:

prog0401.c

```
1: #include <stdio.h>
2:
3: main()
4: {
5:     int i;
6:     i=1;
```

```
 7:    while (i <= 10)
 8:       {
 9:          printf("%d\n",i);
10:          i = i+1;
11:       }
12: }
```

Como sabemos *a priori* qual o número de vezes que é necessário iterar o laço (10 vezes), vamos reescrever o programa utilizando o laço *for*.

Questão: Quais são os componentes necessários ao laço?

- *É necessário iniciar a variável de controle do laço.*
- *A condição se mantém.*
- *Escrever o número na tela.*
- *Para passar de uma iteração para a próxima devemos incrementar a variável de controle do laço em uma unidade.*

Assim, o código

```
i=1;
while (i <= 10)
   {
      printf("%d\n",i);
      i = i+1;
   }
```

poderia ser escrito

```
for (i=1 ; i <= 10 ; i = i+1)
   printf("%d\n",i);
```

Como se pode observar, o laço *for* separa e identifica todos os componentes de um laço:

- *As cargas iniciais.*
- *A condição que se tem que verificar para a instrução ser executada.*
- *A instrução.*
- *O salto que se faz de uma instrução para a outra.*

Problema: Escreva um programa que calcule a soma e o produto dos **n** primeiros números naturais.

prog0407.c

```
 1: #include <stdio.h>
 2:
 3: main()
 4: {
 5:    int n, num, soma, produto;
 6:    printf("Introd. um N°: "); scanf ("%d", &num);
 7:
 8:    for (soma=0, n=produto=1 ; n <= num ; n=n+1)
 9:       {
10:          soma = soma + n;
11:          produto = produto * n;
12:       }
13:
14:    printf("Soma = %d\nProduto=%d\n",soma,produto);
15: }
```

```
$ prog0407
Introd. um N°: 5
Soma = 15
Produto=120
$
```

Nota:

O laço *for* identifica os seus três componentes, separando-os por ponto-e-vírgula (;). Assim, se for necessário realizar mais do que uma carga inicial ou mais do que uma pós-instrução, estas deverão ser separadas por vírgula (,).

Problema: Escreva um programa que coloque na tela as cinco primeiras tabuadas, parando a tela depois de cada uma delas ser escrita.

prog0408.c

```
 1: #include <stdio.h>
 2:
 3: main()
 4: {
 5: int i,j;
 6:
 7: for (i=1 ; i<=5 ; i=i+1)
 8:    {
 9:       for (j=1 ; j<=10 ; j=j+1)
10:          printf("%2d * %2d = %2d\n",i,j,i*j);
11:
12:       if (i != 5) /* para não parar na última */
13:          { printf("Pressione <ENTER> para continuar ...");
14:            getchar();
15:          }
16:    }
17: }
```

Como se pode observar, os laços são muito mais reduzidos em tamanho e muito mais fáceis de ler.

O laço externo permite percorrer os valores das tabuadas a imprimir. O laço interno permite escrever a tabuada corrente.

Depois de uma tabuada ser completamente escrita, é realizado o teste para ver se a tela tem que parar ou não.

Como se pretendia parar a tela depois de cada tabuada, uma vez terminado cada laço interno, é colocada na tela a mensagem para pressionar a tecla <ENTER> e, em seguida, é realizada a leitura de um caractere, usando a função *getchar()*. O caractere lido não é armazenado em nenhuma variável, pois o seu conteúdo não nos interessa, sendo simplesmente descartado.

Como não faz qualquer sentido parar a tela depois de escrita a última tabuada, é realizado o teste para verificar se estamos ou não na última tabuada para tomar a decisão de esperar ou não pelo caractere <ENTER>.

Ao contrário da maioria das linguagens, em que o laço *for* é um laço específico para iterar um número bem determinado de vezes, em C o laço *for* não é mais do que um laço *while*.

Assim, qualquer laço *for*

```
for (cargas iniciais ; condição ; pós-instrução)
    instrução;
```

poderá sempre ser reescrito como um laço *while*.

```
cargas iniciais;
while (condição)
   { instrução;
     pós-instrução;
   }
```

do...while

A instrução **do ... while** (também conhecida por laço *do...while*) difere dos laços anteriores porque o teste da condição é realizado no fim do corpo (instrução ou bloco de instruções) do laço e não antes, como acontecia com os laços *while* e *for*.

Dessa forma o corpo do laço **do...while** é executado pelo menos uma vez, enquanto nos laços **while** e **for** o corpo do laço pode nunca ser executado (caso a condição seja Falsa *a priori*).

A sintaxe do laço *do...while* é:

```
do
    instrução;
while (condição);
```

O seu funcionamento pode ser descrito da seguinte forma:

- *A instrução (ou bloco de instruções) é executada.*
- *A condição é avaliada.*
- *Se o resultado da condição for Verdade, volta-se ao ponto 1.*
- *Se o resultado da condição for Falso, termina o laço e o programa continua na instrução seguinte ao laço.*

O laço *do...while* está particularmente adaptado ao processamento de menus.

Problema: Escreva um programa que apresente um menu com as opções Clientes, Fornecedores, Encomendas e Sair.

O programa deve apresentar a opção escolhida pelo usuário até que este deseje sair.

prog0409.c

```
 1: #include <stdio.h>
 2:
 3: main()
 4: {
 5:   char opcao;
 6:   do
 7:     {
 8:         printf("\tM E N U    P R I N C I P A L\n");
 9:         printf("\n\n\t\tClientes");
10:         printf("\n\n\t\tFornecedores");
11:         printf("\n\n\t\tEncomendas");
12:         printf("\n\n\t\tSair");
13:         printf("\n\n\n\t\tOpção:");
14:         scanf(" %c", &opcao);
15:         fflush(stdin); /* Limpar o Buffer do teclado */
16:         switch (opcao)
17:           {
18:             case 'c':
19:             case 'C': puts("Opção CLIENTES"); break;
20:             case 'f':
21:             case 'F': puts("Opção FORNECEDORES"); break;
22:             case 'e':
23:             case 'E': puts("Opção ENCOMENDAS"); break;
24:             case 's':
25:             case 'S': break; /* Não faz nada */
26:             default : puts("Opção INVÁLIDA!!!");
27:           }
28:         getchar(); /* Parar a tela */
29:     }
30:   while (opcao!= 's' && opcao != 'S');
31: }
```

Como se pode verificar, o teste da condição de saída é feito apenas depois de apresentado o menu pelo menos uma vez.

A linha 15: `fflush(stdin);` permite limpar os caracteres que existem no *buffer* do teclado. Mais informação sobre a utilização dessa função pode ser obtida no capítulo sobre arquivos.

Nota:

Sempre que for necessário implementar um laço que tenha que executar o seu corpo pelo menos uma vez, utilize o laço do...while. Evite usar truques.

Laços (Resumo)

	while	for	do ... while
Sintaxe	while (cond) instrução	for (carga inic; cond ; pos-inst) instrução	do instrução while (condição)
Executa a instrução	zero ou mais vezes	zero ou mais vezes	1 ou mais vezes
Testa a condição	antes da instrução	antes da instrução	depois da instrução
Utilização	freqüente	freqüente	pouco freqüente

Problema: Escreva um programa que mostre os 10 primeiros números pares.

prog0410.c

```
1: #include <stdio.h>
2:
3: main()
4: {
5:   int i;
6:   for (i=1; i<=10; i=i+1)
7:     printf("%2d\n",2*i);
8: }
```

Note que os 10 primeiros números pares correspondem aos 10 primeiros números multiplicados por 2.

Esse programa poderia ser escrito de outra forma.

prog0410.c

```
1: #include <stdio.h>
2:
3: main()
4: {
5:   int i;
6:   for (i=2; i<=20; i=i+2)
7:     printf("%2d\n",i);
8: }
```

break

A instrução *break* já é conhecida. O seu papel anterior consistia em terminar o conjunto das instruções executadas dentro de um *switch*.

A instrução **break**, quando aplicada dentro de um laço, termina o correspondente laço, continuando o programa na instrução imediatamente posterior a esse laço.

Nota:

> A instrução *break* pode ser utilizada para terminar uma seqüência de instruções dentro de um *switch* ou para terminar um laço.

Pergunta: Qual a saída do seguinte programa?

prog0411.c

```
 1: #include <stdio.h>
 2:
 3: main()
 4: {
 5:    int i;
 6:    for (i=1 ; i<=100 ; i=i+1)
 7:       if (i==30)
 8:          break;
 9:       else
10:          printf("%2d\n",2*i);
11:    printf("FIM DO LAÇO\n");
12: }
```

Resposta: Vai mostrar os primeiros 29 números pares (2,4, ..., 58). Quando a variável **i** tiver o valor 30, é executada a instrução *break*, terminando o laço. No entanto, o programa continua na próxima instrução, escrevendo a *string* **FIM DO LAÇO**.

```
$ prog0411
2
4
6
...
56
58
FIM DO LAÇO
```

continue

A instrução **continue** dentro de um laço permite que a execução da instrução ou bloco de instruções corrente seja terminada, passando à próxima iteração do laço.

Nota:

> A instrução *continue*, quando presente dentro de um laço, passa o laço para a próxima iteração.

Pergunta: Qual a saída do seguinte programa?

prog0412.c

```
1: #include <stdio.h>
2:
3: main()
4: {
5:    int i;
6:    for (i=1; i<=100;i=i+1)
7:       if (i==60)
```

```
 8:            break;
 9:        else
10:            if (i%2==1)  /* se i for ímpar */
11:                continue;
12:            else
13:                printf("%2d\n",i);
14:    printf("FIM DO LAÇO\n");
15: }
```

Resposta: O programa vai percorrer todos os números entre 1 e 60 (por causa do *break*). Para cada um deles verifica se o número em questão é ímpar. Se for, termina a execução da instrução, executando em seguida a pós-instrução. Se não for ímpar, mostra-se o próprio número.

Resumindo, mostra os primeiros 29 números pares.

Nota:

A instrução *continue* só pode ser utilizada dentro de laços, enquanto o *break* pode ser utilizado em laços ou na instrução *switch*.

Laços Encadeados

Laços encadeados são laços (*while*, *for* ou *do...while*) que estejam presentes dentro de outros laços.

Não existe qualquer limitação ao número de laços que pode ocorrer dentro de outros laços.

Nota:

Em C, cada laço interno não pode estender-se para além do laço externo a que pertence.

Exemplo (Má implementação de laços encadeados):

```
while (x<=5)
  {
   do
     { printf("Introd. um Nº:");
  }                           /* Fim do laço while */
     scanf("%d",&n)
  } while (n<0);              /* Fim do laço do...while */
```

Como se pode observar, o laço interno está meio fora e meio dentro do laço externo. Essa situação não é permitida pela linguagem C. O exemplo correto seria:

```
while (x<=5)
  {
   do
     { printf("Introd. um Nº:");
       scanf("%d",&n)
     }
   while (n<0);               /* Fim do laço do...while */
  }                           /* Fim do laço while */
```

Problema: Escreva um programa que coloque os seguintes números na tela:

```
1
1 2
1 2 3
...
1 2 3 4 5 6 7 8 9 10
```

prog0413.c

```
1: #include <stdio.h>
2:
3: main()
4: {
5: int i,j;
6:
7:    for (i=1 ; i<=10 ; i=i+1)
8:       {
9:         for (j=1 ; j<=i ; j=j+1)
10:           printf("%d ",j);
11:         putchar('\n');
12:       }
13: }
```

Esse exemplo tinha por objetivo a impressão de 10 linhas na tela. A *n-ésima* linha apresentaria apenas os números 1 2 ... *n*. Nesse caso, o laço interno não apresenta um número de iterações fixas, mas depende do valor da variável de controle do laço exterior.

Nota:

Nada impede que as variáveis de controle de um laço externo sejam alteradas pelo laço interno, e vice-versa. De igual forma, as variáveis de um laço interno podem ter ou não qualquer tipo de relação com as variáveis do laço externo.

Quando se está em presença de laços encadeados, a passagem de uma iteração para a próxima no laço externo só é realizada depois de completado o bloco de instruções que o compõem. Dessa forma, o laço interno funciona como uma instrução simples, que tem que ser completamente executada antes de se passar para a próxima iteração do laço externo.

Nota:

As instruções *break* e *continue* só têm ação no laço a que pertencem, mesmo que estes se encontrem dentro de outros laços.

O exemplo anterior poderia ter sido escrito da seguinte forma:

prog0414.c

```
1: #include <stdio.h>
2:
3: main()
4: {
5: int i,j;
6:
7:    for (i=1 ; i<=10 ; i=i+1)
8:       {
9:         for (j=1 ; j<=10 ; j=j+1)
10:           { printf("%d ",j);
11:             if (j == i)
12:               break; /* já depois de escrever j */
13:           }
14:         putchar('\n');
15:       }
16: }
```

Nota:

Uma boa indentação facilita a leitura e a representação de laços encadeados.

Laços Infinitos

Denominam-se laços infinitos aqueles que nunca terminam, isto é, apresentam condições que são sempre verdadeiras.

Exemplos:

```
While (1)                for ( ; ; )              do
   instrução;               instrução;                instrução;
                                                   while (1)
```

Nota:

Quando no laço *for* não é colocada qualquer condição, esta é substituída pela condição VERDADE.

Esses tipos de laços são utilizados normalmente quando não se sabe *a priori* qual o número de vezes que se vai iterar o laço. Para terminar um laço infinito usa-se a instrução ***break*** ou ***return***.

Alguns programadores usam esses tipos de laços para processarem os seus menus.

```
while (1)
  {  /* Apresentar o Menu */
     /* Ler a Opção */
     if (opção == ...)
        ....
     if (opção == SAIR)
        break;  /* Terminar o laço infinito */
  }
```

Operadores ++ e --

A linguagem C possui um conjunto de operadores particularmente úteis, que permitem realizar o incremento ou o decremento de variáveis, reduzindo significativamente a quantidade de código escrito.

Como temos visto em quase todos os programas apresentados, existem linhas de programação que se repetem em quase todos os programas e que são responsáveis pelo incremento ou decremento das variáveis.

prog0401.c

```
 1: #include <stdio.h>
 2:
 3: main()
 4: {
 5:    int i;
 6:    i=1;
 7:    while (i <= 10)
 8:       {
 9:           printf("%d\n",i);
10:           i = i+1;
11:       }
12: }
```

A linguagem C apresenta dois operadores unários que permitem incrementar ou decrementar uma variável (não podem ser usados em constantes).

Operador	Significado	Exemplos
++	Incremento de 1	`i++ , ++k`
--	Decremento de 1	`j-- , --alfa`

Como se pode verificar pelos exemplos, ambos os operadores podem ser utilizados à esquerda e à direita dos operandos (variáveis).

Operador	Exemplo	Equivalente
++	`x++ ou ++x`	`x = x + 1`
--	`x-- ou --x`	`x = x - 1`

O programa prog0401.c poderia, assim, ser alterado substituindo a linha `i=i+1` por `i++` ou `++i`:

prog0401.c

```
 1: #include <stdio.h>
 2:
 3: main()
 4: {
 5:   int i;
 6:   i=1;
 7:   while (i <= 10)
 8:     {
 9:         printf("%d\n",i);
10:         i++;
11:     }
12: }
```

Os operadores unários ++ e -- podem ser utilizados em expressões ou mesmo em instruções mais complexas do que um simples incremento ou decremento de variáveis. Nessas circunstâncias, a utilização dos operadores à esquerda ou à direita de uma variável pode alterar o resultado final.

Diferença entre ++x e x++

Quando se executa

y = x++;	y = ++x;
Acontecem duas coisas, nessa ordem:	Acontecem duas coisas, nessa ordem:
1. O valor de x é atribuído a y	1. O valor de x é incrementado
2. O valor de x é incrementado	2. O valor de x é atribuído a y

Nota:

> Quando o operador de incremento ou decremento está antes da variável, esta é operada antes de ser usada. Quando o operador está depois da variável, esta é usada e só depois é incrementada ou decrementada.

| x=5; | x=5; |
y=x++;	y=++x;
Coloca o valor 5 na variável y.	*Incrementa o valor de x.*
Em seguida incrementa a variável x.	*Em seguida coloca o valor x na variável y.*
Valores finais: x ➔ 6 e y ➔ 5	Valores finais: x ➔ 6 e y ➔ 6

Como se pode observar, o valor final das variáveis não é o mesmo.

Dessa forma, verificam-se as seguintes equivalências:

y = x++;	é equivalente a	y = x; x++;

y = ++x;	é equivalente a	x++; y = x;

O que foi anteriormente apresentado para o operador ++ se aplica igualmente ao operador – –.

Questão: qual a saída do seguinte programa?

```
int a=b=3;
printf(" a = %d e b = %d\n",a--,--b);
printf(" a = %d e b = %d\n",a,b);
```

Repare que ambas as variáveis são iniciadas com o valor 3.

O primeiro *printf* escreve o valor da variável **a** (3) e, em seguida, a decrementa.

Em seguida decrementa a variável **b**, e só então é que a imprime (2).

O segundo *printf* escreve o valor presente em **a** e em **b**.

Assim, a saída seria

```
3 2
2 2
```

Como se pode verificar, ambas as variáveis são decrementadas em uma unidade, mas em tempos diferentes. A variável **a** é usada e só depois é decrementada, enquanto a variável **b** é decrementada antes de ser usada.

O programa prog0401.c poderia então ser escrito da seguinte forma:

prog0401.c

```
1: #include <stdio.h>
2:
3: main()
4: {
5:    int i;
6:    i=1;
7:    while (i <= 10)
8:       printf("%d\n",i++);
9: }
```

A variável **i** é escrita com o *printf*. Imediatamente depois de ser escrita é incrementada para o valor seguinte, evitando escrever o incremento fora do *printf*, com o correspondente bloco de instruções. Note que a variável é incrementada imediatamente a seguir à sua utilização pelo *printf*. Dessa forma, quando a condição do *while* é testada novamente a variável já está com o seu novo valor.

Atenção

> Nunca se deve utilizar os operadores ++ ou -- em variáveis que apareçam mais do que uma vez numa mesma expressão.

Qual a saída do seguinte código?

```
int i=4;
printf("%d",i++ + ++i);
```

Experimente para verificar se o resultado foi o esperado.

Nota:

> Se os operadores ++ ou -- forem utilizados na condição de um if-else ou de qualquer outra instrução de controle de fluxo, mesmo que a condição seja falsa, a variável em questão é incrementada ou decrementada.

Exemplo:

```
int i=0;
if (i++)         /* Depois do teste da condição a variável i é */
                 /* incrementada, seja o resultado Verdade ou Falso */
   instrução_do_if;  /* Não vai executar, pois a condição é falsa */

printf("%d", i);    /* Vai escrever o valor 1 */
```

Atribuição Composta

A linguagem C permite-nos reduzir a quantidade de código escrita sempre que se pretende que uma variável receba um valor que depende do valor que ela já tem.

Exemplo:

```
x = x + 1;
y = y * (a+5+b);
z = z % 3;
```

Nessas situações, é desnecessário repetir o nome da variável no lado direito da atribuição. Vamos supor que queríamos adicionar 3 à variável x. Normalmente escreveríamos:

```
x = x + 3;
```

No entanto, usando uma atribuição composta bastaria escrever:

```
x += 3;
```

Nota:

> Quando uma variável recebe um novo valor que depende do seu valor atual, pode-se evitar a duplicação da escrita da variável à esquerda e à direita colocando o operador imediatamente junto (à esquerda) da atribuição.

Mais genericamente, pode-se dizer que sendo *op* um operador binário

```
var  op= expressão
```

é equivalente a

```
var = var op (expressão)
```

Nota:

Quando se utilizam atribuições compostas, é absolutamente necessário que o operador fique imediatamente junto ao sinal de atribuição (=).

Exemplos

Exemplo	Significado
x += 1	x = x + 1
y *= 2+3	y = y * (2+3)
a -= b+1	a = a - (b+1)
k /=12	k = k / 12
r %=2	r = r % 2

Essa escrita das atribuições é um pouco menos legível do que uma atribuição normal. No entanto, é particularmente útil quando o nome da variável à esquerda é grande ou particularmente complexo.

Resumo do Capítulo 4

Em C existem três laços distintos, os laços **while**, **for** e **do…while**. Todos eles são executados enquanto a condição a eles associada for Verdadeira, isto é, a condição que é colocada nos laços mostra qual é o critério que se tem que verificar para que o laço seja executado.

Nos laços **for** e **while**, o teste da condição é realizado antes de qualquer instrução, permitindo assim que o laço seja executado zero ou mais vezes. No caso do laço **do…while**, a condição só é testada depois de executada a instrução correspondente pelo menos uma vez.

Assim, o laço *do…while*, deverá ser utilizado em situações em que o corpo do laço seja executado pelo menos uma vez.

Dentro de um laço podem aparecer instruções simples, outros laços ou blocos de instruções. Quando um laço aparece dentro de outro, estamos diante de um **Laço Encadeado**.

É possível a criação de **Laços Infinitos**, colocando na condição do laço uma condição que seja sempre verdadeira.

O comportamento normal dos laços pode ser alterado com o recurso às instruções **break** e **continue**. A instrução **break** termina o laço, continuando o programa na próxima instrução a seguir ao laço. A instrução **continue** faz com que uma determinada iteração seja terminada, passando-se automaticamente à próxima iteração.

A linguagem C coloca à nossa disposição um conjunto de operadores particularmente úteis (**++** e **--**) nas situações de incremento e de decremento de uma variável.

Os operadores **++** e **--** podem ser utilizados tanto à esquerda como à direita de uma variável, tendo, no entanto, resultados diferentes se esta não se encontrar isolada.

Quando colocado à esquerda, o operador ++ incrementa a variável antes de usá-la.

Quando presente à direita, o valor da variável é utilizado na expressão e só depois é que a variável é incrementada (idem para --).

Nunca se deve utilizar os operadores ++ ou -- em variáveis que apareçam mais do que uma vez em uma mesma expressão.

A alteração dos valores de uma variável pode ser realizada de forma mais simples se o novo valor da variável depender do seu valor anterior. Nesse caso, pode-se utilizar uma atribuição composta para indicar qual a operação a realizar, colocando o operador à esquerda do sinal de atribuição, evitando assim a escrita da variável à direita da atribuição. Exemplo: x /=2+3; é equivalente a x = x/(2+3);.

Exercícios Resolvidos

[Exercício de Exame]

→ Escreva um programa em C que escreva na tela toda a tabela ASCII (0..255 *chars*), escrevendo em cada linha o código ASCII e o caractere correspondente.

Exemplo:

```
...
65 --> A
66 --> B
67 --> C
...
```

prog0415.c

```
1: #include <stdio.h>
2:
3: main()
4: {
5:   int i;
6:   for (i=0 ; i<=255 ; i++)
7:     printf("%3d -> %c\n",i, (char) i);
8: }
```

Declara-se uma variável do tipo inteiro (i) que percorre todos os 256 caracteres da tabela ASCII (0..255), escrevendo-a em cada iteração no formato decimal (usando três dígitos — %3d) e como caractere.

Note que se fosse declarada uma variável do tipo *char* para percorrer todos os caracteres o programa entraria em laço infinito, pois quando esta tivesse o valor 255 (que é o valor máximo que um *char* pode conter) e fosse incrementada de uma unidade passaria a ter novamente o valor zero, nunca sendo falsa a condição de teste do laço, resultando assim em um laço infinito.

Em geral, os compiladores conseguem detectar essa situação e apresentam um *Warning* (não um erro) para avisar que foi detectado um laço infinito ou uma condição sempre verdadeira.

→ Escreva um programa que solicite ao usuário um número e escreva simultaneamente a seqüência crescente e decrescente entre 1 e esse número.

Exemplo:

```
Introd. um Nº: 5
1  5
2  4
3  3
4  2
5  1
```

prog0416.c

```
1: #include <stdio.h>
2:
3: main()
4: {
```

```
 5:    int i,j,n;
 6:
 7:    printf("Introd. um Nº: "); scanf("%d",&n);
 8:    for (i=1,j=n ; i<=n ; i++, j--)
 9:       printf("%d   %d\n",i,j);
10: }
```

→ Resolva o mesmo problema utilizando apenas duas variáveis.

prog0416.c

```
 1: #include <stdio.h>
 2:
 3: main()
 4: {
 5:    int i,n;
 6:
 7:    printf("Introd. um Nº: "); scanf("%d",&n);
 8:    for (i=1 ; i<=n ; i++ )
 9:       printf("%d   %d\n",i,n-i+1);
10: }
```

→ Escreva um programa que solicite ao usuário um número e um caractere. Em seguida, terá que preencher **n** linhas, cada uma delas com **n** caracteres.

Exemplo:

```
Introd. um Nº: 3
Introd. um Char: *
***
***
***
```

prog0417.c

```
 1: #include <stdio.h>
 2:
 3: main()
 4: {
 5:    int i,j,n;
 6:    char ch;
 7:
 8:    printf("Introd. um Nº: "); scanf("%d",&n);
 9:    printf("Introd. um Char: "); scanf(" %c",&ch);
10:
11:    for (i=1 ; i<=n ; i++ )
12:       {
13:          for (j=1 ; j<=n ; j++)
14:             putchar(ch);
15:          putchar('\n');
16:       }
17: }
```

Nota: Não esquecer o espaço em branco antes de %c para retirar o <ENTER> que ficou no buffer do teclado, depois de introduzido o inteiro.

→ Escreva um programa que solicite ao usuário um número. Em seguida escreva todos os números inteiros a partir desse número, exceto os múltiplos de 3. Quando encontrar o primeiro múltiplo de 10 a execução termina.

Exemplo:

```
Introd. um Nº: 13
13
14
16
17
19
```

prog0418.c

```
 1: #include <stdio.h>
 2:
 3: main()
 4: {
 5:   int i,n;
 6:
 7:   printf("Introd. um Nº: "); scanf("%d",&n);
 8:
 9:   for (i=n; ; i++)  /* Laço Infinito */
10:      {
11:         if (i%10 == 0)  /* Múltiplo de 10 */
12:            break;
13:         else
14:           if (i%3 == 0)
15:              continue;
16:         printf("%d\n",i);
17:      }
18: }
```

Começamos o laço no número introduzido pelo usuário. Em seguida implementamos um laço infinito (sem condição dentro do laço *for*), em que caso i seja múltiplo de 10 terminamos o laço (e o programa, nesse caso) através da instrução **break**. Caso i seja múltiplo de 3 não o escrevemos na tela, passando diretamente à próxima iteração através da instrução **continue**. Se nenhuma das condições anteriores se verificar, bastará escrever o número corrente.

Exercícios Propostos

1. Indique quais afirmações são Falsas e quais são Verdadeiras:

    1.1 A condição dentro de um laço *while* e *do...while* tem que ser colocada sempre dentro de parênteses.
    1.2 Os laços *while* e *for* executam **SEMPRE**, pelo menos uma vez, o corpo do laço.
    1.3 O laço *do...while* executa **SEMPRE**, pelo menos uma vez, o corpo do laço.
    1.4 As três componentes, dentro de parênteses, do laço *for* são todas obrigatórias.
    1.5 As três componentes, dentro de parênteses, do laço *for* são todas facultativas.
    1.6 Quando em um laço *for* se tem que realizar mais do que uma carga inicial ou mais do que um incremento, as diversas instruções, em cada uma das componentes, devem ser separadas por vírgula e não ponto-e-vírgula, de forma a manter o formato do laço *for*.
    1.7 A instrução de um laço é sempre executada.
    1.8 No laço *for*, o número de vezes que as cargas iniciais são executadas é sempre igual ao número de iterações do laço.
    1.9 No laço *for* ou *while*, o número de vezes que a condição é testada é sempre igual ao número de iterações do laço.

1.10 No laço *for*, o número de vezes que a instrução é executada é sempre igual ao número de vezes que é executada a pós-instrução.
1.11 Um laço, quando está dentro de outro laço, necessita de chaves.
1.12 Não há limite para o número de laços dentro de outros laços.
1.13 No laço *do...while*, a instrução é sempre executada pelo menos uma vez.
1.14 Em todos os laços, a condição é sempre testada pelo menos uma vez.
1.15 Os laços *while* e *do...while* incrementam automaticamente a variável de controle.
1.16 Os laços são executados até que a condição escrita se verifique.
1.17 O laço *do...while* aparece escrito menos freqüentemente do que qualquer dos outros.
1.18 Um *break*, quando presente dentro de um laço, termina o programa.
1.19 No laço *while*, antes de se executar a instrução *continue*, deve-se atualizar a variável de controle do laço.
1.20 Qualquer dos laços pode ser sempre escrito a partir do laço *while*.

2. Escreva genericamente o laço **do...while** como um laço **while**.

3. Escreva genericamente o laço **for** como um laço **while**.

4. Escreva genericamente o laço **while** como um laço **for**.

5. Qual a diferença de execução da instrução **break** quando presente em um *for* e em um *while*?

6. Qual a diferença de execução da instrução **continue** quando presente em um *for* e em um *while*?

7. Reescreva o seguinte trecho de um programa, utilizando o laço *while*:

```
for (i=1 ; i<=20 ; i++)
  if (i==10)
    continue;
  else
    printf("%d\n",i);
```

8. **[Exercício de Exame]**

    Escreva um programa que coloque na tela meia árvore de natal com asteriscos. O número de ramos deverá ser introduzido pelo usuário.

    Exemplos com 3, 4 e 5 ramos:

    ```
    *               *               *
    **              **              **
    ***             ***             ***
                    ****            ****
                                    *****
    ```

9. **[Exercício de Exame]**

    Altere o programa anterior de forma que, em vez de asteriscos, sejam escritas letras em cada nível, começando o nível inicial com a letra 'A'.

    Exemplos com 3, 4 e 5 ramos.

    ```
    A               B               B
    BB              BB              BB
    CCC             CCC             CCC
                    DDDD            DDDD
                                    EEEEE
    ```

10. Escreva um programa que solicite um número ao usuário até que o valor deste esteja entre os valores 1 e 100.

11. **[Exercício de Exame]**

    Escreva um programa em C que escreva na tela toda a tabela ASCII (0..255 chars), escrevendo em cada linha o código ASCII e o caractere correspondente.

Exemplo:

```
...
65 --> A
66 --> B
67 --> C
...
```

A fim de que o usuário possa ver todos os caracteres escritos, a tela deve ser parada de 20 em 20 linhas, até que o usuário pressione a tecla 'c' ou 'C' seguida de <ENTER> para continuar a mostrar os próximos 20 caracteres (20 linhas).

12. [Exercício de Exame]

Escreva um programa completo em C que solicite ao usuário dois números inteiros entre 0 e 255 e escreva na tela todos os caracteres da tabela ASCII cujos códigos variem entre os dois números introduzidos, escrevendo em cada linha o código ASCII e o caractere correspondente.

Exemplos:

```
Introd. dois Nos: 65 120
65 --> A
66 --> B
67 --> C
...
```

```
Introd. dois Nos: 120 65
65 --> A
66 --> B
67 --> C
...
```

13. [Exercício de Exame]

Qual a diferença (se existir) entre as duas seguintes instruções: x = ++i e x = i++? Dê exemplos.

14. Se uma variável x se encontrar isolada, ++x e x++ são equivalentes?

15. Pode-se utilizar os operadores ++ e -- em constantes?

16. Qual a diferença entre a=-2 e a-=2?

17. Qual o resultado do seguinte programa:

```
n=0;
do
  { printf(" ...");
    n=n+1;
  }
while (n!=0);
```

18. [Exercício de Exame]

Qual a diferença entre os dois trechos de código:

```
i = 0;
while (i++)
  printf("%d\n",i);
```

```
i = 0;
while (++i)
  printf("%d\n",i);
```

19. O que faz o seguinte código:

```
for (i=1; i<=200 ; i++) ;
   printf("%d\n",i);
```

20. Quantas vezes são executadas as instruções dos seguintes laços:

20.1 `for (i=1 ; i<=20 ; i++) ...`
20.2 `for (i=1 ; i<=20 ; i+=2) ...`
20.3 `for (i= -20 ; i<=20 ; i++) ...`
20.4 `for (i=1 ; i<=10 ; i++)`
20.5 `for (j=1; j<=5; j++) ...`

21. [Exercício de Exame]

Preencha os espaços em branco com o valor das respectivas colunas, depois de executada a instrução à sua esquerda.

Nota: Devem ser utilizados os valores alterados das variáveis em cada uma das linhas.

	x	y	z
	5	10	7
x++			
y*=(z++ +2)			
y=!x			
z=(x%2)+ --y			
z=(x==y)			
!z			
z=x%8			

5

Funções e Procedimentos

Objetivos

- Funções e procedimentos em C
- Cabeçalho e corpo de uma função
- Parâmetros
- Passagem de parâmetros de tipos básicos
- Valor de retorno (*return*)
- O "tipo" *void*
- Protótipos de funções
- Variáveis locais

Introdução

Embora ainda sem saber como escrever uma função, já as temos utilizado ao longo dos nossos programas. São exemplos as funções *printf*, *scanf*, *getchar*, *putchar*, etc., que fazem parte da biblioteca *standard* de C e nos são fornecidas quando adquirimos qualquer compilador de C.

Neste capítulo vamos aprender como escrever funções e procedimentos, como passar parâmetros e como devolver algum valor como resultado de uma função.

É absolutamente indispensável que um programador de C domine completamente a escrita de programas de forma modular, através de procedimentos e funções.

Problema: Escreva um programa que coloque na tela a seguinte saída, escrevendo a linha de 20 asteriscos através de um laço *for*.

```
********************
Números entre 1 e 5
********************
1
2
3
4
5
********************
```

prog0501.c

```
 1: #include <stdio.h>
 2:
 3: main()
 4: {
 5:   int i;
 6:
 7:   /* Escrita do Cabeçalho */
 8:
 9:   for (i=1 ; i<=20 ; i++)
10:      putchar('*');
11:   putchar('\n');
12:
13:   puts("Números entre 1 e 5");
14:
15:   for (i=1 ; i<=20 ; i++)
16:      putchar('*');
17:   putchar('\n');
18:
19:   /* Escrita dos Nºs */
20:
21:   for (i=1; i<=5 ; i++)
22:      printf("%d\n",i);
23:
24:   for (i=1 ; i<=20 ; i++)
25:      putchar('*');
26:   putchar('\n');
27:
28: }
```

Como se pode observar, o conjunto de código utilizado para escrever uma linha de asteriscos na tela

```
for (i=1 ; i<=20 ; i++)
   putchar('*');
putchar('\n');
```

aparece repetido três vezes. O ideal seria escrever esse trecho de código apenas uma única vez e invocá-lo sempre que necessário. A solução é dividir o programa em pequenos fragmentos de código, cada um dos quais é responsável por uma determinada tarefa.

Problema: Escreva um programa que coloque uma linha com 20 asteriscos na tela.

prog0502.c

```
1: #include <stdio.h>
2:
3: main()
4: {
5:   int i;
6:   for (i=1 ; i<=20 ; i++)
7:     putchar('*');
8:   putchar('\n');
9: }
```

O programa anterior coloca na tela uma linha com 20 asteriscos. Foi implementado como sendo a função *main*. Como a sua função é escrever uma linha, em vez de se chamar *main* vamos chamá-lo *linha*.

prog0502.c

```
1: #include <stdio.h>
2:
3: linha()
4: {
5:   int i;
6:   for (i=1 ; i<=20 ; i++)
7:     putchar('*');
8:   putchar('\n');
9: }
```

Se tentarmos criar um executável com esse código vamos obter um erro de *Linkagem*, uma vez que a função *main* não se encontra presente no programa.

Nota:

> Um programa em C tem que possuir SEMPRE a função main() escrita no seu código, independentemente do número e da variedade de funções que o programa contenha.

Aquilo que fizemos foi escrever o código responsável pela colocação de uma linha na tela. O fato de esta função existir não quer dizer que ela venha a ser executada, do mesmo modo que um funcionário de um restaurante apenas serve um determinado prato quando um cliente lhe pede, embora ele exista no menu do restaurante.

É a função *main()* (ou outra qualquer função invocada pela função *main*) que terá que solicitar os serviços dessa função. Isso é realizado escrevendo o nome da função com os respectivos parênteses, tal como faríamos para a função *getchar* ou qualquer outra.

```
linha();
```

Dessa forma o programa prog0501.c poderia ser escrito da seguinte forma:

prog0503.c

```
1: #include <stdio.h>
2:
3: linha()
4: {
```

```
 5:    int i;
 6:    for (i=1 ; i<=20 ; i++)
 7:       putchar('*');
 8:    putchar('\n');
 9: }
10:
11: main()
12: {
13:    int i;
14:
15:    linha(); /* Escreve uma linha de asteriscos */
16:    puts("Números entre 1 e 5");
17:    linha(); /* Escreve outra linha de asteriscos */
18:
19:    for (i=1; i<=5 ; i++)
20:       printf("%d\n",i);
21:
22:    linha();/* Escreve a última linha de asteriscos */
23: }
```

Pelo código apresentado, o programa possui duas funções escritas no mesmo arquivo. A função *main* é responsável por iniciar o programa e executar todas as instruções presentes no seu interior. A função *linha* é responsável por escrever uma linha na tela. Assim, sempre que pretendermos escrever uma linha na tela bastará invocar a função **linha()**, evitando escrever sempre todo o código que esta executa.

Esse tipo de abordagem tem muitas vantagens. Uma das principais é que se por algum motivo for necessário alterar a linha da tela (substituir o '*' por '-' ou escrever 30 caracteres em vez de 20), bastará alterar apenas uma vez o código respectivo na função *linha*. Caso não se utilizasse uma função, seria necessário alterar todas as ocorrências do laço responsável pela escrita na tela.

Nota:

As variáveis declaradas dentro de um Bloco são locais a esse Bloco, não sendo conhecidas fora dele.

Notar que a variável **i** (que é declarada em ambas as funções) é assim local a cada uma das funções. Isso quer dizer que são variáveis diferentes que se encontram escritas na função *main* e na função *linha*, embora o nome das variáveis seja igual.

Características de uma Função

- *Cada função tem que ter um nome único, o qual serve para a sua invocação em algum lugar no programa a que pertence.*
- *Uma função pode ser invocada a partir de outras funções.*
- *Uma função (como o seu nome indica) deve realizar UMA ÚNICA TAREFA bem definida.*
- *Uma função deve comportar-se como uma caixa preta. Não interessa como funciona, o que interessa é que o resultado final seja o esperado, sem efeitos colaterais.*
- *O código de uma função deve ser o mais independente possível do resto do programa, e deve ser tão genérico quanto possível, para poder ser reutilizado em outros projetos.*
- *Uma função pode receber parâmetros que alterem o seu comportamento de forma a adaptar-se facilmente a situações distintas.*
- *Uma função pode retornar, para a entidade que a invocou, um valor como resultado do seu trabalho.*

Nome de uma Função

A escolha do nome de uma função obedece às regras apresentadas para a designação de variáveis (Capítulo 2).

O nome de uma função deve ser único (não pode ser igual ao nome de outra função ou de uma variável).

O nome de uma função deve especificar aquilo que a função na realidade faz, e deve ser de fácil leitura e interpretação (Ex: *putchar* vs. *p23_k45_char*).

Como Funciona uma Função

- *O código de uma função só é executado quando esta é invocada em alguma parte do programa a que está de algum modo ligada.*
- *Sempre que uma função é invocada, o programa que a invoca é "suspenso" temporariamente. Em seguida, são executadas as instruções presentes no corpo da função. Uma vez terminada a função, o controle de execução do programa volta ao local em que esta foi invocada.*
- *O programa que invoca uma função pode enviar **Argumentos**, que são recebidos pela função. Estes são recebidos e armazenados em variáveis locais, que são automaticamente iniciadas com os valores enviados. A essas variáveis dá-se o nome de **Parâmetros.***
- *Depois de terminar o seu funcionamento, uma função pode devolver um valor para o programa que a invocou.*

Problema: Escreva um programa que, recorrendo a três funções distintas, escreva na tela a seguinte saída:

```
***
*****
*******
*****
***
```

prog0504.c

```
 1: #include <stdio.h>
 2:
 3: linha3x()
 4: {
 5:   int i;
 6:   for (i=1 ; i<=3 ; i++)
 7:      putchar('*');
 8:   putchar('\n');
 9: }
10:
11: linha5x()
12: {
13:   int i;
14:   for (i=1 ; i<=5 ; i++)
15:      putchar('*');
16:   putchar('\n');
17: }
18:
19: linha7x()
20: {
21:   int i;
22:   for (i=1 ; i<=7 ; i++)
23:      putchar('*');
24:   putchar('\n');
25: }
26:
27: main()
```

```
28: {
29:     linha3x();
30:     linha5x();
31:     linha7x();
32:     linha5x();
33:     linha3x();
34: }
```

Para a realização do programa prog0504.c escrevemos quatro funções:

- **linha3x**: *função responsável por escrever três asteriscos na tela*
- **linha5x**: *função responsável por escrever cinco asteriscos na tela*
- **linha7x**: *função responsável por escrever sete asteriscos na tela*
- **main**: *função que invoca as funções.*

Notar que o nome das funções é um conjunto de caracteres sem qualquer significado especial para o compilador. O fato de aparecer *3x*, *5x* ou *7x* no nome das funções serve apenas para facilitar a leitura do programa, conseguindo assim que o leitor saiba mais facilmente o que cada uma das funções faz (*linha5x*: faz uma linha com cinco asteriscos).

Como o asterisco não é um caractere admissível para o nome de uma função, a opção tomada foi a colocação de um 'x' para representá-lo no nome da função.

Se olharmos com alguma atenção para o código das três funções verificaremos que é em tudo igual, exceto nas seguintes linhas:

```
 6:     for (i=1 ; i<=3 ; i++)
14:     for (i=1 ; i<=5 ; i++)
22:     for (i=1 ; i<=7 ; i++)
```

que correspondem ao número de asteriscos a serem apresentados na tela.

O ideal seria escrever uma única função **linha**, responsável pela escrita de uma linha na tela, com um número de asteriscos específico em cada chamada. Nesse caso interessa-nos indicar à função qual o número de caracteres a serem colocados na tela.

Se quisermos escrever três asteriscos invocamos a função `linha(3)`.
Se quisermos escrever cinco asteriscos invocamos a função `linha(5)`.
Se quisermos escrever 123 asteriscos invocamos a função `linha(123)`.

A função é sempre a mesma (função `linha`), o que muda é o número de caracteres para serem colocados na tela.

No programa anterior o nosso main passaria a ser:

```
27: main()
28: {
29:     linha(3);
30:     linha(5);
31:     linha(7);
32:     linha(5);
33:     linha(3);
34: }
```

Como seria então escrita a função `linha`?

A função `linha` recebe dentro de parênteses um valor do tipo inteiro, o qual terá que ser colocado numa variável.

Depois de armazenado o valor, o laço da função `linha` terá que executar o número de vezes que está armazenado nessa variável.

Qual o nome da função a ser escrita?

```
linha()
```

Quantos parâmetros vai receber?

```
1
```

Qual o tipo do parâmetro?

```
inteiro
```

Escolha o nome para a variável que vai armazenar esse parâmetro

```
num
```

O cabeçalho da função será assim

```
linha(int num)  /* A função recebe um inteiro que armazena em num */
```

E o corpo da função?

Bastará alterar a condição de controle do laço para

```
for (i=1 ; i<=num ; i++)
```

Assim, o programa anterior poderia ser escrito da seguinte forma:

prog0505.c

```
 1: #include <stdio.h>
 2:
 3: linha(int num)
 4: {
 5:    int i;
 6:    for (i=1 ; i<=num ; i++)
 7:       putchar('*');
 8:    putchar('\n');
 9: }
10:
11: main()
12: {
13:    linha(3);
14:    linha(5);
15:    linha(7);
16:    linha(5);
17:    linha(3);
18: }
```

Parâmetros

A comunicação com uma função se faz através dos **argumentos** que lhe são enviados e dos **parâmetros** presentes na função que os recebe.

O número de parâmetros de uma função pode ser 0, 1, 2, etc., dependendo apenas das necessidades do programador.

Cada função necessita, no entanto, saber qual o tipo de cada um dos parâmetros.

Nota:

> Qualquer tipo de dados da linguagem pode ser enviado como parâmetro para uma função, mesmo o tipo de dados que venham a ser definidos pelo programador.

Os parâmetros de uma função são separados por vírgula, e é absolutamente necessário que para cada um deles seja indicado o seu tipo.

```
funcao(int x, char y, float k, double xpto)
```

O que foi referido anteriormente continua a ser verdade para os parâmetros de uma função que sejam do mesmo tipo.

```
funcao(int x, int y, int k, int xpto)    /* Exemplo Correto   */
funcao(int x, y, k, xpto)                /* Exemplo Incorreto */
```

Nota:

> Um parâmetro não é nada mais do que uma variável local à função a que pertence. Um parâmetro é automaticamente iniciado com o valor enviado pelo programa invocador.

A passagem de argumentos para uma função deve ser realizada colocando-os dentro de parênteses, separados por vírgulas, imediatamente após o nome da função.

Quando se faz a chamada de uma função, o número e o tipo dos argumentos enviados devem ser coincidentes com os parâmetros presentes no cabeçalho da função.

No exemplo seguinte, a *funcao* recebe três parâmetros que ela armazena em três variáveis denominadas *ch* (do tipo *char*), *n* (do tipo *int*) e *x* (do tipo *float*). As variáveis *ch*, *n* e *x* são automaticamente iniciadas com os valores 'A', 123 e 23.456, respectivamente, que lhe são enviadas a partir do *main*.

```
main()
{
   ...
   funcao('A' , 123 , 23.456);
   ...
}
funcao(char ch, int n, float x)
{
   ...
}
```

Nota:

> O número de parâmetros enviados para uma função deve ser igual ao número de parâmetros existente no cabeçalho da função. O tipo dos parâmetros deve igualmente corresponder, parâmetro a parâmetro.

Se a função receber mais do que um parâmetro, os argumentos enviados são associados aos parâmetros da função pela ordem em que são escritos.

Nota:

> É comum chamar parâmetro tanto aos argumentos de invocação de uma função como aos verdadeiros parâmetros da função.

Nota:

> Qualquer expressão válida em C pode ser enviada como argumento para uma função.

Problema: Altere o programa anterior de forma que a função linha escreva qualquer caractere, e não apenas o caractere asterisco.

prog0506.c

```
1: #include <stdio.h>
2:
3: linha(int num,char ch)
```

```
 4: {
 5:    int i;
 6:    for (i=1 ; i<=num ; i++)
 7:        putchar(ch);
 8:    putchar('\n');
 9: }
10:
11: main()
12: {
13:    linha(3,'+');
14:    linha(5,'+');
15:    linha(7,'-');
16:    linha(5,'*');
17:    linha(3,'*');
18: }
```

```
$ prog0506
+++
+++++
-------
*****
***
$
```

Adicionar um novo parâmetro à função permite-nos escrever uma linha com qualquer caractere que teremos de passar a adicionar na chamada da função.

Nota:

> O nome das variáveis (parâmetros) presentes no cabeçalho de uma função é totalmente independente do nome das variáveis que lhe serão enviadas pelo programa que a invoca.

O Corpo da Função

O corpo de uma função é constituído por instruções de C de acordo com a sintaxe da linguagem.

O corpo de uma função tem que se seguir imediatamente ao cabeçalho da função, e é escrito entre chaves.

Nota:

> O cabeçalho de uma função NUNCA deve ser seguido de ponto-e-vírgula (;)

Sempre que uma função é invocada pelo programa, o corpo da função é executado, instrução a instrução, até terminar o corpo da função ou até encontrar a instrução **return**, voltando imediatamente ao programa em que foi invocada.

Nota:

> Dentro do corpo de uma função pode-se escrever qualquer instrução ou conjuntos de instruções da linguagem C. Em C não se pode definir funções dentro de funções.

Qualquer instrução é admissível dentro de uma função (ex.: atribuições, *if*, *for*, *switch*, ..., invocar outras funções, etc.).

O número de instruções que pode estar presente dentro de uma função não tem qualquer limite, deve, no entanto, ser relativamente pequeno e responsável por realizar uma única tarefa.

return

A instrução **return** permite terminar a execução de uma função e voltar ao programa que a invocou.

A execução da instrução **return** na função *main* faz com que o programa termine.

Exemplo:

```
#include <stdio.h>
main()
{
  printf("Hello");        /* Escrever Hello                      */
  return;                 /* Termina a função (e o programa)     */
  printf(" World\n");     /* Esta linha nunca é executada        */
}
```

Funções que Retornam um Valor

É possível que uma função seja responsável por realizar uma determinada tarefa e que, uma vez terminada essa tarefa, devolva **UM ÚNICO** resultado. Esse resultado poderá ser armazenado numa variável ou aproveitado por qualquer instrução.

A devolução de um resultado é feita através da instrução **return,** seguida do valor a ser devolvido.

Nota:

Após a instrução return pode ser colocada qualquer expressão válida em C.

Suponhamos que quiséssemos calcular a soma de dois números inteiros. A função responsável por essa tarefa deverá ter a capacidade de realizar a soma e de retornar o resultado desta.

```
n = soma(3,4);
printf("%d\n",n);       /* 7 */
```

Repare que a função soma terá que receber dois inteiros e terá que devolver um resultado do tipo inteiro, que corresponderá à soma dos dois parâmetros recebidos pela função.

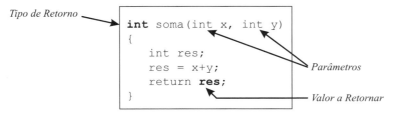

Repare que a soma de x com y é colocada numa variável do tipo inteiro, a qual é, em seguida, devolvida como resultado da função.

Problema: Escreva um programa que solicite dois números ao usuário e apresente na tela o resultado da sua soma e o dobro de cada um deles.

prog0507.c

```
1: #include <stdio.h>
2:
3: /* Devolve a soma de dois inteiros */
4: int soma(int a, int b)
5: {
6:    return a+b;
7: }
```

```
 8:
 9: /* Devolve o dobro de qualquer inteiro */
10: int dobro(int x)
11: {
12:    return 2*x;
13: }
14:
15: main()
16: {
17:    int n,i,total;
18:    printf("Introd dois Números: ");
19:    scanf("%d%d",&n,&i);
20:    total = soma(n,i);  /* Atrib. do result de função a uma var */
21:    printf("%d+%d=%d\n",n,i,total);
22:    printf("2*%d=%d e 2*%d=%d\n",n,dobro(n),i,dobro(i));
23: }
```

```
$ prog0507
Introd dois Números: 4 7
4+7=11
2*4=8 e 2*7=14
$
```

Uma vez que a função *dobro* devolve um inteiro, o seu resultado pode ser usado dentro de um *printf*, sendo escrito com o formato de inteiro (*%d*).

Nota:

> Uma função pode ser invocada dentro de outra função. O resultado é o mesmo que se obteria se, em vez da chamada à função, aí estivesse o resultado devolvido por esta.

Problema: Qual a saída da seguinte linha?

```
printf("%d", dobro(soma(dobro(2),3)));
```

```
dobro(2)                    → 4
soma(dobro(2),3)            → soma(4,3)           → 7
dobro(soma(dobro(2),3))     → dobro(soma(4,3))    → dobro(7)  → 14
```

assim, o valor colocado na tela seria 14.

A execução anterior é semelhante a:

```
a = dobro(2);
b = soma(a,3);
c = dobro(b);
printf("%d",c);
```

Nota:

> Uma função pode conter várias instruções `return`. No entanto, apenas uma instrução return é executada na função.

Exemplo: Escreva uma função que calcule qual o maior de dois inteiros.

```
int max(int n1,int n2)
{
  if (n1>n2)
    return n1;
  else
```

```
    return n2;
}
```

Note que se a função recebe dois inteiros, então o maior deles é certamente também um inteiro, logo a função tem que retornar um valor do tipo *int*.

Funções e Procedimentos

No início deste capítulo falamos sobre procedimentos e funções. No entanto, ao longo de todo o capítulo apenas nos referimos a funções. O que aconteceu então com os procedimentos?

Em C existem apenas funções, enquanto em outras linguagens existem dois tipos distintos de rotinas — as funções e os procedimentos. A título de exemplo: a linguagem PASCAL permite a definição de funções utilizando a palavra reservada FUNCTION e permite definir procedimentos através da palavra reservada PROCEDURE.

Qual é, então, a diferença entre uma função e um procedimento?

Nota:

Uma função tem sempre um tipo e um valor de retorno associados, enquanto um procedimento não devolve qualquer valor.

Como exemplo de **Função** temos a função `int max (int n1, int n2)`, que verifica qual o maior dos inteiros e devolve um deles.

Como exemplo de **Procedimento** temos a função `linha()`, que coloca na tela uma linha e termina em seguida sem devolver qualquer valor.

Nota:

Sempre que no cabeçalho de uma função não é colocado o tipo de retorno, este é substituído pelo tipo int.

Dessa forma escrever

```
linha (int n)
```

é equivalente a escrever

```
int linha (int n)
```

A forma de invocar funções e procedimentos também é diferente. Não tendo um valor de retorno, um procedimento é invocado como se se tratasse de uma instrução simples.

```
linha(12);
```

Quanto às funções, estas podem ser invocadas de três formas distintas:

- Dentro de uma atribuição, para armazenar o valor dentro de uma variável.
  ```
  x = soma(23,y)+dobro(k+2);
  ```
- Dentro de uma função, em que o valor de retorno é aproveitado como parâmetro para outra função.
  ```
  printf("%d %d", dobro(5), soma(dobro(2),3+2));
  ou
  if (soma(x,y) > 0 )
     ...
  ```
- Tal como se invoca um procedimento, perdendo-se, nesse caso, o valor de retorno.
  ```
  getchar(); /* Para parar a tela. Não interessa qual o char digitado */
  ```

O "tipo" void

Em C existe uma palavra reservada — **void** — que permite indicar que uma função não devolve qualquer tipo.

Dessa forma, a função `linha` anteriormente apresentada deveria ter sido escrita da seguinte forma:

prog0506.c

```
 1: #include <stdio.h>
 2:
 3: void linha(int num,char ch)
 4: {
 5:   int i;
 6:   for (i=1 ; i<=num ; i++)
 7:     putchar(ch);
 8:   putchar('\n');
 9: }
10:
11: main()
12: {
13:   linha(3,'+');
14:   linha(5,'+');
15:   linha(7,'-');
16:   linha(5,'*');
17:   linha(3,'*');
18: }
```

Todo o código restante permanece inalterado.

É habitual, também, encontrar a palavra reservada **void** para indicar que uma função não recebe qualquer parâmetro.

Os dois trechos seguintes são equivalentes

```
void linha()
{ int i;
  for (i=1;i<=20;i++)
    putchar('*');
  putchar('\n');
}
```

```
void linha(void)
{ int i;
  for (i=1;i<=20;i++)
    putchar('*');
  putchar('\n');
}
```

Nota:

> Uma função que "retorna void" é chamada normalmente de Procedimento.

Sempre que se quer sair de um procedimento, usa-se a instrução **return** sem qualquer valor ou expressão seguinte.

Nota:

> A instrução return termina a execução da função (procedimento), e o controle do programa é devolvido ao local onde a função (procedimento) foi invocada.

Existem alguns programadores que reforçam na definição da função, uma vez que esta não recebe qualquer argumento, colocando ***void*** dentro dos parênteses. Escrevem assim a função `func()` como `func(void)`.

Onde Colocar as Funções

Em C, as funções podem ser colocadas em qualquer local do arquivo (por enquanto, apenas dentro de um único arquivo), antes ou depois de serem invocadas, antes ou depois da função *main*. Existe, no entanto, uma restrição que deve ser levada em conta.

Suponhamos o seguinte programa:

prog0508.c

```
 1: #include <stdio.h>
 2:
 3: main()
 4: {
 5:   linha();
 6:   printf("Hello World\n");
 7:   linha();
 8: }
 9:
10: void linha()
11: {
12:   int i;
13:   for (i=1; i<=20; i++)
14:     putchar('*');
15:   putchar('\n');
16: }
```

Embora o código esteja formalmente bem escrito, vamos obter um erro de compilação semelhante a `"function linha: redefinition"`.

Como será possível que a função linha esteja redefinida, se ela é escrita apenas uma vez (linhas 10: a 16:)?

O processo de compilação é, em geral, um processo seqüencial, que percorre todo o arquivo em que o código se encontra, do princípio até ao seu final. Faz então a verificação sintática e, sempre que tudo está bem, cria o arquivo com o código objeto.

Ora, estando a função *linha* definida após a função *main*, o compilador só sabe qual é o seu cabeçalho quando a compila. No entanto, a função *linha* é invocada pela função *main*. Como na altura em que a função *main* é compilada o compilador ainda não a conhece, este cria um protótipo (cabeçalho) para a função *linha* semelhante a

```
int linha();
```

Quando encontra a função *linha* (com o cabeçalho `void linha()`), o compilador pensa que são duas funções distintas (pois devolvem tipos diferentes) mas com o mesmo nome. Como em C não podem existir duas funções com o mesmo nome, o compilador apresenta o correspondente erro e termina o processo de compilação.

Repare que se a função *linha* devolvesse um inteiro não haveria qualquer problema.

Como resolver então esse problema?

A solução é indicar ao compilador qual o cabeçalho (a *interface*) da função, fazendo a declaração da função da mesma forma que se declaram as variáveis.

A declaração de uma função consiste na escrita do seu cabeçalho seguida de um ponto-e-vírgula (;), e deve ser realizada antes da utilização da função que se quer declarar. Tradicionalmente, a declaração é realizada imediatamente após os *#includes*.

prog0508.c

```
1: #include <stdio.h>
2:
3: void linha(); /* Declaração da Função linha*/
```

```
 4:
 5: main()
 6: {
 7:    linha();
 8:    printf("Hello World\n");
 9:    linha();
10: }
11:
12: void linha()
13: {
14:    int i;
15:    for (i=1; i<=20; i++)
16:       putchar('*');
17:    putchar('\n');
18: }
```

Nota:

> O protótipo de uma função corresponde ao seu cabeçalho seguido de um ponto-e-vírgula (;). Este identifica toda a estrutura da função (nome, parâmetros e tipo de retorno).

Um bom hábito de programação é a colocação, sempre, dos protótipos das funções no início dos programas, de forma a indicar ao compilador qual a estrutura das funções que vão ser utilizadas pelo programa. Dessa forma, o compilador pode verificar, em cada invocação de uma função, se esta foi ou não corretamente implementada.

Nota:

> O protótipo de uma determinada função deve ser colocado apenas antes da sua invocação. No entanto, é uma boa prática de programação colocar os cabeçalhos de todas as funções definidas pelo programador imediatamente antes do código da primeira função.

```
#include <.....>
void f1(int n, char ch);      /* Protótipos das funções */
int max(int n1, int n2);
main()
{
 .....
}
void f1(int n, char ch)
{
 .....
}
int max(int n1, int n2)
{
 .....
}
```

Nota:

> Embora possa parecer que o objetivo da escrita do protótipo de uma função é indicar ao compilador quais os seus parâmetros, na realidade o que o compilador necessita saber é apenas qual o tipo de retorno da função.

Assim, as linhas seguintes têm a mesma funcionalidade para o compilador.

```
int max(int n1, int n2);
int max(int , int );
int max();
```

Variáveis Locais

Como foi já observado anteriormente, variáveis podem ser declaradas dentro do corpo de uma função. Essas variáveis são *visíveis* (isto é, conhecidas) apenas dentro da própria função.

Nota:

> **As variáveis declaradas dentro de uma função só são conhecidas dentro dessa função. São, por isso, denominadas variáveis locais.**

A declaração de variáveis dentro de uma função deve ser realizada antes de qualquer instrução.

```
função( ..........)
{
  declaração de variáveis
  instruções
}
```

Essas variáveis só podem ser utilizadas dentro da própria função.

Se uma mesma variável for declarada em duas funções distintas não haverá qualquer tipo de problema, pois o compilador sabe qual utilizar em cada uma delas. Apesar de terem o mesmo nome, são variáveis distintas sem qualquer relação, do mesmo modo que podem existir dois indivíduos chamados José em salas distintas.

Nota:

> **Depois de terminada a execução de uma determinada função, todas as suas variáveis locais são destruídas.**

Nota:

> **Sempre que possível recorra a variáveis locais, evitando assim os efeitos colaterais que ocorrem quando se utilizam variáveis globais.**

Considerações Finais

Uma vez que a linguagem C não possui, na sua estrutura, um tipo de dados específico para representar os valores lógicos **Verdade** e **Falso**, é necessário que funções que tenham que devolver como resultado um valor lógico sejam declaradas como devolvendo um valor do tipo `int`.

No entanto, a programação dessas funções é em geral mal realizada. Repare no seguinte exemplo:

Problema: Escreva a função *isequal*, que verifica se dois inteiros são ou não iguais e devolve o correspondente resultado.

```
int isequal(int x, int y)
{
  if (x == y)
    return 1;
  else
    return 0;
}
```

Repare que a função tem apenas que comparar os valores de x e y e devolver 1 ou 0.

Mas por que devolver 1 quando o resultado é *Verdade*, e não –1 ou –435 ou 2345, que também representam o valor lógico *Verdade*?

A resposta é que quando perguntas como essas nos assolam a alma é sinal de que algo não está bem programado.

O objetivo da função é verificar se os valores de x e de y são iguais. Isso é realizado através da comparação x == y. Ora, essa comparação devolve, por si só, um valor lógico que indica se x é ou não igual a y.

Assim, o que queremos é devolver o valor lógico que resulta do teste x == y, pois

	x == y	return
x = 5, y = 5	Verdade	Verdade
x = 7, y = 5	Falso	Falso

Como se pode observar pela tabela aqui apresentada, o valor da avaliação (x==y) corresponde ao valor que queremos devolver como resultado da função.

Assim, a função anterior deveria ser escrita da seguinte forma:

```
int isequal(int x, int y)
{
  return (x == y);
}
```

devolvendo o resultado da comparação de x com y.

Resumo do Capítulo 5

Neste capítulo apresentamos as funções e procedimentos em C.

O formato genérico de uma função é:

```
tipo nome_função(tipo₁ param₁ , tipo₂ param₂ ,  ...  , tipoₙ paramₙ)
{
  corpo da função
}
```

Existem duas razões bem conhecidas para recorrer à escrita de funções:

- *Reduzir a complexidade de um programa.*
- *Evitar a repetição de código ao longo de um programa.*

As funções são trechos de código, independentes do programa em que são utilizadas, e devem realizar uma única tarefa. O objetivo é que essa tarefa seja realizada corretamente. A forma como a tarefa é desempenhada não tem qualquer interesse. Uma função deve funcionar, assim, como uma **caixa preta** em que não se vê o mecanismo interno, apenas se sabe o que entra e o que sai, sem provocar efeitos colaterais.

O código de uma função só é executado quando esta é invocada, em alguma parte do programa a que está de algum modo ligada.

Sempre que uma função é invocada, o programa que a invoca é "*suspenso*" temporariamente. Em seguida são executadas as instruções presentes no corpo da função. Uma vez terminada a função, o controle de execução do programa volta ao local em que esta foi invocada.

As funções são uma ferramenta essencial ao desenvolvimento estruturado de aplicações.

Cada função tem que ter um nome único, que não pode ser igual ao nome de outra função ou de alguma variável. As regras para o nome de uma função são iguais às regras enunciadas para a designação das variáveis. Mais uma vez se repete que o nome de uma função deverá indicar aquilo que ela faz, tal como o nome de uma variável deverá indicar aquilo que ela contém.

Uma função pode receber parâmetros e pode, ainda, devolver um único valor como resultado da sua execução.

Depois de terminar o seu funcionamento, uma função pode devolver um valor para o programa que a invocou. A devolução de valores é realizada através da instrução **return**, seguida da expressão cujo valor queremos devolver.

Assim que a instrução *return* é executada, a função termina a sua execução e o controle do programa volta ao local onde a função tinha sido invocada.

Uma função que não devolve qualquer valor é, habitualmente, designada por **Procedimento**. Sempre que uma função não devolve qualquer valor deve ser declarada como se "devolvesse o tipo **void**". A palavra reservada **void** indica ausência de tipo e é normalmente traduzida por *nada* ou *vazio*.

As funções podem ser colocadas em qualquer local de um arquivo, antes ou depois do *main*, antes ou depois de serem invocadas. É, no entanto, aconselhável colocar os protótipos de todas as funções (cabeçalhos das funções seguidos de ponto-e-vírgula) imediatamente antes do código da primeira função presente no arquivo, a fim de evitar eventuais erros de compilação.

Exercícios Resolvidos

→ Escreva a função x_isdigit, que verifica se um determinado caractere é dígito ou não. Escreva um programa de teste da função.

prog0509.c

```
 1: #include <stdio.h>
 2:
 3: int x_isdigit(char ch)
 4: {
 5:    return (ch >='0' && ch <= '9');
 6: }
 7:
 8: /* Escreve todos os caracteres não dígitos */
 9:
10: main()
11: {
12:   char c;
13:   while(1) /* Termina com CTRL-C */
14:     {
15:       c=getchar();
16:       if (!x_isdigit(c)) /* se não for digito */
17:         putchar(c);
18:     }
19: }
20:
```

Neste exemplo, o programa lê (infinitamente) caracteres do teclado e apenas escreve aqueles que não são dígitos. Ora, um caractere é dígito quando está entre '0' ... '9'. Note-se que a função poderia ter utilizado os códigos ASCII dos caracteres (48 ..57); ficaria, no entanto, muito menos legível e só estaria adaptado a computadores que funcionassem com a codificação ASCII.

→ Escreva a função *x_toupper*, que transforma qualquer caractere na maiúscula correspondente. Escreva um programa de teste da função.

prog0510.c

```
 1: #include <stdio.h>
 2:
 3: int x_toupper(char ch)
 4: {
 5:   if (ch >= 'a' && ch <= 'z') /* Se minúscula */
 6:     return ch + 'A' - 'a';
 7:   else
 8:     return ch;   /* Devolve a própria */
```

```
 9:    }
10:
11: /* Escreve todos os caracteres em maiúsculas */
12:
13: main()
14: {
15:    char c;
16:    while(1) /* Termina com CTRL-C */
17:       {
18:        c=getchar();
19:         putchar(x_toupper(c));
20:       }
21: }
22:
```

→ **[Exercício de Exame]**

Implemente a função

      `float Pot(float x, int n)`

Devolve o valor de x^n

    $x^0 = 1.0$

    $x^n = x*x* \ldots *x$ (*n* vezes)

prog0511.c

```
 1: #include <stdio.h>
 2:
 3: float Pot(float x, int n)
 4: {
 5:     float res;
 6:     int i;
 7:
 8:     for (i=1,res=1.0 ; i<=n ; i++)
 9:        res*=x;              /* res = res * x; */
10:
11:     return res;
12: }
13:
14: main()
15: {
16:    printf("%f %f %f", Pot(2.0,4), Pot(1.234,3), Pot(3.0,0));
17: }
```

→ **[Exercício de Exame]**

Dadas as funções tiro e liro

```
void tiro(int x)
{
  switch(x)
     {
       case 1: printf("\nEste teste é mesmo fácil");
       case 2: printf("\nAi de quem diga o contrário...");
               return;
       case 3: printf("\nEstou no Tiro e x = %d",x);
               liro(x++);
               break;
               printf("\nVou sair do tiro");
    default: printf("\nEntrei pelo default");
               liro(x);
      }
}
```

```
void liro(int x)
{
  switch(x)
    {
      case 2: return;
              printf("\nOlarailarilolela");
              break;
      case 3: printf("\nEu percebo HIMALAIAS de C");
              break;
              printf("\nSou mesmo Bom!!!");
              break;
      case 4: printf("\nNão percebo nada disto");
              liro(2);
              return;
      default: printf("\nAqui estou eu mais uma vez");
               tiro(x--);
    }
}
```

Qual a saída das seguintes chamadas.

a) tiro(1);

b) tiro(3);

c) liro(2);

d) liro(4);

e) liro(5);

a) tiro(1)

Ao invocar a função *tiro* com o argumento 1, o *switch* vai entrar pelo *case* 1: e escrever na tela

Este teste é mesmo fácil.

Como o case de entrada não tem *break*, continua pelo próximo *case* e escreve em seguida

Ai de quem diga o contrário...

A seguir aparece a instrução *return*, que termina a execução da função.

Assim, a saída da chamada da função **tiro(1)** é:

Este teste é mesmo fácil.
Ai de quem diga o contrário...

b) tiro(3)

Entra-se no *switch* pelo *case* 3: e escreve-se

Estou no Tiro e x = 3

Em seguida vou invocar a função *liro* com o valor 3. Repare que a instrução x++ envia primeiro o valor de x (x=3) para a função *liro*, e só então é que incrementa a variável *x* na função *tiro*. Dessa forma a função liro recebe o valor 3, e não 4, como se poderia pensar erroneamente.

x++ indica que se quer usar o valor de *x*, e só depois de usá-lo é que ele vai ser incrementado em uma unidade.

Vamos então executar a função **liro(3)**, que vai escrever

Eu percebo HIMALAIAS de C

Em seguida aparece um *break* que faz terminar o *switch*, embora ainda existam mais instruções para o referido *case*. Estas, contudo, nunca são executadas porque aparecem escritas depois da instrução *break* (provavelmente o compilador avisará que existe código que nunca será alcançado).

Depois de sair da função *liro(3)* voltamos ao local imediatamente seguinte à sua chamada na função *tiro*, e que corresponde à instrução *break*, a qual termina a instrução *switch* e, nesse caso, também a função.

Assim, a saída apresentada na tela é

```
Estou no Tiro e x = 3
Eu percebo HIMALAIAS de C
```

c) liro(2)

A primeira instrução é a instrução *return*, que termina imediatamente a função. Assim, essa chamada não produz qualquer saída.

d) liro(4)

Entra pelo *case* 4: e escreve

```
Não percebo nada disto
```

Em seguida chama a própria função (chamada dita Recursiva) e envia o valor 2.

Ora, *liro(2)* não tem qualquer saída, pois executa simplesmente um *return*.

Volta à instrução imediatamente seguinte à chamada *liro(2)* e executa a instrução return, que termina a função.

A saída dessa chamada é, assim,

```
Não percebo nada disto
```

e) liro(5)

A invocação da função *liro* com o valor 5, que não existe no *switch*, vai fazer com que o código a executar seja o que se encontra no *default*. Dessa forma, a função vai escrever na tela

```
Aqui estou eu mais uma vez
```

Em seguida, vai chamar a função tiro enviando 5 (e não 4, pelas razões antes apresentadas para o x++).

Ora, o tiro(5) vai igualmente entrar pelo default respectivo e escrever

```
Entrei pelo default
```

Chamando em seguida a função *liro(5)*, que corresponde à chamada inicial, sendo todo o processo repetido indefinidamente.

Assim, a saída do programa é:

```
Aqui estou eu mais uma vez
Entrei pelo default
Aqui estou eu mais uma vez
Entrei pelo default
Aqui estou eu mais uma vez
Entrei pelo default
```

(... laço infinito em que repete as duas linhas ...)

Exercícios Propostos

1. Indique se são verdadeiras ou falsas as seguintes afirmações:

a) Uma função em C pode devolver simultaneamente mais do que um valor.
b) Uma função em C pode não ter parâmetros.
c) Uma função em C tem que devolver sempre um inteiro.
d) Os parâmetros das funções podem ser do tipo **void**.
e) A instrução **return** termina a execução de uma função.
f) Uma variável local a uma função pode ter o mesmo nome que um parâmetro.

g) A instrução **return** termina a execução de uma função apenas se for a última instrução da função em que se encontra.

h) A instrução **return**, quando executada dentro de qualquer função, termina o programa.

i) A instrução **return**, quando executada dentro da função **main**, termina o programa.

j) O nome de uma função é opcional.

k) Os parâmetros numa função são opcionais.

l) Uma função deve fazer o maior número de tarefas possível sem ocupar muito código.

m) Uma função não deve ter mais que 10 linhas.

n) O nome de uma função não deve ter mais do que 6 letras.

o) O nome de uma função não pode ser uma palavra reservada do C.

p) Sempre que for necessário devem ser utilizadas variáveis locais.

q) Um protótipo não é nada mais que a repetição do cabeçalho da função seguido de **;**.

r) Em C, um procedimento não é mais do que uma função que "retorna **void**"

2. Identifique os erros de compilação que seriam detectados nos seguintes programas:

2.1

```
/*
 * Copyright: Asneira Suprema Software!!!
 */
f(int x,int y);
{
   x = 4;
   y = 5;
}
```

2.2

```
/*
 * Copyright: Asneira Suprema Software!!!
 */
void f(int x,int y)
{
    return -1;
}
```

2.3

```
/*
 * Copyright: Asneira Suprema Software!!!
 */
void f(void);
void f(int x,int y)
{
   x = 4;
   y = 5;
}
```

2.4

```
/*
 * Copyright: Asneira Suprema Software!!!
 */
f(int x,int y);
void f(int x,int y)
{
   x = 4;
   y = 5;
}
```

2.5

```
/*
 * Copyright: Asneira Suprema Software!!!
 */
void (int x,int y)
{
  x = 4;
  y = 5;
}
```

2.6

```
/*
 * Copyright: Asneira Suprema Software!!!
 */
void f(int x, y)
{
  x = 4;
  y = 5;
}
```

3. [Exercício de Exame]

Dadas as funções Ping e Pong

```
void Ping(int i)
{
switch (i)
  {
    case 1:
    case 2:
    case 3:  while (i--)
                printf("\n%d",--i);
             break;
    case 25: Pong(3);
             break;
    default: printf("\nJá Passei em C");
             Pong(123);
  }
}
```

```
void Pong(int x)
{
int j=0;
switch (x)
  {
    case 1:
    case 2: Ping(x);
    case 3: j=5;
            j++;
            return;
   default: printf("\nOla");
            return;
  }
printf("\nVou Sair");
}
```

Qual a saída das seguintes chamadas:

a) Pong(3);

b) Ping(-4);

c) Ping(25);

d) Pong(2);
e) Pong(1);

Implemente as seguintes funções:

4. [Exercício de Exame]

int Abs(int x)

Devolve o valor absoluto de x.

```
Abs(-5)      --> 5
Abs(5)       --> 5
```

5. [Exercício de Exame]

float VAL(float x, int n, float t)

Devolve o VAL (Valor atual Líquido) para *n* anos, à taxa *t* e é definido através da seguinte fórmula

$$VAL = \frac{x}{(1+t)} + \frac{x}{(1+t)^2} + \frac{x}{(1+t)^3} + \ldots + \frac{x}{(1+t)^n}$$

Sugestão: Utilize a função Pot, implementada anteriormente (Exercícios Resolvidos).

6. [Exercício de Exame]

long int n_segundos(int n_horas)

Devolve o número de segundos existente em um conjunto de horas.

```
n_segundos(0)       --> 0
n_segundos(1)       --> 3600
n_segundos(2)       --> 7200
```

7. [Exercício de Exame]

long int num(int n_horas, char tipo)

Semelhante à função anterior, só que recebe mais um parâmetro indicando aquilo que se quer saber 'h' - Horas, 'm' - Minutos e 's' - segundos.

```
num(3,'h')      --> 3
num(3,'m')      --> 180
num(3,'s')      --> 10800
```

/* Resolva este exercício de três formas distintas: com a instrução *if-else*, *switch* com *break* e *switch* sem *break* */

Nota: Supõe-se que o tipo está sempre correto.

8. [Exercício de Exame]

float Max(float x, float y, float w)

Devolve o maior dos valores x, y e w.

9. [Exercício de Exame]

int Impar(int x)

Devolve Verdade se *x* for ímpar. Falso, no caso contrário.

10. [Exercício de Exame]

int Entre(int x, int lim_inf, int lim_sup)

Verifica se x se encontra no intervalo `lim_inf <= x <= lim_sup`

11. Escreva as seguintes funções

	Função	Devolve
11.1	**int isdigit(char c)**	Verdade caso c seja um dígito. Falso, caso contrário.
11.2	**int isalpha(char c)**	Verdade caso c seja uma letra do alfabeto, maiúscula ou minúscula. Falso, caso contrário.
11.3	**int isalnum(char c)**	Verdade caso c seja um dígito ou uma letra do alfabeto. Falso, caso contrário.
11.4	**int islower(char c)**	Verdade caso c seja uma letra minúscula. Falso, caso contrário.
11.5	**int isupper(char c)**	Verdade caso c seja uma letra maiúscula. Falso, caso contrário.
11.6	**int isspace(char c)**	Verdade caso c seja um espaço ou um TAB. Falso, caso contrário.
11.7	**char tolower(char c)**	Devolve o valor do caractere c transformado em minúsculas.
11.8	**char toupper(char c)**	Devolve o valor do caractere c transformado em maiúsculas.

Nota:

> Para ter acesso às funções apresentadas no exercício 11 deste capítulo bastará incluir no início do seu programa a linha
>
> **#include <ctype.h>** /* Funções sobre o tipo char (ctype = char type) */

12. **[Exercício de Exame]**

    int is_square(int x, int y)

    Devolve um valor lógico que indica se x é ou não igual a y^2

13. **[Exercício de Exame]**

    int Minus(Valor)

    Devolve o valor recebido sempre como número negativo

    ```
    Minus(10)        → -10
    Minus(-10)       → -10
    ```

14. **[Exercício de Exame]**

    int is_special(int x)

    Devolve um valor lógico que indica se o dobro de x é ou não igual a x^2

15. **[Exercício de Exame]**

    int Cubo(int x)

    Devolve o valor de x^3.

16. **[Exercício de Exame]**

    int IsVogal(char ch)

    Verifica se ch é uma das vogais do alfabeto (minúscula ou maiúscula)

6

VETORES

Objetivos

- O que é um vetor
- Declaração de vetores
- Carga inicial automática de vetores
- Índices e posições dos elementos no vetor
- Matrizes e vetores multidimensionais
- Definição de constantes em C
- Diferenças entre *const* e *#define*
- Passagem de vetores para funções
- Geração de números aleatórios

Introdução

Depois de termos aprendido quais os tipos básicos de dados em C (*char*, *int*, *float* e *double*) e quais as estruturas de controle (*if*, *switch*, *while*, *for* e *do...while*), vamos agora estudar a forma como podemos processar conjuntos de dados/valores do mesmo tipo.

Um vetor (também vulgarmente conhecido por ***Array***) não é mais que um conjunto de elementos consecutivos, todos do mesmo tipo, que podem ser acessados individualmente a partir de um único nome.

Como exemplos da utilização de vetores, podemos apresentar:

1. Conjunto de comissões mensais associadas a um determinado empregado ao longo de um ano

12 000	5 000	2 300	1 230	7 400	...

- *Vetor de Comissões do Sr. Justino (Vetor simples de Inteiros).*
- *Cada posição corresponde ao valor recebido nesse mês (Ex: 12 000 - janeiro, 2 300 março etc.).*

Dessa forma, evita-se declarar uma variável para cada mês (no total 12 variáveis), colocando toda a informação em uma variável só.

2. Jogo da Velha (Vetor de caracteres com duas dimensões)

X		O
	X	
		O

Declaração de Vetores

Um vetor em C é declarado da mesma forma que uma variável simples.

```
int n;      /* Declaração da variável n */
```

A declaração de um vetor com uma única dimensão obedece à seguinte sintaxe:

```
tipo   nome_variável[nº de elementos]
```

- *Tipo – corresponde ao tipo de dados de cada um dos elementos do vetor.*
- *Nome_Variável – indica o nome pelo qual esse vetor vai ser conhecido.*
- *Nº de elementos – valor constante que indica quantos elementos tem o vetor.*

Nota:

> **Um vetor pode conter elementos de qualquer tipo de dados. No entanto, os elementos do vetor são todos do mesmo tipo, o qual é definido na declaração do mesmo.**

Para declarar um vetor com 20 inteiros

```
int g[20];       /* g é um vetor com 20 números inteiros */
```

Para declarar um vetor com 100 números reais

```
float renda[100];   /* renda é um vetor com 100 números reais */
```

Todos os elementos de um vetor podem ser identificados pelo mesmo nome (*g* ou *renda*, nos exemplos anteriores), no entanto, para que se possa identificar cada um deles individualmente é necessário um número (índice) que indique qual a sua posição no vetor.

Numa declaração como

```
float renda[100]; /* renda é um vetor com 100 números reais */
```

float   — *Tipo de cada um dos elementos do vetor.*
100   — *Nº de elementos do vetor.*
renda   — *Nome do Vetor.*
renda[i] — *Aquilo que está na posição índice **i** do vetor **renda**.*

Suponhamos, então, que pretendíamos declarar um vetor com seis números inteiros denominado **vetor**.

```
int vetor[6];
```

Nota:

Em C os índices de um vetor com *n* elementos variam sempre entre 0 e *n*−1.

Dessa forma, cada uma das seis posições do nosso vetor pode ser acessada através do respectivo índice colocado entre **Colchetes [ ]**.

Nota:

O índice do primeiro elemento, de qualquer vetor em C, é sempre 0 (ZERO).

Exemplo: Coloque o valor 123 na primeira posição do vetor:

```
vetor[0] = 123;
```

123					
vetor[0]	vetor[1]	vetor[2]	vetor[3]	vetor[4]	vetor[5]

Coloque na última posição do vetor o dobro do valor do primeiro elemento.

```
vetor[5] = vetor[0]*2;
```

123					246
vetor[0]	vetor[1]	vetor[2]	vetor[3]	vetor[4]	vetor[5]

Coloque no terceiro elemento do vetor a soma do primeiro com o último elemento.

```
vetor[2] = vetor[0] + vetor[5];
/* Note que o terceiro elemento está contido na posição índice 2,
 * pois os elementos do vetor começam no índice 0
 */
```

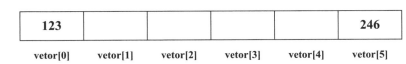

Nota:

Em um vetor o n-ésimo elemento está sempre na posição n-1.

A posição ocupada por um elemento de um vetor também é chamada de índice desse elemento no vetor.

Inicie novamente todo o vetor, colocando em cada posição do mesmo o índice dessa mesma posição.

```
for (i=0; i<6 ; i++)
   vetor[i] = i;
```

| 0 | 1 | 2 | 3 | 4 | 5 |

vetor[0] vetor[1] vetor[2] vetor[3] vetor[4] vetor[5]

O índice de um elemento pode ser representado por qualquer expressão que devolva um valor inteiro.

```
vetor[1] = 2;              /* 1 é um inteiro          */
vetor[3-1] = 23;           /* equivalente a vetor[2] = 23;    */
vetor[1+vetor[1]] = 513;   /* equivalente a vetor[1+2] = 513; */
                           /* pois vetor[1] contém um inteiro */
```

Carga Inicial Automática de Vetores

Nota:

Tal como as variáveis, os vetores quando são criados contêm valores aleatórios (LIXO) em cada uma das suas posições.

É possível iniciar automaticamente todos os elementos de um vetor através da seguinte sintaxe:

tipo var[n] = { valor₁, valor₂, ..., valorₙ };

Exemplo: Declare e inicie um vetor com todas as vogais do alfabeto.

```
char vogal[5] = {'a', 'e', 'i', 'o', 'u'};
```

Evita-se, assim, escrever o seguinte conjunto de código:

```
char vogal[5];
vogal[0] = 'a';
vogal[1] = 'e';
vogal[2] = 'i';
vogal[3] = 'o';
vogal[4] = 'u';
```

Nota:

Se um vetor for declarado com n elementos e forem colocados apenas k valores (k<n) na carga inicial do vetor, então os primeiros k elementos do vetor serão iniciados com os respectivos valores e os restantes serão iniciados com o valor ZERO.

Suponhamos a seguinte declaração:

```
int v[10] = {10,20,30};
```

No exemplo anterior, os três primeiros elementos do vetor (índices 0, 1 e 2) ficam iniciados com os valores 10, 20 e 30, respectivamente, e todos os outros ficam iniciados com o valor 0.

Assim, as seguintes instruções são equivalentes

```
int v[10] = {10,20,30};
int v[10] = {10,20,30,0,0,0,0,0,0,0};
```

Atenção:

As posições de um vetor só são iniciadas se a declaração deste for seguida de = { valor .... valor };

Exemplo: Escreva um programa que realize a leitura dos salários pagos a um indivíduo durante um ano. Em seguida, o programa deverá mostrar os valores mensais e o total anual.

prog0601.c

```
 1: #include <stdio.h>
 2:
 3: main()
 4: {
 5:      float sal[12];   /* 12 meses */
 6:      float total;
 7:      int i;
 8:
 9:      for (i=0; i<12 ; i++)
10:         {
11:              printf("Introd. o salário do mês %d:",i+1);
12:              scanf("%f",&sal[i]);
13:         }
14:
15:   /* Mostrar os valores Mensais e calcular o total */
16:      puts(" Mês       Valor ");
17:      for (i=0, total=0.0 ; i<12 ; i++)
18:         {
19:              printf(" %3d     %9.2f\n",i+1,sal[i]);
20:              total+=sal[i];
21:         }
22:
23:      printf("Total Anual: %9.2f\n",total);
24: }
```

```
$ prog0601
Introd. o salário do mês 1:1000
Introd. o salário do mês 2:2000
Introd. o salário do mês 3:3500
Introd. o salário do mês 4:6480.5
Introd. o salário do mês 5:32000
Introd. o salário do mês 6:4560.5
Introd. o salário do mês 7:10000
Introd. o salário do mês 8:7450
Introd. o salário do mês 9:6471
Introd. o salário do mês 10:1240
Introd. o salário do mês 11:1240
Introd. o salário do mês 12:1240
 Mês       Valor
   1      1000.00
   2      2000.00
   3      3500.00
   4      6480.50
   5     32000.00
   6      4560.50
   7     10000.00
   8      7450.00
   9      6471.00
  10      1240.00
  11      1240.00
  12      1240.00
Total Anual:  77182.00
```

Note que o usuário não tem que saber como os dados são armazenados no nosso programa. Assim, quando solicitarmos o primeiro mês (mês 1) temos que armazená-lo na posição 0 do vetor. Não faz qualquer sentido solicitar ao usuário a introdução do mês 0. Por isso é escrito o valor $i+1$ na tela e armazenado o valor na posição índice i do vetor.

```
 9:    for (i=0; i<12 ; i++)
10:       {
11:          printf("Introd. o salário do mês %d:",i+1);
12:          scanf("%f",&sal[i]);
13:       }
```

O exemplo anterior pode provocar alguma confusão, porque estamos habituados a pensar nos meses do ano entre 1 e 12, e não entre 0 e 11.

Por isso, alguns programadores resolvem o problema de outra forma.

Declaram um vetor com 13 elementos (índices 0..12), de forma a poderem utilizar os índices relativos ao mês pretendido (1...12). O índice 0 é simplesmente ignorado.

prog0602.c

```
 1: #include <stdio.h>
 2:
 3: main()
 4: {
 5:     float sal[13];   /* índice 0 + 12 meses */
 6:     float total;
 7:     int i;
 8:
 9:     for (i=1; i<=12 ; i++)
10:        {
11:           printf("Introd. o salário do mês %d:",i);
12:           scanf("%f",&sal[i]);
13:        }
14:
15:     /* Mostrar os valores Mensais e calcular o total */
16:     puts(" Mês     Valor ");
17:     for (i=1, total=0.0 ; i<=12 ; i++)
18:        {
19:           printf(" %3d     %9.2f\n",i,sal[i]);
20:           total+=sal[i];
21:        }
22:
23:     printf("Total Anual: %9.2f\n",total);
24: }
```

A declaração e a carga inicial de um vetor podem ser realizadas sem indicar qual o número de elementos do vetor.

tipo var[ ] = { valor$_1$, valor$_2$, ..., valor$_n$ };

Nesse caso, o compilador vai criar um vetor com tantos elementos quantas as cargas iniciais.

Vetores - Exemplos de Declaração

```
int v[10];              /* Vetor com 10 elementos não iniciados    */
int v[3] = {5,10,15};   /* Vetor com 3 elementos automaticamente   */
                        /* iniciados com os valores 5, 10 e 15     */
int v[10] = {5,10,15};  /* Vetor com 10 elementos. Os três primeiros */
                        /* são iniciados com os valores 5, 10, 15  */
                        /* Os restantes são iniciados com 0        */
int v[] = {5,10,15};    /* Vetor com 3 elementos iniciados com     */
                        /* os valores 5, 10 e 15                   */
```

```
                        /* Equivalente a int v[3] = {5,10,15};   */
int v[];                /* Declaração incorreta                  */
                        /* Provoca erro de compilação            */
```

Algumas Notas sobre Vetores

- *Os elementos de um vetor são sempre armazenados em posições **contíguas** de memória.*
- *Os elementos de um vetor declarado sem qualquer carga inicial contêm valores aleatórios.*
- *O índice do primeiro elemento de um vetor é sempre 0 (ZERO).*
- *Os índices de um vetor com n elementos variam sempre entre **0** e **n−1**.*
- *O valor existente em uma posição do vetor **v** pode ser obtido através do índice em que essa posição está armazenada **v[índice]**.*
- *O compilador não verifica se os índices utilizados em um vetor estão ou não corretos. Um exemplo comum de erro de manipulação de um vetor com n elementos é a utilização do índice **n** (**v[n]**), que não pertence ao vetor e pode originar problemas graves, pois estaríamos alterando memória que não nos pertence.*
- *O compilador não verifica se os índices utilizados num vetor estão ou não corretos com a declaração do vetor. Isto é, podemos declarar um vetor v com dimensão 3 e referenciar (erradamente) posições superiores ou inferiores, sem que o compilador indique qualquer erro.*
- *Um vetor pode ser automaticamente iniciado com o conjunto de valores existente dentro de chaves, após o sinal =. Isso apenas pode ser feito quando da declaração do vetor.*
- *Se o número de cargas iniciais for menor que o número de elementos do vetor, os elementos em falta são iniciados com o valor ZERO.*
- *Pode-se declarar um vetor sem indicar qual o número de elementos que ele irá conter, desde que estes sejam colocados na sua carga inicial. Nesse caso, o compilador calcula, automaticamente, o número de elementos que o vetor irá conter.*
- *Não se pode declarar vetores sem dimensão. Se não sabemos qual a dimensão pretendida, como poderá o compilador saber qual o espaço necessário?*

Passagem de Vetores para Funções

Suponhamos as seguintes declarações:

```
int v[10];
int x[20];
```

Suponhamos, então, que era nossa intenção iniciar os vetores **v** e **x** com o valor ZERO em todas as posições, e que pretendíamos utilizar uma função para realizar tal carga inicial.

Como os vetores têm dimensões diferentes, teremos eventualmente que definir duas funções distintas (uma para vetores com 10 inteiros, outra para vetores com 20 inteiros).

Vamos então escrever o código de cada uma delas.

```
void inic1(int s[10])
{
    int i;
    for(i=0;i<10;i++)
        s[i]=0;
}
void inic2(int s[20])
{
    int i;
    for(i=0;i<20;i++)
        s[i]=0;
}
```

Temos, assim, o código de cada uma das funções.

A invocação dessas funções na *main* deverá ser realizada da seguinte forma:

```
main()
{
   int v[10];
   int x[20];

   inic1(v);    /* Iniciar o vetor v usando a função inic1 */
   inic2(x);    /* Iniciar o vetor x usando a função inic2 */
}
```

Repare que se é enviado um vetor com 10 inteiros à função inic1, esta deverá ter um parâmetro do mesmo tipo da variável.

```
void inic1(int s[10])   /* Declaração da Função */

main()
{
        int v[10];
   ...
        inic1(v);
                    ↓
}
void inic1(int s[10])
{
   ...
}
```

No entanto, as duas funções de carga inicial podem ser substituídas por uma única que inicie qualquer vetor de inteiros com o valor **0**. Isso é possível porque em C não interessa qual a dimensão do vetor que é passado a uma função, mas sim qual o tipo dos seus elementos, e, nesse caso, ambos os vetores são constituídos por inteiros.

Nota:

Em C, dentro de uma função não é possível saber com quantos elementos foi declarado um vetor que foi passado como argumento para essa função.

É possível escrever uma função que inicie qualquer vetor de inteiros. No entanto (por causa da nota anterior), é necessário indicar a essa função qual o número de elementos que o vetor contém.

prog0603.c

```
 1: #include <stdio.h>
 2:
 3: void inic(int s[],int n)
 4: {
 5:     int i;
 6:     for(i=0;i<n;i++)
 7:         s[i]=0;
 8: }
 9:
10: main()
11: {
12:     int v[10];
13:     int x[20];
14:
15:     inic(v,10);
16:     inic(x,20);
17: }
18:
```

Note agora que a função **`void inic(int s[],int n)`** recebe um vetor de inteiros (sem indicar qual a sua dimensão) e um inteiro que indica qual o número de elementos a iniciar.

Dessa forma, é possível iniciar um vetor de inteiros (qualquer que seja a dimensão com que foi declarado), pois não é indicado no parâmetro da função qual o número de elementos que o vetor contém.

Nota:

Se for indicada qual a dimensão do vetor no parâmetro da função, o número de elementos do vetor é simplesmente ignorado pelo compilador. A Função apenas se interessa em saber qual o tipo dos elementos do vetor. A dimensão a considerar é de responsabilidade exclusiva do programador.

Constantes

A escrita de programas deve ser realizada de forma que uma pequena alteração não provoque grandes transformações no código dos mesmos.

Suponhamos, então, o seguinte programa:

prog0604.c

```
 1: #include <stdio.h>
 2:
 3: void inic(int s[])
 4: {
 5:     int i;
 6:     for(i=0;i<10;i++)
 7:         s[i]=0;
 8: }
 9:
10: main()
11: {
12:     int v[10], i;
13:
14:     inic(v);
15:
16:     for(i=0;i<10;i++)
17:         v[i]=i;
18:
19:     for(i=10-1;i>=0;i--)
20:        printf("%d\n",v[i]);
21: }
```

Esse é um programa que funciona para um vetor com 10 elementos. No entanto, se sua alteração for extremamente urgente, de modo a poder ser utilizado não com 10, mas com 25 inteiros, a solução é alterar todas as ocorrências do número 10 pelo número 25.

```
 6:     for(i=0;i<10;i++)
12:     int v[10], i;
16:     for(i=0;i<10;i++)
19:     for(i=10-1;i>=0;i--)
```

Como se trata de um pequeno programa o trabalho não será muito, mas imagine se fosse um programa com milhares de linhas de código.

Nesse caso, poderíamos utilizar um bom editor e alterar automaticamente todas as ocorrências de 10 por 25 sem muito trabalho.

No entanto, alguns efeitos indesejados poderiam acontecer. O que aconteceria ao seguinte pedaço de código:

```
if (nota >=10)
    printf("Aprovado");
else
    printf("Reprovado");
```

Muito provavelmente passaria a

```
if (nota >=25)
    printf("Aprovado");
else
    printf("Reprovado");
```

O que viria a aumentar, de forma significativa, o número de alunos reprovados nessa disciplina.

A solução está na utilização de constantes que, uma vez alteradas, propagam o novo valor por todas as ocorrências.

Definição de Constantes

Uma constante não é mais que um nome correspondente a um valor fixo (não se pode alterar ao longo de uma execução).

Estas devem ser definidas, em princípio, fora de qualquer função, de modo a serem visíveis ao longo de todo o programa.

Nota:

> **As constantes devem ser declaradas fora das funções, de forma a serem "visíveis" por todo o código do programa. Normalmente a sua definição é realizada imediatamente após as linhas dos #includes-**

A definição de constantes pode ser realizada de duas maneiras distintas:

- Através da palavra reservada **const** ;

    `const tipo símbolo = valor`

- Através da diretiva de pré-processamento **#define**

    `#define símbolo valor`

Exemplos:

prog0605.c

```
 1: #include <stdio.h>
 2:
 3: const int num = 10;
 4:
 5: void inic(int s[])
 6: {
 7:     int i;
 8:     for(i=0;i<num;i++)
 9:         s[i]=0;
10: }
11:
12: main()
13: {
14:     int v[num], i;
15:
```

```
16:        inic(v);
17:
18:        for(i=0;i<num;i++)
19:           v[i]=i;
20:
21:        for(i=num-1;i>=0;i--)
22:          printf("%d\n",v[i]);
23: }
```

prog0606.c

```
 1: #include <stdio.h>
 2:
 3: #define NUM 10              /* Sem Ponto-e-Vírgula */
 4:
 5: void inic(int s[])
 6: {
 7:     int i;
 8:     for(i=0;i<NUM;i++)
 9:         s[i]=0;
10: }
11:
12: main()
13: {
14:     int v[NUM], i;
15:
16:     inic(v);
17:
18:     for(i=0;i<NUM;i++)
19:         v[i]=i;
20:
21:     for(i=NUM-1;i>=0;i--)
22:        printf("%d\n",v[i]);
23: }
```

Caso se pretenda alterar o programa de 10 para 25, bastará alterar a linha em que a constante está definida, independentemente do número de ocorrências desta ao longo do programa.

Diferenças entre *const* e *#define*

- *Uma constante definida com **const** existe fisicamente em uma determinada posição de memória.*
- *Uma constante definida com **#define** não existe fisicamente em memória, sendo o seu valor substituído ao longo do programa na fase de pré-processamento (ainda antes da compilação).*
- *A palavra **const** faz parte das palavras reservadas da linguagem C.*
- *A palavra **#define** é uma diretiva que indica ao pré-processador que o símbolo que a segue vai ficar com o valor que aparece depois do símbolo. O pré-processador, antes de compilar o programa, substitui todas as ocorrências do símbolo pelo valor com que este foi definido. (No exemplo anterior, substitui todas as ocorrências de NUM por 10). É como se existisse um duende maroto que substituísse todas as ocorrências de NUM por 10, imediatamente antes da compilação do programa.*
- *Uma constante definida com a palavra **const** fica com o tipo que lhe foi colocado na definição.*
- *O tipo associado a uma constante definida com **#define** é o tipo que resulta da expressão que aparece na componente **valor**.*
- *Uma vez que o símbolo **#define** não faz parte da linguagem C, essa linha não é seguida de ponto-e-vírgula.*

Nota:

As constantes definidas com o símbolo #define chamam-se Constantes Simbólicas.

Nota:

Embora não seja obrigatório, habitualmente os programadores de C colocam as constantes simbólicas em maiúsculas.

Matrizes e Vetores Multidimensionais

Até o momento vimos como podíamos trabalhar com vetores com uma única dimensão. Vamos agora aprender como se podem usar vetores com mais de uma dimensão.

Nota:

Não existe qualquer limite para o número de dimensões que um vetor pode conter.

A declaração de vetores unidimensionais não é mais do que um caso particular da declaração de vetores com qualquer número de dimensões.

A declaração de um vetor com *n* dimensões é realizada através da seguinte sintaxe:

```
tipo  vetor[dim₁] [dim₂] [...] [dimₙ]
```

A título de exemplo, vamos observar como poderíamos implementar o famoso Jogo da Velha recorrendo a um vetor como tabuleiro do jogo.

X		O
	X	
		O

Como se pode observar, necessitamos de um vetor de duas dimensões (que também vulgarmente se chama **Matriz**).

Cada quadrícula vai conter um X, um 0 ou um espaço em branco. Assim, trata-se de um vetor de caracteres.

A declaração deverá ser realizada do seguinte modo:

```
#define DIM 3
......
char Velha[DIM][DIM];   /* 3 Linhas, cada uma com 3 posições */
```

Nota:

Em C, um vetor declarado com duas dimensões não é, na realidade, uma Matriz, mas sim um vetor de vetores. O mesmo se aplica a vetores com dimensão superior a 2.

No caso anterior aquilo que declaramos não foi uma matriz, mas sim um vetor de três posições Velha[3], em que cada uma dessas posições é formada por um vetor de três caracteres.

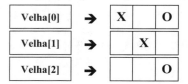

Assim:

Velha — É um vetor de caracteres com duas dimensões 3 × 3.
Velha[i] — É um vetor de três caracteres.
Velha[i][j] — Caractere presente na linha *i* e coluna *j* do vetor Velha.

Se declararmos um vetor

```
int v[3][4];
```

v — É um vetor com três elementos (cada elemento é um vetor de quatro inteiros)
v[i] — É um vetor de quatro inteiros
v[i][j] — É o inteiro que está colocado na posição *i,j* do vetor *v*.

Vetores Multidimensionais: Carga Inicial Automática

A carga inicial deve ser realizada da mesma forma que para os vetores de uma dimensão.

Suponhamos, então, que desejávamos iniciar o nosso jogo da velha com espaços em todas as posições.

```
char Velha[DIM][DIM]= {' ',' ',' ',' ',' ',' ',' ',' ',' '};
```

Embora essa seja a forma tradicional de carga inicial do vetor, ela não está correta, pois Velha não é um vetor de 12 elementos, mas sim um vetor constituído por três vetores.

A carga inicial de um vetor de uma dimensão com três espaços é realizada do seguinte modo:

```
char v[3] = {' ',' ',' '};
```

Ora, como a carga inicial de um vetor é realizada através de chaves, a carga inicial do vetor Velha deverá ser realizada assim:

```
char Velha[DIM][DIM] = {......};
```

Como o vetor Velha é um vetor com três elementos (cada um dos quais também é um vetor), teremos então que colocar entre as chaves apenas três elementos:

```
char Velha[DIM][DIM] = {  ,  ,  };
```

O problema agora é saber que elementos colocar.

Pergunta: O que corresponde a Velha[0]?

Resposta: Velha[0] é um vetor com três caracteres.

Pergunta: Como é que se inicia um vetor de três caracteres com espaços?

Resposta: Colocando os respectivos caracteres entre chaves {' ',' ',' '}

Já sabemos, então, como iniciar o primeiro elemento do vetor.

```
char Velha[DIM][DIM] = { {' ',' ',' '},  ,  };
```

Os outros são iniciados da mesma forma.

Assim, a carga inicial do vetor Velha pode ser realizada de duas maneiras distintas:

```
char Velha[DIM][DIM]= {' ',' ',' ',' ',' ',' ',' ',' ',' '};
```

ou

```
char Velha[DIM][DIM]= {{' ',' ',' '},{' ',' ',' '},{' ',' ',' '}};
```

Exemplo: Declare e inicie o vetor de inteiros v[2][4] com valores inteiros a seu gosto.

```
int v[2][4] = {{1,2,3,4},{5,6,7,8}};
```

Nota:

Os índices de cada dimensão de um vetor começam sempre no valor 0 (ZERO).

Exercício:

Escreva um programa que coloque o tabuleiro do jogo da velha nesse estado, depois de ter sido iniciado com espaços durante a declaração do mesmo.

X		O
	X	
		O

Em seguida mostre o tabuleiro na tela.

teste.c

```
 1: #include <stdio.h>
 2: #define DIM 3
 3:
 4: main()
 5: {
 6: char Velha[DIM][DIM]= {{' ',' ',' '},{' ',' ',' '},{' ',' ',' '}};
 7: int i,j;
 8:
 9: Velha [0][0] = 'X';
10: Velha [1][1] = 'X';
11: Velha [0][2] = 'O';
12: Velha [2][2] = 'O';
13:
14: for (i=0;i<DIM;i++)
15:    {
16:       for (j=0;j<DIM;j++)
17:          printf("%c %c", Velha [i][j],j==DIM-1?' ':'|');
18:       if (i!=DIM-1) printf("\n———\n");
19:    }
20: }
```

```
$ teste
X |  |O
--------
  |X |
--------
  |  |O
```

Na carga inicial automática de um vetor pode-se omitir apenas um valor numérico para a dimensão mais à esquerda, sendo o respectivo valor calculado pelo compilador.

```
char Velha [][]= {{' ',' ',' '},{' ',' ',' '},{' ',' ',' '}}; /* Erro */
char Velha [][3]= {{' ',' ',' '},{' ',' ',' '},{' ',' ',' '}};
```

equivalente a

```
char Velha [3][3]= {{' ',' ',' '},{' ',' ',' '},{' ',' ',' '}};
```

Vetores Multidimensionais: Passagem para Funções

A passagem de vetores com mais de uma dimensão para uma função é realizada indicando no cabeçalho desta, obrigatoriamente, o número de elementos de cada uma das *n-1* dimensões à direita. Apenas a dimensão mais à esquerda pode ser omitida, colocando-se apenas [ ] ou um asterisco *.

É, no entanto, habitual colocar todas as dimensões dos vetores.

prog0607.c

```
 1: #include <stdio.h>
 2:
 3: #define DIM 3
 4: #define ESPACO ' '
 5:
 6: void inic(chr s[ ][DIM])          /* Omitir uma dimensão */
 7: {
 8:   int i,j;
 9:   for(i=0;i<DIM;i++)
10:     for(j=0;j<DIM;j++)
11:       s[i][j]=ESPACO;
12: }
13:
14: void mostra(char s[DIM][DIM])      /* Ambas as Dimensões */
15: { int i,j;
16:   for (i=0;i<DIM;i++)
17:     {
18:       for (j=0;j<DIM;j++)
19:         printf("%c %c",s[i][j],j==DIM-1?' ':'|');
20:       if (i!=DIM-1) printf("\n--------");
21:       putchar('\n');
22:     }
23:
24: }
25:
26: main()
27: {
28:   char Velha[DIM][DIM];
29:   int posx, posy;
30:   char ch = '0';   /* Caractere para Jogar */
31:   int n_jogadas = 0;
32:
33:   inic(Velha);
34:   while (1)        /* Laço Infinito */
35:    { mostra(Velha);
36:      printf("\nIntroduza a Posição de Jogo Linha Coluna: ");
37:      scanf("%d %d",&posx,&posy);
38:      posx—;posy—;  /* Pois os índices do vetor começam em 0 */
39:      if (Velha[posx][posy]==ESPACO) /* Casa Livre */
40:        { Velha[posx][posy] = ch = (ch == '0') ? 'X' : '0';
41:          n_jogadas++;
42:        }
43:      else
44:        printf("Posição já ocupada\nJogue Novamente!!!\n");
45:      if (n_jogadas==DIM*DIM)
46:        break; /* Acabar o Programa */
47:    }
48:   mostra(Velha);
49: }
```

Atenção:

O próximo capítulo — *Strings* — aborda novamente o conceito de vetor, nesse caso um tipo especial de vetores de caracteres.

Nota:

Alguns dos exercícios resolvidos e propostos implementam algumas funções (memset, memcpy, memcmp e memicmp). Essas funções fazem parte da biblioteca *standard* de funções da linguagem C, e para ter acesso a elas bastará que se faça #include <mem.h> no início do programa ou arquivo.

Resumo do Capítulo 6

Um vetor não é mais do que um conjunto de elementos consecutivos, todos do mesmo tipo, armazenados em memória e que podem ser acessados através de um nome e de um índice.

A declaração de vetores é realizada indicando qual o tipo, o nome e o número de elementos do vetor.

Exemplo:

```
char nome[20];        /* Vetor com 20 caracteres */
int numero[10];       /* Vetor com 10 inteiros   */
```

A manipulação dos vetores é sempre realizada elemento a elemento. No entanto, é necessário prestar atenção no índice do primeiro elemento de qualquer vetor, que é sempre ZERO.

O acesso ao conteúdo de um elemento é feito utilizando-se colchetes [ ].

Exemplo:

```
numero[0] = 123;                /* Colocar 123 como valor do primeiro */
                                /* elemento do vetor                  */
nome[5] = toupper(nome[5]);     /* Colocar a 6ª letra do nome         */
                                /* (índice 5) em maiúsculas           */
```

Os vetores podem ser automaticamente iniciados só quando são declarados, devendo os valores do vetor estar entre chaves e após o sinal de igual.

```
char vogal[5] = {'a','e','i','o','u'};
```

Nesse caso, a dimensão do vetor pode ser ignorada, pois o compilador calcula o número de elementos que se encontram na zona das cargas iniciais e dimensiona o vetor com esse valor.

```
char vogal[5] = {'a','e','i','o','u'};
```

é equivalente a

```
char vogal[ ] = {'a','e','i','o','u'};  /* são 5 caracteres */
```

Se o número de elementos do vetor for superior ao número de cargas iniciais, então os elementos do vetor são iniciados com os valores respectivos. Aqueles que não tiverem valor são iniciados com o valor ZERO.

```
int v[10] = {5,7,9};
```

é equivalente a

```
int v[10] = {5,7,9,0,0,0,0,0,0,0};
```

ou

```
int v[] = {5,7,9,0,0,0,0,0,0,0};
```

Como o índice inicial de um vetor começa com ZERO, o *n-ésimo* elemento do vetor encontra-se sempre na posição *n-1*.

Os vetores podem ter mais do que uma dimensão, devendo o número de elementos de cada dimensão ser colocado entre colchetes na declaração do mesmo.

Exemplo:

```
int v[6][7][10][5];
```

A carga inicial de vetores multidimensionais segue os mesmos critérios dos vetores unidimensionais, devendo os elementos de cada dimensão serem colocados entre chaves.

Exemplo:

```
int v[3][2] = {{1,2},{3,4},{5,6}};
```

A passagem de vetores de dimensão n, para funções em C, deve ser realizada indicando obrigatoriamente pelo menos as n-1 dimensões (mais à direita do vetor). É, no entanto, habitual indicar todas as dimensões quando se trata de vetores com mais de duas dimensões.

Exemplos: Possíveis cabeçalhos de função que receberiam como parâmetro o vetor **v** declarado anteriormente.

```
f(int v[3][2]) { ... }
g(int v[][2]) { ... }
h(int *v[2]) { ... }
```

A definição de constantes em C pode ser realizada de duas formas distintas: utilizando a instrução **const** da linguagem C ou usando a diretiva **#define** de pré-processamento, que permite definir um símbolo:

```
const int num = 10;      ou      #define NUM 10
```

Exercícios Resolvidos

→ Escreva um programa que declare um vetor com n=10 números reais e coloque na *i-ésima* posição o resultado de `i*(n-i)`.

prog0608.c

```
 1: #include <stdio.h>
 2:
 3: const int n=10;
 4:
 5: main()
 6: {
 7:     float v[n];
 8:     int i;
 9:     for (i=0;i<n;i++)
10:         v[i] = i*(n-i);
11:
12:     for (i=0;i<n;i++)
13:         printf("%f\n",v[i]);
14:
15: }
```

→ Implemente a função

char * memset(char *[], char ch, int n)

que coloca nas **n** primeiras posições do vetor **v** o caractere **ch**, devolvendo o próprio vetor **v**.

```
char * memset(char *[], char ch, int n)
{
int i;
for (i=0;i<n;i++)
  v[i] = ch;
return v;
}
```

→ Escreva um programa que permita gerar uma jogada para um tipo de sena, indicando os números a apostar, os quais deverão ser criados aleatoriamente.

Exemplo:

```
Quantos números quer apostar ( 0 - Terminar): 6
  1  2  3  4  5  6  7
  8  9 10 11 12 XX 14
 15 16 17 18 19 20 21
```

```
          XX 23 24 25 XX 27 28
          XX XX 31 32 33 34 35
          36 37 38 39 XX 41 42
          43 44 45 46 47 48 49

     Quantos números quer apostar ( 0 - Terminar): 10
          XX  2  3  4  5 XX  7
          XX  9 10 11 12 13 14
          15 XX 17 18 19 20 XX
          22 23 24 25 26 27 28
          29 30 31 32 33 34 XX
          36 XX 38 39 XX 41 XX
          43 XX 45 46 47 48 49

     Quantos números quer apostar ( 0 - Terminar): 0
```

totoloto.c

```c
 1: #include <stdio.h>
 2: #include <stdlib.h>
 3: #include <time.h>
 4:
 5: #define NUMS      49        /* Total de Nºs do Jogo */
 6: #define MIN_APOSTA 6        /* Aposta Minima - 6 Nºs */
 7: #define NUM_LIN   7         /* Nº de nºs apres. por linha no volante */
 8:
 9: /* Declaração das Funções */
10: void Inic_Random();
11: void Inic(int v[NUMS]);
12: int Ler_Ns_Apostar();
13: void Gerar(int *v, int n);
14: void Apresentar(int res[]);
15:
16:
17: /*
18:  * Inicia o gerador de nºs aleatórios com um nº que depende
19:  * da hora que se executa a função
20:  */
21:
22: void Inic_Random()
23: {
24:   long ultime;
25:   time(&ultime);
26:   srand((unsigned) ultime);
27: }
28:
29:
30: /* Inic. com ZERO o vetor de controle dos nºs selecionados   */
31: void Inic(int v[])
32: {
33:     int i;
34:     for(i=0;i<NUMS;i++)
35:             v[i]=0;
36: }
37:
38: /*
39:  * Lê o nº de Números a apostar. Aceita valores entre MIN_APOSTA e NUMS.
40:  * Aceita o valor ZERO para indicar que se quer terminar o Prog.
41:  */
42:
43: int Ler_Ns_Apostar()
44: {
45:     int n;
```

```
 46:      do
 47:        {
 48:           printf("Quantos Nºs quer apostar ( 0 - Terminar): ");
 49:           scanf("%d",&n);
 50:        }
 51:      while ((n<MIN_APOSTA || n >NUMS) && n!=0);
 52: return n;
 53: }
 54:
 55: /*
 56:  * Gera n números aleat. e coloca a respectiva posição do vetor
 57:  * com o valor 1 que indica que esse nº foi selecionado.
 58:  */
 59:
 60: void Gerar(int *v, int n)
 61: {
 62:   int i,indice;
 63:   for (i=1;i<=n;i++)
 64:    { indice = rand()%NUMS; /* Devolve nº aleatório entre 0 e NUMS-1 */
 65:       if (v[indice]==0)       /* Não foi selecionado */
 66:         v[indice]=1;
 67:       else        /* Este nº já tinha sido selecionado,        */
 68:          i--;     /* logo decrementa-se o contador para voltar a */
 69:    }              /* calcular mais uma vez o i-ésimo nº aleatório */
 70: }
 71:
 72: /*
 73:  * Apresenta o formato do volante colocando XX nos nºs
 74:  * selecionados para a aposta.
 75:  */
 76:
 77: void Apresentar(int res[])
 78: {
 79:    int i;
 80:    for (i=0;i<NUMS;i++)
 81:      {
 82:           if (res[i]==0)
 83:              printf(" %2d",i+1);
 84:           else
 85:              printf(" XX");
 86:           if ((i+1)%NUM_LIN==0) putchar('\n');
 87:      }
 88:    putchar('\n');
 89: }
 90:
 91: main()
 92: { int vetor[NUMS];
 93:     int n_nums; /* Nº de Números para Jogar no jogo 6..49 */
 94:
 95:     Inic_Random();
 96:     while(1)
 97:     {
 98:        Inic(vetor);
 99:        if ((n_nums = Ler_Ns_Apostar())==0) break;
100:        Gerar(vetor,n_nums);   /* Gerar os Nºs a Apostar */
101:        Apresentar(vetor);
102:     }
103: }
```

A primeira dificuldade associada a esse problema é a geração de números aleatórios.

A linguagem C fornece uma função *standard* (isto é, que existe em todos os compiladores e em todas as plataformas de desenvolvimento) denominada **rand**, sem parâmetros, que devolve um número aleatório entre *0* e *RAND_MAX* (uma constante).

Problema: Como gerar um número aleatório entre 1 e 10?

Como a função **rand()** devolve sempre um número entre os limites mencionados, é necessário fazer com que esse número esteja compreendido entre 1 e 10.

Esse número pode ser obtido aplicando o operador **%** (resto da divisão), o qual permite obter um número entre 0 e 9 fazendo **num = rand()%10**. Para obter um número entre 1 e 10 será necessário somar 1 ao valor obtido **num = 1 + rand()%10**.

Problema: O conjunto de números aleatórios gerados é sempre igual. Como solucionar esse problema?

A função **rand()** parte sempre de uma mesma *semente* para realizar o cálculo dos números aleatórios. Dessa forma, os números aleatórios são sempre iguais, o que corresponderia a conjuntos de apostas sempre iguais.

Para contornar esse problema existe uma maneira de fazer com que a semente dos números aleatórios varie com cada execução do programa. Usa-se, assim, um valor que é gerado através do relógio do computador.

```
22: void Inic_Random()
23: {
24:   long ultime;
25:   time(&ultime);
26:   srand((unsigned) ultime);
27: }
```

A função **Inic_Random()** é a função responsável por iniciar a semente dos números aleatórios.

Primeiro, declara uma variável *ultime* do tipo **long int** (linha 24:).

Em seguida, essa variável é iniciada com o número de segundos desde 01/01/1970 (linha 25:).

Por fim, a carga inicial da semente é realizada recorrendo à função **srand** *(seed random)*, que deverá receber um valor do tipo *unsigned int*. Como a nossa variável **ultime** é do tipo **long int**, a solução é fazer um *casting* (promoção desta a **unsigned int**) (linha26:).

A razão por que a função **time** necessita de um **&** antes da variável será apresentada no capítulo sobre ponteiros.

Agora que já sabemos como se podem gerar números aleatórios, vamos ver qual a estratégia seguida.

Convém salientar que foram declaradas as constantes necessárias ao jogo, de forma que se algum dia este passar para 55 números possíveis com apostas de nove números, bastará alterar as linhas com os **#defines** e compilar de novo o programa.

Suponhamos, então, que teríamos de gerar uma aposta com sete números.

Pretende-se gerar um conjunto de valores inteiros entre 1 e 49. Note que esses valores têm que ser distintos.

A solução adotada foi a de declarar um vetor de 49 inteiros (índices entre 0 e 48) para controlar os números gerados.

```
92: { int vetor[NUMS];
```

vetor[0]	vetor[1]	vetor[2]	vetor[3]	...	...	vetor[47]	vetor[48]

Todas as posições do vetor são colocadas em ZERO para indicar que nenhum dos números foi ainda selecionado para a aposta.

```
31: void Inic(int v[])
32: {
```

```
33:        int i;
34:        for(i=0;i<NUMS;i++)
35:               v[i]=0;
36: }
```

0	0	0	0	0	0	0	0
vetor[0]	vetor[1]	vetor[2]	vetor[3]	...	...	vetor[47]	vetor[48]

Em seguida é invocada a função responsável pela geração dos números da nossa aposta, passando-lhe o vetor **v** anterior, em que as posições relativas aos númeross selecionados irão ser colocadas em 1. O parâmetro **n** indica quantos números serão gerados para essa aposta.

```
60: void Gerar(int *v, int n)
61: {
62:        int i,indice;
63:        for (i=1;i<=n;i++)
64:            { indice = rand()%NUMS;
65:              if (v[indice]==0)          /* Não foi selecionado */
66:                 v[indice]=1;
67:              else   /* Este nº já tinha sido selecionado,        */
68:                 i--;/* logo decrementa-se o contador para voltar a */
69:            }        /* calcular mais uma vez o i-esimo nº aleatório */
70: }
```

Vamos então realizar um laço **n** vezes

```
63:        for (i=1;i<=n;i++)
```

em cada iteração vamos gerar um número entre 0 e 48 utilizando a função **rand** e o operador **%**.

```
64:            { indice = rand()%NUMS;
```

O número gerado irá servir para colocar a posição do vetor **v[indice]** com o valor 1, para indicar que o número correspondente àquela posição já foi colocado na aposta.

Nota:

Como em C os vetores começam no índice 0, aproveitou-se a carona do operador %, que devolve os valores entre 0 e NUMS-1, para fazer o seu carregamento direto. Assim, um número *n* gerado será armazenado na posição n-1.

No entanto, é necessário verificar se a posição já não está ocupada com o número 1, que indicaria que esse número aleatório já tinha sido gerado na presente aposta. Nesse caso, decrementa-se o contador do laço, de forma que essa iteração seja novamente realizada com a geração de um novo número.

```
65:              if (v[indice]==0)          /* Não foi selecionado */
66:                 v[indice]=1;
67:              else      /* Este nº já tinha sido selecionado *//
68:                 i--;
```

Uma vez gerado o conjunto de números aleatórios, falta apenas mostrar a aposta tal e qual irá aparecer no volante da sena.

Para tal, todos os números entre 1 e 49 são colocados na tela, à exceção dos números selecionados para a aposta, que serão marcados com o símbolo **XX**.

```
77: void Apresentar(int res[])
78: {
79:        int i;
80:        for (i=0;i<NUMS;i++)
81:            {
```

```
82:            if (res[i]==0)
83:                 printf(" %2d",i+1);
84:            else
85:                 printf(" XX");
86:            if ((i+1)%NUM_LIN==0) putchar('\n');
87:        }
88:    putchar('\n');
89: }
```

É necessário não esquecer que o vetor apresenta os números entre 1 e 49 utilizando os índices 0 a 48. Por isso, sempre que um número não foi selecionado coloca-se na tela o valor do seu índice + 1.

```
82:            if (res[i]==0)
83:                 printf(" %2d",i+1);
```

Note que os **#includes** necessários ao programa são:

#include <stdio.h>   (funções: *printf, scanf, putchar*)
#include <stdlib.h> (funções: *rand* e *srand*) /* Biblioteca *Standard* de funções */
#include <time.h>   (função: *time*)

Agora que o programa está terminado, só falta um pequeno esforço para estudá-lo, um pequeno esforço para compreendê-lo, um pouco de dinheiro para fazer uma aposta e uma grande dose de sorte para ganhar. No caso de ganhar, não se esqueça deste humilde servo. Senão...

Exercícios Propostos

1. Indique quais os erros de programação ou de compilação que os seguintes trechos apresentam:

    1.1

```
/*
 * Copyright: Asneira Suprema Software!!!
 */
#include <stdio.h>
main()
{
    int v[10],i;
    for (i=1;i<=10;i++)
        v[i] = 0;
}
```

    1.2

```
/*
 * Copyright: Asneira Suprema Software!!!
 */
#include <stdio.h>
main()
{
    int v[10],i;
    for (i=0;i<10;i++)
        v[i] = 0;
    v[i] = 101;
}
```

    1.3

```
/*
 * Copyright: Asneira Suprema Software!!!
 */
```

```
#include <stdio.h>
main()
{
    int i=5;
    int v[i];
    for (i=0;i<5;i++)
        v[i] = 0;
}
```

1.4

```
/*
 * Copyright: Asneira Suprema Software!!!
 */
#include <stdio.h>
main()
{
    int v[],i;
    for (i=0;i<10;i++)
        v[i] = 0;
    v[i] = 101;
}
```

1.5

```
/*
 * Copyright: Asneira Suprema Software!!!
 */
#include <stdio.h>
main()
{
    int i;
    int v[3] = {10,20,30,40,50};
    for (i=0;i<10;i++)
        v[i] = 0;
    v[i] = 101;
}
```

1.6

```
/*
 * Copyright: Asneira Suprema Software!!!
 */
#include <stdio.h>
#define MAX 30;
main()
{
    int v[MAX];
    for (i=0;i<10;i++)
        v[i] = 0;
    v[i] = 101;
}
```

2. [Exercício de Exame]

Implemente a função

float max(float v[ ],int n)

Que recebe um vetor de números reais e o número de elementos a considerar.

Retorna o maior número entre os **n** primeiros elementos do vetor.

3. **[Exercício de Exame]**

   Implemente a função

   void transpor(int v[MAX][MAX])

   Que transpõe a matriz **v** com MAX por MAX elementos.

4. Complete o programa que permite jogar o jogo da velha de forma que ele termine quando um jogador complete alguma linha, coluna ou diagonal.

5. Implemente a função

   char * memcpy(char *dest, char *orig, int n)

   que copia **n** caracteres do vetor origem (*orig*) para o vetor destino (*dest*) e devolve o vetor dest.

   Nota: Os seguintes cabeçalhos são equivalentes

   char * memcpy(char *dest, char *orig, int n)

   char * memcpy(char dest[], char *orig, int n)

6. Implemente a função

   int memcmp(char *s1, char *s2, int n)

   que verifica se as **n** primeiras posições dos vetores *s1* e *s2* são ou não iguais.

7. Implemente a função

   int memicmp(char *s1, char *s2, int n)

   que verifica se as **n** primeiras posições dos vetores **s1** e **s2** são ou não iguais, independentemente de estarem em maiúsculas ou minúsculas (*ignore case*).

7
STRINGS

Objetivos

- O que é uma *string*
- Caracteres e *strings*
- Declaração de *strings*
- O caractere delimitador '\0'
- Carga inicial automática de *strings*
- Relação entre vetores de caracteres e *strings*
- Leitura e escrita de *strings*
- Passagem de *strings* para funções
- Principais funções de manipulação de *strings*

Introdução

A linguagem C tem a capacidade de manipular facilmente os seus tipos de dados básicos (*char, int, float* e *double*), no entanto apresenta algumas limitações no que diz respeito ao tratamento de vetores e *strings*, não fazendo o seu processamento diretamente.

Assim, não é possível, por exemplo, atribuir uma *string* a uma variável ou concatenar uma *string* a outra utilizando os sinais de atribuição = e soma +, respectivamente, como é possível em outras linguagens.

No entanto, C possui uma poderosa biblioteca de funções que permitem realizar praticamente todas as operações necessárias sobre *strings*.

Neste capítulo, para conhecermos bem a maioria dessas funções, nós mesmos vamos implementá-las.

Strings e Caracteres

Uma das confusões detectada, com maior freqüência, nos jovens programadores de C tem a ver com a distinção entre caracteres e *strings*.

Definição:

Uma *string* é um conjunto de caracteres armazenados num vetor.

Em C, as *strings* são representadas utilizando aspas, enquanto os caracteres são representados entre aspas simples.

Exemplos de *Strings*:

```
"Luís"
"Zé Manuel Saraiva de Carvalho"
"Bolo de Chocolate com 1,2 kg de peso"
"A"
```

Exemplos de Caracteres:

```
'L'
'>'
'A'
```

Nota: 'A' é o caractere A (1 *byte*). A *string* "A" é um vetor de caracteres que internamente ocupa não um, mas dois *bytes*, e cujo primeiro elemento é o caractere 'A'.

Assim, os caracteres são representados entre aspas simples: ('A' , 'x'), enquanto as *strings* são representadas entre aspas ("A", "x", 'AXYK2*").

A única relação existente entre caracteres e *strings* reside no fato de uma *string* ser formada por um conjunto de caracteres agrupados num único vetor.

Nota:

Como em C as *strings* não são um tipo básico, a única forma de representar um conjunto de caracteres é recorrendo a um vetor (de caracteres).

Strings

Ora, em C não existem, propriamente, *strings*.

Nota:

Uma *string* é apenas um vetor de caracteres. O inverso é falso, isto é, um vetor de caracteres pode não ser uma *string*.

A declaração de *strings* obedece à sintaxe de declaração de vetores de caracteres em C.

No entanto, temos um problema importante em mãos. Por exemplo, se declararmos um vetor chamado **v** com 100 posições para o nome e lá colocarmos **Zé**, como poderemos saber quais e quantos dos 100 caracteres estamos efetivamente utilizando?

Z	É	...	...	...	...
v[0]	v[1]	v[2]	v[3]	v[4]	v[5]

A solução adotada foi colocar um marcador (um caractere) que indique quando é que a *string* acaba.

Problema: Qual dos 256 caracteres da tabela ASCII deverá ser escolhido para marcador de final de *string*?

Suponhamos que escolhêssemos o caractere ASTERISCO '*'. Então, a nossa *string* **Zé** seria representada da seguinte forma:

Z	É	*	\<lixo\>	\<lixo\>	\<lixo\>
v[0]	v[1]	v[2]		v[98]	v[99]

em que **\<lixo\>** representa um caractere qualquer sem significado, pois aparece depois do delimitador.

Temos, assim, a garantia de que nossa *string* é constituída por todos os caracteres existentes até o aparecimento do caractere '*'.

Exemplos:

String "Ze"

Z	E	*	a	*	b

String "Lui"

L	U	i	*	s	a

String " " (*string* vazia)

*	U	i	*	s	a

Notar que são desprezados todos os caracteres existentes após o delimitador.

No entanto, essa escolha poderia acarretar alguns problemas, pois não poderíamos incluir o caractere * nas nossas *strings*, impossibilitando a escrita de mensagens como ****ERRO****, pois estas conteriam o asterisco no seu interior.

Assim, o caractere a usar como delimitador não poderá ser o asterisco, nem o espaço em branco, nem o '\n', nem qualquer outro caractere que habitualmente usemos no dia-a-dia, mas terá que ser um caractere que nunca possa ser encontrado na escrita de uma mensagem.

Ora, a tabela ASCII apresenta um grande conjunto de caracteres, alguns dos quais são utilizados como caracteres de controle. Destes foi escolhido o caractere cujo código ASCII é igual a ZERO, isto é, o caractere número 0 e que se representa por '**\0**'. O caractere '**\0**' não possui nenhuma representação gráfica.

Nota: Num dos primeiros capítulos deste livro aprendemos a escrever os caracteres especiais, tendo sido então referido que a notação '\ooo' podia ser utilizada para representar um caractere com o código ASCII igual a *ooo* escrito em octal. Assim, o caractere cujo código ASCII em octal é ZERO (0) é representado por '\0'.

É esse caractere que é universalmente utilizado para terminar as *strings* em C.

Nota: O programador deve sempre estar atento de que na declaração de uma *string* terá que contar, obrigatoriamente, com o espaço para o caractere delimitador. Deverá assim incluir, sempre, mais uma posição para o referido caractere.

Exemplo:

Declaração de um vetor que conterá uma *string* com 20 caracteres úteis.

```
char s[21];
```

ou, de forma mais legível,

```
char s[20+1]; /* 20 caracteres para usar + 1 para o delimitador */
```

Carga Inicial Automática de *Strings*

A declaração e a carga inicial de *strings* seguem a sintaxe apresentada no capítulo anterior sobre vetores.

Exemplos:

```
char nome[20] = "André";
char nome[20] = {'A','n','d','r','é'};
char nome[] = "André";   /* Equivalente a char nome[5+1] = "André"; */
char *nome = "André";    /* idem */
```

Notar que, em qualquer dos casos, sempre que se faz a carga inicial automática da *string* o compilador coloca automaticamente o delimitador '\0'.

Notar ainda que no caso `char nome[20] = {'A','n','d','r','é'};` o delimitador também é colocado, pois quando a dimensão de um vetor é superior ao número de cargas iniciais os elementos sem carga inicial são preenchidos com ZERO (nesse caso o caractere número zero).

Nota: No exemplo anterior as duas primeiras linhas representam a carga inicial de um vetor de 20 caracteres com a *string* "André". Nas duas cargas iniciais seguintes o compilador calcula o número de caracteres existentes na *string* que faz a carga inicial, adiciona um (caractere delimitador), sendo por isso criado um vetor com a dimensão exata para conter a *string* "André" (Dimensão 6=5+1).

Nota:

> O caractere '\0' cujo código ASCII é Zero nada tem a ver com o caractere '0', um outro caractere totalmente diferente (código ASCII 48).

Vetores de Caracteres e *Strings*

Será que existe alguma relação entre vetores de caracteres e *strings*? Será que são uma e a mesma coisa?

Nota: Uma *string* corresponde, sempre, a um vetor de caracteres com um caractere especial como delimitador ('\0').

Nota:

> Um vetor de caracteres pode não conter uma *string*.

Exemplo:

```
char s[ ] = "aeiou";
```

O vetor *s* é iniciado com a *string* "aeiou", logo se pode considerar uma *string*, pois o compilador coloca automaticamente nesse tipo de carga inicial o caractere delimitador. O vetor *s* fica com seis caracteres de comprimento.

```
char vogais[ ] = {'a','e','i','o','u'};
```

Vetor de caracteres (nesse caso não é *string*, pois não há a necessidade de colocar o caractere delimitador). Trata-se de um vetor com cinco caracteres (e não seis) que irão ser utilizados individualmente, e não como um todo.

Leitura e Escrita de *Strings*

A escrita de *strings* já é do nosso conhecimento, e é realizada por duas funções distintas: **printf** e **puts**.

Função *printf*

A função **printf** recebe como formato uma *string*, que pode ser escrita diretamente.

```
printf("Hello World");
```

No entanto, uma *string* pode ser escrita tal como qualquer outra variável, utilizando um formato próprio **%s** dentro da função *printf*.

```
char NomeProprio[100] = "Carla Marina";
char Sobrenome[50] = "Silva";

printf("Nome: %s, %s \n", Sobrenome, NomeProprio);
```
        Nome: Silva, Carla Marina

Repare que os vetores *NomeProprio* e *Sobrenome* são iniciados com *strings*, sendo colocado o caractere delimitador. Dessa forma, apesar de os vetores terem uma dimensão muito superior ao número de caracteres úteis que cada *string* contém, a função *printf* (bem como todas as outras funções que manipulem *strings*) escreve apenas os caracteres que existem até o caractere delimitador.

Função *puts* — (*put string*)

A função **puts** permite unicamente a escrita de *strings*, sejam elas constantes ou estejam armazenadas em variáveis. O único aspecto que devemos prestar atenção é que, depois de escrita a *string*, a função *puts* faz uma mudança automática de linha, isto é:

puts`("Hello World")` é equivalente a **printf**`("Hello World`**\n**`")`

Nota:

A função *puts* coloca na tela a *string* passada à função e, em seguida, faz automaticamente uma mudança de linha.

Função *scanf*

A função **scanf** permite realizar a leitura de *strings* utilizando o formato **%s**. No entanto, a variável que recebe a *string* **NÃO É PRECEDIDA** de um **&**, ao contrário do que acontece com todos os outros tipos de variáveis que são enviadas para o *scanf*.

prog0701.c

```
 1: #include <stdio.h>
 2:
 3:
 4: main()
 5: {
 6: char Nome[50],Sobrenome[50];
 7: printf("Introduza o Nome: "); scanf("%s",Nome);
 8: printf("Introduza o sobrenome: ");scanf("%s",Sobrenome);
 9: printf("Nome Completo: %s %s\n",Nome, Sobrenome);
10: }
```

```
$ prog0701
Introduza o Nome: Carla
Introduza o Sobrenome: Marina
Nome Completo: Carla Marina
```

Notas sobre a função scanf na leitura de *strings*:

- *As variáveis que recebem a string **NUNCA** são precedidas do **&**.*
- *A função scanf realiza apenas a leitura de uma única palavra.*

A função *scanf* lê todos os caracteres até encontrar um <ESPAÇO>, <TAB> ou <ENTER>. Quando isso acontece, termina a leitura e coloca todos os caracteres lidos até essa altura na variável que lhe foi passada. Em seguida, coloca o caractere delimitador.

prog0702.c

```
 1: #include <stdio.h>
 2:
 3:
 4: main()
 5: {
 6: char Nome[50];
 7: printf("Introduza o Nome Completo: "); scanf("%s",Nome);
 8: printf("Nome Completo: %s\n",Nome);
 9: }
```

```
$ prog0702
Introduza o Nome Completo: João Manuel Nunes
Nome Completo: João Manuel Nunes
```

Função *gets* — (*get string*)

A função **gets** permite colocar, na variável que recebe por parâmetro, todos os caracteres introduzidos pelo utilizador. Ao contrário do *scanf*, essa função não está limitada à leitura de uma única palavra.

prog0703.c

```
 1: #include <stdio.h>
 2:
 3:
 4: main()
 5: {
 6: char Nome[50];
 7: printf("Introduza o Nome Completo: ");
 8: gets(Nome);
 9: printf("Nome Completo: %s\n",Nome);
10: }
```

```
$ prog0703
Introduza o Nome Completo: João Manuel Nunes
Nome Completo: João Manuel Nunes
```

Problema: Escreva um programa que leia nomes e os apresente na tela até que um nome vazio seja introduzido pelo operador.

prog0704.c

```
 1: #include <stdio.h>
 2:
 3:
 4: main()
 5: {
 6: char Nome[100];
 7: while (1) /* Laço Infinito */
 8:     {
 9:         puts("Nome:");
10:         gets(Nome);
11:         if (Nome[0]=='\0')    /* Se a string estiver vazia */
12:             break;            /* Terminar o laço           */
13:         else
14:             printf("Nome Introduzido: %s\n",Nome);
15:     }
16: }
```

Passagem de *Strings* para Funções

A passagem de *strings* para funções é exatamente igual à passagem de vetores para funções, uma vez que qualquer *string* é sempre um vetor de caracteres.

Principais Funções de Manipulação de *Strings*

Vamos agora estudar, com algum pormenor, as principais funções de manipulação de *Strings*. Isso, além de ser um exercício de estudo sobre *strings*, é também um excelente exercício de aperfeiçoamento da escrita de funções em C.

Exercício:

Implemente as seguintes funções.

Nota:

Em nenhum caso poderemos utilizar *strings* auxiliares.

1. **int strlen(char *s)**   /* *String Length* */

Devolve o número de caracteres existentes na *string s* (sem contar o '\0').

```
        strlen("")         → 0
        strlen("strlen")   → 6
int strlen(char *s)
{
        int i=0;
        while (s[i]!='\0')
            i++;
        return i;
}
```

Repare que o objetivo é contar o número de caracteres realmente existentes na *string* (isto é, até encontrar o '\0').

Inicia-se o contador com 0 (Zero) e, por cada caractere diferente do delimitador, incrementa-se uma unidade ao contador. Quando o delimitador for encontrado, deve-se parar o laço e devolver o valor do contador para o exterior.

A resolução anterior foi implementada através de um laço *while*. Poderia ter sido utilizado o laço *for*, no entanto teríamos que tomar algum cuidado.

```
int strlen(char *s)
{
    int i;
    for (i=0 ; s[i]!='\0' ; i++)
        ;
    return i;
}
```

Observe o laço anterior e repare, com atenção, na linha que contém o ponto-e-vírgula isolado.

Como o laço faz o incremento da variável na componente **pós-instrução**, não existe nada para fazer na **instrução** do laço *for*, pois a contagem é automaticamente realizada pela própria variável de controle do laço.

```
for (i=0 ; s[i]!='\0' ; i++)
        ;
```

No entanto, como essa não é uma situação muito normal, o ponto-e-vírgula deverá ser colocado numa linha, sem qualquer outra instrução, de forma a sobressair aos olhos de quem olhar para o referido código.

Caso não se proceda dessa maneira, é natural que se coloque o ponto-e-vírgula no final do *for*

```
for (i=0 ; s[i]!='\0' ; i++) ;
```

tendo uma natural tendência para indentar a instrução seguinte pelo *for*

```
for (i=0 ; s[i]!='\0' ; i++) ;
    return i;
```

o que não corresponde ao código que efetivamente está escrito, pois nesse caso o ponto-e-vírgula fica um pouco escondido no final da linha do laço *for*.

Notar que, do ponto de vista prático, a passagem de *strings* como parâmetros para funções pode ser representada de duas formas distintas, mas equivalentes:

```
int strlen(char s[])   e int strlen(char *s)
```

No entanto, a forma habitualmente utilizada é a que utiliza o asterisco, e será, por isso, a forma utilizada ao longo deste livro.

```
int strlen(char *s)
```

2. **int isnull(char *s)**   /* Esta função não faz parte da linguagem */

Verifica se uma *string* contém ou não algum caractere, devolvendo o valor lógico correspondente.

```
isnull("")           → <TRUE>
isnull("strlen")     → <FALSE>
```

```
int isnull(char *s)
{
    return (s[0] == '\0');
}
```

Repare que, para verificar se uma *string* contém ou não algum caractere, bastará ver se o primeiro caractere desta é ou não o delimitador.

Essa função poderia ter sido implementada utilizando a função *strlen* anteriormente apresentada. Uma *string* é nula se não possuir qualquer caractere, isto é, se o comprimento da *string* for Zero.

```
int isnull(char *s)
{
   return (strlen(s) == 0);
}
```

3. **char *strcpy(char *dest, char *orig)**   /* *String Copy* */

Essa função copia a *string* **orig** para a *string* **dest**.

Repare que o resultado da função é do tipo **char ***. Isso quer dizer que teremos que devolver, como resultado da função, algo do tipo **char ***. Temos duas variáveis desse tipo — *orig* e *dest*. É, no entanto, habitual devolver sempre o objeto que foi alvo da alteração, nesse caso a *string* **dest**.

```
char *strcpy(char *dest, char *orig)
{
        int i;
        for (i=0 ; orig[i]!='\0' ; i++)
           dest[i] = orig[i];
        dest[i] = '\0';
        return dest;
}
```

Repare que a estratégia utilizada foi a de copiar, caractere a caractere, até que se encontre o delimitador.

```
for (i=0 ; orig[i]!='\0' ; i++)
   dest[i] = orig[i];
```

Quando se encontra o delimitador, o laço termina e este não é colocado na *string* destino. Por isso é necessário colocar também o delimitador na *string* destino, de forma que esta esteja corretamente terminada, utilizando o índice armazenado na variável de controle do laço.

```
dest[i] = '\0';
```

outra forma de implementar a função

```
char *strcpy(char *dest, char *orig)
{
  int i;
  for (i=strlen(orig) ; i>=0 ; i--) /*Laço ao Contrário para variar*/
    dest[i] = orig[i];
  return dest;
}
```

Notar que, nesta última solução, o primeiro caractere a ser copiado é o caractere delimitador, pois ele se encontra na posição *strlen(orig)*. Não esquecer que os vetores em C começam no índice Zero, por isso o último caractere útil da *string* se encontra na posição *strlen(orig) -1*.

o	l	a	\0	
0	1	2	3	4

No caso de a *string orig* ser igual a "**ola**", *strlen(orig)* devolve 3, o que indica que esta tem três caracteres, mas *orig[3]* corresponde ao caractere '\0'.

Por fim, apresentaremos uma solução que aparece com alguma freqüência em livros e que, em geral, não é suficientemente explicada.

```
char *strcpy(char *dest, char *orig)
{
   int i=0;
   while (dest[i] = orig[i])
     i++;
   return dest;
}
```

Essa solução apresenta um grande conjunto de características da linguagem C.

A variável de controle é iniciada com Zero para apontar para o primeiro elemento das *strings*.

Em seguida, repare com atenção que o que se encontra dentro dos parênteses do laço *while* não é um teste de igualdade, mas antes uma atribuição, isto é, fazemos a atribuição de *orig[i]* a *dest[i]*.

```
dest[i] = orig[i]
```

Como se trata de uma atribuição, o valor atribuído é devolvido (tal como em x=y=z=0). Ora, o valor devolvido, como resultado da atribuição, é o caractere atribuído. Se este não for o caractere delimitador (que é o caractere número Zero), então o resultado da atribuição devolve um valor diferente de zero.

Se a condição testada devolve um valor diferente de Zero é porque a condição é verdadeira, vamos então executar a instrução do laço:

```
i++;
```

passando assim ao próximo caractere.

A maravilha dessa solução consiste em realizar primeiro a atribuição e só depois o teste para verificar o resultado da atribuição.

Quando chegarmos ao caractere delimitador ('\0') este é atribuído à *string* destino, e só depois é que o resultado da atribuição é testado. Como o caractere atribuído ('\0') corresponde ao caractere número Zero, o resultado da atribuição é Zero.

Ora, Zero em C representa **Falso**, o laço termina e todos os caracteres já se encontram na *string* destino (delimitador incluído).

4. **char *strcat(char *dest, char *orig)**   /* *String Concat* */

Coloca a *string orig* imediatamente após o final da *string dest*.

Nota: Não coloca qualquer caractere (nem espaços) para separar as duas *strings*.

```
char *strcat(char *dest, char *orig)
{
        int i,len;
        for (i=0, len=strlen(dest) ; orig[i]!='\0' ; i++,len++)
          dest[len] = orig[i];
        dest[len]='\0';
        return dest;
}
```

A solução é exatamente igual à adotada para a função *strcpy*, mas em vez de se copiar a *string* origem para o início da *string* destino copia-se para o final desta. Usam-se, portanto, dois índices diferentes: um para percorrer a *string* origem e outro para se posicionar no final da *string* destino.

Outras soluções poderiam ser:

```
char *strcat(char *dest, char *orig)
{
        int i,len;
        for (i=0, len=strlen(dest) ; orig[i]!='\0' ; i++)
                dest[len+i] = orig[i];
        dest[len+i]='\0';
        return dest;
}
```

ou, usando a técnica anterior apresentada no *strcpy*,

```
char *strcat(char *dest, char *orig)
{
        int i=0, len=strlen(dest);
        while (dest[i+len] = orig[i])
           i++;
```

```
            return dest;
    }
```

ou

```
char *strcat(char *dest, char *orig)
{
        int i=0, len=strlen(dest);
        while (dest[len++] = orig[i++])
                ;
        return dest;
}
```

Problema: Escreva um programa que leia nomes e sobrenomes de pessoas e os mostre na tela no formato *Sobrenome, Nome*. O programa deve terminar quando um nome vazio for introduzido.

prog0705.c

```
 1: #include <stdio.h>
 2: #define DIM 20
 3: #define SEP_NOME ", "
 4: main()
 5: {
 6:   char Nome[DIM+1], Sobrenome[DIM+1],Completo[2*DIM+1];
 7:   while (1)
 8:   {
 9:     printf("Nome: "); gets(Nome);
10:     if (strlen(Nome)==0) break;          /* Terminar o Programa */
11:              /* Colocar o Sobrenome, Nome na string Completo */
12:     printf("Sobrenome: "); gets(Sobrenome);
13:     strcpy(Completo,Sobrenome);          /* Copiar o Sobrenome  */
14:     strcat(Completo,SEP_NOME);           /* Juntar o Separador  */
15:     strcat(Completo,Nome);               /* Juntar o Prim. Nome */
16:     puts(Completo);
17:   }
18: }
```

No programa anterior, apesar de aparecer apenas a função *main*, era necessário que o arquivo contivesse igualmente o código das funções utilizadas.

5. **int strcountc(char *s, char ch)**   /* *String Count Char* */

Devolve o número de ocorrências do caractere *ch* na *string s*.

```
strcountc("abacate",'a')            → 3
strcountc("abacate",'y')            → 0
```

```
int strcountc(char *s, char ch)
{
    int i,conta;
    for (i=conta=0 ; s[i]!='\0' ; i++)
        if (s[i]==ch)      /* Se for o caractere que procuramos */
            conta++;       /* Incrementar o contador            */
    return conta;
}
```

6. **int strcountd(char *s)**   /* *String Count Digits* */

Devolve o número de dígitos na *string* s.

```
strcountd("15 abacates")              → 2
strcountd("quinze abacates")          → 0
```

```
int strcountd(char *s)
{
        int i,conta;
        for (i=conta=0 ; s[i]!='\0' ; i++)
            if (isdigit(s[i]))       /* Se o caractere for um dígito */
                conta++;             /* Incrementar o contador       */
        return conta;
}
```

Notar que, para utilizar a função *isdigit,* teremos que fazer **#include <ctype.h>** no início do arquivo.

Os exercícios anteriormente apresentados têm uma característica comum: o processamento realizado sobre a *string* é sempre total, isto é, percorre-se sempre toda a *string* de origem.

No entanto, nem sempre essas situações acontecem. Vamos agora estudar alguns casos em que o processamento pode ser diferente e se realizar apenas sobre uma parte da *string* de origem.

7. **int indchr(char *s,char ch)**

Devolve o índice da primeira ocorrência do caractere *ch* na *string s*.

Se o caractere não existir devolve −1, pois zero é um índice possível (primeiro elemento da *string*).

```
        indchr("15 abacates",'a')      →  3
        indchr("15 abacates",'#')      →  -1
int indchr(char *s,char ch)
{
        int i;
        for (i=0 ; s[i]!='\0' ; i++)
           if (s[i]==ch)
                return i;
        return -1;
}
```

Notar que assim que se encontra um caractere igual ao que se quer procurar se sai da função devido à instrução **return**, devolvendo o índice corrente

```
if (s[i]==ch)
     return i;
```

Caso o laço for termine com o caractere delimitador, é porque nenhum caractere da *string* era igual ao caractere pretendido. Por isso a função continua a execução na próxima linha, devolvendo o valor −1.

```
return -1;
```

outra forma

```
int indchr(char *s,char ch)
{
        int i=0;
        while (s[i]!=ch && s[i]!='\0')
            i++;
        if (s[i]=='\0')
            return -1;
        else
            return i;
}
```

8. **int strpal(char *s)**   /* *String Palíndroma* */

Verifica se a *string* é um palíndromo, isto é, se é lida da mesma forma da esquerda para a direita e da direita para a esquerda.

```
        strpal("")           →  <TRUE>
        strpal("m")          →  <TRUE>
```

```
        strpal("matam")           →  <TRUE>
        strpal("assa")            →  <TRUE>
        strpal("ba")              →  <FALSE>
        strpal("assar")           →  <FALSE>
```

```c
int strpal(char *s)
{
 int i,j;
 for (i=0,j=strlen(s)-1 ; i<j ; i++,j--)
   if (s[i]!=s[j])     /* Se os caracteres não forem iguais */
      return 0;        /* Não é palíndromo */
 return 1;
}
```

A estratégia utilizada foi a de comparar os caracteres — dois a dois — começando um índice no primeiro caractere da *string* e um outro no último caractere da *string*. (Notar que o último caractere se encontra na posição *strlen(s) −1*, pois os vetores em C começam no índice Zero.)

Em seguida, vão-se comparando os caracteres (primeiro e último), (segundo e penúltimo) etc. até que algum deles seja diferente do outro (caso em que não é palíndromo) ou até os índices *i* e *j* se cruzarem.

Notar que é suficiente percorrer apenas metade da *string*, pois em cada iteração do laço são comparados dois caracteres, um que fica na primeira metade e outro que fica na segunda metade. Se a condição do laço fosse s[i]!='\0', iríamos comparar os mesmos caracteres duas vezes ao longo do processamento.

9. **char * strrev(char *s)**   /* *String Reverse* */

Inverte a *string* s e devolve-a invertida.

```c
char  * strrev(char *s)
{
        int i,len;
        char aux;
        for (i=0,len=strlen(s)-1 ; i < len ; i++,len--)
          {
            aux=s[i];
            s[i] = s[len];
            s[len]= aux;
          }
        return s;
}
```

Notar que, para inverter duas variáveis, é sempre necessária uma terceira do mesmo tipo.

```
char aux;
```

Tal como no exemplo anterior, para inverter uma *string* teremos apenas que percorrer metade da *string*, pois em cada iteração são trocadas duas posições da *string*. Caso se tivesse percorrido a *string* na sua totalidade e fizesse uma troca para cada posição, a *string* final seria igual à original porque cada posição tinha sido trocada duas vezes, ficando no seu estado inicial.

Como já nos referimos anteriormente, as *strings* não são um tipo básico de C. Por isso não se podem atribuir, copiar ou concatenar diretamente usando os operadores atribuição = ou soma +, tendo que se recorrer a funções como *strcpy* ou *strcat*.

Da mesma forma, duas *strings* não podem ser comparadas diretamente usando qualquer dos operadores relacionais (< , <= , > , >= , == ou !=).

Vamos agora implementar a função que permite realizar a comparação entre *strings*.

10. **int strcmp(char *s1 , char *s2)**   /* *String Compare* */

Compara as *strings* s1 e s2 alfabeticamente.

Devolve um inteiro:

< 0	Se s1 é alfabeticamente menor que s2
0	Se s1 e s2 são iguais
> 0	Se s1 é alfabeticamente maior que s2

Invocação	Res	Observações
strcmp("abc","abxpo")	<0	Pois 'c'<'x'
strcmp("beatriz","carlos")	<0	Pois 'b'<'c'
strcmp("carlos","carla")	>0	Pois 'o'>'a'
strcmp("carlos","beatriz")	>0	Pois 'c'>'b'
strcmp("mario","maria")	>0	Pois 'o'>'a'
strcmp("maria","mariana")	<0	Pois a *string* maria é alfabeticamente menor que mariana, pois está contida na segunda.
strcmp("","")	0	São iguais
strcmp("ola","ola")	0	São iguais

Se tiver dúvidas em relação ao resultado da comparação, pense nas páginas amarelas:

Se a primeira *string* estiver antes da segunda *string*, então o resultado será <0.

```
Nas páginas amarelas, Beatriz aparece antes de Carlos.
Nas páginas amarelas, Maria aparece antes de Mariana.
```

Se a primeira *string* estiver depois da segunda *string*, então o resultado será >0.

```
Nas páginas amarelas, Carlos aparece depois de Carla.
Nas páginas amarelas, Mario aparece depois de Maria.
```

Vamos então resolver a função.

```
int strcmp(char *s1 ,char *s2)
{
        int i=0;
        while (s1[i]==s2[i] && s1[i]!='\0')
            i++;
        return (s1[i] - s2[i]);
}
```

A estratégia é percorrer as *strings* enquanto os caracteres correspondentes em ambas as *strings* forem iguais e não se tiver chegado ao fim de nenhuma delas.

O laço *for* termina por duas razões diferentes:

1. Chegamos ao final de ambas as strings e devolvemos

```
return (s1[i] - s2[i]);    /* return '\0' - '\0' que é 0 */
```

Notar que a diferença entre dois caracteres iguais é zero.

2. Encontramos um caractere diferente numa das strings.

```
return (s1[i] - s2[i]);
```

Nesse caso devolve-se também a diferença entre os caracteres. Essa diferença é obtida através do posicionamento dos caracteres na tabela ASCII.

Nota: Embora a função anterior esteja correta poderá, em alguns compiladores, se estes usarem como padrão caracteres com sinal, não apresentar os resultados corretos. Nesse caso a função anterior deverá ser substituída por

```
int strcmp(char *s1 ,char *s2)
{
        int i=0;
        while (s1[i]==s2[i] && s1[i]!='\0')
            i++;
        return ((unsigned char) s1[i] - (unsigned char) s2[i]);
}
```

em que o resultado da função é o mesmo, obrigando a fazer a comparação entre *unsigned char* e não entre *signed char*.

Problema: Escreva um programa que solicite ao utilizador nomes de pessoas e os apresente na tela até que seja introduzido o nome "SAIR".

prog0706.c

```
 1: #include <stdio.h>
 2:
 3: int strcmp(char *s1 ,char *s2)
 4: {
 5:     int i=0;
 6:     while (s1[i]==s2[i] && s1[i]!='\0')
 7:         i++;
 8:     return ((unsigned char) s1[i] - (unsigned char) s2[i]);
 9: }
10:
11: main()
12: {
13:     char Nome[30+1];
14:
15:     do
16:       {
17:         printf("Nome: "); gets(Nome);
18:         puts(Nome);
19:       }
20:     while (strcmp(Nome,"SAIR")!=0);
21:   puts("Terminou o programa");
22: }
```

Notar que essa função faz distinção entre minúsculas e maiúsculas.

```
$ prog0706
Nome: carlos
carlos
Nome: maria
maria
Nome: sair
sair
Nome: SAIR
SAIR
Terminou o programa
```

11. **char * strpad(char *s)**   /* *String Pad* */

Coloca um espaço em branco após cada um dos caracteres da *string* s.

```
char s[20] = "ola";
strpad(s);
printf(s);          →   o□l□a□
```

```
char * strpad(char *s)
{
        int i=strlen(s);
        s[2*i] = s[i]; /* Colocar o delimitador na nova posição */
        for (i-- ; i>=0 ; i--)
            {
                s[2*i] = s[i];
                s[2*i+1] = ' ';
            }
        return s;
}
```

Repare que, nesse caso, teremos que começar do fim para o princípio para não perder nenhum caractere existente na *string* s.

```
int i=strlen(s);
```

Suponhamos, por exemplo, que s continha a *string* "ola".

o	l	a	\0				
0	1	2	3	4	5	6	7 ...

O objetivo é que a *string* apareça no final na forma

o	□	l	□	a	□	\0	
0	1	2	3	4	5	6	7 ...

A primeira coisa a fazer é colocar o delimitador na sua posição definitiva. Como se pode observar, da posição 3 passamos para a posição 6 (2*3);

```
s[2*i] = s[i]; /* Colocar o delimitador na nova posição */
```

o	l	a	\0			\0	
0	1	2	3	4	5	6	7 ...

No entanto, antes de começar a realizar a cópia dos caracteres é necessário ajustar o valor da variável i que aponta para o \0. Coloca-se esta apontando para o último caractere.

```
for (i-- ; ...
```

Em seguida, vamos copiar o último caractere para a posição que lhe corresponde (2ª posição para a 4ª posição),

```
s[2*i] = s[i];
```

o	L	a	\0	a		\0	
0	1	2	3	4	5	6	7 ...

colocando um espaço em branco em seguida.

```
s[2*i+1] = ' ';
```

o	L	a	\0	a	□	\0	
0	1	2	3	4	5	6	7 ...

Decrementa-se a variável de controle

```
for (i-- ; i>=0 ; i--)
```

e volta-se a fazer o mesmo processamento para cada um dos outros caracteres na *string*.

(para i=1)

o	L	l	□	a	□	\0	
0	1	2	3	4	5	6	7 ...

(para i=0)

E assim se obtém o resultado pretendido.

12. **char * strdelc(char *s , char ch)**   /* *String Delete Char* */

Apaga todas as ocorrências do caractere ch na *string* s.

Nota: Apagar o caractere não é substituí-lo por um caractere em branco, apagar corresponde a retirá-lo, efetivamente, da *string*.

```
strdelc("apaga caracteres",'a')    →  "pg crcteres"
strdelc("apaga caracteres",'e')    →  "apaga caractrs"
char * strdelc(char *s , char ch)
{
      int i,j;
      for (i=j=0 ; s[i]!='\0' ; i++)
         if (s[i]!=ch)
             s[j++] = s[i];
      s[j]='\0';
      return s;
}
```

Nesse caso utilizamos duas variáveis (*índices i* e *j*): uma para percorrer todos os elementos da *string* e outra para indicar qual o local onde iremos colocar cada um dos caracteres que não é igual ao caractere ch.

A estratégia é copiar para o índice *j* todos os caracteres diferentes de *ch*, mantendo a mesma ordem existente na *string*.

Notar que não podemos nos esquecer de colocar o \0 no final do processamento, pois a *string* final pode ser menor que a *string* inicial, sendo necessário marcar o seu final.

Resumo do Capítulo 7

As *strings* são apenas vetores de caracteres que contêm um caractere especial – o caractere '\0'. Esse caractere indica, ao programador e às funções que manipulam *strings*, qual a posição do vetor onde terminam os caracteres úteis da *string*.

Em C as *strings* são representadas entre aspas e os caracteres entre aspas simples. Por essa razão "A" e 'A' são elementos diferentes.

Em C as *strings* não podem ser manipuladas diretamente (atribuídas, concatenadas, comparadas, etc.), pois não são um tipo básico da linguagem.

No entanto, existe um conjunto *standard* de funções que permite a sua manipulação. As funções mais utilizadas são:

Strlen	*Devolve o comprimento de uma string*
Strcpy	*Copia uma string para outra*
Strcat	*Concatenação de Strings*
Strcmp	*Comparação alfabética de Strings*
Stricmp	*Comparação de Strings com ignore case*
Strchr	*Procura um caractere numa string*
Strstr	*Procura uma string dentro de outra*
Strlwr	*Converte todos os caracteres de uma string para minúsculas*
Strupr	*Converte todos os caracteres de uma string para maiúsculas*

e estão presentes em todos os compiladores (exceto *strlwr* e *strupr*).

Para ter acesso a elas bastará colocar a seguinte linha

```
#include <string.h>
```

No entanto, o conjunto dessas funções aqui apresentadas é apenas uma pequena parte de todas as funções sobre strings que o seu compilador coloca à sua disposição.

Exercícios Resolvidos

→ Qual a diferença entre 'A' e "A"

'A' — Representa o caractere A (código ASCII 65) e ocupa um *byte* apenas.

"A" — Representa uma *string* formada por um único caractere. No entanto, como se trata de uma *string* esta é armazenada num vetor de caracteres, sendo este terminado com o caractere delimitador das strings '\0'. Essa *string* ocupa assim dois *bytes*.

'A'	'\0'

'A' representa um tipo básico de C (*char*), enquanto "A" representa um vetor.

→ Existe alguma diferença entre um vetor de caracteres e uma *string*? Dê exemplos.

Existe. As strings são terminadas pelo caractere '\0', embora sejam armazenadas dentro de um vetor de caracteres.

Um vetor de caracteres não necessita de delimitador.

```
char s[] = "sSnN"; /* String com 4 caracteres + 1 (delimitador) */
Equivalente a char s[5] = "sSnN";

char s[] = {'s','S','n','N'}; /* Vetor com 4 caracteres */
```

→ Implemente a função **char *mygets(char *s),** que lê uma *string* do teclado e a coloca no parâmetro da função (isto é, implemente a função gets). A função deverá ainda devolver a *string* lida.

```
char *mygets(char *s)
{
   int i=0,ch;
   while ((ch=getchar())!='\n')
        s[i++]=ch;
   s[i] = '\0';
   return s;
}
```

→ Implemente a função **strset** cujo cabeçalho é:

char *strset(char *s , char ch)

Coloca em todas as posições da *string* **s** o caractere **ch**, devolvendo **s**.

```
strset("Alface",'#')         → "######"
strset("alf",'A')            → "AAA"

char *strset(char *s , char ch)
{
    int i;
    for (i=0 ; s[i]!='\0' ; i++)
        s[i] = ch;
    return s;
}
```

→ Implemente a função *strupr* cujo cabeçalho é:

char *strupr(char *s)

Coloca todos os caracteres da *string s* em maiúsculas.

```
strupr("Teste Upper Nº1")          →   "TESTE UPPER Nº1"

char *strupr(char *s)
{
    int i;
    for (i=0 ; s[i]!='\0' ; i++)
        s[i] = toupper(s[i]);
    return s;
}
```

Nota: A resolução dessa função utiliza a função **toupper**, o que torna necessário incluir o arquivo ctype.h fazendo **#include <ctype.h>**.

Exercícios Propostos

1. Declare uma *string* com a capacidade de armazenar um nome com 25 caracteres.

2. Implemente em C as seguintes funções:

   2.1 int strcounta(char *s)
   Devolve o nº de caracteres alfabéticos em *s*.
   ```
   strcounta("15 abacates")              →   8
   strcounta("quinze (15) abacates")     →   14
   ```

   2.2 char * init_str(char *s)
   Torna a *string* s vazia.

   2.3 int ult_ind_chr(char *s , char c)
   Devolve o último índice em que encontrou o caractere c em s. Caso não exista, devolve -1.
   ```
   ult_ind_chr("alface",'a')    →   3
   ult_ind_chr("alface",'g')    →   -1
   ```

   2.4 char * strlwr(char *str)
   Coloca todos os caracteres de str em minúsculas.

   2.5 char * strnset(char *s , char ch , int n)
   Coloca o caractere *ch* apenas nas primeiras *n* posições da *string s*.
   Se *n > strlen(s)* então n toma o valor de strlen(s).
   ```
   strcpy(s,"alfabeto");
   strnset(s,'y',3)       →   "yyyabeto"
   strcpy(s,"alfabeto");
   strnset(s,'y',23)      →   "yyyyyyyy"
   ```

   2.6 int stricmp(char *s1, char *s2)
   Faz o mesmo que a função strcmp, mas realiza a comparação ignorando se os caracteres estão em maiúsculas ou minúsculas (*ignore case*).

3. Implemente as seguintes funções retiradas de enunciados de exames.

   3.1 char * repeticoes(char *s)
   Recebe uma *string*, retirando-lhe todos os caracteres que não se encontram repetidos.
   ```
   repeticoes("ALFACE")            →   "AA"
   repeticoes("ALTA FIDELIDADE")   →   "ALAIDELIDADE"
   ```

   3.2 char n_esimo(char *s , int n)
   Devolve o n-ésimo caractere da *string* s.

Nota: Supõe-se que n<=strlen(s).

```
n_esimo("EraUmaVez",1)         → E
n_esimo("EraUmaVez",3)         → a
```

3.3 char * strpack(char *s)

Recebe uma *string* e compacta num único caractere qualquer conjunto de caracteres repetidos consecutivos.

```
strpack("Arrecadddaccao")              → "Arecadacao"
strpack("    AAAaaaBBB  CCCIALFFA")    → " AaB CIALFA"
```

3.4 char * Entremeado(char *s , int n)

Transforma a *string* s, deixando apenas os caracteres existentes de n em n posições.

```
strcpy(str,"ABCDEFGHIJLMN");
/* suponha os exemplos seg. sempre com a string anterior */

Entremeado(str,0)  → "ABCDEFGHIJLMN"
Entremeado(str,1)  → "ACEGILN"
Entremeado(str,3)  → "AEIN"
```

3.5 char * xspace(char *s)

Coloca um espaço depois de cada caractere NÃO ESPAÇO na *string* s.

```
strcpy(str,"Era_Uma_Vez");
xspace(str)             → "E_r_a_ _U_m_a_ _V_e_z_"
```

3.6 char Max_Ascii(char *str)

Devolve o caractere com maior código ASCII presente na *string* str.
Se a *string* estiver vazia, devolve '\0'.

3.7 char *Prox_Char(char *s)

Coloca em cada posição da *string* s o próximo caractere ASCII.

```
char *mystring = "A8M0";
Prox_Char(mystring)     → "B9N1"
```

3.8 Que problema pode provocar a função anterior?

3.9 char *UpDown(char *s)

Coloca os caracteres da *string* s alternadamente em Maiúsculas e Minúsculas.

```
char * MyString = "Alfabeto Grego";
UpDown(MyString);      → "AlFaBeTo gReGo"
```

3.10 char *allspaces(char *s)

Substitui todos os caracteres da *string* s por espaços em branco.

```
char *mystring = "Alfa";
allspaces(mystring)     → "□□□□"
```

3.11 char *strijset(char *s , int i, int j, char ch)

Coloca o caractere ch nas posições i...j na *string* s.

```
char *str = "Anabela";
/* Suponha a string anterior em todos os exemplos */

strijset(str,0,2,'*')   → "***bela"
strijset(str,3,4,'#')   → "Ana##la"
strijset(str,5,20,'«')  → "Anabe««"
```

3.12 char *strduplica(char *s)

Recebe uma *string* e duplica o seu conteúdo.

```
char str[100] = "Ana";
strduplica(s)           → "AnaAna"
```

3.13 int atoi(char *s)   /* Array to Integer */

Recebe uma *string* e devolve o inteiro que nela está representado.

```
atoi("1234")       →  1234
atoi("-123abc")    →  -123
atoi("+51ab46")    →  51
atoi("abc")        →  0
```

3.14 char *wordupr(char *s)

Recebe uma *string*, coloca a primeira letra de cada palavra em maiúscula e as restantes em minúsculas. Supõe-se que a separação entre palavras é realizada por espaços em branco.

```
wordupr("ERA uma VeZ")  →  "Era Uma Vez"
```

3.15 char *lower_upper(char *s)

Recebe uma *string* de caracteres alfabéticos e coloca todos os caracteres em minúsculas, alinhados à esquerda, pela mesma ordem em que aparecem. Os que estão em maiúsculas são alinhados, pela mesma ordem, à direita.

```
lower_upper("EraUmaVezUMCavalo")  →  "ramaezavaloEUVUMC"
```

3.16 char *All_Big(char *s)

Recebe uma *string* e deixa-lhe apenas os caracteres maiúsculos.

3.17 int Is_Len_OK(char *string, int comprimento)

Verifica se o comprimento da *string* é igual ao valor que é enviado à função.

```
Is_Len_OK("",0)      →  <VERDADE>
Is_Len_OK("OLA",15)  →  <FALSO>
Is_Len_OK("OLA",3)   →  <VERDADE>
```

3.18 int Is_Alfa_Digit(char *string)

Esta função recebe uma *string*, e tem por objetivo verificar se essa *string* contém alternadamente um caractere Alfabético seguido de um Dígito. O primeiro caractere deverá ser sempre alfabético.

```
Is_Alfa_Digit("")     →  <VERDADE>
Is_Alfa_Digit("1")    →  <FALSO>
Is_Alfa_Digit("A")    →  <VERDADE>
Is_Alfa_Digit("X.Y")  →  <FALSO>
Is_Alfa_Digit("X7Y")  →  <VERDADE>
Is_Alfa_Digit("1A2")  →  <FALSO>
```

3.19 char *Transform(char *s)

Recebe uma *string* e coloca toda a primeira metade em minúsculas e a segunda metade em MAIÚSCULAS.

```
Transform("Mafalda")   →  "mafALDA"
Transform("Mafaldas")  →  "mafaLDAS"
```

4. Escreva um programa que leia nomes completos do teclado e os escreva na tela no formato **Sobrenome, Nome sem Sobrenome.**

```
Nome: João Carlos Cunha
Cunha, João Carlos
Nome: Catarina BATISTA
Batista, Catarina
```

colocando apenas a primeira letra de cada nome em MAIÚSCULAS.

O processamento termina quando o utilizador introduzir a *string* SAIR escrita com minúsculas ou maiúsculas.

Nota: Pode utilizar todas as funções anteriormente implementadas.

PONTEIROS (POINTERS)

Objetivos

- Introdução dos conceitos básicos
- Noção de variável, endereço e ponteiro
- Operadores * (apontado por) e & (endereço)
- Noção de NULL
- Declaração e carga inicial de variáveis do tipo ponteiro
- Aritmética de ponteiros
- Relação entre ponteiros e vetores
- Passagem de vetores para funções
- Ponteiros de ponteiros

Introdução

Este é, sem dúvida, o capítulo mais difícil de entender de toda a matéria apresentada neste ou em qualquer outro livro de C.

A diferença entre os bons programadores em C e todos os outros está certamente no domínio que têm da manipulação de ponteiros.

Para simplificarmos um pouco as coisas, apresentaremos as noções básicas em jogo, utilizando um exemplo do nosso dia-a-dia.

História no País dos Telefones

Era uma vez um país onde existia um telefone em quase todas as casas. Era, por assim dizer, um direito constitucional. Apenas os grandes criminosos ou as pessoas que mantinham atividades suspeitas ou ilegais não tinham direito – ou estavam mesmo proibidas – de ter acesso a um telefone.

No entanto, por muito má que fosse uma pessoa ela tinha sempre direito a uma casa para morar.

Como o número de telefones era tão elevado, não havia necessidade de telefones públicos.

Como era um país com muita gente (eram mais que muitos), cada casa tinha um endereço, tal como qualquer das nossas casas, que servia como endereço de correio, local onde os fiscais dos impostos podiam se dirigir para realizar as penhoras etc.

Como é lógico, o endereço de cada casa terá que ser único, isto é, não poderão existir dois endereços iguais em todo o país.

Dessa forma, cada casa pode ser univocamente identificada através do seu endereço completo.

No entanto, os habitantes de qualquer dos locais referenciam, sempre que possível, as casas uns dos outros pelo nome da pessoa que lá mora, tal como nós fazemos,

```
— Bom dia, já foi à casa do João?
— Não, mas venho agora mesmo da casa do Pedro. Provavelmente irei lá amanhã.
```

evitando assim conversas muito chatas,

```
— Bom dia, já foi à casa situada na Rua dos Computadores, 78, Centro, Rio de
Janeiro?
— Não, mas venho agora mesmo da casa situada na Travessa dos Megabytes, Nº1024,
em frente ao Maracanã. Provavelmente irei lá amanhã.
```

Divulgação

Suponhamos então que existiam três amigos que trocavam telefonemas entre eles e que eram o João, a Ana e o Pedro.

Nome	Telefone	Endereço
João	789 45 61	Rua dos Amores, Lote 12, 2º Dto.
Ana	456 78 12	Calçada da Amizade, nº 23, 7º B
Pedro	321 65 98	Av. da Paixão, nº 34

Quando falamos de **João**, falamos do seu Telefone (789 45 61).
Quando falamos de **Ana**, falamos do seu Telefone (456 78 12).
Quando falamos de **Pedro**, falamos do seu Telefone (321 65 98).

Da mesma forma que ao declararmos três variáveis do tipo inteiro

```
int x=2,y=5,z=78;
```

quando falamos de x, falamos do seu valor interno (2).

Ora, o exemplo aqui apresentado poderia ser escrito em C como

```
Telefone João, Ana, Pedro;
```

se o tipo Telefone fosse um tipo predefinido da linguagem C. Como não é, basta puxar um pouco pela imaginação.

O conjunto dos nossos amigos pode ser representado graficamente por:

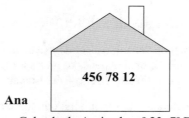

Note que, ao se falar de qualquer dos nomes, está se referindo ao conteúdo da respectiva casa (número do telefone).

Se estivéssemos programando em C

```
printf("%d",João)      →      789 45 61
printf("%d",Ana)       →      456 78 12
printf("%d",Pedro)     →      321 65 98
```

Apesar de trabalharmos apenas com o nome das pessoas (João, Ana e Pedro), existe ainda outra informação que não estamos utilizando — os endereços onde estão situadas as respectivas casas e que correspondem à localização destas.

O endereço de João é **Rua dos Amores, Lote 12, 2° Dto**.
O endereço de Ana é **Calçada da Amizade, n° 23, 7° B**
etc.

Ora, em C existe o operador **&**, que permite saber qual o endereço de uma variável.

Nota:

> **O operador & retorna o endereço de uma variável.**

Dessa forma, para escrevermos os endereços dos nossos três amigos na tela faríamos:

```
printf("%s",&João)      →      Rua dos Amores, Lote 12, 2° Dto.
printf("%s",&Ana)       →      Calçada da Amizade, n° 23, 7° B
printf("%s",&Pedro)     →      Av. da Paixão, n° 34
```

Em resumo, o nome de cada indivíduo é uma forma bem mais simples de representar qualquer posição no país dos telefones.

X — representa aquilo que está dentro da casa chamada **X**

&X — representa o local onde a casa **X** se situa

Exemplo:

```
printf("%d",João)       →      789 45 61
printf("%s",&João)      →      Rua dos Amores, Lote 12, 2° Dto.
```

Publicidade

> Magníficos McDrivers
> Cada um SÓ 1999$00
> Para mais informações
> telefone para o João
> ou
> dirija-se a & João
> (Atendimento Personalizado).

O País dos Telefones — A Vingança Continua

Como já foi mencionado, nem todas as pessoas naquele país podiam ter telefone em casa. É o caso de SAMAD, o Terrível, bandido com cadastro bem conhecido e *Curriculum Vitae* na Internet, acusado por várias vezes de desvio de vários MBytes e seqüestro de pelo menos três disquetes de alta densidade, um dos quais ainda nem formatado estava, fato que não foi tolerado pela sociedade em que vivia.

Por falta de provas foi-lhe permitido viver em liberdade em sua casa, na qual não pode, no entanto, ter um telefone, de modo a dificultar as suas atividades contra a sociedade, embora o seu endereço seja bem conhecido por todos — **Praça Já Enganei, +1**.

Embora nunca se tenha importado com o fato de não ter telefone para desenvolver as suas atividades pecaminosas, de uns meses para cá SAMAD tem tido alguns problemas de saúde (taxa de *furtoesterol* demasiadamente elevada), o que tem provocado alguns problemas cardíacos.

Assim, de tempos em tempos SAMAD precisa ir ao setor de emergência do Hospital de São Alheio, onde todos os criminosos têm consultas gratuitas, pois conseguem sempre "desviar" o dinheiro que eles próprios pagam pela consulta.

O único problema é que SAMAD, o Terrível, tem ataques extremamente repentinos, pelo que tem muito pouco tempo para chamar uma ambulância e se deslocar ao hospital.

Ora, o serviço de transporte em ambulância é solicitado unicamente através de telefone.

Não tendo telefone em casa e não existindo telefones públicos, SAMAD terá que conseguir uma forma de saber **ONDE** poderá efetuar uma chamada telefônica.

Dessa forma, na sua casa não vai existir um número de telefone, mas sim o **local** onde poderá realizar a referida chamada telefônica.

E quando falamos de locais, falamos de endereços.

Suponhamos que SAMAD e o João fizeram as pazes, depois de o primeiro ter devolvido os grampos já usados que tinha roubado da casa do João, e que este último o autorizou a usar a sua casa para telefonar.

Assim, na casa de SAMAD não vai existir um número de telefone, mas sim o endereço da casa do João, isto é, o endereço da casa onde terá que se dirigir caso queira telefonar.

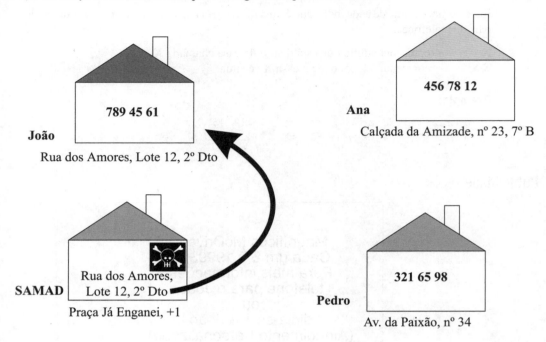

Como se pode verificar, a casa de SAMAD é um pouco diferente das outras.

Se as outras podiam ser declaradas como

```
Telefone João, Ana, Pedro;
```

a casa de SAMAD terá que ser declarada como uma casa que contém o endereço de outra casa. Isto é, SAMAD aponta para uma casa com telefone.

```
Telefone * SAMAD;   /* SAMAD Não tem um telefone, e sim o endereço
                       em que se encontra um telefone */
```

Nota:

Um ponteiro é uma variável que aponta sempre para outra variável de um determinado tipo. Para indicar que uma variável é do tipo ponteiro, coloca-se um asterisco antes dela.

Se SAMAD contém o endereço de João é porque foi iniciada do seguinte modo:

```
SAMAD = &João;
```

Repare agora nos seguintes valores

Expressão	Valor
João	789 45 61
&João	Rua dos Amores, Lote 12, 2º Dto.
SAMAD	Rua dos Amores, Lote 12, 2º Dto.
&SAMAD	Praça Já Enganei, +1

Note que falar de SAMAD é o mesmo que falar de &João, pois a variável SAMAD contém o valor do endereço de João.

O endereço de SAMAD é o local onde fica a sua casa.

Nota:

> Se a variável x contém o endereço da variável y, é possível acessar o valor de y a partir de x colocando um asterisco antes da variável x (*x). Esse operador denomina-se "Apontado por".[1]

Como SAMAD contém o endereço da variável João, então a tabela anterior poderá ser completada da seguinte forma:

Expressão	Valor	Descrição
João	789 45 61	Valor de João
&João	Rua dos Amores, Lote 12, 2º Dto.	Endereço de João
SAMAD	Rua dos Amores, Lote 12, 2º Dto.	Valor de SAMAD
&SAMAD	Praça Já Enganei, +1	Endereço de SAMAD
*SAMAD	789 45 61	Valor **Apontado por** SAMAD

*SAMAD Representa o valor que está colocado no endereço armazenado em SAMAD.

O País dos Telefones — O Ataque Final

Depois da última ida ao hospital, João proibiu SAMAD de ir à sua casa para telefonar depois de ter dado pela falta de duas garrafas de ar.

Apesar de contrariada, Ana deixou o famoso bandido utilizar a sua casa, depois de ter colocado todo o seu patrimônio no seguro.

```
Dados Relativos a Ana
```

Ana	456 78 12	Calçada da Amizade, Nº23, 7º B

Qual o conjunto de passos a executar?

SAMAD deverá ter o endereço de Ana

```
SAMAD = &Ana
```

Essa pequena Alteração faz com que

SAMAD	Calçada da Amizade, Nº23, 7º B	Valor de SAMAD
&SAMAD	Praça Já Enganei, +1	Endereço de SAMAD
*SAMAD	456 78 12	Apontado por SAMAD

Happy End

Para finalizar, devemos dizer que Ana também proibiu SAMAD de utilizar o seu telefone depois de este ter "surrupiado", sem autorização, a sombra de todas as árvores que se encontravam no seu quintal.

---

[1] Em inglês esse operador é normalmente denominado Indirection.

Entretanto, SAMAD deixou a bandidagem a que durante alguns anos se tinha dedicado, e é hoje a pessoa mais honesta que existe no país dos telefones.

Ainda agora esteve aqui, em minha casa, telefonando para as emergências, pois mais uma vez o seu estado de saúde voltou a piorar.

E assim termino essas breves linhas que escrevi com...

ALGUÉM VIU QUEM TIROU DAQUI A MINHA CANETA????

Conceitos Básicos

Como se sabe, tudo o que acontece em um computador (ou quase tudo) se passa em memória. Quando falamos de memória normalmente falamos em memória RAM[2].

É na memória RAM que são carregados os nossos programas, jogos, processadores de texto etc.

É também na RAM que são armazenadas as variáveis que fazem parte dos nossos programas.

De fato, a memória RAM pode ser vista como um enorme vetor de *bytes* consecutivos.

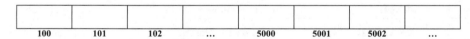

Cada um desses *bytes* ocupa uma posição bem determinada em memória, que é identificada por um número único que varia entre 0 e a totalidade de *bytes* que ocupam a memória RAM do computador.

Sempre que declaramos uma variável temos que indicar qual o seu tipo e qual o seu nome:

```
char ch;
```

A variável *ch* ocupa, no exemplo acima, o *byte* de memória número 5000.

Para nós, programadores, é muito mais simples referenciar uma variável pelo seu nome do que referenciá-la pela posição que essa variável ocupa em memória.

Repare que quando se faz:

```
ch = 'A';
```

está se dizendo ao computador para ir à posição 5000 de memória e colocar lá o caractere 'A'. É o compilador que realiza essa conversão por nós. Apenas temos que nos preocupar em escrever o programa corretamente.

Nota:

> O compilador associa a cada variável uma posição ÚNICA em memória, capaz de suportar os dados do tipo dessa variável. Sempre que num programa se faz referência a uma variável estamos, na realidade, nos referindo ao endereço ou conjunto de endereços que essa variável ocupa.

Os ponteiros são um mecanismo particularmente flexível de manipulação de dados, pois permitem manipular diretamente dados contidos em endereços específicos de memória.

Suponhamos, então, que tínhamos ao nosso dispor um ponteiro denominado **ptr**. Como qualquer variável, **ptr** ocupa uma posição em memória.

---

[2]*RAM — Random Access Memory* — Memória de acesso aleatório.

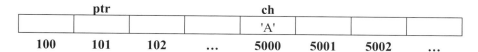

Ora, *ptr* é um ponteiro, por isso deverá conter o endereço de memória de outra variável. Note que o endereço de uma variável é o número da casa que esta ocupa em memória.

Por isso, para colocarmos *ptr* apontando para a variável *ch* bastará colocar o endereço de *ch* em *ptr*. Isso se faz utilizando o operador **& (Endereço de)**.

```
ptr = &ch;
```

A variável *ptr* fica, assim, com o valor 5000.

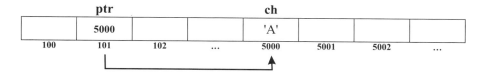

isto é, aponta para a variável *ch*.

Declaração de Ponteiros

Um conceito que não se pode perder de vista é que um ponteiro é uma variável como outra qualquer. O seu objetivo é armazenar o endereço de outra variável, o qual é, por sua vez, um número.

Se uma variável do tipo ponteiro é capaz de armazenar um número (o endereço de outra variável), então terá que ocupar algum espaço em memória. Tem por isso de ser declarada tal como qualquer outra variável.

A sintaxe de declaração de um ponteiro é a seguinte

```
tipo * ptr
```

em que

ptr — É o <u>nome</u> da <u>variável</u> do tipo ponteiro.
tipo — É o <u>tipo</u> da variável para a qual apontará.
*   — Indica que é uma variável do tipo ponteiro.

A declaração de ponteiros pode ser realizada no meio de outras variáveis do mesmo tipo.

Exemplo:

```
char a,b, *p, c, *q;
int idade, *p_idade;
```

Nota:

> **O asterisco utilizado na declaração de ponteiros é o mesmo que é usado para a operação de multiplicação, no entanto não provoca qualquer confusão, pois o seu significado depende do contexto em que é usado.**

Uma das dúvidas que vulgarmente aparece é:

Pergunta: Onde deve ser colocado (isto é, encostado) o asterisco na declaração de um ponteiro?

Resposta Oficial: Tanto faz. As três declarações seguintes são equivalentes

```
int * p;    /* Asterisco separado do tipo e da variável */
int* p;     /* Asterisco junto ao tipo                  */
int *p;     /* Asterisco junto à variável               */
```

Resposta Oficiosa: Embora as três declarações sejam equivalentes, não se deve utilizar o asterisco junto ao tipo, pois o programador poderá ser induzido a erro.

Repare na seguinte declaração:

```
int*   x,y,z;
```

Dá a sensação errada de que **x**, **y** e **z** são variáveis do tipo **int***, isto é, todas elas são ponteiros, o que não é verdade. Apenas a variável **x** é do tipo **int***, sendo todas as outras inteiros perfeitamente banais.

Carga Inicial Automática de Ponteiros

Como já foi mencionado, a carga inicial de ponteiros se faz através do operador Endereço de — **&**.

Tal operador pode também ser utilizado para iniciar uma variável do tipo ponteiro no momento da sua declaração.

Exemplo:

```
int x = 5;
float pi = 3.14;
int * ptr_x = &x;
float * pointer_to_pi = &pi;
```

Nota:

> Um bom hábito para evitar problemas de programação é sempre a carga inicial dos ponteiros.

No entanto, podem existir situações em que declaramos um ponteiro e não queremos que ele aponte para variável alguma. Nesse caso, posso colocá-lo apontando para **NULL**[3].

Nota:

> A constante simbólica NULL, quando colocada em um ponteiro, indica que ele não aponta para nenhuma variável.

Ponteiros em Ação

Uma vez declarado um ponteiro, podem ser realizados sobre ele praticamente todos os tipos de operações que podemos realizar sobre inteiros. No entanto, um ponteiro serve, sobretudo, para permitir acessar outros objetos através dos seus endereços.

```
int a=5, b=7;
int * ptr = NULL;        /* ptr não aponta para nada */
```

ptr		a			b		
NULL		5			7		
1000	1001	1002	...	3000	3001	3002	...

Para colocar *ptr* apontando para *a* faz-se

```
ptr = &a;
```

---

[3]Embora o seu valor tenha sofrido uma ou outra alteração ao longo da evolução da linguagem, o valor de NULL é obtido por `#define ((void *)0)`, isto é, representa o endereço de memória número ZERO. void * indica que essa constante pode ser colocada em ponteiros de qualquer tipo.

Após a instrução anterior o valor de

a   → 5
ptr   → 1002   /* Endereço de *a* */
ptr   → 5   / Aquilo que está na casa nº 1002 */

Nota:

> Se ptr é um ponteiro, então *ptr nos permite obter o valor que é apontado por ptr, isto é, o valor da variável cujo endereço está armazenado em ptr.
>
> ***ptr** — Deve-se ler "O APONTADO POR ptr"

Dessa forma, fazer

```
printf("%d", a)
```

é equivalente a

```
printf("%d",*ptr)
```

pois *ptr* aponta para *a* e **ptr* corresponde ao valor de *a*.

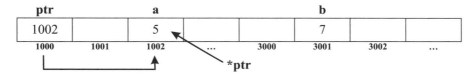

Questão: Qual a saída da seguinte instrução?

```
printf("%d %d %d", a, b, *ptr);
```
→   5   7   5

Questão: Qual a saída depois de fazermos **ptr = &b**;?

```
printf("%d %d %d", a, b, *ptr);
```
→   5   7   7

pois **ptr** ficou apontando para **b**, e o valor que aponta passou a ser 7.

E se executássemos a instrução:

```
*ptr = 20;        /* Colocar 20 no apontado por ptr */
```

Qual seria então a saída de?

```
printf("%d %d %d", a, b, *ptr);
```
→   5   20   20

Repare que ao colocar 20 no apontado por **ptr** está se mexendo diretamente na variável **b**, pois é o endereço dela que está contido em **ptr**.

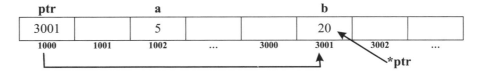

Repare que no esquema anterior (em que ptr = &b) existe o seguinte conjunto de valores associados às expressões:

Expressão	Valor
a	5
&a	1002
b	20
&b	3001
ptr	3001
&ptr	1000
*ptr	20

Note que não faz sentido falar em ***a** ou ***b**, pois tais variáveis não foram declaradas como ponteiros.

Se tivéssemos declarado outro ponteiro denominado **p2**, para colocá-lo apontando para **b**, poderíamos fazer:

```
p2 = &b;
```

ou

```
p2 = ptr;   /* SEM ENDEREÇO!!! pois ptr já contém o endereço de b */
```

Ponteiros e Tipos de Dados

Uma pergunta feita freqüentemente é: *Por que razão os ponteiros têm que possuir um determinado tipo e não são simplesmente ponteiros genéricos?*

A resposta tem um pouco a ver, mais uma vez, com a arquitetura dos dados com que trabalhamos.

Nos exemplos anteriores víamos as variáveis ocupando apenas um *byte* de memória, de forma a facilitar a apresentação do assunto.

Na realidade, os tipos de dados em C (**char**, **int**, **float** e **double**) ocupam diferentes números de *bytes* em memória, podendo, inclusive, o mesmo tipo ocupar um número diferente de *bytes* em diferentes arquiteturas, como é o caso do inteiro (dois ou quatro *bytes*).

Assim, quando declaramos as seguintes variáveis:

```
char a='Z';
int n = 1234;
float pi = 3.1415;
```

estamos indicando ao compilador qual o espaço que ele deverá reservar para cada uma dessas variáveis.

```
    a         n                    pi
  ┌───┐   ┌────┬────┐       ┌────┬────┬────┐
  │ Z │   │ 12 │ 34 │       │ 3. │141 │ 5  │
  └───┘   └────┴────┘       └────┴────┴────┘
  1000    1001 1002 1003 1004 1005 1006 1007 1008 1009 1010 ...
```

Repare que o espaço de armazenamento de um caractere não é o mesmo que para um inteiro ou para um real. (Estamos supondo que um *char* ocupa um *byte*, um *int* dois *bytes* e um *float* quatro *bytes*.)

Questão: Qual o endereço de uma variável com mais de um *byte* de comprimento?

Nota:

> **O endereço de uma variável é sempre o menor dos endereços que ela ocupa em memória.**

É pelo fato de as variáveis ocuparem diferentes tamanhos em memória que os ponteiros para essas variáveis terão que saber quantos *bytes* de memória terão que considerar.

```
char *ptr_a = &a;
int *ptr_n = &n;
float *ptr_pi = &pi;
```

A declaração anterior nos diz que o número de *bytes* que irá ser considerado por cada um dos ponteiros é 1, 2 e 4, respectivamente, pois cada ponteiro terá que considerar o número de *bytes* do tipo que aponta.

Nota:

> Um ponteiro para o tipo xyz endereça sempre o número de *bytes* que esse tipo ocupa em memória, isto é, endereça sempre sizeof(xyz) *bytes*.[4]

O endereçamento de um ponteiro é sempre realizado pelo operador **Asterisco**. Isso quer dizer que:

*ptr_a — Considera **sizeof(char)** *bytes* a partir do endereço contido em **ptr_a**.
*ptr_n — Considera **sizeof(int)** *bytes* a partir do endereço contido em **ptr_n**.
*ptr_pi — Considera **sizeof(float)** *bytes* a partir do endereço contido em **ptr_pi**.

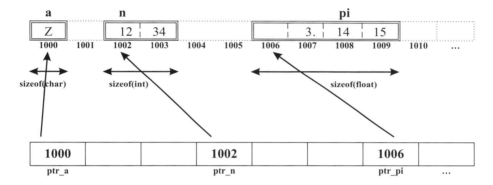

Ponteiros e Vetores

Embora a apresentação deste capítulo tenha focado a relação entre os ponteiros e as variáveis, os ponteiros são normalmente utilizados no tratamento e na manipulação de vetores e *strings*.

Nota:

> O nome de um vetor corresponde ao endereço do seu primeiro elemento, isto é, se v for um vetor v = = &v[0].

A nota anterior é uma das afirmações mais importantes a memorizar sobre este capítulo. O que se afirma ali é que o nome de um vetor não é mais do que o endereço do primeiro elemento desse vetor.

Se o nome de um vetor é um endereço, então é um número, isto é, o nome de um vetor é um ponteiro para o primeiro elemento desse vetor. No entanto, é um ponteiro constante.

Nota:

> Embora o nome de um vetor seja um ponteiro para o primeiro elemento do vetor, esse ponteiro não pode ser alterado durante a execução do programa a que pertence. Se tal fosse possível, estaríamos nos arriscando a perder o vetor previamente declarado.

---

[4]**sizeof** — é um operador da linguagem C que retorna o número de *bytes* que uma variável ou um determinado tipo ocupa em uma determinada arquitetura.

```
int v[3] = {10,20,30};      /* Vetor com 3 inteiros  */
int *ptr;                   /* Ponteiro para inteiro */
```

Existem duas formas de colocar o ponteiro **ptr** apontando para o primeiro elemento de **v**:

```
1. ptr = &v[0];      /* ptr fica com o endereço do primeiro elemento */
2. ptr = v;          /* Pois v == &v[0] */
```

Ao contrário de **v**, que é um vetor (ponteiro constante associado à sua própria memória), **ptr** é um ponteiro puro, sendo assim pode ser alterado com endereços diferentes ao longo da execução de um programa, não estando obrigado a apontar, eternamente, para o primeiro elemento do vetor, como acontece com **v**.

Pode, assim, apontar para cada um dos elementos do vetor de **v**.

```
int v[3] = {10,20,30};      /* Vetor com 3 inteiros  */
int *ptr;                   /* Ponteiro para inteiro */

ptr = v;                    /* Passa a apontar para o 1° elemento */
printf("%d %d\n",v[0],*ptr);        → 10   10

ptr = &v[2];
printf("%d %d\n",v[2],*ptr);        → 30   30
```

Nota:

> Como já foi dito no capítulo sobre vetores, os elementos de um vetor ocupam posições consecutivas de memória, sendo o nome do vetor igual ao endereço do primeiro elemento, isto é, o menor endereço do vetor.

Aritmética de Ponteiros

Sendo os ponteiros números que representam posições de memória, podem ser realizadas algumas operações aritméticas (incremento, decremento, diferença e comparação) sobre eles. Essas operações podem, no entanto, ser um pouco diferentes daquelas a que estamos habituados, mas não se preocupe, pois essas diferenças só servem para nos facilitar a vida.

1. Incremento

Um ponteiro pode ser incrementado como qualquer variável. No entanto, o incremento de uma unidade não significa que o endereço anteriormente armazenado no ponteiro seja incrementado em um *byte*.

Na realidade, se **ptr** é um ponteiro para um determinado tipo, quando **ptr** é incrementado, por exemplo, de uma unidade, o endereço que passa a conter é igual ao endereço anterior de **ptr** + **sizeof(tipo)** para que o ponteiro aponta, isto é, o ponteiro avança não um *byte*, mas sim a dimensão do tipo do objeto para o qual aponta.

Nota:

> Um ponteiro para o tipo xyz avança sempre sizeof(xyz) *bytes* por unidade de incremento.

prog0801.c

```
1: #include <stdio.h>
2:
3: main()
4: {
5: int x=5 , *px = &x;
6: float y=5.0 , *py = &y;
```

```
 7: printf("%d %ld\n",x,(long) px);
 8: printf("%d %ld\n",x+1,(long) (px+1));
 9:
10: printf("%f %ld\n",y,(long) py);
11: printf("%f %ld\n",y+1,(long) (py+1));
12:
13: }
```

No programa anterior, declaramos duas variáveis **x** e **y** do tipo *int* e *float*, ambas iniciadas com o valor 5. Declaramos também dois ponteiros **px** e **py** que apontam para **x** e **y**, respectivamente.

Em seguida, mostramos o valor das variáveis e o seu endereço armazenado no respectivo ponteiro. Depois mostramos o valor das mesmas variáveis incrementado em uma unidade.

```
$ prog0801
5 1211048978
6 1211048980
5.000000 1211048970
6.000000 1211048974
```

Repare que tanto **x** como **y** são incrementados em uma unidade, enquanto os respectivos ponteiros são incrementados no número de *bytes* que ocupam nessa arquitetura (**int** — dois *bytes*, **float** — quatro *bytes*).

Nota: Os endereços apresentados nesse exemplo variam de máquina para máquina e de execução para execução. Verifique apenas se existe a diferença entre os ponteiros.

Os endereços são transformados em um *long int* para melhor compreensão do resultado.

Na operação de incremento, podem-se utilizar os operadores normais:

```
ptr++;
ptr = ptr + 2;
ptr += 4; /* Se ptr apontar para um float avança 4*4=16 Bytes */
```

2. Decremento

O decremento de ponteiros funciona da mesma forma que o incremento anteriormente apresentado.

Nota:

Um ponteiro para o tipo xyz recua sempre sizeof(xyz) *bytes* por unidade de decremento.

Exemplo: Escreva um programa que mostre uma *string* na tela pela ordem em que está escrita e pela ordem contrária.

prog0802.c

```
 1: #include <stdio.h>
 2:
 3: main()
 4: {
 5: char s[100];
 6: char *ptr = s; /* Aponta para o primeiro caractere de s */
 7:
 8: printf("Introduza uma String: "); gets(s);
 9:
10: if (*ptr == '\0') return; /* ou return 0 se der erro de compil.*/
11:     /* String Vazia */
12:
13: /* Imprimir a string Normalmente */
```

```
14:
15:    while (*ptr!='\0')
16:         putchar(*ptr++);
17:
18: /* Imprimir a string ao contrário */
19:
20:    ptr--;  /* Por causa do '\0' */
21:
22:    while (ptr>=s)     /* Enquanto ptr for >= que &s[0] */
23:         putchar(*ptr--);
24:
25: }
```

Note que

```
15:    while (*ptr!='\0')
16:         putchar(*ptr++);
```

é equivalente a

```
while (*ptr!='\0')         /* Enquanto não for final de string */
  { putchar(*ptr);          /* Escreve o caractere               */
    ptr++;                  /* Avança com o ponteiro             */
  }
```

3. Diferença

A operação de diferença entre dois ponteiros para elementos do mesmo tipo permite saber quantos elementos existem entre um endereço e o outro.

Por exemplo, o comprimento de uma *string* pode ser obtido através da diferença entre o endereço do caractere '\0' e o endereço do caractere original.

Nota:

A diferença entre ponteiros só pode ser realizada entre ponteiros do mesmo tipo.

prog0803.c

```
1: #include <stdio.h>
2: int strlen(char *s); /* Protótipo da função */
3:
4: main()
5: {
6:   char s[100];
7:   char *ptr = s; /* Aponta para o primeiro caractere de s */
8:
9:   printf("Introduza uma String: "); gets(s);
10:
11:  printf("%d\n", strlen(s));
12: }
13:
14: int strlen(char *s)
15: {
16: char *ptr = s;      /* Guardar o endereço inicial    */
17: while (*s!='\0')    /* Enquanto não chegarmos ao fim */
18:      s++;           /* Incrementar o ponteiro        */
19:
20: return (int) (s-ptr);   /* Retornar a diferença entre os */
21: }                       /* endereços */
```

4. Comparação

É também possível a comparação de dois ponteiros para o mesmo tipo, utilizando os operadores relacionais (<, <=, >, >= , == e !=).

```
Ver linha 22: do exemplo prog0802.c
```

Nota:

A diferença e a comparação entre ponteiros só podem ser realizadas entre ponteiros do mesmo tipo.

Resumo das Operações sobre Ponteiros

Operação	Exemplo	Observações
Atribuição	ptr = &x	Podemos atribuir um valor (endereço) a um ponteiro. Se quisermos que aponte para nada podemos atribuir-lhe o valor da constante NULL.
Incremento	ptr=ptr+2	Incremento de 2*sizeof(tipo) de ptr.
Decremento	ptr=ptr-10	Decremento de 10*sizeof(tipo) de ptr.
Apontado por	*ptr	O operador asterisco permite obter o valor existente na posição cujo endereço está armazenado em ptr.
Endereço de	&ptr	Tal como qualquer outra variável, um ponteiro ocupa espaço em memória. Dessa forma podemos saber qual o endereço que um ponteiro ocupa em memória.
Diferença	ptr1 - ptr2	Permite-nos saber qual o nº de elementos entre ptr1 e ptr2.
Comparação	ptr1 > ptr2	Permite-nos verificar, por exemplo, qual a ordem de dois elementos num vetor através do valor dos seus endereços.

Nota:

Sendo o nome de um vetor o endereço do seu primeiro elemento, poderemos com ele realizar todas as operações a que temos acesso quando manipulamos ponteiros, desde que essas operações não alterem o seu valor, pois o nome de um vetor é uma constante.

Exemplos:

```
char s[20] = "Ola";

s="ole"     /* Erro de Compilação. Devia usar strcpy       */
s++         /* Erro: Não podemos alterar s                  */
s+1         /* OK: Não estamos alterando s                  */
*s          /* OK.                                          */
(*s)++      /* OK: Não estamos alterando s, mas sim um dos seus chars */
s = s-2     /* Erro: Não podemos alterar s                  */
s > s+1     /* OK.                                          */
s+1-s       /* OK.                                          */
```

Se ptr for um ponteiro para um vetor de caracteres, então

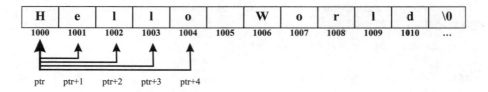

Se ptr for um ponteiro para um vetor de inteiros (dois *bytes* cada), então

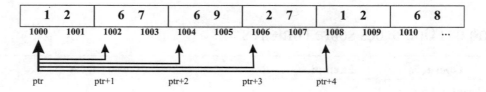

Se ptr for um ponteiro para um vetor de *floats* (quatro *bytes* cada), então

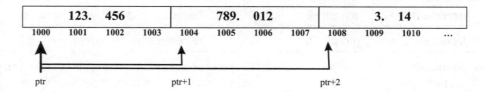

Como se pode verificar pelos esquemas apresentados, cada ponteiro se move o número de *bytes* que ocupa o tipo para o qual aponta. Dessa forma, evita-se que o programador tenha de indicar qual o número exato de *bytes* que o ponteiro deve avançar ou retroceder, sendo apenas necessário indicar qual o número de elementos a avançar.

Ponteiros e Vetores — Acesso aos Elementos

Suponhamos a seguinte declaração:

```
char s[] = "OlaOleOli";
char *ptr = s; /* ptr fica com o &s[0] */
```

Problema: Como poderemos acessar o caractere 'a' presente na *string*?

`s[2]`	Caractere existente na posição índice 2 do vetor.
`*(ptr+2)`	Como ptr contém o endereço do primeiro caractere, se lhe adicionarmos 2 obtemos o endereço do caractere 'a'. Para obter o caractere 'a' bastará usar o operador * (**Apontado por**).
`*(s+2)`	Se s==&s[0] pode-se usar a mesma estratégia que foi usada no exemplo anterior.
`ptr[2]`	O endereçamento de elementos através de colchetes pode ser realizado também por ponteiros, como se tratasse de um vetor.

Se *vetor* for um vetor já declarado, então

```
vetor[0] == *(vetor)
vetor[1] == *(vetor + 1)
vetor[2] == *(vetor + 2)
```

```
        .  .  .
        vetor[n] == *(vetor + n)
```

pois o nome de um vetor é um ponteiro para o primeiro elemento desse mesmo vetor, o qual poderá ser acessado por *vetor. Em relação aos outros elementos, bastará utilizar os conceitos de aritmética de ponteiros anteriormente apresentados, posicionando-se no endereço do elemento pretendido, através de somas ou subtrações, e utilizando o operador * (**Apontado por**) para obter o conteúdo dessa posição do vetor.

Nota:

Se v for um vetor ou um ponteiro para o primeiro elemento de um vetor, então para obter o elemento índice n desse vetor pode-se fazer v[n] ou *(v+n).

v[n] == *(v+n)

Passagem de Vetores para Funções

Sempre que declaramos um vetor, o seu espaço é alocado continuamente em memória. A posição que ele ocupa em memória pode ser obtida pelo nome do vetor que contém o endereço do primeiro elemento.

```
        char s[10]="Ola";
```

Sempre que invocamos uma função e lhe passamos o vetor como parâmetro, esta na realidade não recebe o vetor na sua totalidade, mas apenas o endereço inicial do vetor, pois estamos passando **s == &s[0]**.

Se passarmos um endereço, então a variável que o recebe terá que ser um ponteiro para o tipo dos elementos do vetor.

Por essa razão é que no cabeçalho de uma função que recebe um vetor como argumento aparece normalmente um ponteiro recebendo o respectivo parâmetro.

prog0804

```
 1: #include <stdio.h>
 2:
 3:
 4: int strlen(char *s)
 5: {
 6: char *ptr = s;        /* Guardar o endereço inicial */
 7: while (*s!='\0')      /* Enquanto Não chegarmos ao fim */
 8:     s++;              /* Incrementar o ponteiro */
 9:
10: return (int) (s-ptr);
11: }
12:
13: main()
14: {
15: char Nome[100];
16:
17: printf("Introduza uma String: "); gets(Nome);
18:
19: printf("%d\n",   strlen(Nome));
20: }
21:
```

Repare como o exemplo funciona: declara-se uma *string* denominada *Nome*, e suponhamos que o usuário introduza o nome Maria.

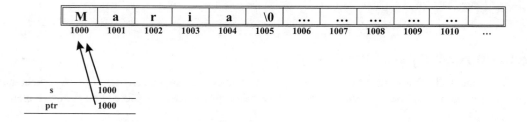

Em seguida, pretendemos calcular o comprimento da *string*, enviando-a para a função **strlen**.

Esta, no entanto, apenas vai receber o endereço original da *string* (*1000*), que vai armazenar no parâmetro **s** da função.

Seguidamente, declara-se um outro ponteiro local à função, para guardar o endereço original da *string*.

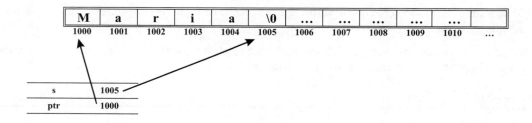

O objetivo seguinte é percorrer a *string* até encontrar o '\0', avançando com o ponteiro **s**.

```
7: while (*s!='\0')      /* Enquanto não chegarmos ao fim */
8:       s++;            /* Incrementar o ponteiro */
```

Quando o laço terminar, estaremos na seguinte situação:

Bastará apenas subtrair o valor de **ptr** do valor de **s** para obter o número de caracteres da *string*.

```
10: return (int) (s-ptr);
```

Vejamos agora como poderíamos ter implementado a função

char * strcpy(char * dest, char * orig)
que copia a *string orig* para a *string dest*.
```
char *strcpy(char *dest, char *orig)
{
        char *tmp = dest;
        while (*dest++ = *orig++)
           ;
        return tmp;
}
```

Mais uma vez, a função recebe o endereço das duas *strings*

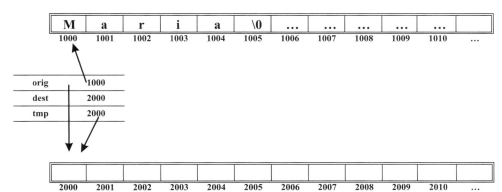

copiando em seguida caractere a caractere da *string* **orig** para a *string* **dest**.

Repare que o operador ++ está à direita das variáveis, por essa razão as variáveis **orig** e **dest** só são alteradas depois da atribuição.

O laço *while* é semelhante a:

```
while (*dest = *orig)
  {
    dest++;
    orig++;
  }
```

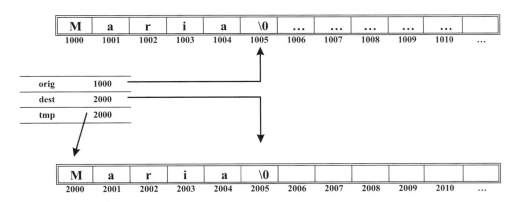

Depois de copiados todos os caracteres de **orig** (delimitador incluído) é necessário retornar o endereço inicial da *string* de destino. No entanto, esse endereço já foi perdido pelo fato de **dest** ter avançado ao longo das posições da *string*.

Para resolver esse problema, antes de alterar o ponteiro **dest** coloca-se o seu valor numa variável temporária:

```
char *tmp = dest;
```

No final da função basta retornar o valor armazenado em **tmp**:

```
return tmp;
```

Vamos implementar agora a função:

char * strcat(char * dest, char * orig)

que junta (concatena) a *string* **orig** à *string* **dest**.

Ora, o objetivo é copiar a *string* **orig** para o final da *string* **dest**.

Dissemos **copiar**? Então vamos a isso:

```
char *strcat(char *dest, char *orig)
{
   strcpy(dest+strlen(dest),orig);
   return dest;
}
```

Uma vez que queremos copiar uma *string* para o final da outra, enviamos os endereços de início da *string* **orig** e o endereço do '\0' da *string* **dest** para que a cópia seja realizada a partir desses endereços, e não a partir dos endereços de origem de ambas as *strings*.

Depois de terminada a função strcpy, bastará retornar **dest**, isto é, o endereço inicial da *string* destino.

Nota:

Sempre que se passa um vetor para uma função, apenas o endereço original deste é efetivamente enviado para a função. É assim impossível saber, dentro de uma função, qual a dimensão dos vetores que foram passados, a menos que se envie um outro parâmetro indicador do número de elementos ou um delimitador em cada vetor. Assim, é da responsabilidade do programador garantir que os vetores enviados para as funções contêm os elementos necessários ao processamento a que serão submetidos.

Ponteiros de Ponteiros

Uma vez que os ponteiros ocupam espaço em memória, é possível obter a sua posição através do operador endereço **&**.

Pergunta: Se você estiver interessado em armazenar o endereço de um ponteiro, qual o tipo da variável que irá recebê-lo?

Resposta:

- Suponhamos uma variável do tipo *int* chamada x.

    ```
    int x;
    ```

- Se pretendermos armazenar o seu endereço, declaramos um ponteiro para o tipo da variável (*int*), isto é, colocamos um asterisco entre o tipo da variável para que queremos apontar e o nome do ponteiro.

    ```
    int * ptr_x;           /* Ponteiro para x */
    ```

- Se quisermos armazenar o endereço desse ponteiro, seguimos exatamente os mesmos passos, declarando uma variável do tipo do ponteiro ptr_x (*int* *) e colocando um asterisco entre o tipo da variável para a qual queremos apontar e o nome do ponteiro.

    ```
    int ** ptr_ptr_x;      /* Ponteiro para o Ponteiro de x */
    ```

- E assim sucessivamente, sem qualquer limitação para o número de asteriscos.

No exemplo seguinte os três **printf** colocam a mesma informação na tela.

Exemplo:

prog0805.c

```
1: #include <stdio.h>
2:
3: main()
4: {
5: int x = 5;
6: int * ptr_x;                /* Ponteiro para x */
7: int ** ptr_ptr_x;           /* Ponteiro para o Ponteiro de x */
```

```
 8:
 9: /* Carga inicial dos ponteiros */
10:
11: ptr_x = &x;
12: ptr_ptr_x = &ptr_x;
13:
14: printf("x = %d - &x = %ld\n",x, &x);
15: printf("x = %d - &x = %ld\n",*ptr_x, ptr_x);
16: printf("x = %d - &x = %ld\n",**ptr_ptr_x, *ptr_ptr_x);
17:
18: }
```

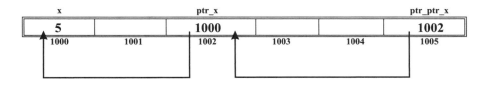

Como se pode ver, **ptr_x** aponta para a variável **x**, enquanto **ptr_ptr_x** aponta para **ptr_x**.

Expressão	Tipo	Valor	Descrição
x	int	5	
ptr_x	int *	1000	
***ptr_x**	int	5	Valor Apontado por ptr_x
ptr_ptr_x	int **	1002	
***ptr_ptr_x**	int *	1000	Valor Apontado por ptr_ptr_x
****ptr_ptr_x**	int	5	Valor Apontado pelo endereço Apontado por ptr_ptr_x

Aqui fica uma dica para quem tiver dúvidas sobre o que estamos falando quando temos uma variável com alguns asteriscos.

A dica é: olhe para a declaração e separe o valor que você quer analisar do restante da declaração.

Por exemplo, na declaração:

```
char **ptr;
```

Qual o tipo que corresponde a ***ptr**?

Se separarmos ***ptr** do resto da declaração:

```
char *          *ptr;
```

ficamos sabendo que o tipo de ***ptr** é **char** * (provavelmente uma *string*).

Se separarmos ****ptr** do resto da declaração:

```
char         **ptr;
```

ficamos sabendo que ****ptr** é um caractere.

Se separarmos **ptr** do resto da declaração:

```
char **              ptr;
```

ficamos sabendo que **ptr** é um ponteiro para um ponteiro de caracteres. (Provavelmente será um vetor de *strings*.)

Notas Finais

É necessário prestar atenção em alguns pontos sobre ponteiros:

1. Um ponteiro é uma variável que não tem memória própria associada (apenas possui o espaço para conter um endereço), apontando normalmente para outros objetos já existentes. Funciona, mais ou menos, como um comando de televisão.

2. Embora seja possível utilizá-los como vetores, os ponteiros não possuem memória própria. Só se pode utilizar o endereçamento através de um ponteiro depois que este está apontando para algum objeto já existente.

3. Não se deve fazer cargas iniciais de objetos apontados por um ponteiro que ainda não tenha sido iniciado.

Exemplo:

```
int *p;     /* p fica com lixo no seu interior,
               isto é, aponta para um local qualquer */
*p = 234;   /* Vamos colocar 234 no local para onde p aponta.
               Podemos vir a perder dados do programa */
```

4. Por segurança, inicie sempre os seus ponteiros. Se não souber para onde apontá-los, inicie-os com NULL.

5. Nunca se deve confundir ponteiros com vetores sem dimensão. Se não sabemos qual a dimensão de que necessitamos, como o compilador poderá saber?

6. Em uma declaração de um ponteiro com carga inicial automática

```
int *p = NULL;
```

é o ponteiro **p** que é iniciado, e não ***p**, embora a atribuição possa por vezes sugerir o contrário.

Resumo do Capítulo 8

Um ponteiro é uma variável que contém o endereço de outra variável.

A sua declaração é feita usando o tipo da variável para a qual se quer apontar, seguido de um asterisco.

O endereço de uma variável pode ser obtido através do operador **&** (Endereço de).

Se um ponteiro **ptr** contiver o endereço de outra variável, pode-se obter o valor dessa variável através do operador * (**Apontado por**), fazendo ***ptr**.

Para evitar problemas, os ponteiros devem ser sempre iniciados com o endereço de uma variável ou com **NULL**. A constante NULL indica que o ponteiro não aponta para nenhum endereço.

Os ponteiros possuem uma aritmética própria, a qual permite realizar operações de incremento, decremento, diferença e comparação.

O nome de um vetor corresponde sempre ao endereço do primeiro elemento do vetor.

Assim, sempre que se passa um vetor para uma função apenas o endereço do primeiro elemento é enviado para ela, e não a totalidade do vetor.

Em C existem algumas funções particularmente úteis na manipulação de *strings* que retornam um endereço, são elas:

char *strchr(char *str , char ch)

Retorna o endereço da primeira posição em que ocorre o caractere ch na string str. Caso não exista, retorna NULL.

char *strrchr(char *str , char ch)

Retorna o endereço da última posição em que ocorre o caractere ch na string str. Caso não exista, retorna NULL.

     char *strstr(char *str1 , char str2)

Retorna o endereço de str1 em que ocorre pela primeira vez a substring str2. Caso não exista, retorna NULL.

Nota: Todas essas funções podem ser automaticamente incluídas no nosso código através de **#include <string.h>**. No entanto, apesar de fazerem parte da linguagem, vão ser implementadas nos exercícios seguintes.

Exercícios Resolvidos

→ Indique se são verdadeiras ou falsas as seguintes afirmações. Justifique.

NULL é um outro nome para o delimitador de *strings* '\0'?

Falso. NULL representa o endereço de memória número Zero, enquanto '\0' representa o caractere cujo código ASCII é igual a ZERO.

O operador & permite-nos obter o endereço de uma variável. Permite também obter o endereço de um ponteiro.

Verdade. Pois um ponteiro também é uma variável, portanto ocupa memória, logo tem um endereço de memória associado.

O endereço de uma variável que ocupe mais que um *byte* de memória é o seu menor endereço.

Verdade. É assim por construção da própria linguagem.

Se x é um inteiro e ptr um ponteiro para inteiros e ambos contêm no seu interior o número 100, então x+1 e ptr+1 apresentarão o número 101.

Falso. Pois os ponteiros, quando se deslocam, movem-se sempre o número de *bytes* do tipo para onde apontam. Se um inteiro ocupasse dois *bytes*, então *x+1* seria igual a 101 e *ptr+1* igual a 102.

O operador Asterisco (Apontado por) permite saber qual o valor de um ponteiro.

Falso. O asterisco permite saber qual o valor apontado por um ponteiro, isto é, qual o valor que existe no endereço armazenado pelo ponteiro.

Pode-se alterar o endereço inicial de um vetor atribuindo um valor ao nome do vetor.

Falso. O nome de um vetor, apesar de ser um endereço, não pode ser alterado.

Se p1 e p2 forem dois ponteiros para um vetor, então p2 - p1 - 1 indica o número de elementos entre p1 e p2.

Verdade, pois a subtração é uma operação permitida entre ponteiros.

Se v for um vetor, então v == &v[0]

Verdade, porque o nome de um vetor é sempre igual ao endereço da sua primeira posição.

É sempre possível saber dentro de uma função qual o número de elementos que um vetor contém.

Falso. Quando se envia um vetor para uma função, apenas o endereço inicial é realmente passado à função. As duas estratégias que normalmente se usam para contornar tal problema são: colocar um marcador de final de vetor dentro do próprio vetor (exemplo, o '\0' nas *strings*) ou enviar um outro parâmetro que indique à função quantos elementos se deve considerar no vetor.

→ Implemente a função

    char *strchr(char *s, char ch)

que retorna o endereço da primeira ocorrência de *ch* em *s*, caso não exista retorna NULL. (Note que é o endereço, e não o índice.)

Escreva ainda um programa que solicite uma *string* e um caractere e mostre na tela os caracteres da *string* original que se encontram a partir do caractere lido (inclusive).

prog0806.c

```
 1: #include <stdio.h>
 2:
 3: char *strchr(char *str , char ch)       /* Versão 1 */
 4: {
 5:     int i;
 6:     for (i=0; str[i]!='\0'; i++)
 7:         if (str[i]==ch)
 8:             return &str[i];
 9:
10:     return NULL;
11: }
12:
13: char *strchr1(char *str , char ch)      /* Versão 2 */
14: {
15:     while (*str!='\0')
16:         if (*str==ch)
17:             return str;
18:         else
19:             str++;
20:
21:   return NULL;
22: }
23:
24:
25: main()
26: {
27:     char s[100], c;
28:
29:     printf("Introd. uma string: ");gets(s);
30:     printf("Introd. um char    : ");scanf(" %c", &c);
31:
32:     puts(strchr(s,c));
33: }
34:
```

→ Declare e Inicie um vetor de *strings* e mostre-as, uma a uma, recorrendo simplesmente a ponteiros:

prog0807

```
 1: #include <stdio.h>
 2:
 3: #define N_STRINGS 3
 4: main()
 5: {
 6:     char vetor[N_STRINGS][20] = {"Olá", "Antônio", "Susana"};
 7:     char (*ptr)[20] = vetor; /* Ponteiro para vetores de 20
                                    chars */
 8:     char *p;
 9:
10:     while(ptr-vetor<N_STRINGS)
11:         {
12:             p = *ptr;      /* p recebe a string apontada por ptr */
13:             while (*p)
14:                 putchar (*p++);
```

```
15:              putchar('\n');
16:              ptr++;
17:         }
18:
19:
20: }
```

→ **[Exercício de Exame]**

Suponha a seguinte declaração:

```
char s[] = "Exame";
char **pps;    /* Ponteiro para Ponteiro para char   */
char *ps;      /* Ponteiro para char                 */
```

a) Qual o conjunto de instruções que escreveria de tal forma que as três variáveis ficassem de algum modo relacionadas entre si?

```
ps = s;        /* ou ps = &s[0]  */
pps = &ps;
```

b) Represente em um esquema de memória qual o estado em que fica a memória depois de executadas as instruções do item anterior, sendo a dimensão de cada caractere um *byte*. Coloque no mesmo esquema os endereços de todas as variáveis envolvidas.

s							ps			pps			
E	x	a	m	e	\0		1100			2000			
1100	1101	1102	1103	1104	1105	...	2000	...	...	4500	...	...	...

c) Quais os parâmetros que se deverá colocar em cada *printf* de tal forma que se obtenha a saída pretendida, sendo o primeiro parâmetro sempre definido com base em s, o segundo com base em ps e o terceiro com base em pps?

```
printf("%c %c %c\n",          ,       ,       );      →   E  E  E
printf("%c %c %c\n",          ,       ,       );      →   x  a  m
printf("%c %c %c\n",          ,       ,       );      →   e  e  e
printf("%d %d %d\n",strlen( ), strlen( ), strlen( )); →   5  5  5
```

Resolução

```
printf("%c %c %c\n", s[0]   , *ps     , **pps      );
printf("%c %c %c\n", s[1]   , *(ps+2) , *(*pps+3)  );
printf("%c %c %c\n", *(s+4) , ps[4]   , (*pps)[4]  );
printf("%d %d %d\n",strlen(s), strlen(ps), strlen(*pps));
```

d) Qual a saída da seguinte instrução?

```
printf("\n%d %d %d",&s[0], &ps, &pps);
```

A saída será   1100 2000 4500

Nota: Os endereços das variáveis foram colocados aleatoriamente. A única restrição é que os elementos do vetor fiquem em posições contíguas e consecutivas.

Exercícios Propostos

1. Suponha o seguinte esquema que corresponde à declaração que se segue:

```
char s[] = "Maria" ,*ptr = s;
```

M	a	r	i	a	\0				1000	
1000	1001	1002	1003	1004	1005	...	...	...	5000	5001	...

Complete a próxima tabela, colocando as expressões que dão como resultado o conteúdo da coluna Valor.

Usando s	Usando ptr	Valor
		'r'
		1000
		1001
		5000

2. Responda, sucintamente, às seguintes questões:

   2.1 Qual o operador que nos permite obter o endereço de uma variável?
   2.2 Qual o caractere que se coloca na declaração de uma variável para indicar que é um ponteiro?
   2.3 Onde se coloca esse caractere?
   2.4 O que contém uma variável do tipo ponteiro?
   2.5 Qual o símbolo que podemos colocar em um ponteiro para indicar que ele não aponta para nada?
   2.6 Como se designa e qual o aspecto do operador que permite saber o que se encontra na posição de memória armazenada em um ponteiro?
   2.7 Se **ptr** for um ponteiro, qual o valor de *(&ptr)?
   2.8 Indique duas formas de se obter o elemento inicial do vetor **v**.
   2.9 Por que razão podemos utilizar ponteiros para percorrer os vetores existentes em memória?
   2.10 Como declaramos uma variável que tenha a capacidade de conter o endereço de um ponteiro para **float**?

Implemente as seguintes funções:

3. char *strrchr(char *s, char ch)

que retorna o endereço da última ocorrência de **ch** em **s**; caso não exista, retorna **NULL**. (Note que é o endereço, e não o índice.)

Escreva ainda um programa que solicite um nome completo e escreva na tela apenas o sobrenome.

4. char *strstr(char *str1, char *str2)

Retorna o endereço de *str1* em que ocorre pela primeira vez a substring *str2*. Caso não exista, retorna NULL.

5. [Exercício de Exame]

char *First_Vogal(char *s)

Retorna o endereço em que ocorre a primeira vogal na *string* **s**. Caso não exista, retorna NULL.

6. [Exercício de Exame]

char *strins(char *dest , char *orig)

Insere a *string* **orig** no início da *string* **dest**, retornando **dest**.

Exemplo:

```
char s[100] = "Autônoma";
strins(s,"Universidade");
printf(s);           →     UniversidadeAutônoma
```

7. [Exercício de Exame]

Suponha a seguinte declaração

```
int v[5] = {10,20,30,40,50}; /* Vetor com 5 inteiros     */
int *pv;                      /* Ponteiro para inteiro     */
int **ppv;                    /* Ponteiro para Ponteiro para inteiro */
```

a) Qual o conjunto de instruções que você escreveria, de tal modo que as três variáveis ficassem, de alguma forma, relacionadas entre si?

b) Represente, em um esquema de memória, qual o estado em que ficou a memória depois de executadas as instruções do item (a), supondo que a dimensão de todos os tipos envolvidos é de um *byte*. Dê valores que ache apropriados aos endereços de todas as variáveis envolvidas.

c) Quais os parâmetros que se deve colocar em cada *printf* de tal forma que se obtenha a seguinte saída, sendo o primeiro parâmetro definido com base em v, o segundo com base em pv e o terceiro com base em ppv?

```
printf("%d %d %d\n",    ,    ,    );   →   10  10  10
printf("%d %d %d\n",    ,    ,    );   →   20  20  20
printf("%d %d %d\n",    ,    ,    );   →   30  40  50
printf("%d %d %d\n",    ,    ,    );   →    9  19  29
```

d) Qual a saída da seguinte instrução?

```
printf("\n%d %d %d",&v[0], &pv, &ppv);
```

8. [Exercício de Exame]

Implemente a função, usando unicamente operações entre ponteiros.

char * StrDelUpper(char *s)

Apaga todos os caracteres maiúsculos em s. (Sugestão: use a função **isupper**.)

9. [Exercício de Exame]

Implemente a seguinte função:

char * StrDelStr(char *s1,char *s2)

Apaga em s1 a primeira ocorrência de s2.

Exemplo: (execução da função a partir da mesma *string* original)

char *s = "O rato roeu a rolha da garrafa de rum do rei da Rússia";
StrDelStr(s,"xy");   → "O rato roeu a rolha da garrafa de rum do rei da Rússia"
StrDelStr(s,"ra");   → "O to roeu a rolha da garrafa de rum do rei da Rússia"

10. [Exercício de Exame]

Suponha a seguinte declaração:

```
int x=2, *px, *py, y=3;
```

que corresponde ao seguinte esquema de memória:

		106
		105
		104
y	3	103
py		102
px		101
x	2	100

Suponha que a escrita de inteiros e ponteiros pode ser feita através da função *printf* usando o formato %d.

a) Escreva o código necessário para colocar px apontando para x e py apontando para y.

b) Depois de executado o item (a), qual a saída das seguintes instruções?

```
printf("%d   %d\n",   x,   y);
printf("%d   %d\n",*px,*py);
printf("%d   %d\n",&px,&py);
```

c) Caso seja feito px = py, qual a saída de

```
printf("%d %d %d %d %d %d %d %d", x, &x, px, *px, y, &y , py, *py)?
```

9

Passagem de Parâmetros

Objetivos

- Revisão dos conceitos básicos
- Tipo de retorno
- Tipos de passagem de parâmetros
- Utilização da memória entre chamadas a funções
- Passagem de parâmetros por valor
- Passagem de parâmetros por "referência"
- Passagem de vetores para funções
- Enviar o endereço de uma variável para uma função
- Passagem de argumentos na linha de comando
- Os parâmetros da função *main(int argc , char * argv[ ])*
- O ponteiro *argv* em detalhes
- Recursividade
- Como funciona uma chamada recursiva
- Recursividade e strings

Introdução

Neste capítulo vamos estudar em detalhes uma das componentes fundamentais na utilização de qualquer linguagem de programação – a passagem de parâmetros para funções e procedimentos.

Embora esta matéria já tenha sido parcialmente apresentada no **Capítulo 5, Funções e Procedimentos**, e nos capítulos seguintes, é importante voltar novamente a apresentar as noções básicas.

Uma função é composta por quatro partes distintas:

1. **Nome da Função**
2. **Tipo de Retorno**
3. **Lista de Parâmetros**
4. **Corpo da Função**

Tomemos como exemplo a função Maior

```
int Maior(int a, int b)
{
   return (a > b) ? a : b;
}
```

Nome da Função	Maior
Tipo de Retorno	int
Lista de Parâmetros	int a, int b
Corpo da Função	return (a > b) ? a : b;

Nota:

> Uma função que não retorne qualquer tipo, isto é, que "retorne" void, chama-se vulgarmente procedimento. Não deixa por isso, em C, de ser uma função.

Depois de escrita uma função, esta é invocada através do seu nome, seguido do conjunto de argumentos colocados entre parênteses.

Nota:

> O número e o tipo dos argumentos passados a uma função devem corresponder ao número e ao tipo dos parâmetros com que esta foi definida.

Exemplos: De invocação da função Maior

```
printf("%d o maior entre x e y é %d\n",x,y,Maior(x,y));
big = Maior(a+5,b-1);
```

Uma função que tenha tipo de retorno pode ser invocada sem se aproveitar o valor por ela retornado.

Exemplo:

```
Maior(a+5,b-1);
```

Um exemplo mais significativo ocorre com a função **scanf**, que retorna um inteiro indicando o número de variáveis lidas com sucesso, embora normalmente ignoremos esse valor.

```
 1: #include <stdio.h>
 2:
 3: main()
 4: {
 5: int n;
 6:
 7:    puts("Introduza um Nº Inteiro");
 8:    while (scanf("%d",&n)==0)
 9:         fflush(stdin);    /* Limpar o Buffer do Teclado */
10:   printf("Valor Inteiro: %d\n",n);
11: }
```

No exemplo anterior, o laço **while** garante que um inteiro é lido com toda a certeza. Caso o usuário introduza caracteres não numéricos, estes são ignorados até que um número inteiro seja introduzido.

Experimente escrever o mesmo programa sem o laço *while*, introduzindo em seguida a *string xpto*, e veja qual o resultado do programa.

```
 3: main()
 4: {
 5: int n;
 6:
 7:    puts("Introduza um Nº Inteiro");
 8:    scanf("%d",&n)==0
 9:
10:   printf("Valor Inteiro: %d\n",n);
11: }
```

Tipo de Retorno

Uma função possui apenas um tipo de retorno (ou nenhum, no caso de ser um procedimento). Essa característica traz alguns problemas, caso seja necessário passar para fora da função mais do que um valor que resulte do seu processamento.

A título de exemplo, suponhamos que queiramos implementar a função *f*, que calcula o número de elementos de um vetor de **floats** que são menores que zero, e retorne ainda o menor de todos eles.

Ora, o número de elementos de um vetor é armazenado num **int**, e o menor dos elementos do vetor é armazenado numa variável do tipo **float**. Qual deverá ser então o tipo de retorno dessa função, **int** ou **float**?

Para resolver esse problema passam-se as variáveis destinatárias dos resultados para a própria função ou procedimento, de forma que seja a própria função que carregue os resultados nas variáveis.

Troca — O Exemplo Clássico

Uma das operações que realizamos com maior freqüência é a troca de valores entre variáveis. Por exemplo, a ordenação de um vetor é realizada através de trocas sucessivas de elementos, até que todos eles se apresentem de acordo com uma determinada ordem.

Uma troca realiza-se sempre em três passos e necessita sempre de uma variável auxiliar do tipo dos elementos a serem trocados, da mesma forma que, para trocar o conteúdo de dois copos, um com leite e outro com café, teremos que utilizar um outro copo auxiliar para não misturar os dois líquidos.

Problema: Implemente o procedimento troca, que deverá realizar a troca de dois inteiros.

```
void troca(int a , int b)
{
  int tmp=a;
  a = b;
  b = tmp;
}
```

Como se pode observar, os inteiros a serem trocados terão que ser enviados para o procedimento, o qual deverá, internamente, realizar a troca dos mesmos, colocando os novos valores nas mesmas variáveis.

Vejamos então o código completo para a realização da troca de dois inteiros.

prog0901.c   (Troca: Exemplo não correto)

```
 1: #include <stdio.h>
 2:
 3: void troca(int a,int b);   /* Protótipo da Função */
 4:
 5: main()
 6: {
 7:     int n,k;
 8:     puts("Introd. dois Nºs Inteiros");
 9:     scanf("%d %d",&n,&k);
10:     printf("Antes da troca  n=%d e k=%d\n",n,k);
11:     troca(n,k);              /* Trocar n com k */
12:     printf("Depois da troca n=%d e k=%d\n",n,k);
13: }
14:
15: void troca(int a , int b)
16: {
17:   int tmp;
18:    tmp = a;
19:    a = b;
20:    b = tmp;
21: }
22:
```

$ prog0901

```
Introd. dois Nºs Inteiros
2 7
Antes da troca  n=2 e k=7
Depois da troca n=2 e k=7
```

Como se pode observar, nenhum dos elementos foi trocado, ficando exatamente com os valores existentes antes da invocação da função **troca**. Vamos então tentar descobrir a razão disso.

Tipos de Passagem de Parâmetros

Sempre que se enviam argumentos para uma função, estes têm que ser armazenados em memória unicamente durante a execução da função, sendo depois eliminados.

No caso do programa de troca de inteiros, quando este começa a executar necessita apenas de duas variáveis

7:        int n,k;

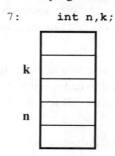

Quando o usuário introduz os valores (2 e 7, por exemplo), estes serão colocados nas respectivas posições de memória através da função **scanf**

```
9:      scanf("%d %d",&n,&k);
```

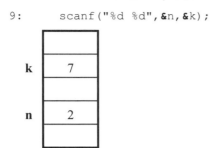

Invocação de uma Função

Sempre que uma função é invocada, é criado um ambiente próprio no qual é feita a criação das variáveis necessárias à execução do código dessa função. É como se fosse criada uma barreira, que corta a ligação com o resto do programa que a invocou.

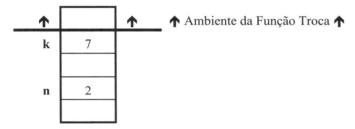

Em seguida é alocado espaço para os parâmetros da função,

```
15: void troca(int a , int b)
```

os quais são automaticamente iniciados com os valores que lhes foram enviados pelo programa invocador

```
11:     troca(n,k);          /* Trocar n com k */
```

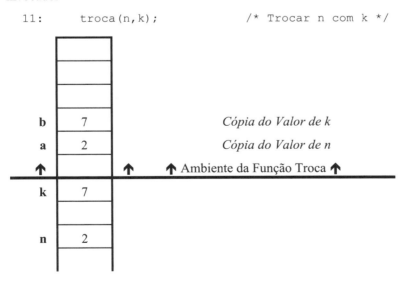

Em seguida é alocado o espaço para as variáveis locais à função, as quais, se não forem iniciadas pelo programador, ficam com *lixo*.

```
17:     int tmp;
```

```
tmp   ???
  b    7
  a    2
```
↑   ↑   ↑ Ambiente da Função Troca ↑
```
  k    7

  n    2
```

Depois são executadas as três atribuições que fazem parte da função troca,

```
18:    tmp = a;
19:    a = b;
20:    b = tmp;
```

ficando a memória no seguinte estado:

```
tmp    2
  b    2
  a    7
```
↑   ↑   ↑ Ambiente da Função Troca ↑
```
  k    7

  n    2
```

Como se pode verificar, os valores de **a** e **b** estão na realidade trocados.

Como o código executado pela função já terminou, todo o ambiente associado à função vai ser destruído, voltando o controle da execução para o programa que a invocou.

```
  k    7


  n    2
```

Nota:

Depois de terminada uma função, todo o ambiente em que esta executou é eliminado.

Como se pode observar, os valores das variáveis originais permanecem inalterados, pois estivemos na realidade trocando não os valores das variáveis, mas sim cópias destes.

Na maioria das linguagens de programação de terceira geração, a que o C também pertence, existem, em geral, dois tipos distintos de passagem de parâmetros, isto é, as variáveis ou expressões podem ser enviadas para os parâmetros de uma função de duas maneiras distintas — por **Valor** ou por **Referência**.

Passagem de Parâmetros por Valor

Sempre que a passagem de parâmetros é realizada por valor não é a variável ou expressão que é enviada para a função, mas sim uma <u>**cópia do seu valor**</u>.

Como conseqüência, dentro da função poderemos alterar como quisermos os valores que recebemos como parâmetros que o valor original das variáveis não sofrerá qualquer alteração, pois estamos simplesmente alterando cópias dos valores originais.

Uma vez terminada a função, o programa continua executando com os valores originais das variáveis invocadoras.

Para facilitar a visualização do que acabamos de explicar, suponha que um amigo seu necessita da sua carteira de identidade para preencher os dados de um formulário que lhe diz respeito. Como você não pode ficar sem sua carteira, o que você faz é tirar uma fotocópia e entregá-la ao seu amigo.

No caso do seu amigo pintar um bigode na foto da carteira, nada acontece no original, porque ele tem acesso apenas à cópia do documento original.

Nota:

Numa passagem de parâmetros por valor, são sempre enviadas para a função cópias dos valores de que esta necessita.

Um exemplo típico do que acabamos de referir está presente no prog0901.c. A função troca recebe cópias dos valores que lhe são enviados, não sendo por isso alterados os valores originais das variáveis, mesmo depois de a função terminar a sua execução.

Passagem de Parâmetros por Referência

Existe, no entanto, uma outra forma de enviar os parâmetros para as funções.

Na passagem de parâmetros por referência o que é enviado para a função não é uma cópia do valor da variável, mas sim a própria variável ou uma referência a esta (não se pode aplicar a expressões, apenas a variáveis)[1].

Dessa forma, qualquer alteração nos parâmetros da função corresponde, na realidade, a uma alteração nas próprias variáveis referenciadas na invocação à função.

Em resumo, existem dois métodos diferentes de passagem de parâmetros para funções:

- A passagem por **Valor** permite utilizar, dentro de uma função, o valor de uma variável ou expressão. Os valores das variáveis de invocação nunca são alterados.
- A passagem por **Referência** permite alterar o conteúdo das variáveis invocadoras da função.

EM C SÓ EXISTE PASSAGEM DE PARÂMETROS POR VALOR.

Isso quer dizer que em C **NUNCA** é possível alterar os argumentos enviados para uma função, pois, como vimos anteriormente, sempre que uma função é invocada é criado um ambiente próprio para a sua execução, ao qual são passadas apenas cópias das variáveis, ambiente esse que é destruído logo que a execução da função termine.

---

[1] A linguagem C++, uma evolução natural da linguagem C, já permite a passagem de parâmetros por referência.

Como será então possível trocar dois valores dentro de uma função em C?

A solução está na utilização de ponteiros!!! (Oh! Não!!! dirão vocês... ponteiros Não!!!).

Vejamos então qual a estratégia a ser adotada para conseguir alterar o valor de uma variável dentro de uma função.

1. Se o objetivo é alterar o valor de uma variável dentro de uma função, e como em C nunca se consegue alterar os argumentos passados a uma função, então não podemos passar à função a variável que pretendemos alterar. Podemos, no entanto, passar o seu **Endereço** usando o operador **&**.
2. Se passarmos o seu endereço, temos que recebê-lo dentro da função através de uma variável do tipo ponteiro para o tipo da variável.
3. Se dentro da função usarmos ponteiros, podemos então alterar os locais para onde eles apontam e que correspondem às nossas variáveis originais.

Voltemos, então, a observar o esquema associado à função troca.

Suponhamos, então, que os endereços das variáveis **n** e **k** eram, respectivamente, 500 e 600.

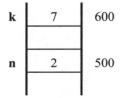

A invocação da função troca será realizada com o endereço das variáveis, e não com o seu valor, como anteriormente fizemos.

```
11:     troca(&n,&k);           /* Trocar n com k */
```

Assim, o cabeçalho da função troca passará a receber, como parâmetro, dois ponteiros para inteiros.

```
15: void troca(int *a , int *b)
```

Quando a função é executada, o esquema de memória é semelhante à resolução anterior, embora usando ponteiros:

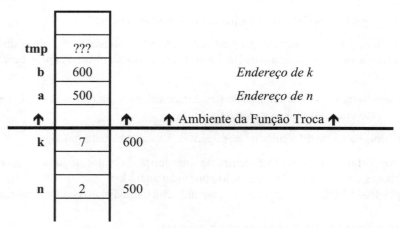

O objetivo não é trocar os valores de **a** e **b**, mas antes trocar aquilo que essas variáveis apontam (**n** e **k**).

De qualquer forma, continua a ser necessário utilizar uma variável auxiliar para realizar a troca.

Vamos então realizar a troca passo a passo:

Armazenar um dos valores da troca (o de *n*)

```
tmp = *a; /* tmp recebe o conteúdo apontado por a (2) */
```

PASSAGEM DE PARÂMETROS **211**

tmp	2
b	600
a	500

↑ Ambiente da Função Troca ↑

k	7	600
n	2	500

Estando o valor original de *n* já armazenado em *tmp*, podemos colocar no seu local o valor de *k*. Como só temos acesso às variáveis *a* e *b* para conseguir referenciar as posições de memória abaixo da linha delimitadora da função, temos que fazer

```
19:     *a = *b; /* Coloca na casa nº 500 o que está na casa nº 600 */
```

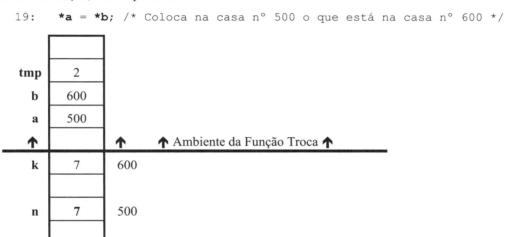

Por fim, falta colocar em *k* o valor armazenado na variável auxiliar:

```
20:     *b = tmp;
```

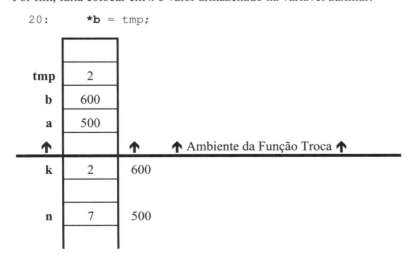

Em seguida a função termina, sendo eliminada toda a memória utilizada para a sua execução:

```
k │ 2 │ 600

n │ 7 │ 500
```

estando **n** e **k** com os valores trocados, como era pretendido.

prog0902.c

```
 1: #include <stdio.h>
 2:
 3: void troca(int *a,int *b);  /* Protótipo da Função */
 4:
 5: main()
 6: {
 7:     int n,k;
 8:     puts("Introd. dois Nºs Inteiros");
 9:     scanf("%d %d",&n,&k);
10:     printf("Antes da troca   n=%d e k=%d\n",n,k);
11:     troca(&n,&k);            /* Trocar n com k */
12:     printf("Depois da troca n=%d e k=%d\n",n,k);
13: }
14:
15: void troca(int *a , int *b)
16: {
17:     int tmp;
18:     tmp = *a;
19:     *a = *b;
20:     *b = tmp;
21: }
22:
```

```
$ prog0902
Introd. dois Nºs Inteiros
2 7
Antes da troca   n=2 e k=7
Depois da troca n=7 e k=2
```

Notar que a variável **tmp** continua a ser declarada do tipo *int*, pois o seu objetivo é armazenar um dos inteiros da troca.

Nota:

> **Embora alguns autores denominem esse tipo de passagem de parâmetros como passagem por referência ou passagem por endereço, na realidade continua a ser uma passagem por valor, pois são enviadas para a função cópias dos endereços das variáveis. Por isso, qualquer dessas expressões significa que se está enviando os endereços das variáveis, e não as próprias variáveis.**

Passagem de Vetores para Funções

Tudo o que foi aqui referido entra em contradição com o que temos feito nos últimos capítulos, pois passávamos strings para funções (sem o **&**) e estas saíam das funções alteradas.

Nota:

> **O nome de um vetor corresponde ao ENDEREÇO do seu primeiro elemento. Assim, se s for um vetor   s == &s[0]**

Como se pode observar, o nome de um vetor é, em si mesmo, um endereço. Por isso, sempre que passamos um vetor para uma função é enviado apenas o endereço original do vetor, e não o vetor na sua totalidade.

Suponhamos a seguinte declaração:

```
char v[] = "Ola";
```

que corresponde ao seguinte esquema:

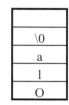

Suponhamos que o endereço inicial do vetor fosse 500. Como todos os elementos de um vetor ocupam posições consecutivas de memória, o esquema anterior pode ser completado da seguinte forma:

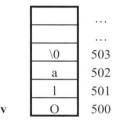

Suponhamos que pretendêssemos implementar a função

char * strset(char *str, char ch)

que coloca o caractere *ch* em todas as posições da *string str*.

Para carregar a *string v* com asteriscos, poderíamos fazer

```
strset(v,'*');
```

O código da função seria

```
char * strset(char *str, char ch)
{
  int i;
  for (i=0 ; str[i]!='\0' ; i++)
    str[i] = ch;
  return str;  /* retorna o endereço inicial de str */
}
```

Se invocarmos a função com

```
    strset(v,'*');
```

o esquema de memória associado será

ch	*	506
str	500	505
return		504
	\0	503
	a	502
	l	501
v	O	500

sendo enviado apenas o endereço original do vetor.

Notar que fazer **str[i]** é equivalente a fazer ***(str+i)**, ou seja, estamos manipulando a informação que está abaixo da linha de demarcação da função, usando uma cópia do endereço original do vetor. É por essa razão que os vetores podem ser enviados diretamente para as funções, para serem alterados, sem necessidade de serem precedidos do operador **&**.

Nota:

> Os vetores são sempre passados às funções sem o &, pois o nome de um vetor é por si só um endereço.

Quando É que Necessito Passar Endereços de Variáveis para uma Função?

- Se a variável for um vetor, a resposta é **NUNCA**, pois o nome do vetor corresponde ao endereço do seu primeiro elemento.
- Se a variável não for um vetor, terá que ser precedida de um **&** sempre que a própria variável tiver que ser alterada dentro da função ou procedimento a que se destina.

Nesse momento você já sabe por que a função *scanf* necessita que as variáveis (não vetores) sejam precedidas de um **&**. Como têm que ser alteradas pela própria função *scanf*, que coloca nas variáveis os valores introduzidos pelo usuário, elas têm que ser precedidas de um **&** de forma a poderem sair da função *scanf* alteradas.

Notar ainda que, caso não se coloque o operador **&** antes de uma variável de um tipo básico a ser lido num *scanf*, é o seu valor que é passado à função, enquanto esta espera um endereço. O mais provável é que a função *scanf* realize a leitura e tente colocar o valor lido no endereço igual ao valor da própria variável. Provavelmente provocará uma situação de *Memory Fault* [2].

Aqui vai uma "receita" para todos aqueles que tiverem dificuldade em perceber quais as situações em que se tem que declarar um parâmetro numa função como ponteiro para um determinado tipo, e não como um tipo simples.

Para cada um dos parâmetros (não vetor) que a função recebe, faça a seguinte pergunta:

Este parâmetro vai ser alterado dentro da função?

Se a resposta for *sim*, então deve ser um ponteiro para o tipo recebido.
Se for *não*, coloca-se simplesmente o tipo do argumento.
   (**Nota:** Estamos pensando em argumentos que não são vetores.)

Exemplo: Implemente a função **void Calc(v , num , xmin , xmax)**

que deverá colocar em *xmin* e em *xmax* o menor e o maior valor (respectivamente) existente nos *num* primeiros *floats* do vetor **v**.

- *Como v é um vetor de* floats, *o seu tipo será* `float *v`.
- *Como* **num** *indica o número de elementos a considerar, vai portar-se como uma constante, não sendo por isso alterado. O seu tipo será* `int num`
- *Como* **xmin** *e* **xmax** *vão conter valores do vetor, terão que ser do tipo* float. *No entanto, como irão ser alterados no interior da função, terão que ser declarados como ponteiros, devendo ser precedidos por um* **asterisco** *para poderem receber o endereço das variáveis onde os valores serão colocados. O seu tipo será* `float *`.

---

[2] As situações de **Memory Fault** devem-se, normalmente, a acessos a zonas de memória proibidas. No sistema Unix, por exemplo, essas situações são seguidas de core dump, ou seja, o sistema operacional termina a execução do programa e faz o **dump** da memória para um arquivo de nome **core**.

prog0903.c

```
 1: #include <stdio.h>
 2:
 3:
 4: void Calc(float *v , int num ,float * xmin , float *xmax)
 5: {
 6:    int i;
 7:    *xmin = *xmax = *v;      /* Ficam com o valor de v[0] */
 8:    for (i=0 ; i<num ; i++)
 9:       {
10:          if (v[i]<*xmin) *xmin=v[i];
11:          if (v[i]>*xmax) *xmax=v[i];
12:       }
13: }
14:
15: main()
16: {
17:    float Vetor[] = {10,20,30,40,50,11,12,5,-33};
18:    float Maior, Menor;
19:
20:    Calc(Vetor, 9, &Menor, &Maior);
21:
22:    printf("Maior Elemento %f\n Menor Elemento %f\n",Maior,Menor);
23: }
```

Passagem de Parâmetros na Linha de Comando

Quase todos os usuários de computadores conhecem utilitários ou programas próprios do sistema operacional que permitem que sejam passados parâmetros na linha de comando em que os próprios programas são executados.

No MS-DOS, para copiar o arquivo *alfa* para o arquivo *beta* bastaria executar o comando *copy* com o nome do arquivo origem e do arquivo destino.

```
C:\> copy alfa beta
```

Pergunta: Quem é o destinatário dos argumentos passados na linha de comando?

Resposta: Só pode ser o próprio programa *copy*, pois é ele que tem que saber qual o nome do arquivo origem e destino.

Até esse momento esses valores eram obtidos da seguinte forma:

prog0904.c

```
1: #include <stdio.h>
2: main()
3: {
4:    char Nome_In[100],Nome_Out[100];
5:
6:    printf("Nome do Arquivo de Entrada: "); gets(Nome_In);
7:    printf("Nome do Arquivo de Saída  : "); gets(Nome_Out);
8: }
```

solicitando os dados no próprio programa.

Pergunta: Como será então possível receber, dentro de um programa, os argumentos passados na linha de comando?

Resposta: Quando o programa inicia a sua execução já deverá conhecer qual a linha de comando que lhe foi enviada. Por isso, os argumentos da linha de comando deverão ser passados à primeira função a ser executada num programa em C — a função **main**.

Assim, a função *main* pode receber os parâmetros que foram passados na linha de comando através de dois parâmetros

```
main(int argc, char *argv[])
```

em que:

argc — é um inteiro que indica quantos argumentos foram passados na linha de comando (incluindo o próprio nome do programa).

argv — vetor contendo todas as strings passadas na linha de comando.

Notar que *argv* é um vetor, pois está declarado como **argv[]**. Os elementos que armazena são do tipo **char *** (strings). Portanto, *argv* é um vetor de strings.

Nota:

> Também é habitual apresentar o parâmetro argv como sendo do tipo char **argv, pois é necessário não esquecer que o nome de um vetor corresponde ao endereço do seu primeiro elemento.

Suponhamos, então, que estamos escrevendo um programa denominado **prog** e lhe passamos os seguintes parâmetros: **alfa 123 x 55a**.

```
$ prog alfa 123 x 55a
```

O valor de argc será 5 (e não 4, pois inclui o nome do executável).

O vetor argv irá conter as strings passadas na linha de comando. Notar que todos os parâmetros são armazenados como strings (valores numéricos incluídos).

argv[0]	...	p	r	o	g	\0
argv[1]	...	a	l	f	a	\0
argv[2]	...	1	2	3	\0
argv[3]	...	x	\0
argv[4]	...	5	5	a	\0
argv[5]	...	N	U	L	L	[3]

Problema: Escreva um programa que mostre todos os parâmetros que recebeu a partir da linha de comando.

prog0905.c

```
1: #include <stdio.h>
2:
3: main(int argc, char *argv[])
4: {
5:    int i;
6:    for (i=0;i<argc;i++)
7:       printf("%d- Parâmetro = \"%s\"\n",i+1,argv[i]);
8:
9: }
```

---

[3] A norma ANSI obriga que seja criada uma posição adicional no vetor argv onde se coloca o valor NULL.

```
$ prog0905 alfa 123 x 55a
1- Parâmetro = "prog0905"
2- Parâmetro = "alfa"
3- Parâmetro = "123"
4- Parâmetro = "x"
5- Parâmetro = "55a"
```

Repare que na instrução *printf* escrevemos *i+1* em cada iteração, de forma a que não apareça escrito na tela **0- Parâmetro prog0905**.

Notar ainda que, por exemplo, no MS-DOS, o primeiro parâmetro aparece com o nome completo do executável, incluindo *drive*, caminho e extensão.

```
C:\TMP> prog0905 alfa 123 x 55a
1- Parâmetro = "C:\TMP\PROG0905.EXE"
2- Parâmetro = "alfa"
3- Parâmetro = "123"
4- Parâmetro = "x"
5- Parâmetro = "55a"
```

Problema: Escreva um programa que some todos os números passados na linha de comando.

Exemplo:

```
$ Soma
0

$ Soma 10 20 30
60

$ Soma 10 20 30 -5
55
```

O objetivo é somar todos os elementos que vão estar presentes no vetor de argumentos, exceto o primeiro de todos que contém o nome do programa.

Pergunta: Uma vez que todos os inteiros passados na linha de comando serão armazenados como strings, como posso converter essas strings para inteiros de forma a realizar a sua soma?

Resposta: Através da função `int atoi(char *str)` presente em <stdlib.h>

prog0906.c

```
 1: #include <stdio.h>
 2: #include <stdlib.h>
 3:
 4: main(int argc, char **argv)
 5: {
 6: int i,total;
 7: for (i=1, total=0 ; i<argc ; i++) /* Todos, exceto o argv[0] */
 8:     total+=atoi(argv[i]);         /* Acumular os Valores     */
 9: printf("%d\n",total);
10: }
```

Problema: Resolva o mesmo exercício recorrendo a ponteiros.

prog0907.c

```
 1: #include <stdio.h>
 2: #include <stdlib.h>
 3:
 4: main(int argc, char **argv)
 5: {
```

```
 6: int total;
 7: argv++;                  /* Passar ao argv[1] */
 8: for (total=0 ; *argv!=NULL ;argv++)
 9:     total+=atoi(*argv);
10: printf("%d\n",total);
11: }
```

O Parâmetro argv em Detalhes

Repare que *argv* é um ponteiro que contém o endereço do primeiro elemento do vetor de strings. Dessa forma, para percorrer todo o vetor de strings bastará avançar com o valor armazenado em *argv*. Para referenciar a *string* apontada por este, bastará colocar um asterisco antes.

Observe um possível esquema de memória para a linha de comando:

$ prog0907 1 29 321 -5

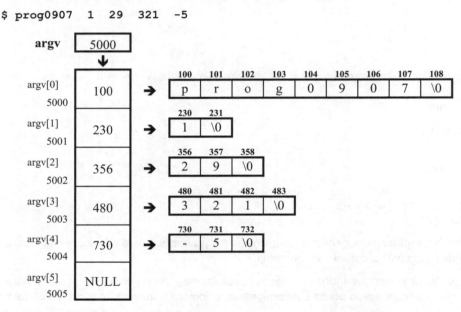

O que temos que entender, com clareza, é que em C as posições de um vetor são sempre contíguas. Como pode ser observado, cada uma das strings ("prog0907", "1", "29", "321" e "-5") tem os seus caracteres, uns após os outros, embora cada uma delas possa estar armazenada em qualquer posição de memória.

Como temos um vetor de strings, também este vetor vai ter os seus elementos em posições contíguas de memória (supondo que um ponteiro para **char** ocupe apenas um *byte*) — posições 5000, 5001 ... 5005.

Ora, **argv** contém o endereço do primeiro elemento do vetor de strings (5000), isto é, aponta para a posição de memória número 5000.

Nessa posição está armazenado o endereço inicial da primeira *string* (100) — o nome do próprio programa.

Assim, para escrever a primeira *string* na tela teremos que enviar o endereço do primeiro elemento à função responsável pela escrita.

Esse endereço é igual a 100, e pode ser obtido pelas seguintes expressões:

   argv[0]   ou   *argv   ou   &argv[0][0]

Como facilmente se deduzirá, argv aponta para um ponteiro para caractere, por isso também é por vezes declarado como **char **argv**, em vez de **char *argv[]**.

Recursividade

Por **recursividade**[4] entende-se a capacidade que uma linguagem tem de permitir que uma função possa invocar a si mesma.

A recursividade pode ser direta ou indireta.

Diz-se que estamos diante da recursividade direta quando uma função invoca a si mesma no seu corpo de função.

Diz-se que estamos diante da recursividade indireta quando uma função *f* invoca uma outra função *g* que, por sua vez, volta a invocar a função *f*.

Problema: Implemente em C a função **fatorial** que calcula o valor de

```
n! = n * (n-1) * (n-2) * ..... * 2 * 1
```

sabendo que `0!=1`

A versão tradicional é implementada do seguinte modo, usando um laço **for**:

prog0908.c

```
 1: #include <stdio.h>
 2:
 3:
 4: unsigned fat(int n)
 5: {
 6:     unsigned i,
 7:     res=1; /* Pois vamos realizar multiplicações */
 8:     for (i=1;i<=n;i++)
 9:         res*=i;    /* res = res * i */
10:     return res;
11: }
12:
13: main()
14: {
15: int k;
16: while (scanf("%d",&k))    /* Enquanto Introduzir números */
17:    printf("%d! = %u\n",k,fat(k));
18: }
```

No entanto, poderemos olhar para a definição da função fatorial e verificar que

```
n! = n * (n-1) * (n-2) * ..... * 2 * 1
```

é equivalente a

```
n! = n * (n-1)!
```

pois

```
(n-1)! = (n-1) * (n-2) * ..... * 2 * 1
```

Dessa forma, a definição do fatorial é realizada à custa do próprio fatorial:

```
0! = 1
n! = n * (n-1)!
```

---
[4] Alguns autores também usam o termo **Recursão**.

Nesse caso a programação é direta e muito mais simples:

prog0909.c

```
 1: #include <stdio.h>
 2:
 3:
 4: unsigned fat(int n)
 5: {
 6:     if (n==0)   /* Critério para término */
 7:     return 1;
 8:      else
 9:     return n*fat(n-1); /* Chamada Recursiva */
10:
11: }
12:
13: main()
14: {
15: int k;
16: while (scanf("%d",&k)) /* Enquanto ler números */
17:   printf("%d! = %u\n",k,fat(k));
18: }
```

Como Funciona uma Chamada Recursiva

Vamos ver qual o resultado de invocar a função **fat** com o valor 3.

Em primeiro lugar, vamos verificar se o valor passado à função é zero, pois nesse caso não vale a pena realizar qualquer cálculo, sendo o resultado igual a 1.

Como não é zero, o valor de *fat(3)* é calculado aplicando a fórmula

```
fat(3) = 3 * fat(2)
```

Como se pode observar, para obter o valor de *fat(3)* necessitamos calcular o valor de *fat(2)*. O cálculo de *fat(3)* fica então dependente do cálculo de *fat(2)*.

Vamos então realizar esse cálculo:

```
fat(2) = 2 * fat(1)
```

O mesmo volta a acontecer, tendo a necessidade de calcular *fat(1)*, ficando *fat(2)* também dependente

```
fat(1) = 1 * fat(0)
```

idem para *fat(1)*, mas o cálculo de *fat(0)* termina as chamadas recursivas à função e retorna 1.

```
fat(0) = 1
```

Dessa forma já podemos obter o valor de *fat(1)*, pois

```
fat(1) = 1 * fat(0) = 1 * 1 = 1
```

O mesmo se pode dizer para *fat(2)*

```
fat(2) = 2 * fat(1) = 2 * 1 = 2
```

E, finalmente, temos a capacidade de calcular o valor de *fat(3)*

```
fat(3) = 3 * fat(2) = 3 * 2 = 6
```

Notar que se a função *fat* fosse simplesmente

```
 4: unsigned fat(int n)
 5: {
 9:     return n*fat(n-1); /* Chamada Recursiva */
10:
11: }
```

o programa entraria em laço infinito, pois a função não pararia de chamar a si própria, até esgotar toda a memória disponível.

Regras para a Escrita de Funções Recursivas

1. *A primeira instrução de uma função recursiva deve ser sempre a implementação do critério de término das chamadas, isto é, qual a condição ou condições que se devem verificar para que a função pare de invocar a si própria.*

2. *Só depois de escrito o critério de término é que se deverá escrever a chamada recursiva da função, sempre relativa a um subconjunto. Repare, por exemplo, que ao se invocar a função **fat** com o valor n a sua chamada recursiva é sempre realizada com n-1.*

3. *Com a recursividade ganha-se, devido à menor quantidade de código escrito, maior legibilidade. Perde-se, no entanto, em termos de performance.*

Nota:

A recursividade é uma forma de implementar um laço através de chamadas sucessivas à mesma função.

Problema: Implemente, de forma recursiva, as funções Up e Down que escrevem na tela os n primeiros números de forma crescente e decrescente.

Vamos começar por implementar a função Down, por ser mais fácil de compreender.

Ambas as funções terão um único parâmetro e não retornam qualquer tipo de resultado:

```
void Down(int n)
```

Qual o critério de término das chamadas? Quando o n for menor que 1 paramos a execução da função.

```
if (n<1) return;
```

Senão, escreve-se o valor do parâmetro n

```
printf("%d\n",n);
```

e manda-se escrever os valores entre n-1 e 1. Para realizar tal tarefa invoca-se a própria função.

```
Down(n-1);
```

```
/* Mostra os n primeiros números decrescentemente */
void Down(int n)
{
 if (n<1) return;
 printf("%d\n",n);
 Down(n-1);
}
```

A implementação da função Up é um pouco mais sutil, pois temos que começar a escrever os números 1, 2 ... e terminar em *n*. No entanto, a chamada à função é feita com o valor n, e em cada chamada recursiva o valor de n terá que ser decrementado, de forma a reduzir o conjunto de elementos a processar. Temos, por isso, em cada chamada à função, que escrever primeiro os *n-1* primeiros elementos e só então escrever o valor de *n*.

```
/* Mostra os n primeiros nºs crescentemente */
void Up(int n)
{
  if (n<1) return;
  Up(n-1);
```

```
      printf("%d\n",n);
}
```

É necessário ter bem presente que a função Up só executa o *printf* depois de ter executado na totalidade a chamada recursiva Up(n-1).

Problema: Implemente, de forma recursiva, a função **strlen** que devolve o número de caracteres numa *string*.

```
int strlen(char *s)
{
  if (*s=='\0')
    return 0;
  else
    return 1 + strlen(s+1);
}
```

Repare na estratégia utilizada:

O parâmetro **s** contém o endereço do primeiro elemento da *string*.

A estratégia utilizada consiste em parar a execução quando a *string* recebida estiver vazia. Se a *string* não estiver vazia, então o seu comprimento total é igual a 1 + comprimento da *string*, se ignorarmos o primeiro caractere, passando para a função o endereço do próximo caractere.

O critério de final é, portanto, a *string* vazia. Nesse caso, seu comprimento é zero.

Caso a *string* não esteja vazia, o seu comprimento é igual a 1 mais o comprimento da *string* que começa no segundo caractere.

Suponhamos que pretendíamos calcular o comprimento da *string* "ola".

```
strlen("ola")   = 1 + strlen("la")
strlen("la")    = 1 + strlen("a")
strlen("a")     = 1 + strlen("")
strlen("")      = 0
```

Notar que `strlen(s+1)` devolve o comprimento da *string* que começa a partir do segundo caractere, *string* essa que varia em cada uma das chamadas até ser passada a *string* vazia.

Problema: Implemente, *recursivamente*, a função **strcmp** que retorna 0 se ambas as strings forem iguais, um valor negativo se a primeira *string* for alfabeticamente menor que a segunda ou um valor positivo em caso contrário.

A função **strcmp** permite analisar as diferenças entre duas strings. O critério de término é, portanto, alguma delas terminar ou o primeiro caractere de alguma delas ser diferente.

Se o primeiro caractere de ambas as strings for igual, o resultado da função é exatamente o mesmo que se obteria se tivessem sido enviadas à função as strings sem o primeiro caractere.

```
int strcmp(char *s1, char *s2)
{
      if (*s1=='\0' || s2[0]=='\0' || *s1!=*s2)
          return *s1-*s2;
      else
          return strcmp(s1+1,s2+1);
}
```

Observação: *s2 == s2[0]

Resumo do Capítulo 9

Em C existe apenas passagem de parâmetros por valor, isto é, sempre que invocamos uma função, passando-lhe argumentos para os respectivos parâmetros, estamos na realidade enviando cópias dos valores originais. Dessa forma, qualquer alteração nos parâmetros de uma função ou procedimento não altera o argumento correspondente que foi passado à função.

Para conseguir alterar o conteúdo de uma variável passada como argumento a uma função é necessário passar a função, não a variável (pois seria passada uma cópia desta), mas sim o seu endereço, recebendo a função esse valor num ponteiro para o tipo da variável. Em seguida, as operações sobre ponteiros permitem alterar o valor original da variável invocadora.

É possível receber, dentro de um programa, os parâmetros que foram passados a esse mesmo programa na linha de comando através de dois parâmetros que a função main pode conter. O primeiro é um inteiro, normalmente denominado **argc** e que indica qual o número de parâmetros que foram passados ao programa (nome do programa incluído). O outro parâmetro, normalmente denominado **argv**, é um vetor de strings com todas as strings passadas na linha de comando.

Por exemplo, suponha a seguinte linha de comando:

```
$ prog alfa 123 x 55a
```

O valor de argc será 5 (e não 4, pois inclui o nome do executável).

O vetor argv irá conter as strings passadas na linha de comando. Notar que todos os parâmetros são armazenados como strings (números incluídos).

argv[0]	...	p	r	o	g	\0
argv[1]	...	a	l	f	a	\0
argv[2]	...	1	2	3	\0	
argv[3]	...	x	\0			
argv[4]	...	5	5	a	\0	
argv[5]	...	N	U	L	L	

O vetor argv é sempre criado com uma posição suplementar onde é colocado o símbolo **NULL**, indicador de que as strings do vetor já terminaram.

C é uma linguagem com capacidade *recursiva*, isto é, uma função pode invocar a si própria, diretamente ou indiretamente, através de uma outra função.

A recursividade é uma técnica de desenvolvimento particularmente útil na implementação de alguns algoritmos de pesquisa, poupando muito tempo aos programadores.

No entanto, é necessário salientar que uma função recursiva é, em geral, mais lenta que a sua correspondente iterativa devido ao custo adicional (*overhead*) necessário para as diversas chamadas à função.

Exercícios Resolvidos

[Exercício de Exame]

Suponha **v** um vetor de inteiros.

→ Qual o resultado da seguinte expressão: **v == &v[0]**? Justifique.

O resultado é verdadeiro, pois o nome de qualquer vetor corresponde sempre ao endereço do primeiro elemento desse vetor (o qual se encontra na posição de índice zero).

➔ Por que, sendo *p* apenas um ponteiro para inteiro *(int *)* e fazendo previamente *p=v*, se consegue obter o valor de todos os elementos de *v* utilizando apenas *p*?

Porque sendo *p* um ponteiro para inteiros e sendo iniciado com o endereço do primeiro elemento do vetor, aponta para o início do vetor. A partir daí, e porque os elementos de um vetor ocupam sempre posições consecutivas de memória, poderemos navegar ao longo das posições do vetor através de incrementos ou decrementos do ponteiro e obter os valores presentes em cada uma das posições através do operador * (apontado por).

➔ Por que uma função recursiva é, em geral, mais lenta que a sua equivalente iterativa?

Devido ao custo adicional associado. Sempre que se faz uma chamada recursiva é necessário empilhar todos os parâmetros na memória e criar um ambiente para a execução da nova função; todas essas operações consomem algum tempo, que irá se revelar importante em funções que sejam muito utilizadas.

➔ Escreva um programa que receba parâmetros na linha de comando, os troque internamente e os mostre em seguida pela ordem em que ficaram.

Exemplo:

```
$ prog0910 alfa beta parâmetros trocados
trocados parâmetros beta alfa prog0910
```

prog0910.c

```
 1: #include <stdio.h>
 2:
 3: main(int argc, char *argv[])
 4: {
 5:     int i=0;
 6:     char *ptr; /* Para auxiliar a troca */
 7:
 8:     for (i=0; i<argc/2 ; i++)
 9:         {
10:             ptr = argv[i];
11:             argv[i] = argv[argc-i-1];
12:             argv[argc-i-1] = ptr;
13:         }
14:     for (i=0;i<argc;i++)
15:     puts(argv[i]);
16:
17: }
```

➔ **[Exercício de Exame]**

Suponha um programa (denominado capa) que aproveita os parâmetros passados na linha de comando.

Suponha que ele seja invocado com a seguinte linha de comando:

```
capa -123 5 beta sigma
```

Preencha o quadro seguinte indicando os valores em falta, recorrendo sempre a expressões baseadas em argc e/ou argv.

Observação: Coloque aspas e aspas simples para diferenciar entre strings e caracteres.

a)	argc	
b)	argv[3]	
c)	argv[argc-2]	
d)	*argv[2]	
e)	atoi(argv[1])	
f)	atoi(argv[1]+1)	

g)	isdigit(? ? ? ? ? ? ?)	True
h)	toupper(? ? ? ? ? ?)	'S'
i)	toupper(???????)+1	'C'
j)	**argv	

a) O valor de argc é **5** (não esquecer que o próprio programa também é levado em conta).

b) "**beta**"

c) argv[argc-2] é igual a argv[5-2], que é igual a argv[3], que é igual a "**beta**"

d) argv[2] é igual à *string* "5"

e) *argv[2] corresponde ao primeiro caractere da *string*, isto é, '**5**'.

f) A função atoi retorna o valor inteiro contido na *string*. Logo **-123**

g) argv[1] é igual a "-123". Através de operações sobre ponteiros chega-se à conclusão de que argv[1]+1 é igual a "123", donde atoi("123") é igual ao inteiro **123**.

h) Nesse caso teremos que preencher o espaço ocupado pelos ?????.

A função isdigit retorna True sempre que recebe um caractere que representa um dígito. No exemplo anterior existiam quatro hipóteses possíveis

```
isdigit(argv[1][1])     →     '1'
isdigit(argv[1][2])     →     '2'
isdigit(argv[1][3])     →     '3'
isdigit(argv[2][0])     →     '5'
```

i) Para obter um 'S' usando a função toupper, bastará encontrar um 's' no conjunto de caracteres do argv.

```
toupper(argv[4][0])    ou    toupper(*argv[4])
```

j) Nesse caso pretende-se obter um 'C'. Repare que a expressão que lhe deverá dar origem é toupper(???)+1. Por isso, o resultado de toupper(???) deverá corresponder a 'B', bastando para isso procurar um 'b' ou 'B' no argv.

```
toupper(argv[3][0])+1    ou    toupper(*argv[3])+1
```

k) argv — é o conjunto de todas as strings passadas na linha de comando.
*argv — corresponde à primeira *string*.
argv — corresponde ao primeiro caractere de *argv, isto é, o primeiro caractere da primeira *string* — 'k**'.

→ **[Exercício de Exame]**

Implemente a função Pot que devolve o valor de x^n

float Pot(float x, int n)

$x^0 = 1.0$
$x^n = x*x* ... *x$ (n vezes)

Vamos resolver este problema de forma recursiva.

Reparar que $x^n = x * x^{n-1}$

```
float Pot(float x, int n)
{
        if (n==0)
            return 1.0;
        else
            return x * Pot(x,n-1);
}
```

→ **[Exercício de Exame]**

Implemente, de forma recursiva, a função Exp que é definida através da seguinte fórmula:

$$Exp(x,n,t) = \frac{x}{(1+t)} + \frac{x}{(1+t)^2} + \frac{x}{(1+t)^3} + \ldots + \frac{x}{(1+t)^n}$$

Sugestão: Utilize a função Pot implementada no exemplo anterior.

```
float Exp(float x, int n, float t)
{
        if (n<1)
            return 0;
        else
            return x/Pot(1+t,n) + Exp(x,n-1,t);
}
```

→ Implemente recursivamente a função Puts que coloca na tela a *string* recebida por parâmetro seguida de um NewLine.

```
char *Puts(char *s)
{
  if (*s=='\0')
    putchar('\n');
  else
    {
       putchar(*s);   /* Escrever o char corrente   */
       Puts(s+1);     /* Escrever o resto da string */
    }
}
```

Exercícios Propostos

1. Implemente as seguintes funções que manipulam apenas valores inteiros:

    iszero – Verifica se o parâmetro n é ou não zero.
    add1 – Adiciona 1 ao próprio parâmetro n.
    zero – Coloca zero no parâmetro n.

2. Implemente a função **Ler_Inteiro** que devolve o inteiro lido. O parâmetro *prompt* contém a mensagem que solicita o inteiro ao usuário. Deverá receber apenas inteiros superiores ou iguais a zero.

    int Ler_Inteiro(char *prompt)

3. Transforme a função anterior de tal forma que o inteiro seja colocado num parâmetro enviado ao **procedimento** Ler_Inteiro.

4. Escreva, de forma iterativa e recursiva, a função de *Fibonacci*[5] que é definida da seguinte forma:

    ```
    Fib(0) = 1
    Fib(1) = 1
    Fib(n) = Fib(n-1) + Fib(n-2)  , para n>=2
    ```

    Em seguida, escreva um programa que apresente o resultado da execução das duas funções na tela e verifique, comparativamente, os tempos de cálculo de ambas as funções para Fib(35) e Fib(40).

5. Implemente, de forma recursiva, a função **strcat** que concatena duas strings.

---
[5] Leonardo de Pisa, também chamado de Fibonacci (filho de Bonaccio), matemático italiano que viveu entre 1180 e 1250.

6. [Exercício de Exame]

Escreva, recursivamente, a função

char * strchr(char *str, char ch)

que retorna o endereço em que se encontra o caractere *ch* na *string str*. Caso não exista, devolve NULL.

7. [Exercício de Exame]

Implemente a função **Exp** que calcula o valor da seguinte expressão, sendo todos os componentes do tipo inteiro:

$$\sum_{i=1}^{n}\left(a+\frac{i}{n}\right)^2$$

8. Alguns compiladores permitem que a função main receba um terceiro parâmetro (além de *argc* e *argv*), que também é um vetor de strings e contém as variáveis de ambiente do sistema operacional. A sua estrutura é semelhante ao argv, mas não contém um contador associado. No entanto, após a última variável de ambiente sempre é colocado um NULL.

Todas as variáveis de ambiente têm um nome seguido do sinal de igual e do valor que contêm.

Exemplo:

```
COMSPEC=E:\WINDOWS\COMMAND.COM
PROMPT=$p$g
PATH=E:\WINDOWS;E:\WINDOWS\COMMAND;C:\DOSFAX;C:\DOS;C:\BATS
TEMP=C:\TMP
```

Implemente um programa que liste todas as variáveis de ambiente existentes no seu computador.

Atenção: Esta possibilidade pode não estar presente no compilador que você está usando.

9. Escreva um programa semelhante ao anterior em que sejam apresentados apenas os valores das variáveis de ambiente (à direita do sinal =).

ARQUIVOS

Objetivos

- O que é um arquivo
- Periféricos e *streams*
- Processamento básico
- Funções de manipulação de arquivos
- Tipos de abertura de arquivos
- Utilização dos argumentos na linha de comando para processar arquivos
- *Standard Input*(*stdin*), *standard output*(*stdout*) e *standard error* (*stderr*)
- Implementação de filtros e *pipes*
- Arquivos de texto e arquivos binários
- Leitura e escrita de blocos
- Acesso seqüencial e acesso direto a arquivos
- Detecção do final de arquivo (EOF)
- Posicionamento ao longo de um arquivo

Introdução

Até o presente capítulo, quase todos os programas que implementamos solicitavam ao usuário os dados que o programa manipulava. Uma vez terminado o programa, todos os dados introduzidos, ou mesmo os resultados do programa, eram perdidos, pois não eram armazenados de forma definitiva num repositório permanente.

Neste capítulo vamos aprender a manipular arquivos usando a linguagem C.

Ao contrário de outras linguagens, como o COBOL, em que os arquivos são vistos como tendo uma estrutura interna ou registro associado, em C um arquivo é apenas um conjunto de *bytes* colocados uns após os outros de forma seqüencial.

A utilização de arquivos pode ser vista em dois sentidos distintos:

1. O arquivo é a fonte de dados para o programa: nesse caso trata-se de um arquivo de entrada de dados (*input*).
2. O arquivo é o destino dos dados gerados pelo programa: nesse caso trata-se de um arquivo de saída de dados (*output*).

Tipos de Periféricos

Os dados de entrada para um programa podem ser fornecidos a partir de **periféricos de entrada**, como teclado, mouse, leitor de códigos de barras, etc.

Os dados de saída de um programa podem ser enviados para diversos **periféricos de saída**, como a tela do computador, impressora, etc.

Existem, no entanto, periféricos que comportam ambas as características, isto é, permitem entrada e saída de dados. Como exemplos mais comuns temos os discos e os disquetes dos computadores, que permitem que sobre eles sejam realizadas as operações de leitura e escrita de dados.

De qualquer forma, independentemente do tipo de periférico que se esteja utilizando, C processa todas as entradas e saídas de dados através de ***streams***.

Streams

Um *stream* é um conjunto seqüencial de caracteres, isto é, um conjunto de *bytes*, sem qualquer estrutura interna. Os programas ou comandos vêem apenas um conjunto de caracteres. Mesmo o caractere New-Line é um caractere como outro qualquer.

A maior vantagem existente na utilização de *streams* para a entrada e/ou saída de dados é que esta é realizada sem termos que nos preocupar com o tipo de periférico que estamos utilizando. Diz-se que é ***Device Independent***. Evita-se assim escrever porções de código diferentes para enviar os mesmos dados para a tela ou para uma impressora, pois o programa olha para os dados de entrada ou saída como conjuntos seqüenciais de *bytes* para entrar ou para sair.

Em C cada *stream* está ligado a um arquivo, o qual pode não corresponder fisicamente a um arquivo existente num disco, como é o caso do teclado ou da tela do computador.

Nota:

> **A partir deste momento, sempre que se falar em arquivos estamos pensando em *streams* que correspondem a conjuntos de dados existentes em suporte magnético (disco ou disquete).**

Operações Básicas sobre Arquivos

Para processar um arquivo qualquer, a primeira operação a ser realizada é ligar uma variável do nosso programa a esse arquivo. A essa operação dá-se o nome de Abertura do Arquivo.

A **Abertura do Arquivo** consiste em associar uma variável do nosso programa ao arquivo que pretendemos processar, ou, em outras palavras, representar internamente o nome físico do arquivo através de um nome lógico, que corresponde à variável do nosso programa que irá representá-lo.

Evita-se, assim, estar permanentemente escrevendo o nome completo do arquivo sempre que precisemos nos referir a ele.

Depois de aberto um arquivo, podemos realizar todas as operações que pretendermos sobre o conteúdo desse arquivo — **ler** dados, **escrever** dados, **posicionarmo-nos** ao longo do arquivo, etc. – o que corresponde, na realidade, ao processamento que queremos realizar sobre esse arquivo.

Depois de processado o arquivo, se já não necessitamos dele devemos então retirar a ligação que existia entre a variável do programa e o arquivo que esta representa. Diz-se que vamos **Fechar o Arquivo**.

As operações que realizamos sobre um arquivo são semelhantes às que fazemos quando queremos fazer uma viagem de carro. Em primeiro lugar, temos que abrir o carro para podermos entrar. Uma vez lá dentro podemos viajar ao longo do percurso para frente, para trás, enquanto tivermos combustível. Quando estivermos fartos ou cansados, o melhor é sairmos do carro, fechando-o, senão alguém pode levar nosso carro.

As operações de Abertura e Fechamento traduzem-se em inglês por *open* e *close*. No entanto, em C, todas as funções de processamento de arquivos são precedidas por um **f**, de forma a melhor indicar que se tratam de funções sobre arquivos (tal como as funções que operam *strings* são precedidas por **str** — *strcpy*, *strlen*). Dessa forma, as funções que permitem abrir e fechar um arquivo em C chamam-se **fopen** e **fclose**.

Abertura de um Arquivo

Como dissemos anteriormente, a abertura de um arquivo permite associar um arquivo existente num suporte magnético a uma variável do nosso programa. No entanto, C tem apenas os tipos *char*, *int*, *float* e *double*, os quais não se referem a arquivos.

Para podermos utilizar um arquivo tem-se que declarar uma variável do tipo **FILE** (ou, mais propriamente, um ponteiro para o tipo **FILE**).

Nota:

> A declaração de variáveis para o processamento de arquivos faz-se usando o tipo FILE definido no arquivo <stdio.h>. (Notar que FILE é escrito em maiúsculas para reforçar a idéia de que não se trata de um tipo básico da própria linguagem.)

Como se pode observar, a declaração de uma variável do tipo **FILE *** faz com que esta seja um ponteiro para o tipo **FILE**. A sua declaração é feita tal como para qualquer outra variável.

```
int x,y;
float k;
FILE *fp;    /* fp - file pointer */
```

A abertura de um arquivo é realizada utilizando a função **fopen**, cujo protótipo se encontra no arquivo **stdio.h**, pois se trata de uma operação-padrão (normal) de entrada/saída. A sua sintaxe é a seguinte:

```
FILE *   fopen(const char *filename, const char *mode)
```
[1]

---

[1] *const* nos parâmetros indica que estes não serão alterados dentro da função.

A função recebe, assim, dois parâmetros:

filename *String* contendo o Nome físico do arquivo (Ex: "DADOS.DAT").
mode   *String* contendo o Modo de Abertura do arquivo.

Nome de um Arquivo

O nome de um arquivo é armazenado numa *string* e deve representar fielmente e na totalidade o nome do arquivo tal como é visto pelo sistema operacional em que se está operando. Este pode estar contido numa *string* constante ou num ponteiro para uma *string* em outra posição na memória.

Notar, no entanto, que no MS-DOS os arquivos podem ser representados usando o caractere '\', que é um caractere especial em C. Por isso, e caso o nome do arquivo seja escrito no próprio programa, deve-se ter o cuidado de colocar \\ para representar cada caractere \. Dessa forma, o arquivo C:\TMP\DADOS.DAT deverá ser escrito dentro de um programa como "C:\\TMP\\DADOS.DAT".

Notar que se este for introduzido a partir do teclado deve-se colocar apenas uma \, pois a função responsável pela leitura sabe o que está processando.

Modos de Abertura

Existem três modos distintos de abertura de um arquivo:

"r" **read** (Abertura do arquivo para Leitura)

Abre o arquivo para leitura. Caso não possa abrir[2], a função devolve NULL.

"w" **write** (Abertura do arquivo para Escrita)

Abre o arquivo para escrita. Assim, é criado um novo arquivo com o nome passado à função. Notar que se já existir algum arquivo com o mesmo nome este é apagado e criado um novo arquivo, perdendo-se assim toda a informação nele contida. Caso não possa criá-lo[3], a função devolve NULL.

"a" **append** (Abertura do arquivo para Acrescentar)

Abre o arquivo para Acrescentar. Se o arquivo não existir, ele é criado e funciona tal e qual o modo "w". Se o arquivo já existir, coloca-se no final deste, de forma a permitir a escrita dos dados de forma seqüencial a partir dos dados já existentes.

Para além desses três modos básicos existe ainda a possibilidade de abrir um arquivo de forma a permitir simultaneamente operações de leitura e escrita colocando um sinal de + após o modo.

"r+" Abertura do arquivo para **Leitura e Escrita**. Se o arquivo não existir, é criado. Se o arquivo já existir, os novos dados serão colocados a partir do início do arquivo, por cima, isto é, apagando os dados anteriores.

"w+" Abertura do arquivo para **Leitura e Escrita**. Se o arquivo não existir, é criado. Se o arquivo já existir, é apagado e criado um novo com o mesmo nome.

"a+" Abertura do arquivo para **Leitura e Escrita**. Se o arquivo não existir, é criado. Se o arquivo já existir, os novos dados serão colocados a partir do final do arquivo.

O modo de abertura pode ainda ser combinado com o tipo de processamento que se pretende dar ao arquivo, considerando-o um arquivo de texto (**t**) ou um arquivo binário (**b**).

---

[2] Por este não existir ou por não ter permissão para tal.
[3] Por este conter um nome inválido, por não existir espaço em disco, por se estar tentando criar o arquivo num disquete protegido, por se estar tentando criar um arquivo com o nome de um diretório ou por não ter permissão para tal.

Modo de Texto e Modo Binário

Por padrão, a abertura de um arquivo é realizada considerando este como um arquivo de texto. Para abrir um arquivo em modo binário é necessário acrescentar um **b** ao modo de abertura anteriormente apresentado (Ex: "rb", "wb", "ab", "a+b", etc.).

Um arquivo é considerado de texto quando é constituído por caracteres que são perceptíveis por nós. Normalmente são constituídos pelas letras do alfabeto, por números, alguns caracteres vulgares na nossa escrita &%$#().;:, e ainda pelos separadores espaço em branco, tab e NewLine, isto é, são normalmente constituídos pelos caracteres existentes no nosso teclado. Em geral, um arquivo de texto é formatado apenas pelo caractere NewLine, que indica onde termina cada uma das linhas.

Os arquivos binários, por seu turno, podem ser constituídos por qualquer caractere existente na tabela ASCII, podendo conter caracteres de controle, caracteres especiais ou mesmo caracteres sem representação visível[4].

Ainda assim, a maior diferença entre os dois processamentos está no tratamento do caractere NewLine que, no MS-DOS, é constituído não por um, mas por dois caracteres[5].

A representação do NewLine é feita em C através da seqüência **\n**. Quando a linguagem C pretende escrever essa seqüência (seja em arquivo, seja para a tela), converte-a nos dois caracteres que representam no MS-DOS o NewLine. O mesmo acontece quando C realiza a leitura de caracteres, convertendo os dois caracteres (CR+LF) na seqüência '\n' que representa um único caractere.

A diferença entre o processamento de um arquivo aberto (por exemplo, para leitura) em modo de texto e aberto em modo binário é que em modo de texto sempre que a seqüência CR+LF é encontrada, é lida como se se tratasse de um único caractere, enquanto se o arquivo for processado em modo binário é lido um caractere (*byte*) de cada vez.

Nota:

> A função fopen é responsável pela abertura de arquivos em C. Se por qualquer razão o arquivo não puder ser aberto, a função devolve NULL, não sendo o programa abortado como acontece em outras linguagens. É da responsabilidade do programador o tratamento dos problemas que possa encontrar quando processa arquivos.

Foi dito anteriormente que a abertura de um arquivo consistia na associação do nome do arquivo a uma variável do nosso programa. E, pelo que vimos até agora, essa associação ainda não foi apresentada.

Nota:

> Se função fopen conseguir abrir um arquivo com sucesso, cria em memória uma estrutura (do tipo FILE) que representa toda a informação necessária relativa ao arquivo que estiver processando, retornando o endereço em que essa estrutura foi criada. Caso não tenha conseguido abrir o arquivo retorna NULL, isto é, o endereço ZERO de memória.

A associação entre o nome físico de um arquivo e a variável do nosso programa é realizada através do valor de retorno da função fopen.

Modo de Abertura	Breve Descrição	Permite Leitura	Permite Escrita	Se o Arquivo Não Existe	Se o Arquivo já Existe	Posição Inicial
r	Leitura	Sim	Não	NULL	OK	Início
w	Escrita	Não	Sim	Cria	Recria	Início

(continua)

---

[4] Como é o caso do \0, `caractere` cujo código ASCII é 0.
[5] Caracteres Carriage Return (13) e Line Feed (10).

(continuação)

Modo de Abertura	Breve Descrição	Permite Leitura	Permite Escrita	Se o Arquivo Não Existe	Se o Arquivo já Existe	Posição Inicial
a	Acrescentar	Não	Sim	Cria	OK	Fim
r+	Ler/Escrever	Sim	Sim	Cria	Permite Alterar Dados	Início
w+	Ler/Escrever	Sim	Sim	Cria	Recria	Início
a+	Ler/Escrever	Sim	Sim	Cria	Permite Acrescentar Dados	Fim

Nota:

Caso exista algum erro de abertura, a função fopen retorna o valor NULL.

Fechamento de um Arquivo

O fechamento de um arquivo retira a ligação entre a nossa variável e o arquivo existente no disco. Antes de o arquivo ser fechado são gravados, fisicamente, todos os dados que possam ainda existir em *buffers* associados ao arquivo. É liberada a memória alocada pela função fopen para a estrutura do tipo **FILE**.

A sintaxe utilizada é

```
int fclose(FILE *arq)
```

Essa função devolve 0 em caso de sucesso ou a constante **EOF** em caso de erro. Normalmente o valor de retorno é ignorado.

Nota:

Embora os arquivos sejam automaticamente fechados quando uma aplicação termina, é um bom hábito dos programadores realizarem eles mesmos o fechamento dos arquivos, evitando assim graves problemas que podem surgir motivados por uma falha de energia ou desligamento súbito do computador. Nesse caso, os dados presentes em buffers não irão ser colocados no arquivo, e este último pode não ficar estável, podendo, em casos extremos, ocorrer mesmo a perda de setores do disco.

Quando se fecha um arquivo, os dados que possam existir em memória são escritos fisicamente em disco (*flushed*), só então é desligada a ligação entre o arquivo físico e a variável que o representa no programa.

Existe, no entanto, uma função que permite ao usuário gravar fisicamente os dados que possam existir ainda em memória no *buffer* associado ao arquivo. Essa função chama-se *fflush*, e sua sintaxe é

```
int fflush(FILE *arq)
```

A função *fflush* grava todos os dados em arquivo, mas mantém aberto o arquivo correspondente.

A função *fflush* pode também ser utilizada para limpar o *buffer* associado ao teclado através da chamada

```
fflush(stdin);
```

É possível fechar todos os arquivos abertos (exceto stdin, stdout, stderr, stdprn e stdaux) usando para tal a função *fcloseall*, cuja sintaxe é

```
int fcloseall( )
```

Sempre que um programa termina, são automaticamente gravados (*flushed*) e fechados todos os seus arquivos. No entanto, é um bom hábito de programação fechar sempre os arquivos abertos pelo programador.

Para fazer o *flush* em todos os arquivos pode-se usar a função

```
int flushall()
```

Vamos, então, escrever um programa que indique se podemos ou não abrir um determinado arquivo.

prog1001.c

```
 1: #include <stdio.h>
 2:
 3: main()
 4: {
 5:     FILE *fp;
 6:     char s[100];
 7:
 8:     puts("Introduza o Nome do Arquivo:");
 9:     gets(s);
10:
11:     /* Abrir o Arquivo */
12:     fp = fopen(s,"r");
13:
14:     /* Verificar se a abertura foi feita com sucesso */
15:     if (fp==NULL)
16:         printf("Impossível abrir o arquivo %s\n",s);
17:     else
18:         {
19:         printf("Arquivo %s aberto com sucesso!!!\n",s);
20:         fclose(fp);
21:         }
22: }
```

No programa anterior é solicitada ao usuário a introdução do nome do arquivo que se pretende testar, sendo este armazenado numa *string*.

Em seguida, tenta-se abrir o arquivo (para leitura **"r"**) para ver se ele existe e se temos permissões para abri-lo.

Se a abertura falhar, é colocado o valor **NULL** no ponteiro para o arquivo.

Se o arquivo puder ser aberto, é colocado em *fp* o endereço da estrutura que o representa e que foi criada em memória pela função *fopen*.

É necessário não esquecer que, se o arquivo foi aberto, é necessário fechá-lo antes de terminar o programa, passando o arquivo *fp* à função *fclose*.

Leitura de Caracteres de um Arquivo

Existem diversas funções que permitem ler caracteres de um arquivo. Vamos apresentar a mais utilizada.

```
int fgetc(FILE *arq)
```

A função fgetc[6] lê um caractere no arquivo passado por parâmetro (previamente aberto pela função fopen) e retorna-o como resultado da função. Se por acaso não existir qualquer caractere no arquivo, isto é, se a função detectar uma situação de End-of-File, retorna a constante **EOF**.

---
[6] file get char.

Repare, no entanto, que a função retorna um *int* e não um *char*, como seria de se esperar. Isso se deve ao fato de todos os caracteres da tabela *ASCII* serem caracteres válidos, podendo todos eles aparecer dentro de um arquivo.

Embora seja comum pensar que existe um caractere que indica onde o arquivo termina isso não é verdade, pois esse caractere não poderia fazer parte do conteúdo útil de um arquivo.

Dessa forma, como qualquer dos 256 caracteres da tabela ASCII pode ser lido a partir de um arquivo, a função terá que devolver um símbolo que não seja qualquer dos caracteres, de forma a indicar que foi detectada uma situação de End-of-File.

Isso é conseguido retornando qualquer valor que não esteja compreendido entre 0 e 255 (Variação dos Códigos ASCII).

Nota:

A constante simbólica EOF (-1) serve de constante indicadora de End-of-File.

Dessa forma, a função *fgetc* não poderá retornar apenas o tipo *char*, mas terá que retornar um tipo superior a este para poder englobar o valor -1. Retorna, assim, o tipo inteiro.

Nota: A definição da constante simbólica EOF foi realizada com o valor -1, o que leva a cuidados particulares quando se processam arquivos com compiladores (Borland) cujos caracteres são sinalizados por padrão.

Vejamos agora como poderemos implementar o comando type do MS-DOS passando o nome do arquivo na linha de comando.

O nosso programa irá chamar-se **mytype.c** e terá que ter, obrigatoriamente, um parâmetro que é o nome do arquivo a ser mostrado na tela.

mytype.c

```
 1: #include <stdio.h>
 2: #include <stdlib.h>      /* Por causa da função exit */
 3:
 4: main(int argc, char*argv[])
 5: {
 6:     FILE *fp;
 7:     int ch; /* Inteiro para ler os caracteres */
 8:
 9:     /* Testar a Linha de Comando */
10:     if (argc!=2)
11:         {
12:             printf("Sintaxe: \n\n%s Arquivo\n\n",argv[0]);
13:             exit(1);  /* Termina o Programa */
14:         }
15:
16:     /* Abrir o Arquivo com o nome em argv[1] */
17:     fp = fopen(argv[1],"r");
18:
19:     if (fp==NULL)
20:         { printf("Impossível abrir o arquivo %s\n",argv[1]);
21:           exit(2);
22:         }
23:
24:     while ((ch=fgetc(fp))!=EOF)
25:         putchar(ch);
26:     fclose(fp);
27: }
```

Repare que são aproveitados os parâmetros na linha de comando. Dessa forma, o valor de *argc* terá que ser igual a 2 (**1** para o programa, mais **1** para o arquivo a ser mostrado) para que a sintaxe seja respeitada.

Se a sintaxe estiver errada, escrevemos sempre o valor de argv[0] de modo a evitar que o usuário altere o nome do executável e saia sempre o nome do programa original na especificação da sintaxe.

Neste programa utilizamos a função **exit(int num)**, que permite terminar um programa qualquer que seja o local onde esteja executando. Em geral devolvem-se números diferentes para cada erro, os quais podem ser aproveitados pelo sistema operacional[7]. Caso o programa termine sem qualquer problema pode-se fazer exit(0) para indicar que não houve problema algum.

O nome do arquivo a ser aberto é uma *string* e encontra-se em argv[1]. É, portanto, esse arquivo que pretendemos abrir para leitura, donde

```
17:        fp = fopen(argv[1],"r");
```

Depois de testada a abertura, é hora de ler os caracteres, um a um, e colocá-los na tela através da função *putchar*.

```
24:        while ((ch=fgetc(fp))!=EOF)
25:          putchar(ch);
```

Embora o laço pareça um pouco confuso, o seu objetivo é colocar na tela o caractere lido enquanto a função *fgetc* retornar algo diferente de **EOF**.

Na linha 24: fazemos a leitura do caractere **fgetc(fp)** que guardamos na variável ch

```
ch=fgetc(fp)
```

Como se trata de uma atribuição, o valor atribuído é retornado, e queremos ver se o resultado da atribuição é ou não igual a **EOF** colocando a atribuição entre parênteses

```
(ch=fgetc(fp))!=EOF
```

Repare que os parênteses são para forçar que a atribuição seja realizada antes da comparação.

Se o resultado da comparação for verdadeiro é porque o caractere lido é válido e deverá ser apresentado na tela.

Quando chegarmos ao final do arquivo o laço termina e o arquivo é fechado.

Nota:

Todas as funções de Leitura posicionam-se automaticamente após o valor lido do arquivo, não tendo o usuário que movimentar o ponteiro para a próxima posição no arquivo. (O mesmo se aplica às funções de escrita.)

Escrita de Caracteres num Arquivo

A escrita de caracteres em arquivo pode ser realizada recorrendo à função

```
int fputc(int ch, FILE *arq)
```

que escreve o caractere *ch* no arquivo *arq*. Essa função devolve o caractere *ch*, em caso de sucesso, ou *EOF*, no caso contrário.

Problema: Implemente um utilitário que permita copiar um arquivo para outro.

---
[7] Através, por exemplo, do ERRORLEVEL no MS-DOS ou da variável de ambiente $? no Unix.

mycopy.c

```c
1:  #include <stdio.h>
2:  #include <stdlib.h> /* Por causa da função exit */
3:
4:  main(int argc, char*argv[])
5:  {
6:     FILE *fin, *fout;
7:     int ch;
8:
9:     /* Testar a Linha de Comando */
10:    if (argc!=3)
11:      {
12:         printf("Sintaxe: \n\n%s Origem Destino\n\n",argv[0]);
13:         exit(1);  /* Termina o Programa */
14:      }
15:
16:    /* Abrir o Arquivo de Origem */
17:    fin = fopen(argv[1],"rb");
18:
19:    if (fin==NULL)
20:       { printf("Impossível abrir o arquivo %s\n",argv[1]);
21:         exit(2);
22:       }
23:
24:    /* Abrir o Arquivo de Destino */
25:    if ((fout = fopen(argv[2],"wb"))==NULL)
26:       { printf("Impossível Criar o arquivo %s\n",argv[2]);
27:         exit(3);
28:       }
29:
30:    while ((ch=fgetc(fin))!=EOF)
31:       fputc(ch,fout);
32:
33:    fclose(fin);
34:    fclose(fout);
35:  }
```

No presente programa utilizamos as variáveis *fin* e *fout* para representar, respectivamente, o arquivo de entrada e o arquivo de saída.

O laço é exatamente igual ao anterior, colocando o caractere lido no arquivo destino, previamente aberto, usando a função *fputc*.

Notar que a abertura do arquivo destino é realizada um pouco diferente da abertura do arquivo origem, mas é dessa forma que habitualmente os programadores de C escrevem o seu código para a abertura de um arquivo

```
25:      if ((fout = fopen(argv[2],"wb"))==NULL)
```

é, no entanto, semelhante a

```
fout = fopen(argv[2],"wb");
if (fout == NULL) ...
```

Notar também que a leitura e a escrita são realizadas usando o modo binário de forma a permitir a cópia de qualquer tipo de arquivo (quer contenham texto ou não, arquivos executáveis, jogos, etc.).

Entrada e Saída Formatadas

É possível ler ou escrever dados de forma formatada em arquivos através das funções **fscanf** e **fprintf**. Estas funcionam da mesma forma que as funções *scanf* e *printf*, tendo apenas mais um parâmetro inicial que corresponde ao arquivo onde o processamento irá ser realizado.

```
int fscanf(FILE *arq, const char *format, ...)
int fprintf(FILE *arq, const char *format, ...)
```

A função **fscanf** retorna **EOF** se tiver detectado End-of-File ou retorna o número de parâmetros que conseguiu ler com sucesso.

Por exemplo, o laço realizado no programa anterior

```
30:     while ((ch=fgetc(fin))!=EOF)
31:         fputc(ch,fout);
```

poderia ser escrito da seguinte forma, se a cópia fosse realizada para arquivos de texto

```
30:     while (fscanf(fin,"%c",&ch)!=EOF)
31:         fprintf(fout,"%c",ch);
```

devendo a variável *ch* ser declarada do tipo *char*.

Nota:

> As funções que permitem ler ou escrever dados de forma formatada em arquivos devem ser utilizadas apenas para arquivos abertos em modo de texto.

Problema: Suponha que você possui um arquivo que contém em cada linha o nome de um aluno (apenas uma palavra) e a sua respectiva nota (0...10).

```
Maria   7
João    9
Zé      2
Rute    3
```

Escreva um programa que mostre na tela do seu computador apenas os alunos que obtiveram aprovação e respectivas notas (nota >= 5) na disciplina a que o arquivo corresponde.

prog1002.c

```
 1: #include <stdio.h>
 2: #include <stdlib.h>
 3:
 4: main(int argc, char*argv[])
 5: {
 6:     FILE *fp;
 7:     char Nome[100];
 8:     int Nota;
 9:
10:     /* Testar a Linha de Comando */
11:     if (argc!=2)
12:        {
13:          printf("Sintaxe: \n\n%s Arquivo\n\n",argv[0]);
14:          exit(1);   /* Termina o Programa */
15:        }
16:
17:     /* Abrir o Arquivo com o nome em argv[1] */
18:     if ((fp = fopen(argv[1],"r"))==NULL)
19:        { printf("Impossível abrir o arquivo %s\n",argv[1]);
20:          exit(2);
```

```
21:            }
22:
23:         while (fscanf(fp,"%s %d",Nome,&Nota)!=EOF)
24:           if (Nota>=5)
25:             printf("%s %d\n",Nome,Nota);
26:
27:         fclose(fp);
28: }
```

Tal como a função *scanf*, a função *fscanf* ignora os espaços entre os valores a serem lidos (exceto se estiver lendo caracteres).

Arquivos *Standard*: stdin, stdout, stderr, stdprn e stdaux

Como foi dito anteriormente, o uso de *streams* permite associar todas as operações de entrada ou saída a um arquivo, mesmo que este não exista na realidade.

Por exemplo, os dados introduzidos através de um teclado não estão associados a um arquivo, no entanto é possível processar a leitura desses dados como se viessem de um arquivo.

Isso é possível porque sempre que um programa escrito em C é executado são abertos, pelo menos, cinco arquivos *standard*:

1. **stdin** — Representa a entrada-padrão e está normalmente associado ao teclado.
2. **stdout** — Representa a saída-padrão e está normalmente associado à tela.
3. **stderr** — Representa o *standard error* (local para onde devem ser enviadas as mensagens de erro de um programa). É semelhante ao *stdout* e permite enviar as mensagens de erro para um local diferente da saída de um programa.
4. **stdaux** — Representa o denominado *aux device* e está definido como a porta principal de comunicações (COM1 num PC).
5. **stdprn** — Representa o *standard printer* (impressora-padrão).

Todos os descritores aqui apresentados representam arquivos, e são automaticamente abertos sempre que um programa inicia a sua execução.

Nota:

> **Os cinco arquivos-padrão são automaticamente abertos sempre que um programa começa a executar, não necessitando ser abertos pelo programador.**

Por isso, para enviar a mensagem "Ola\n" para a impressora bastará fazer

```
fprintf(stdprn, "Ola\n");
```

sem ter a necessidade de abrir qualquer arquivo para enviar à função fprintf.

O mesmo se pode dizer em relação aos outros descritores.

As seguintes instruções são equivalentes:

```
printf("Um dois Três");         fprintf(stdout, "Um dois Três");
      puts("Ola");                    fputs("Ola\n",stdout);
  scanf("%d %c",&a,&b);         fscanf(stdin, "%d %c" , &a,&b);
```

Redirecionamento

Sempre que executamos um comando ou um programa é natural que este nos envie alguma informação como resultado da sua execução.

Em geral, essa informação é enviada para a tela, onde acaba por se perder.

Por exemplo, o comando DIR do MS-DOS mostra o nome de todos os arquivos de um diretório, envia toda a sua informação para a tela.

```
C:\LASER> DIR

Directory of C:\LASER

.                <DIR>         04-11-95  13:52
..               <DIR>         04-11-95  13:52
SPOOL            <DIR>         19-02-96   0:15
HELP             <DIR>         04-11-95  13:52
SUMOVMI   386          19.527  22-03-94  10:22
PERCENT   DLL           4.576  03-09-93  14:03
SUMOPCL   EXE         472.720  22-03-94  10:21
SPOOLER   QUE          10.208  19-02-96   0:19
CHKLIST   MS              216  26-02-96  23:16
         5 file(s)        507.247 Bytes
         4 dir(s)     151.527.424 Bytes free
```

É, no entanto, possível armazenar essa informação em arquivo, indicando ao sistema operacional para redirecionar para um arquivo a saída que seria enviada à tela. O sinal de **Redirecionamento de Saída** é >.

Nota:

> O operador > indica ao sistema operacional para colocar a saída do comando que se encontra à esquerda (comando > arq_out) no arquivo que se encontra à direita do operador.

Exemplo:

```
C:\LASER> DIR > lixo
```

Em seguida, pode-se ver qual o conteúdo do arquivo onde foi colocada a saída do comando DIR.

```
C:\LASER> TYPE lixo

Directory of C:\LASER

.                <DIR>         04-11-95  13:52
..               <DIR>         04-11-95  13:52
SPOOL            <DIR>         19-02-96   0:15
HELP             <DIR>         04-11-95  13:52
SUMOVMI   386          19.527  22-03-94  10:22
PERCENT   DLL           4.576  03-09-93  14:03
SUMOPCL   EXE         472.720  22-03-94  10:21
SPOOLER   QUE          10.208  19-02-96   0:19
CHKLIST   MS              216  26-02-96  23:16
         5 file(s)        507.247 Bytes
         4 dir(s)     151.527.424 Bytes free
```

Essa operação é chamada de **Redirecionamento de Saída**, pois a saída, que em princípio deveria ir para a tela, é redirecionada para um arquivo onde é armazenada de forma permanente.

Ela é realizada pelo sistema operacional, e só é possível se o comando à esquerda do sinal de redirecionamento > colocar os dados num local onde o sistema operacional possa buscá-los. Esse local chama-se **saída-padrão**.

Sempre que se redireciona a saída de um comando, o sistema operacional altera o endereço da saída-padrão do comando e o faz escrever a sua saída no endereço associado ao arquivo que lhe foi passado na linha de comando.

Nota:

Para que exista redirecionamento de saída de um comando, é absolutamente necessário que esse comando coloque os seus dados na saída-padrão.

A maior parte das funções de escrita que conhecemos em C coloca a sua saída na saída-padrão (ex: *printf*, *puts*, *putchar*...). É também possível escrever diretamente na saída-padrão recorrendo a funções de escrita em arquivos, passando-lhe o descritor **stdout.**

Exemplo:

```
fprintf(stdout,"Hello World\n");
```

é equivalente a

```
printf("Hello World\n");
```

Nota:

O redirecionamento de um comando para um arquivo através do sinal > faz com que o arquivo destino, se já existir, seja apagado. Para evitar esse problema, pode-se indicar ao Sistema Operacional para continuar a adicionar a saída do comando a partir do final do arquivo, se este já existir, através do símbolo >> (dois sinais de maior).

Tudo o que foi dito em relação à saída-padrão pode ser adaptado para a entrada-padrão, com as devidas modificações.

Sempre que um programa necessita ler dados introduzidos pelo usuário em geral não os lê diretamente a partir do teclado, como se poderia pensar, mas usa a entrada-padrão como fonte. É o sistema operacional que é responsável por essa associação e, por padrão, a entrada-padrão está associada ao teclado.

Um exemplo típico de redirecionamento da entrada-padrão provocado pelo usuário ocorre com o comando **more**. Esse comando permite visualizar o conteúdo de um arquivo, página a página. No entanto (no MS-DOS), esse comando não aceita qualquer parâmetro, nem mesmo o nome do arquivo a ser apresentado.

O problema é resolvido **Redirecionando a Entrada** do Comando através do sinal <.

```
C:\DOS> MORE < arq.txt
```

O comando **more** irá apresentar o conteúdo do arquivo arq.txt, apresentando uma página de cada vez.

Experimente a seguinte linha de comando:

```
C:\> MORE
```

Em seguida escreva, em linhas separadas, os números entre 1 e 30 (termine no MS-DOS com **^Z** e no *Unix* com **^D**)[8].

A maior parte das funções de leitura que conhecemos em C obtém os seus dados (sua entrada) a partir da entrada-padrão (ex: *scanf*, *gets*, *getchar*...). É também possível ler dados diretamente a partir da entrada-padrão recorrendo a funções de leitura sobre arquivos passando-lhe o descritor **stdin**.

Exemplo:

```
fscanf(stdin,"%d %c",&Idade, &Sexo);
```

é equivalente a

```
scanf("%d %c",&Idade, &Sexo);
```

---

[8]Seqüência de Caracteres indicadora de End-of-File.

Nota:

> Para que exista redirecionamento da entrada para um comando, é absolutamente necessário que esse comando leia os dados a partir da entrada-padrão.

Nota: No Unix é ainda possível redirecionar os erros provocados por um comando através do operador 2 >, o qual não tem correspondência no MS-DOS.

Pipes

O *pipe*[9] é uma estrutura de comunicação que permite que a saída de um comando seja aproveitada como entrada de um outro comando.

Por exemplo, o comando dir permite mostrar na tela o nome de todos os arquivos existentes num diretório. No entanto, estes podem ser tantos que não caibam na tela, sendo necessário mostrá-los página a página. Podemos para tal usar o comando **more**.

Exemplo:

```
C:\DOS> DIR > mytmp
```

O resultado do comando dir é armazenado no arquivo `mytmp`.

Em seguida mostramos o conteúdo do arquivo, página a página:

```
C:\DOS> MORE < mytmp
```

Depois, só nos resta apagar o arquivo temporário:

```
C:\DOS> DEL mytmp
```

Essas três operações demonstram o funcionamento de um pipe entre dois comandos.

Nota:

> Para existir um pipe é necessário que o comando original escreva a sua saída na saída-padrão e que o segundo comando receba os seus dados a partir da entrada-padrão.

Por quê? Para que possam ter um local (padrão) para o fornecimento e recepção dos dados. A saída de um comando é a entrada do outro.

Um pipe é realizado através do símbolo **|** (barra vertical), e a sua sintaxe é:

```
Comando1 | Comando2
```

Um pipe é sempre equivalente a três comandos individuais:

```
Comando1 | Comando2
```

é equivalente a

```
    Comando1 > tmp_file
    Comando2 < tmp_file
    del tmp_file
```

Os três comandos do MS-DOS anteriormente apresentados podem ser resumidos na seguinte linha:

```
C:\DOS> DIR | MORE
```

O comando dir coloca a sua saída na saída-padrão, a qual é passada à entrada do comando more.

---

[9] De pipeline.

Nota:

Para que exista um pipe, o primeiro comando tem que escrever os seus dados na saída-padrão, e o segundo comando terá que lê-los a partir da entrada-padrão.

Pergunta: Como implementar um comando redirecionável?

Resposta: Nada mais simples, basta escrever os dados na saída-padrão e/ou ler os dados a partir da entrada-padrão.

[Exercício de Exame]

Escreva o utilitário **upper**, que converte toda a entrada proveniente de um arquivo ou da entrada-padrão para maiúsculas, cuja sintaxe é:

```
upper [arquivo]
```

Nota: Os colchetes indicam que o parâmetro é opcional.

upper.c

```
 1: #include <stdio.h>
 2: #include <stdlib.h>
 3: #include <ctype.h>
 4:
 5: main(int argc, char *argv[])
 6: {
 7:   FILE *fp;
 8:   int ch;
 9:
10:   switch(argc)
11:     {
12:     case  1: fp = stdin;
13:              break;
14:     case  2: if ((fp=fopen(argv[1],"r"))==NULL)
15:                 { fprintf(stderr,"Imp. abrir o arq %s\n",argv[1]);
16:                   exit(1);
17:                 }
18:              break;
19:     default:fprintf(stderr,"Sintaxe:\n\n%s [Arquivo]\n", argv[0]);
20:             exit(2);
21:     }
22:
23:   while ((ch=fgetc(fp))!=EOF)
24:     putchar(toupper(ch));
25:   fclose(fp);
26: }
```

Se não for passado qualquer argumento ao programa (argc=1), vamos ler os dados a partir da entrada-padrão (como se se tratasse de um arquivo).

Se receber um argumento, terá que ser o nome do arquivo, o qual terá que ser aberto para leitura.

Em qualquer dos casos a variável **fp** contém o endereço do local onde os dados serão lidos (seja *stdin* ou o arquivo).

Depois, é só ler cada um dos caracteres, convertê-lo para maiúsculas e escrevê-lo na tela (isto é, na saída-padrão).

Experimente, em seguida, as seguintes linhas de comando:

```
$ upper  upper.c
$ upper < upper.c
$ dir | upper
$ dir | upper | more
$ upper < upper.c | more
```

Filtros

Um filtro é um programa que recebe informação normalmente a partir de um arquivo ou de um outro comando e a processa (filtra) segundo algum critério.

Por exemplo, podemos ter filtros que nos mostrem apenas as linhas pares de um arquivo, ou as linhas que contenham uma determinada expressão, etc.

[Exercício de Exame]

Implemente o utilitário head, cuja sintaxe é a seguinte

```
head [-n] [arqin]
```

A sua função é colocar na saída-padrão as primeiras *n* linhas do arquivo passado na linha de comando.

Notar que os valores entre colchetes são opcionais.

Caso o valor de **n** não seja passado, mostram-se 10 linhas por padrão.

Caso o arquivo de entrada não seja passado, deverá ser feito o processamento a partir da entrada-padrão.

A identificação dos dois parâmetros deve ser realizada levando em consideração que o nome do arquivo de entrada não poderá começar pelo caractere '-'.

Supõe-se que as linhas têm no máximo 80 caracteres.

Exemplo:

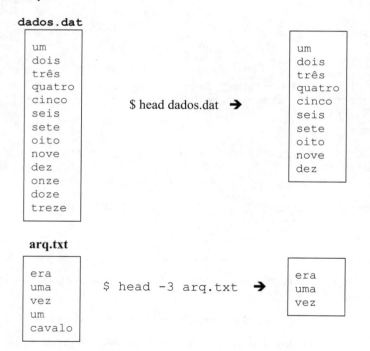

O primeiro problema que nos surge é *"Como é que se pega numa coisa dessas?"*

Vamos então resolver este exercício passo a passo.

Em primeiro lugar, precisamos saber como se lê uma linha de um arquivo. Se a leitura de linhas a partir do teclado se faz através da função *gets*, então a leitura de linhas a partir de um arquivo de texto deverá realizar-se através da função **fgets**[10], cuja sintaxe é:

```
char *fgets(char *s , int n , FILE *arq)
```

---
[10]File Get String.

Essa função coloca em **s** a *string* lida no arquivo **arq**. A função **gets** termina a leitura da *string* quando encontrar um \n no arquivo ou quando já tiver lido **n-1** caracteres, pois o outro caractere é reservado para o \0.

A função retorna a *string* lida apontada por **s** ou **NULL**, em caso de erro, ou End of File.

Nota: A função fgets mantém nas strings os \n lidos a partir do arquivo.

A escrita da strings em arquivo pode ser realizada através da função

```
int fputs(const char *s, FILE *arq)
```

que retorna um valor não-negativo, caso a escrita seja realizada com sucesso, ou EOF no caso contrário.

Vamos então começar:

Pergunta: Quais os #includes de que necessitamos?

- **stdio.h**: Pois a leitura e o processamento de arquivos são um processamento de in/out *standard*.

- **stdlib.h**: Para ter acesso à função **atoi**, que permite a conversão da *string* contendo o número passado na linha de comando para o inteiro que ela representa, e ainda à função **exit**, que permite terminar o programa.

```
#include <stdio.h>
#include <stdlib.h>
```

Vamos declarar uma constante simbólica, com o valor do número máximo de caracteres por linha, e uma outra com o caractere que nos permitirá saber se estamos em presença de um número ou do nome do arquivo.

```
#include <stdio.h>
#include <stdlib.h>

#define MAX_LIN 80
#define SINAL '-'
```

Vamos agora declarar a função main, que terá que ser capaz de obter os parâmetros a partir da linha de comando.

```
main(int argc, char *argv[])
{

}
```

Pergunta: Quais as variáveis que vamos necessitar?

- *Variável do tipo **FILE*** para conter informação sobre o arquivo.*
- *String com **MAX_LIN+1** caracteres (não esquecer que o \0 também ocupa espaço) para guardar cada linha lida no arquivo.*
- *Inteiro que vá contando as linhas que foram processadas até ao momento.*
- *Inteiro que indique qual o número das linhas a serem mostradas.*

```
main(int argc, char *argv[])
{
  FILE *fp = stdin;     /* stdin: Por Padrão */
  char s[MAX_LIN+1];    /* String            */
  int i=0;              /* Nenhuma linha foi processada ainda */
  int n_lins = 10;      /* 10 linhas: Por Padrão */
}
```

Em primeiro lugar, vamos estudar o valor do **argc**.

As sintaxes válidas possíveis são:

```
head
head -n
```

```
        head arq
        head -n arq
```

pois o segundo e o terceiro parâmetros são opcionais.

Dessa forma, o valor do argc terá que estar compreendido entre 1 e 3.

```
main(int argc, char *argv[])
{
  FILE *fp = stdin;       /* stdin: Por Padrão */
  char s[MAX_LIN+1];      /* String             */
  int i=0;                /* Nenhuma linha foi processada ainda */
  int n_lins = 10;        /* 10 linhas: Por Padrão */

  switch(argc)
    {
          case  1:
          case  2:
          case  3:
          default: Erro_Fatal(1,"");
    }
}
```

Se o valor de **argc** for 1 não há qualquer teste a fazer, pois todas as cargas iniciais necessárias já foram realizadas (fp=stdin).

```
switch(argc)
    {
          case  1: break;
          case  2:
          case  3:
          default: Erro_Fatal(1,"");
    }
```

Se o valor de argc for 2, temos que saber em qual das situações estamos

```
head -n
head arq
```

Para tal, verificamos se o primeiro caractere de argv[1] é ou não o sinal '-'.

```
switch(argc)
  {
    case  1: break;
    case  2:   if (argv[1][0]==SINAL)
                 n_lins = atoi(argv[1]+1);
               else
                 if ((fp=fopen(argv[1],"r"))==NULL)
                    Erro_Fatal(2,argv[1]);
               break;
    case  3:
    default: Erro_Fatal(1,"");
  }
```

Se o primeiro caractere de argv[1] for o sinal '-' (Ex: "-20"), então o número de linhas a serem mostradas nos é dado pela *string* que começa no segundo caractere de *argv* (argv[1]+1) usando a função **atoi** para obter o inteiro correspondente.

Se não for o sinal '-' é porque se trata do nome do arquivo. Vamos, então, abrir o arquivo. Caso não se possa abrir, colocamos o erro na tela e terminamos a aplicação, chamando a função Erro_Fatal, que descreveremos mais adiante.

Se o valor de argc for 3, estamos diante da seguinte sintaxe:

```
        head -n arq
```

Temos, então, que saber quantas linhas iremos mostrar e qual o arquivo de onde iremos ler os dados.

```
      switch(argc)
      {
        case  1: break;
        case  2: if (argv[1][0]==SINAL)
                    n_lins = atoi(argv[1]+1);
                 else
                    if ((fp=fopen(argv[1],"r"))==NULL)
                      Erro_Fatal(2,argv[1]);
                 break;
        case  3: if (argv[1][0]!=SINAL)
                    Erro_Fatal(1,"");
                 else
                 { n_lins = atoi(argv[1]+1);
                   if ((fp=fopen(argv[2],"r"))==NULL)
                      Erro_Fatal(2,argv[2]);
                 }
                 break;
        default: Erro_Fatal(1,"");
      }
```

Caso o segundo argumento da linha de comando não comece pelo sinal '-' é mostrada a sintaxe do comando.

Senão é colocado em **n_lins** o número de linhas a serem processadas e é aberto o arquivo passado em argv[2].

Caso o valor de argc não seja 1, 2 ou 3 é mostrada a sintaxe do comando e terminada a aplicação.

```
        default: Erro_Fatal(1,"");
```

Nesse momento, se o programa ainda estiver funcionando é porque foi passado um número de parâmetros admissível pelo programa e estes estavam corretos. O número de linhas para processar é igual a **10** ou o número indicado pelo usuário. O arquivo a ser processado é o indicado pelo usuário ou, caso contrário, usa-se o *stdin*. Em qualquer dos casos as variáveis **n_lins** e **fp** estão carregadas com os valores usados pelo programa.

O que é importante perceber é que a partir desse momento podemos pensar que estamos trabalhando com um arquivo existente no disco do nosso computador, ainda que possamos estar lendo os dados via *stdin*. No entanto, o processamento de arquivos através de *streams* permite-nos abstrair qual a origem do arquivo que estamos na realidade processando.

Vamos agora fazer a leitura das strings do arquivo enquanto o número de linhas a serem apresentadas estiver em falta ou não se encontrar o final do arquivo.

```
        while (fgets(s,MAX_LIN+1,fp)!=NULL && i++<n_lins)
            printf(s);
```

Notar que a leitura deve ser realizada enquanto for retornada alguma *string* pela função **fgets** (isto é, não retorna **NULL**) e enquanto o contador de linhas for inferior a **n_lins**. Repare que imediatamente após a comparação **i<n_lins** é incrementada a variável **i** (i++<n_lins), pois já foi lida mais uma linha.

Eis, finalmente, o programa completo:

head.c

```
1: #include <stdio.h>
2: #include <stdlib.h>
3:
4: #define MAX_LIN 80
5: #define SINAL '-'
6:
7: /*
8:  *  Mostra o erro e termina o programa
9:  */
```

```
10:
11: void Erro_Fatal(int num_erro, char *string)
12: {
13:    switch(num_erro)
14:       {
15:          case 1: /* Mostrar a Sintaxe */
16:                  fprintf(stderr,"Sintaxe:\n\nhead [-n] [Arq]\n\n");
17:                  break;
18:          case 2: /* Erro de Abertura no arquivo */
19:                  fprintf(stderr,"Imp. Abrir o arquivo '%s'\n", string);
20:                  break;
21:       }
22:    exit(num_erro);
23: }
24:
25: main(int argc, char *argv[])
26: {
27:    FILE *fp = stdin;     /* stdin: Por Padrão */
28:    char s[MAX_LIN+1];    /* String             */
29:    int i=0;              /* Nenhuma linha foi processada ainda */
30:    int n_lins = 10;      /* 10 linhas: Por Padrão */
31:
32:    switch(argc)
33:       {
34:          case  1: break;
35:          case  2: if (argv[1][0]==SINAL)
36:                      n_lins = atoi(argv[1]+1);
37:                   else
38:                      if ((fp=fopen(argv[1],"r"))==NULL)
39:                         Erro_Fatal(2,argv[1]);
40:                   break;
41:          case  3: if (argv[1][0]!=SINAL)
42:                      Erro_Fatal(1,"");
43:                   else
44:                      { n_lins = atoi(argv[1]+1);
45:                        if ((fp=fopen(argv[2],"r"))==NULL)
46:                           Erro_Fatal(2,argv[2]);
47:                      }
48:                   break;
49:          default: Erro_Fatal(1,"");
50:       }
51:
52:    while (fgets(s,MAX_LIN+1,fp)!=NULL && i++<n_lins)
53:       printf(s);     /* ou fputs(s,stdout); */
54:    fclose(fp);
55: }
```

Notar que foi implementada uma função para tratamento dos erros, de forma a evitar a repetição de código ao longo do programa.

A função Erro_Fatal recebe dois parâmetros — o número do erro e uma *string* que pode ser necessária para a construção do erro.

Experimente agora as seguintes linhas de comando:

```
$ head head.c
$ head -3 head.c
$ head < head.c
$ head -3 < head.c
$ dir | head
$ dir | head -7
$ head -50 head.c | more
```

[Exercício de Exame]

Implemente o utilitário **conta**, cuja sintaxe é a seguinte:

    `conta [-l] [arq]`

Este programa deverá ler os dados a partir do arquivo passado como parâmetro (ou a entrada-padrão) e, para cada linha, deverá indicar qual o número de caracteres que a formam. Caso se tenha passado a opção **-l**, é também indicado o número da linha correspondente.

Este utilitário recebe como parâmetros:

-l   Indica se se quer mostrar o número da linha.
arq Um arquivo simples de texto com caracteres distribuídos por linhas.

Nota: Supõe-se que as linhas não possuem mais de 80 caracteres.

Exemplos:

```
$ conta alfa.txt
54
124
65
...

$ conta -l alfa.txt
1: 54
2: 124
3: 65
...
```

conta.c

```
 1: #include <stdio.h>
 2: #include <stdlib.h>
 3: #include <string.h>
 4:
 5: #define MENOS       '-'
 6: #define MENOS_L     "-l"
 7: #define MAX_LIN     80
 8:
 9: void Erro_Fatal(int num_erro, char *string);
10:
11: main(int argc, char *argv[])
12: {
13:    int mostra_linhas = 0; /* Por padrão não mostra           */
14:    int n_linha=0;         /* N° da linha que estamos processando */
15:    FILE *fp=stdin;
16:    char s[MAX_LIN+1];
17:
18:    switch(argc)
19:       {
20:       case 1: break;
21:       case 2: if (stricmp(argv[1],MENOS_L)==0)
22:                  mostra_linhas=1;
23:               else
24:                  if ((fp=fopen(argv[1],"r"))==NULL)
25:                     Erro_Fatal(2,argv[1]);
26:               break;
27:       case 3: if (argv[1][0]!=MENOS)
28:                  Erro_Fatal(3,argv[1]);   /* Flag inválido */
29:               if (stricmp(argv[1],MENOS_L)!=0)
30:                  Erro_Fatal(3,argv[1]);   /* Flag inválido */
31:               mostra_linhas=1;
```

```
32:                    if ((fp=fopen(argv[2],"r"))==NULL)
33:                      Erro_Fatal(2,argv[2]);
34:                    break;
35:        default: Erro_Fatal(1,"");
36:      }
37:
38:   while (fgets(s,MAX_LIN+1,fp)!=NULL)
39:     {s[strlen(s)-1]='\0';      /* Tirar o \n */
40:      if (mostra_linhas)
41:        fprintf(stdout,"%d: %d\n",++n_linha,strlen(s));
42:      else
43:        printf("%d\n",strlen(s));
44:     }
45:   fclose(fp);
46: }
47:
48: void Erro_Fatal(int num_erro, char *string)
49: {
50:   switch(num_erro)
51:     {
52:      case 1: /* Mostrar a Sintaxe */
53:           fprintf(stderr,"Sintaxe:\nconta [-l] [Arq]\n\n");
54:           break;
55:      case 2: /* Erro de Abertura no arquivo */
56:          fprintf(stderr,"Imp. Abrir o arquivo '%s'\n",string);
57:           break;
58:      case 3: /* Opção Inválida */
59:           fprintf(stderr,"Opção \"%s\" Inválida\n",string);
60:           break;
61:     }
62:   exit(num_erro);
63: }
```

Processamento de Arquivos Binários

Nos exemplos anteriormente apresentados vimos como são processados os arquivos de texto. Embora se diga que os arquivos de texto não são formatados internamente, na realidade existe um formato interno que é identificado pela ocorrência de '\n' separando os caracteres existentes no arquivo por linhas.

Quando se fala de arquivos binários estamos normalmente nos referindo a arquivos que não são de texto e correspondem, em geral, a arquivos de dados, arquivos executáveis, jogos, etc.

Nos arquivos binários não faz sentido ler uma linha, pois essa noção não existe, pelo simples fato de esses arquivos não estarem organizados por linhas, como é habitual nos nossos arquivos de texto.

Por isso, as funcionalidades que são exigidas à linguagem para tratamento de arquivos binários são um pouco diferentes das requeridas quando se trata de arquivos de texto.

As operações que necessitaremos usar para processar esses arquivos são vulgarmente denominadas **Acesso Direto**, e só podem ser utilizadas em arquivos abertos em modo binário.

O Acesso Direto é normalmente associado ao processamento de dados. Os dados são escritos em blocos da memória para o disco e lidos em blocos do disco para a memória.

Dessa forma é possível escrever um vetor inteiro em disco de uma só vez, enquanto pela forma tradicional teríamos que escrever elemento a elemento. O mesmo é válido em relação ao carregamento de um vetor a partir de um arquivo em disco.

As funções de leitura e escrita que permitem Acesso Direto são **fread** e **fwrite**.

Escrita de Blocos em Arquivos Binários

A função **fwrite** faz parte do arquivo *stdio.h* e é responsável por escrever um bloco de *bytes* existente em memória para um arquivo aberto em modo binário. A sua sintaxe é:

```
int fwrite(const void *ptr, int size, int n, FILE *arq)
```

em que:

ptr É um ponteiro para **void** (isto é, pode ser um ponteiro para qualquer tipo) e contém o endereço de memória daquilo que pretendemos guardar em arquivo. **const** indica que o parâmetro (ou o que ele aponta) não será alterado.

size Indica o tamanho em *bytes*[11] de cada um dos elementos que pretendemos escrever.

n Indica o número de elementos que queremos escrever.

arq Descritor, indicando o arquivo onde os dados irão ser colocados. Esse argumento é a variável que recebeu o resultado da função *fopen*.

Retorna: O número de itens que se conseguiu escrever com sucesso. (Atenção, retorna o número de itens (0..*n*) e não o número de *bytes* escritos.)

Exemplo: Escreva um programa que leia um vetor com 10 inteiros a partir do teclado e guarde os seus valores no arquivo DADOS.DAT.

prog1003.c

```
 1: #include <stdio.h>
 2: #include <stdlib.h>  /* Por causa da função exit */
 3:
 4: main()
 5: {
 6:   FILE *fp;
 7:   int i, v[10];
 8:
 9:   /* Ler os Dados a partir do Teclado */
10:   for (i=0; i<10; i++)
11:     {
12:       printf("Introd. o %d-ésimo Nº: ",i+1);
13:       scanf("%d",&v[i]);
14:     }
15:
16:
17:   /* Abrir o Arquivo DADOS.DAT */
18:   if ((fp = fopen("DADOS.DAT","wb"))==NULL)
19:     { printf("Impossível criar o arquivo %s\n","DADOS.DAT");
20:       exit(1);
21:     }
22:
23:   if (fwrite(v,sizeof(int),10,fp)!=10)
24:      fprintf(stderr, "Não foram escritos todos os elementos!!!\n");
25:
26:   fclose(fp);
27: }
```

Repare nos parâmetros (do fim para o princípio) da função **fwrite**. Pretende-se escrever os dados no arquivo **fp**. São **10** os elementos que pretendemos escrever, cada um deles com o tamanho de um inteiro (**sizeof(int)**). Como se trata de um vetor, todos os elementos ocupam posições contíguas de memória. O

---
[11] A dimensão em *bytes* de um determinado elemento pode ser obtida através do operador sizeof.

endereço do primeiro elemento é dado por **&v[0]**, que é igual a **v**, pois o nome de um vetor corresponde sempre ao endereço do seu primeiro elemento.

A instrução

```
fwrite(v,sizeof(int),10,fp)
```

poderia ter sido escrita de várias maneiras:

```
for (i=0;i<10;i++)
   fwrite(v+i,sizeof(int),1,fp)   /* Um de cada vez */
```

ou

```
fwrite(v,1,sizeof(int)*10,fp)    /* 10*sizeof(int) Bytes */
```

Observação: Analogamente, se x fosse uma variável do tipo double a sua escrita no arquivo seria realizada através da instrução

```
fwrite(&x,sizeof(double),1,fp);
```

ou

```
fwrite(&x,sizeof(x),1,fp);
```

Leitura de Blocos de Arquivos Binários

A função **fread** faz parte do arquivo *stdio.h* e é responsável pela leitura para memória de um bloco de *bytes* existente num arquivo aberto em modo binário. A sua sintaxe é:

```
int fread(const void *ptr, int size, int n, FILE *arq)
```

em que:

ptr É um ponteiro para **void** (isto é, pode ser um apontador para qualquer tipo) e contém o endereço de memória onde queremos colocar os dados que iremos ler a partir do arquivo.

size Indica o tamanho em *bytes* de cada um dos elementos que pretendemos ler.

n   Indica o número de elementos que queremos ler.

arq Descritor, indicando o arquivo de onde os dados serão lidos. Esse argumento corresponde à variável que recebeu o resultado da função **fopen**.

Retorna: O número de itens que se conseguiu ler com sucesso. (Atenção, é o número de itens (0...n), e não o número de *bytes* lidos.)

Exemplo: Escreva um programa que carregue um vetor com 10 inteiros lidos a partir do arquivo DADOS.DAT escritos em disco pelo programa anterior. Depois de ler os 10 inteiros deverá mostrá-los na tela.

prog1004.c

```
 1: #include <stdio.h>
 2: #include <stdlib.h> /* Por causa da função exit */
 3:
 4: main()
 5: {
 6:     FILE *fp;
 7:     int i, v[10],n;
 8:
 9:     /* Abrir o Arquivo DADOS.DAT */
10:     if ((fp = fopen("DADOS.DAT","rb"))==NULL)
11:        { printf("Impossível Abrir o arquivo %s\n","DADOS.DAT");
12:          exit(1);
13:        }
14:
```

```
15:        n = fread(v,sizeof(int),10,fp);
16:        if (n!=10)
17:           fprintf(stderr, "Foram lidos apenas %d Elementos!!!\n",n);
18:
19:        /* Apresentar os dados ao usuário */
20:        for (i=0; i<n; i++)
21:           printf("%2dº Nº: %d\n",i+1,v[i]);
22:
23:        fclose(fp);
24: }
```

Repare nos parâmetros (do fim para o princípio) da função **fread**. Pretende-se ler os dados a partir do arquivo **fp**. São **10** os elementos que pretendemos ler, cada um deles com o tamanho de um inteiro (**sizeof(int)**). Como se trata de um vetor, todos os elementos ocupam posições contíguas de memória. O endereço do primeiro elemento é dado por **&v[0]**, que é igual a **v**, pois o nome de um vetor corresponde sempre ao endereço do seu primeiro elemento.

A instrução

```
fread(v,sizeof(int),10,fp)
```

poderia ter sido escrita de várias maneiras:

```
for (i=0;i<10;i++)
  fread(v+i,sizeof(int),1,fp)   /* Um de cada vez */
```

ou

```
for (i=0;i<10;i++)
  fread(&v[i],sizeof(int),1,fp)   /* Um de cada vez */
```

ou

```
fread(v,1,sizeof(int)*10,fp)    /* 10*sizeof(int) Bytes */
```

O programa anterior poderia ser escrito sem recorrer ao vetor, uma vez que este, depois de carregado, não é usado senão para mostrar o valor de todos os seus elementos. Poder-se-ia, assim, ter declarado uma variável simples do tipo inteiro que fosse carregada com cada um dos valores.

prog1005.c

```
1: #include <stdio.h>
2: #include <stdlib.h> /* Por causa da função exit */
3:
4: main()
5: {
6:     FILE *fp;
7:     int i=0, valor,n;
8:
9:         /* Abrir o Arquivo DADOS.DAT */
10:    if ((fp = fopen("DADOS.DAT","rb"))==NULL)
11:       { printf("Impossível Abrir o arquivo %s\n","DADOS.DAT");
12:         exit(1);
13:       }
14:
15:    while (fread(&valor,sizeof(int),1,fp))
16:       printf("%2dº Nº: %d\n",++i,valor);
17:
18:    fclose(fp);
19: }
```

Repare que a função **fread** retorna o número de elementos realmente lidos. Por isso o resultado será 1 ou 0, pois estamos solicitando a leitura de apenas um elemento. Se a leitura for possível a função retorna 1, caso contrário retorna 0. Ora, esses valores podem ser aproveitados como valores lógicos (Verdade e Falso) para controlar a execução do laço que realiza a leitura.

Detecção do Final de Arquivo (End-of-File)

Como já vimos, existem diversas formas de detectar a ocorrência de End-of-File.

Sempre que utilizamos um arquivo para realizar qualquer tipo de processamento existe uma estrutura do tipo **FILE** que o representa em memória, contendo informação diversificada sobre o arquivo que se está processando. Vale salientar, informação relativa ao número de *bytes* que o arquivo ocupa, sua posição atual, etc.

Estamos diante de uma situação de End-of-File sempre que a posição corrente do arquivo estiver além do número de *bytes* que este contém. Isso quer dizer que se abrirmos um arquivo vazio não estaremos em situação de **End-of-File**. Essa situação só se verifica depois de uma tentativa de processamento para além do final do arquivo. Por exemplo, só depois de se tentar ler um caractere a partir de um arquivo vazio é que temos a garantia de detectar o End-of-File corretamente.

A detecção de End-of-File é realizada através da função feof, cuja sintaxe é:

```
int feof(FILE *arq)
```

Essa função devolve um valor lógico, indicando se o argumento passado à função está ou não numa situação de End-of-File.

Nota:

> A função feof só detecta uma situação de End-of-File depois de ter sido realizada uma operação sobre o arquivo que a provoque. A detecção de End-of-File num arquivo recém-aberto devolve Falso.

Verifique o seguinte exemplo, que cria um arquivo vazio, volta a abri-lo e faz em seguida a detecção do End-of-File.

prog1006.c

```
1:  #include <stdio.h>
2:  #include <stdlib.h> /* Por causa da função exit */
3:
4:  main()
5:  {
6:      FILE *fp;
7:      int i=0, valor,n;
8:
9:          /* Criar o Arquivo LIXO vazio*/
10:     if ((fp = fopen("LIXO","wb"))==NULL)
11:         { printf("Impossível Criar o arquivo %s\n","LIXO");
12:           exit(1);
13:         }
14:     fclose(fp);
15:
16:     /* Abrir o Arquivo */
17:
18:     if ((fp = fopen("LIXO","rb"))==NULL)
19:         { printf("Impossível Abrir o arquivo %s\n","LIXO");
20:           exit(1);
21:         }
22:
23:     puts(feof(fp)? "EOF" : "NOT EOF");
24:
25:     /* Tentar ler um caractere */
26:     fgetc(fp);
27:
28:     puts(feof(fp)? "EOF" : "NOT EOF");
29:
30:     fclose(fp);
31: }
```

```
$ prog1006
NOT EOF
EOF
```

Mais uma vez repare atentamente que depois de aberto o arquivo (ainda que vazio) a função **feof** devolve falso, e só depois de se tentar ler um caractere e falhar é que ela devolve verdade.

Notar que, durante muitos anos, autores que escreviam livros sobre essa matéria implementavam os laços de leitura da seguinte forma:

```
while (!feof(fp))
   ...
```

o que pode levar a alguns resultados surpreendentes e errados.

Problema: Implemente um programa que conte o número de caracteres existentes num arquivo passado na linha de comando.

prog1007.c   (Resolução não correta)

```
1:  #include <stdio.h>
2:  #include <stdlib.h> /* Por causa da função exit */
3:
4:  main(int argc, char*argv[])
5:  {
6:      FILE *fp;
7:      int conta=0;
8:
9:      if (argc!=2)
10:       { printf("Sintaxe:\n\n%s arquivo\n\n",argv[0]);
11:         exit(1);
12:       }
13:
14:     if ((fp = fopen(argv[1],"rb"))==NULL)
15:       { printf("Impossível Abrir o arquivo %s\n",argv[1]);
16:         exit(2);
17:       }
18:     while (!feof(fp))
19:       { fgetc(fp); /* Ler um char */
20:         conta++;
21:       }
22:     fclose(fp);
23:
24:   printf("Total de Caracteres: %d\n",conta);
25: }
```

```
$ prog1007 prog1007.c
Total de Caracteres: 477
```

No entanto, repare que

```
$ DIR prog1007.c

 Volume in drive C is MS-DOS_6
 Volume Serial Number is 1F2D-A80B
 Directory of C:\TMP

PROG1007 C              476    04-10-96  16:31 PROG1007.C
         1 file(s)             476 Bytes
         0 dir(s)       150.175.744 Bytes free
```

Como se pode verificar, o valor retornado pelo nosso programa aumenta sempre uma unidade ao total de bytes de um arquivo pela razão anteriormente referida, relativa ao funcionamento da função **feof**.

Este programa deveria ter sido implementado da seguinte forma:

prog1007.c

```
 1: #include <stdio.h>
 2: #include <stdlib.h> /* Por causa da função exit */
 3:
 4: main(int argc, char*argv[])
 5: {
 6:     FILE *fp;
 7:     int conta=0;
 8:
 9:     if (argc!=2)
10:       {printf("Sintaxe:\n\n%s arquivo\n\n",argv[0]);
11:          exit(1);
12:       }
13:
14:     if ((fp = fopen(argv[1],"rb"))==NULL)
15:        { printf("Impossível Abrir o arquivo %s\n",argv[1]);
16:          exit(2);
17:        }
18:     while (fgetc(fp)!=EOF) /* Ler um char */
19:         conta++;
20:     fclose(fp);
21:
22:   printf("Total de Caracteres: %d\n",conta);
23: }
```

$ prog1007 prog1007.c
Total de Caracteres: 476

Repare ainda que se o arquivo não for aberto em modo binário o resultado ainda é mais surpreendente, pois os dois caracteres que no MS-DOS representam o NewLine CR+LF são lidos como se fossem um só:

$ prog1007 prog1007.c
Total de Caracteres: 451

Perdendo-se na contagem um caractere por linha.

Nota:

> Todas as funções que fazem a leitura a partir de arquivos retornam algum valor especial sempre que é detectado o final de arquivo. Por exemplo, as funções fgetc e fscanf devolvem a constante simbólica EOF.

Acesso Seqüencial e Acesso Direto a Arquivos

O acesso à informação pode ser realizado de duas formas diferentes:

1. **Acesso Seqüencial** – Como temos feito até agora, percorrendo o arquivo até localizarmos aquilo que pretendemos.

2. **Acesso Direto** – Colocando-nos na posição que queremos de um arquivo, sem ter que percorrer todos os *bytes* que se encontram antes dessa posição.

Imagine que procuramos o Sr. Rafael Silva na lista telefônica da sua área. Se utilizarmos o **Acesso Seqüencial** começamos pela primeira página onde lemos todos os nomes, tentando ver se algum deles é o Sr. Rafael. Repetimos esse processo até chegar à página 1343, isto depois de 20 dias de cansaço extremo e de um novo conjunto de lentes para os óculos.

Se utilizarmos o **Acesso Direto**, e como sabemos que a lista aparece de forma ordenada, abrimos a lista logo na página 1343 sem ter que folhear cada uma das páginas que estão para trás.

Acesso Direto significa que podemos ir para qualquer posição do arquivo sem ter que percorrer todas as posições intermédias, como acontece no Acesso Seqüencial.

Posicionamento ao Longo de um Arquivo

Sempre que se abre um arquivo através da função **fopen** é criada em memória uma estrutura do tipo **FILE** que contém informação sobre o arquivo que se está processando. Nessa informação salienta-se a posição em que estamos no arquivo, isso porque as funções de leitura e escrita avançam automaticamente no arquivo à medida que vão lendo ou escrevendo a informação.

Como já foi dito anteriormente, C não vê os arquivos de forma formatada, por isso a posição corrente de um arquivo nos é dada em termos de *bytes*. Assim, sempre que um arquivo é aberto (exceto no modo para acrescentar "a") ficamos posicionados antes do primeiro *byte* do arquivo, isto é, na posição 0 (Zero).

Nota:

Sempre que se abre um arquivo para leitura ("r") ou escrita ("w") ficamos posicionados na posição ZERO do arquivo, isto é, imediatamente antes do primeiro *byte*. Se o arquivo for aberto para acrescentar ("a") ficamos posicionados após o último *byte* do arquivo.

Nota:

Só faz sentido falar em posicionamento em arquivos quando estamos processando arquivos binários.

Para saber qual a posição que ocupo presentemente num arquivo posso recorrer à função *ftell*, cuja sintaxe é:

```
long ftell(FILE *arq)
```

Repare que essa função retorna um **long** e não um **int**, pois a dimensão dos arquivos pode ultrapassar o valor máximo representado por um inteiro.

Problema: Escreva um programa que abra um arquivo e indique quantos *bytes* ele contém, obtendo esse valor através de Acesso Seqüencial.

prog1008.c

```
 1: #include <stdio.h>
 2: #include <stdlib.h> /* Por causa da função exit */
 3:
 4: main(int argc, char*argv[])
 5: {
 6:     FILE *fp;
 7:     long int nBytes=0;
 8:
 9:     if (argc!=2)
10:        {printf("Sintaxe:\n\n%s arquivo\n\n",argv[0]);
11:         exit(1);
12:        }
13:
14:     if ((fp = fopen(argv[1],"rb"))==NULL) /* Binário */
15:        { printf("Impossível Abrir o arquivo %s\n",argv[1]);
16:         exit(2);
17:        }
```

```
18:
19:     /* Acesso Seqüencial Byte a Byte */
20:
21:     while (fgetc(fp)!=EOF)  /* Ler um char */
22:             nBytes++;
23:     fclose(fp);
24:
25:     printf("Dim. do Arquivo: %ld\n",nBytes);
26: }
```

```
C:\TMP> prog1008 prog1008.exe
Dim. do Arquivo: 27648
```

O mesmo resultado podia ter sido obtido pelo seguinte extrato:

```
19:     /* Acesso Seqüencial Byte a Byte */
20:
21:     while (fgetc(fp)!=EOF)  /* Ler um char */
22:             ;
23:     printf("Dim. do Arquivo: %ld\n",ftell(fp));
24:
25:     fclose(fp);
26: }
```

Independentemente do local onde nos encontremos, é sempre possível voltar a colocar o ponteiro para apontar para o início do arquivo através da função *rewind*, evitando assim fechar o arquivo e voltar a abri-lo para simplesmente colocar o ponteiro no início do arquivo. A sua sintaxe é:

void rewind(FILE *arq)

Exemplo:

Ler 10 inteiros para um vetor:

`fread(vetor, sizeof(int), 10, fp);`

Voltar ao início do arquivo:

`rewind(fp);`

A função mais importante de posicionamento num arquivo é a função **fseek**, pois permite-nos apontar o ponteiro para qualquer posição de um arquivo. Essa mobilidade pode ser relativa a um determinado local no arquivo ou independentemente de qualquer local. A sua sintaxe é:

int fseek(FILE *arq , long salto , int origem)

arq Representa o arquivo sobre o qual pretendemos operar.

salto (ou *offset*) Indica o número de *bytes* que pretendemos andar (um valor positivo indica que pretendemos andar para a frente, um valor negativo indica que pretendemos andar para trás).

origem Indica o local a partir do qual queremos realizar o salto no arquivo. São admitidos apenas três valores, que estão definidos como constantes.

Constante	Valor	Significado
SEEK_SET	0	O salto é realizado a partir da origem do arquivo.
SEEK_CUR	1	O salto é realizado a partir da posição corrente do arquivo.
SEEK_END	2	O salto é realizado a partir do final do arquivo.

Essa função devolve 0 se o movimento dentro do arquivo foi realizado com sucesso. Caso contrário, devolve um valor diferente de 0.

Problema: Escreva um programa que abra um arquivo e indique quantos *bytes* ele contém, obtendo esse valor através de Acesso Direto, isto é, sem ter que percorrer todo o arquivo contando cada um dos caracteres lá existentes.

prog1009.c

```
 1: #include <stdio.h>
 2: #include <stdlib.h> /* Por causa da função exit */
 3:
 4: main(int argc, char*argv[])
 5: {
 6:     FILE *fp;
 7:
 8:     if (argc!=2)
 9:         {printf("Sintaxe:\n\n%s arquivo\n\n",argv[0]);
10:          exit(1);
11:         }
12:
13:   if ((fp = fopen(argv[1],"rb"))==NULL) /* Binário */
14:       { printf("Impossível Abrir o arquivo %s\n",argv[1]);
15:         exit(2);
16:       }
17:
18:   /* Ir para o fim do arquivo */
19:
20:   fseek(fp,0L,SEEK_END);          /* ou fseek(fp,0L,2); */
21:   printf("Dim. do Arquivo: %ld\n",ftell(fp));
22:   fclose(fp);
23: }
```

```
C:\TMP>prog1009 prog1008.exe
Dim. do Arquivo: 27648
```

Problema: Escreva um programa que solicite ao usuário 10 reais e os armazene em arquivo. Em seguida deve solicitar ao usuário um número entre 1 e 10 e mostrar o valor que tinha introduzido nessa ordem. Deverá também mostrar o primeiro e o último elemento do arquivo.

Exemplo:

```
Introd. o 1-ésimo Nº real: 1.2
Introd. o 2-ésimo Nº real: 2.3
Introd. o 3-ésimo Nº real: 3.4
Introd. o 4-ésimo Nº real: 4.5
Introd. o 5-ésimo Nº real: 5.6
Introd. o 6-ésimo Nº real: 6.7
Introd. o 7-ésimo Nº real: 7.8
Introd. o 8-ésimo Nº real: 8.9
Introd. o 9-ésimo Nº real: 9.1
Introd. o 10-ésimo Nº real: 10.2

Qual a ordem do Número que pretende ver 1..10? 4

O 4º valor introduzido foi 4.500000
O 1º valor introduzido foi 1.200000
O Último valor introduzido foi 10.200000
```

prog1010.c

```
1: #include <stdio.h>
2: #include <stdlib.h> /* Por causa da função exit */
3:
```

```
 4: main()
 5: {
 6:    FILE *fp;
 7:    int i,n;
 8:    float v[10],x;
 9:
10:    /* Ler os Dados a partir do Teclado */
11:    for (i=0; i<10; i++)
12:       {
13:          printf("Introd. o %d-ésimo Nº real: ",i+1);
14:          scanf("%f",&v[i]);
15:       }
16:
17:
18:    /* Abrir o Arquivo DADOS.DAT */
19:    if ((fp = fopen("DADOS.DAT","w+b"))==NULL)
20:       { printf("Impossível Criar o arquivo %s\n","DADOS.DAT");
21:          exit(1);
22:       }
23:
24: if (fwrite(v,sizeof(float),10,fp)!=10)
25:    fprintf(stderr, "Não foram escritos todos os elementos!!!\n");
26:
27:    printf("\nQual a ordem do Número que pretende ver 1..10? ");
28:    scanf("%d",&n);
29:
30:    /* Mostrar o n-ésimo Número */
31:
32:    fseek(fp,(long) (n-1)*sizeof(float) , SEEK_SET);
33:    fread(&x,sizeof(float),1,fp);
34:
35:    printf("\nO %dº valor introduzido foi %f\n",n,x);
36:
37:    /* Mostrar o primeiro valor */
38:
39:    rewind(fp);
40:    fread(&x,sizeof(float),1,fp);
41:    printf("O 1º valor introduzido foi %f\n",x);
42:
43:    /* Mostrar o Último valor */
44:
45:    fseek(fp,-(long) sizeof(float),SEEK_END);
46:    fread(&x,sizeof(float),1,fp);
47:    printf("O Último valor introduzido foi %f\n",x);
48:
49:    fclose(fp);
50: }
```

Repare que neste programa pretende-se escrever e ler sobre o mesmo arquivo. Para tal deve ser aberto para leitura e escrita de forma a que no início seja criado o arquivo. O modo de abertura será, portanto, **"w+b"**.

```
19:      if ((fp = fopen("DADOS.DAT","w+b"))==NULL)
```

Em seguida, é solicitada ao usuário a introdução do índice do elemento que pretende consultar no arquivo (suponhamos o índice 4, como no exemplo).

Para poder ler o quarto elemento, teremos que dar um salto de três elementos a partir do início do arquivo, de forma a ficar colocado imediatamente antes do quarto elemento do vetor.

Teremos, assim, que andar *3*sizeof(float) bytes* a partir do início (**SEEK_SET**) do arquivo. Como a variável n indicava o índice do elemento que pretendíamos visualizar, teremos então que nos colocar na posição

```
(n-1)*sizeof(float).
```

Esse valor tem ainda que ser convertido para *long*, como espera a função **fseek**.

```
32:     fseek(fp,(long) (n-1)*sizeof(float) , SEEK_SET);
```

Depois de estarmos corretamente posicionados no arquivo, lê-se o valor recorrendo à função **fread**, a qual deverá ler no arquivo **fp**, uma vez, **sizeof(float)** *bytes* para colocar no endereço da variável de destino **x**.

```
33:     fread(&x,sizeof(float),1,fp);
```

Em seguida, temos que apresentar o primeiro valor presente no arquivo. Adotamos a posição para tal no início do arquivo através da chamada à função

```
39:     rewind(fp);
```

realizando a leitura tal como anteriormente.

Para apresentarmos o valor do último elemento existente no arquivo teremos que colocar o apontador do arquivo após o penúltimo elemento do arquivo. O problema reside no fato de não sabermos quantos são os elementos do arquivo. Mas isso não é um problema para um ilustre programador em C. Invoca-se a função *fseek*, colocando o apontador a partir do fim do arquivo (**SEEK_END**) e indicando, em seguida, para andar para trás, o número de *bytes* que constituem um *float sizeof(float)*. Tudo isso através da instrução

```
45:     fseek(fp,-(long) sizeof(float),SEEK_END);
```

Depois disso já poderemos realizar a leitura do valor através da função **fread**.

Problema: Implemente um programa que abra o arquivo "DADOS.DAT" criado pelo exemplo anterior e mostre os valores nele presentes apenas nas posições ímpares do arquivo (isto é, os elementos com índice 1, 3, 5, ...).

Exemplo:

$ prog1011
1.200000
3.400000
5.600000
7.800000
9.100000

prog1011.c

```
 1: #include <stdio.h>
 2: #include <stdlib.h> /* Por causa da função exit */
 3:
 4: main()
 5: {
 6:    FILE *fp;
 7:    float x;
 8:
 9:    /* Abrir o Arquivo DADOS.DAT */
10:    if ((fp = fopen("DADOS.DAT","rb"))==NULL)
11:      { printf("Impossível Abrir o arquivo %s\n","DADOS.DAT");
12:        exit(1);
13:      }
14:
15:    while (1)
16:      {
```

```
17:    if (fread(&x,sizeof(float),1,fp)==0) /* Falhou a Leitura */
18:       break;
19:    printf("%f\n",x);
20:    fseek(fp,sizeof(float),SEEK_CUR);
21:  }
22:  fclose(fp);
23: }
```

Repare que agora o objetivo é saltar um *float* após cada leitura do arquivo. Isto é conseguido através da chamada à função

```
20:            fseek(fp,sizeof(float),SEEK_CUR);
```

indicando para saltar `sizeof(float)` *bytes* a partir da posição corrente (`SEEK_CUR`).

Problema: Implemente a função **Qtos_Reais** que recebe o descritor de um arquivo de *floats* já aberto para leitura e devolve o número de *floats* que o arquivo contém, deixando o arquivo apontar para o mesmo local para onde apontava quando entrou para a função.

Para saber qual o número de *floats*, a estratégia a seguir é colocarmos o apontador no final do arquivo

```
fseek(fp,0L,SEKK_END);
```

A função ftell(fp) devolve o número de *bytes* que o arquivo contém, pois estamos posicionados no final do arquivo. Para saber quantos *floats* estão lá dentro, bastará dividir esse valor pelo tamanho de cada *float*, isto é:

```
ftell(fp)/sizeof(float)
```

Mas, ao colocarmos o apontador no final do arquivo perdemos a sua antiga posição, a qual temos que salvaguardar para manter o arquivo no mesmo estado.

A função completa é escrita da seguinte forma:

```
long Qtos_Reais(FILE *fp)
{
  long n_floats,
       old_pos = ftell(fp); /* Posição corrente */

  fseek(fp,0L,SEEK_END);
  n_floats = ftell(fp)/sizeof(float);

  fseek(fp , old_pos , SEEK_SET); /* Repor Estado Inicial */

  return n_floats;
}
```

Resumo do Capítulo 10

Os arquivos são vistos pela linguagem C como seqüências de *bytes* sem qualquer formato especial.

Os arquivos são elementos externos e independentes de qualquer programa. Por isso é necessária uma variável do tipo **FILE *** para que eles sejam logicamente representados.

Sobre um arquivo podem ser executadas, genericamente, quatro operações:

- Abertura   Função **fopen**
- Leitura e Escrita   Funções **fread**, **fwrite**, **fgets**, **fputs**, **fprintf**, **fscanf**, **fgetc**, ...
- Posicionamento   Funções **fseek**, **rewind**
- Fechamento   Função **fclose**

A **Abertura de um Arquivo** pode ser realizada para leitura (**"r"**), escrita (**"w"**) ou acréscimo (**"a"**). Esse modo pode ainda ser combinado com a indicação de abertura em modo de texto ou modo binário.

A abertura para leitura e escrita simultaneamente é feita adicionando-se um "+" ao modo de abertura (Exemplo: **"r+b"**).

A linguagem C, por ter sido desenhada para escrever o sistema operacional Unix, está particularmente bem adaptada à manipulação de arquivos. Em particular, a generalidade dos periféricos pode ser representada num programa em C como um arquivo de entrada ou saída, sendo por isso possível abstrair o seu processamento específico, limitando-nos a escrever o código necessário ao processamento de um arquivo comum.

Em conseqüência disso, a linguagem adapta-se particularmente bem à implementação de **Pipes** e **Filtros** e à implementação de aplicações que permitam o redirecionamento da sua entrada/saída.

O processamento de arquivos binários pode ser realizado através de Acesso Direto ou através de Acesso Seqüencial.

A função **fseek** permite o posicionamento na posição *K* arquivo sem que se tenha que percorrer todas as *K-1* posições anteriores.

Exercícios Resolvidos

→ Implemente o utilitário **mostra**, cuja sintaxe é a seguinte:

mostra [-opção] [f1…..fn] [-opção] [fi…..fk] …. -oarq_out

O objetivo desse utilitário é mostrar apenas alguns caracteres de cada arquivo, de acordo com a opção selecionada.

As opções possíveis são:

-M   *Mostrar apenas todos os caracteres em Maiúsculas*
-m   *Mostrar apenas todos os caracteres em Minúsculas*
-d ou -D *Mostrar apenas todos os Dígitos*

Por padrão, a opção ativa é a opção **-M**.

A saída é normalmente realizada na tela, porém se o último parâmetro apresentar o formato *-oarq_out* a saída deverá ser enviada para o arquivo de nome *arq_out*.

No caso de serem passadas opções consecutivas, a que estiver mais à direita é que é aplicada a cada um dos arquivos que se segue, até que outra opção altere o modo do processamento dos arquivos restantes.

Exemplo:

f1.txt   F2.txt

```
Era 1 vez em 2006    Flamengo - Vasco 1X2
um Exame de LP       Santos - Palmeiras 1X2
```

```
$ mostra f1.txt -d f1.txt -M -d -m f2.txt -d f2.txt f1.txt
f1.txt
EELP
f1.txt
12006
f2.txt
lamengoascoantosalmeiras
f2.txt
1212
f1.txt
12006

$ mostra f1.txt -d f2.txt f1.txt -oDados.out
```

```
$ type Dados.out
f1.txt
EELP
f2.txt
1212
f1.txt
12006
```

mostra.c

```c
 1: #include <stdio.h>
 2: #include <string.h>
 3: #include <stdlib.h>
 4: #include <ctype.h>
 5:
 6: #define OP_OUT "-o"
 7:
 8: main(int argc, char *argv[])
 9: {
10:    FILE *fin,*fout=stdout;
11:    int i;            /* Para percorrer todos os parâmetros */
12:    int ch;           /* Para Ler os caracteres do Arquivo */
13:    char opcao = 'M'; /* Por Padrão -M */
14:
15:    /* Verificar se o último parâmetro é do tipo -oArq */
16:
17:    if (strnicmp(argv[argc-1],OP_OUT,strlen(OP_OUT))==0)
18:      {
19:       if ((fout=fopen(argv[argc-1]+2,"wt"))==NULL)
20:         {
21:          fprintf(stderr,"Impossível Criar o Arquivo %s\n\n" ,argv[argc-1]);
22:          exit(1);
23:         }
24:       else
25:         argc--; /* O último parâmetro já foi tratado */
26:      }
27:
28:    for (i=1;i<argc;i++)
29:      {
30:       if (argv[i][0]=='-')  /* Se for uma opção */
31:          switch (argv[i][1])
32:            {
33:             case 'm' :
34:             case 'M' :
35:             case 'd' :
36:             case 'D' : opcao=argv[i][1];
37:             /* Se for qualquer outra opção -- Ignorar */
38:            }
39:       else /* E um Arquivo */
40:          {
41:           fprintf(fout,"%s\n",argv[i]);
42:           if ((fin=fopen(argv[i],"r"))==NULL)
43:             continue; /* Passa ao próximo */
44:           while ((ch=fgetc(fin))!=EOF)
45:             switch (opcao)
46:               {
47:                case 'm' : if (islower(ch)) fputc(ch,fout); break;
48:                case 'M' : if (isupper(ch)) fputc(ch,fout); break;
49:                case 'd' :
50:                case 'D' : if (isdigit(ch)) fputc(ch,fout); break;
51:               }
52:           fclose(fin);
53:           fputc('\n',fout); /* Mudar de Linha */
54:          }
```

```
55:    }
56:    fclose(fout);
57:    exit(0);
58: }
```

Exercícios Propostos

1. Implemente o utilitário **Line** .c que mostre o conteúdo de um arquivo recebido na linha de comando, mostrando para cada linha o número respectivo.

```
$ type dados.dat
As armas
Os Barões
Assinalados
Luis de Camões
```

```
$ line dados.dat
  1: As armas
  2: Os Barões
  3: Assinalados
  4: Luis de Camões
```

Este é o utilitário utilizado na formatação dos programas escritos neste livro. Se repararmos, todos os programas são apresentados com o número da linha. Ora, levando-se em conta as centenas ou milhares de linhas de código contidas neste livro, seria muito aborrecido numerá-las manualmente, correndo-se o risco de colocar números incorrectos.

Por isso, nada melhor do que escrever um programa que faça isso por nós. Não é por preguiça, mas simplesmente para evitar que nosso programa apresente erros tão primários.

2. Implemente o utilitário **Proc.c**, cuja sintaxe é a seguinte:

Proc [-t] Arquivo

O arquivo é constituído por expressões binárias entre dois inteiros, e o objetivo do utilitário é mostrar cada uma das expressões e o respectivo resultado.

No final deverá ser mostrada a soma total do resultado de cada uma das expressões.

Se a opção -t for passada, apenas se deve mostrar o total global da somas das expressões.

Exemplos

```
$ type dados.dat
3+2
5*3
3*5
10/5
-5-7
2*-4
```

```
$ proc dados.dat
3 + 2 = 5
5 * 3 = 15
3 * 5 = 15
10 / 5 = 2
-5 - 7 = -12
2 * -4 = -8
17
```

```
$ proc -t dados.dat
17
```

11

Estruturas

Objetivos

- O que é uma estrutura
- Declaração e carga inicial de estruturas
- Definição de tipos — *typedef*
- Acesso aos campos de uma estrutura
- Estruturas dentro de estruturas
- Passagem de estruturas para funções
- Ponteiros para estruturas
- Arquivos de estruturas
- Acesso seqüencial e direto a arquivos de estruturas
- Implementação de uma base de dados de contatos

Introdução

Nos capítulos anteriores todos os nossos dados eram armazenados em variáveis simples, isto é, variáveis dos tipos **char**, **int**, **float** ou **double**. Aprendemos também a armazenar conjuntos de valores relacionados em vetores que tinham a capacidade de conter vários elementos do mesmo tipo.

As estruturas em C (que correspondem aos registros em outras linguagens) permitem colocar, em uma única entidade, elementos de tipos diferentes.

Uma estrutura é um conjunto de uma ou mais variáveis (às quais vulgarmente também se chamam campos ou membros) agrupadas sob um único nome, de forma a facilitar a sua referência.

As estruturas podem conter elementos com qualquer tipo de dados válidos em C (tipos básicos, vetores, *strings*, ponteiros ou mesmo outras estruturas).

Nota:

As componentes armazenadas dentro de uma estrutura são vulgarmente denominadas campos ou membros da estrutura.

Suponhamos que pretendíamos representar em uma aplicação os principais dados que constituem um indivíduo.

Uma possível solução seria a declaração de variáveis individuais para cada uma das características a representar.

Exemplo:

```
int idade;
char sexo, est_civil;
char Nome[60];
float salario;
int dia;
char mes[12];
int ano;
```

No entanto, essa solução não é a mais aconselhável, pois nada nos diz que as variáveis estão de algum modo relacionadas entre si.

Declaração de Estruturas

A declaração de estruturas é realizada através da seguinte sintaxe:

```
struct [nome_da_estrutura]
  {
    tipo₁     campo₁, campo₂;
         ...
    tipoₙ     campo;
  } ;
```

Nota:

Como o seu nome indica, a declaração de uma estrutura corresponde unicamente à definição de um novo tipo (isto é, da sua estrutura), e não à declaração de variáveis do tipo estrutura.

Podemos, por exemplo, definir uma estrutura capaz de suportar datas.

```
struct Data
{ int Dia,Ano;
  char Mes[12];
};
```

A definição da estrutura **Data** (`struct Data`) indica simplesmente que, a partir daquele momento o compilador passa a conhecer um outro tipo, chamado **struct Data**, que é composto por dois inteiros e um vetor com 12 caracteres.

No exemplo anterior, **Data** não é uma variável, mas sim o nome pelo qual é conhecida essa nova definição de tipo de dados.

Declaração de Variáveis do Tipo Estrutura

Para declarar uma variável do tipo **struct Data**, apresentada anteriormente, basta indicar qual o tipo (**struct Data**) seguido do nome das variáveis.

```
struct Data d, datas[100], *ptr_data;
```

em que

- **d** é uma variável do tipo *struct Data*.
- **datas** é um vetor de 100 elementos, sendo cada um deles uma estrutura do tipo *struct Data*.
- **ptr_data** é um ponteiro para o tipo *struct Data*.

A declaração de variáveis pode também ser realizada quando se faz a definição da própria estrutura através da sintaxe:

```
struct [nome_da_estrutura]
{
    tipo₁     campo₁, campo₂;
    ...
    tipoₙ     campo;
} v₁, v₂, ..... , vₙ;
```

Exemplo de definição de uma estrutura e declaração de variáveis.

```
struct Data
{ int Dia,Ano;
  char Mes[12];
} d, datas[100], *ptr_data;
```

Problema: Defina uma nova estrutura capaz de suportar a definição de um indivíduo. Declare na definição as variáveis Paulo e Teresa desse mesmo tipo.

```
struct Pessoa
{
  int idade;
  char sexo, est_civil;
  char Nome[60];
  float salario;
} Paulo, Teresa;
```

struct Pessoa pode ser visto como a fôrma de um bolo.

Paulo e **Teresa** são dois bolos feitos nessa fôrma, tendo por isso um formato igual, embora o seu conteúdo, isto é, os valores dos membros, possa ser diferente.

Acesso aos Membros de uma Estrutura

Problema: Suponha que uma pessoa possui três características (mãe, pai e o cão).
Declare (em inglês) uma estrutura que represente a definição anterior.
Declare duas variáveis desse tipo (*John* e *Mary*).

```
struct Person
{
  char Mother[100],Father[100];
  char Dog[30];
} John;              /* John é uma variável do tipo struct Person */

struct Person    Mary;       /* Mary também */
```

Pergunta: Como é que se diz em inglês "*o pai do John*"?

Resposta: *John's Father.*

Pergunta: Como é que se diz em inglês "*a mãe da Mary*"?

Resposta: *Mary's Mother.*

Pergunta: Como é que se diz em inglês "*o cão do John*"?

Resposta: *John's Dog*[1].

Como se sabe, um dos objetivos das linguagens de programação é se assemelharem, o mais possível, à linguagem falada que utilizamos diariamente.

No entanto, não podemos escrever o código exatamente igual às respostas anteriores, pois o caractere *aspas simples* é utilizado em C para delimitar os caracteres. A solução adotada foi a substituição dos "'s" por um ponto '.'.

Nota:

Para acessar o membro *mmm* de uma estrutura *eee* usa-se o operador ponto (.) fazendo *eee.mmm*

Exemplo:

```
struct Data {int dia,ano; char mes[12];} dt_nasc;

dt_nasc.dia = 23;
strcpy(dt_nasc.mes,"Janeiro");
dt_nasc.ano = 1966;

printf("Data: %d/%s/%d\n", dt_nasc.dia, dt_nasc.mes, dt_nasc.ano);
```

Carga Inicial Automática de Estruturas

Uma estrutura pode ser iniciada quando é declarada usando-se a sintaxe:

struct nome_estrutura var = {valor$_1$,valor$_2$,....,valor$_n$} ;

Colocando entre chaves os valores dos membros da estrutura, pela ordem em que esses foram escritos na sua definição.

O programa anterior podia ter sido escrito de duas maneiras diferentes:

---

[1] :-) Um dia, ao fazer essas mesmas perguntas num curso de formação em C perante uma turma bem-humorada, um dos alunos respondeu que se o John e a Mary fossem casados então "mãe da Mary" seria traduzida em inglês por "John's Dog".

```
struct Data {int dia,ano; char mes[12];} dt_nasc = {23,1966,"Jan"};
printf("Data: %d/%s/%d\n", dt_nasc.dia, dt_nasc.mes, dt_nasc.ano);
```

ou

```
struct Data {int dia,ano; char mes[12];} ;      /* Decl. da Estrutura */
struct Data dt_nasc = {23,1966,"Jan"};     /* Decl. da Variável   */

printf("Data: %d/%s/%d\n", dt_nasc.dia, dt_nasc.mes, dt_nasc.ano);
```

Se a variável a ser iniciada for um vetor, a carga inicial é feita do mesmo modo, colocando cada um dos elementos dentro de chaves.

```
struct Data {int dia; char mes[12]; int ano;}; /* Decl. da Estrut. */
struct Data Natal = {25, "Dezembro" , 1999}; /* Decl. de Variável */

/* Declaração de um vetor de estruturas */

struct Data v[] = {{1,"Jan",1900},{2,"Fev",1920},{31,"Dez",1950}};
```

ou

```
struct Data v[3] = {{1,"Jan",1900},{2,"Fev",1920},{31,"Dez",1950}};
```

Nota:

> A definição de uma estrutura pode ser realizada sem indicar qual o seu nome. No entanto, todas as variáveis desse tipo têm que ser declaradas no momento da definição, pois a estrutura deixa de ser identificada fora do local da definição. Essas estruturas não podem ser enviadas ou recebidas dentro de funções, pois não possuem um nome que as identifique na definição dos parâmetros da função.

Exemplo:

```
/*
 * Exemplo errado, pois não podemos declarar variáveis desse tipo,
 * já que a estrutura não possui um identificador.
 */

struct {int dia,mes,ano;};

/*
 * Exemplo correto. Embora a estrutura não possua um identificador, as
 * variáveis são declaradas com a definição presente na estrutura.
 */
struct {int dia,mes,ano;} data_nasc,dia_natal;

data_nasc.dia = 23;
```

Definição de Tipos — typedef

Uma das desvantagens existentes na utilização de estruturas está na declaração das variáveis, que têm sempre que ser precedidas da palavra reservada **struct**, seguida do nome da estrutura.

O ideal seria podermos representar uma estrutura unicamente através de uma palavra (um sinônimo), tal como fazemos com os tipos-base da linguagem.

Isso é possível através da palavra reservada **typedef**, cuja sintaxe é:

```
typedef   tipo_existente   sinônimo
```

Nota:

A palavra typedef não cria um novo tipo. Permite apenas que um determinado tipo possa ser denominado de forma diferente, de acordo com as necessidades do programador.

A palavra **typedef** não se limita apenas a estruturas, mas pode ser utilizada com qualquer tipo da linguagem.

Exemplo:

```
typedef int inteiro;
```

O tipo **int** passa também a ser representado pela palavra **inteiro**. Podemos, por isso, declarar variáveis usando ambas as palavras.

```
int a, b[10], *ptr;
```

ou

```
inteiro a, b[10], *ptr;
```

Os tipos declarados podem ser mais ou menos complexos.

```
typedef char* POINTER;
typedef unsigned long int ULINT;
    ...
POINTER string = "Ola";      /* string é do tipo (char*)  */
ULINT n_total;       /* n_total é um inteiro longo sem sinal */
```

Problema: Declare um novo tipo denominado PESSOA, que permita identificar a estrutura pessoa.

```
typedef struct Pessoa
        {
            int idade;
            char sexo, est_civil;
            char Nome[60];
            float salario;
        } PESSOA;
```

Podemos agora declarar variáveis de duas formas diferentes:

```
struct Pessoa Carlos, Serafim;
```

ou

```
PESSOA Carlos, Serafim;
```

Se pretendermos utilizar sempre o sinônimo na definição de tipos e variáveis, podemos então fazer a declaração da estrutura sem o nome.

```
typedef struct         /* A estrutura não tem nome */
        {
            int idade;
            char sexo, est_civil;
            char Nome[60];
            float salario;
        } PESSOA;
```

Nota:

Na definição de um typedef não podem ser declaradas variáveis.

Exemplo errado!!!

```
typedef struct
    {
        int idade;
        char sexo, est_civil;
        char Nome[60];
        float salario;
    } PESSOA Paulo,Maria,Ines;  /* Não se podem decl. variáveis */
```

Onde Definir Estruturas e typedef

Se a definição de uma estrutura for realizada dentro de uma função ou procedimento, apenas essa função ou procedimento conhece essa definição.

Por isso, as estruturas devem ser definidas de forma a serem visíveis por todo o programa, fazendo a sua definição fora de qualquer função – em geral no início do programa ou num *header file* que se junte ao mesmo.

```
#include <......>
#include <......>

struct data {......};
typedef .........;

/* protótipos das funções */
......

/* funções */
f() {.......}
g() {.......}
main() {....}
h() {.......}
```

Nota: Um exemplo de um tipo já utilizado, definido com *typedef*, é o tipo FILE apresentado no capítulo sobre Arquivos. Para ver qual a sua definição, pode-se editar o arquivo *stdio.h*, procurando a palavra FILE.

Estruturas dentro de Estruturas

Como foi dito anteriormente, uma estrutura pode conter, na sua definição, variáveis simples, vetores, ponteiros ou mesmo outras estruturas.

A única restrição a que se tem que obedecer é que todas as estruturas ou tipos utilizados na definição de uma nova estrutura têm que estar previamente definidos.

Problema: Declare um novo tipo denominado pessoa que contenha nome, idade, salário e data de nascimento.

```
typedef struct
    {
        int Dia;
        char Mes[3+1];
        int Ano;
    } DATA;

typedef struct s_pessoa
  {
        char  Nome[100];
```

```
            int     Idade;
            float Salario;
            DATA    dt_Nasc;
     } PESSOA;
```

Problema: Declare uma variável simples desse tipo e um vetor com três pessoas.

```
struct s_pessoa homem, mulher[3];
```

ou

```
PESSOA homem, mulher[3];
```

Problema: Qual o código que teria de ser alterado, caso se pretendesse iniciar as variáveis anteriores no momento da declaração?

```
PESSOA homem    = {"Ze" ,23,123.45,{10,"MAI",1989}},
       mulher[3] = {{"To" ,51,   0.0,{15,"JUN",1975}},
                    {"Alf",17,  52.0,{22,"JUL",1956}},
                    {"NY" ,22,  25.93,{14,"DEZ",1956}}
                   };
```

Para adicionar um dia à data de nascimento do homem faz-se:

```
homem.dt_Nasc.Dia++;
```

Para colocar o ano de 1999 na segunda mulher do vetor, faz-se:

```
mulher[1].dt_Nasc.Ano = 1999;
```

Para alterar o mês da última mulher para "NOV", faz-se:

```
strcpy(mulher[2].dt_Nasc.Mes,"NOV");
```

Para mostrar na tela a primeira letra de cada um dos meses das mulheres, faz-se:

```
for (i=0; i<3 ; i++)
   putchar(mulher[i].dt_Nasc.Mes[0]);
```

ou então

```
for (i=0; i<3 ; i++)
   putchar(*mulher[i].dt_Nasc.Mes);
```

Como se pode observar

- mulher — É um vetor com três estruturas do tipo PESSOA.
- mulher[i] — Representa a i-ésima estrutura do tipo PESSOA.
- mulher[i].dt_Nasc — O mês que queremos acessar faz parte da estrutura denominada dt_Nasc.
- mulher[i].dt_Nasc.Mes — Nesta apenas queremos utilizar o campo Mês.
- mulher[i].dt_Nasc.Mes[0] — Do qual queremos obter apenas o primeiro caractere.

Passagem de Estruturas para Funções

A passagem de estruturas para funções se faz indicando no parâmetro o tipo associado à estrutura (ou o *typedef*).

Exemplo: Escreva uma função que permita escrever na tela os valores existentes em uma estrutura recebida como argumento.

prog1101.c

```
 1: #include <stdio.h>
 2:
 3: typedef struct {int Dia,Mes,Ano;} DATA;
 4:
 5: typedef struct pessoa
 6: {
 7:      char  Nome[100];
 8:      int   Idade;
 9:      float Salario;
10:      DATA  Nasc;
11: } PESSOA;
12:
13: void Mostrar(struct pessoa x)
14: {
15:     printf("Nome    : %s\n",x.Nome);
16:     printf("Idade   : %d\n",x.Idade);
17:     printf("Salário : %.2f\n",x.Salario);
18:     printf("Dt. Nasc : %d/%d/%d\n",x.Nasc.Dia,x.Nasc.Mes,
19:             x.Nasc.Ano);
20: }
21:
22: main()
23: {
24:     struct pessoa p = {"Carlos",23,12345.67,{23,5,1954}};
25:
26:     Mostrar(p);
27: }
```

Como se pode observar, o tipo a ser colocado no parâmetro da função corresponde ao tipo do argumento que lhe é enviado.

No entanto, como existe um *typedef* definido para esse mesmo tipo, poder-se-ia colocar, quer na função, quer na declaração da variável p, apenas o tipo PESSOA, isto é:

```
13: void Mostrar(PESSOA x)
14: {
         .....
19: }
20:
21:
22: main()
23: {
24:     PESSOA p = {"Carlos",23,12345.67,{23,5,1954}};
25: }
```

No entanto, é de notar que, mais uma vez, a passagem de parâmetros é realizada por valor, pois é colocada em x uma cópia da variável que lhe é enviada.

Dessa forma, não podemos alterar a variável enviada como argumento à função, a menos que lhe enviemos o endereço da variável, tal como fazíamos com as variáveis simples.

Vamos agora escrever um programa que realize o carregamento de uma estrutura através de uma função.

Como temos que alterar os valores presentes na estrutura, teremos que passar a essa função o endereço da estrutura que queremos ler.

No cabeçalho da função iremos colocar o endereço recebido em um ponteiro para o tipo da estrutura.

prog1102.c

```
1: #include <stdio.h>
2:
3: typedef struct {int Dia,Mes,Ano;} DATA;
```

```
 4:
 5: typedef struct pessoa
 6: {
 7:     char  Nome[100];
 8:     int   Idade;
 9:     float Salario;
10:     DATA  Nasc;
11: } PESSOA;
12:
13: /* Carrega a estrutura passada por parâmetro */
14:
15: void Ler(PESSOA *ptr)
16: {
17: printf("Qual o Nome         : "); gets((*ptr).Nome);
18: printf("Qual a Idade        : "); scanf("%d",&(*ptr).Idade);
19: printf("Qual o Salário      : "); scanf("%f",&(*ptr).Salario);
20: printf("Qual a Data Nascim. : ");
21: scanf("%d %d %d",&(*ptr).Nasc.Dia,&(*ptr).Nasc.Mes,
22:         &(*ptr).Nasc.Ano);
23: }
24:
25: /* Mostra a estrutura passada por parâmetro */
26:
27: void Mostrar(struct pessoa x)
28: {
29:   printf("Nome    : %s\n",x.Nome);
30:   printf("Idade   : %d\n",x.Idade);
31:   printf("Salário : %.2f\n",x.Salario);
32:   printf("Dt. Nasc : %d/%d/%d\n",x.Nasc.Dia,x.Nasc.Mes,
33:          x.Nasc.Ano);
34: }
35:
36: main()
37: {
38:      struct pessoa p = {"Carlos",23,12345.67,{23,5,1954}};
39:
40:   Mostrar(p);
41:   puts("\n");
42:   Ler(&p);
43:   puts("\n");
44:   Mostrar(p);
45: }
```

```
$ prog1102
Nome     : Carlos
Idade    : 23
Salário  : 12345.67
Dt. Nasc : 23/5/1954


Qual o Nome         : Zé Antônio
Qual a Idade        : 25
Qual o Salário      : 45678.6
Qual a Data Nascim. : 12 3 1952


Nome     : Zé Antônio
Idade    : 25
Salário  : 45678.60
Dt. Nasc : 12/3/1952
$
```

Como se pode observar, a invocação da função **Mostrar** é feita sem qualquer cuidado especial, pois a estrutura enviada à função já possui todos os valores de que necessita.

No caso da função Ler, é necessário passar para a função a variável onde se pretende colocar os dados introduzidos pelo usuário. Como em C só existe passagem de parâmetros por valor, temos, obrigatoriamente, que passar o endereço daquilo que pretendemos alterar, nesse caso o endereço da variável p.

```
42: Ler(&p);
```

Uma vez que passamos um endereço à função, esta irá armazenar o referido endereço em um ponteiro para o tipo da variável:

```
15: void Ler(PESSOA *ptr)
```

ou

```
15: void Ler(struct pessoa *ptr)
```

Nota:

> Uma vez que em C apenas existe passagem de parâmetros por valor, é absolutamente necessário passar o endereço de uma estrutura para uma função, se esta tiver por objetivo alterar algum dos campos da estrutura, devendo receber esse endereço em um parâmetro do tipo ponteiro para a estrutura.

Ao recebermos um ponteiro para o tipo da estrutura (**PESSOA *ptr**) dentro da função **Ler**, devemos ter algum cuidado na leitura dos valores.

Se ptr fosse uma estrutura do tipo PESSOA, então a leitura do nome seria realizada com:

```
gets(ptr.Nome);
```

Como ptr é um ponteiro, bastará colocar um asterisco antes da variável ptr:

```
gets(*ptr.Nome);
```

No entanto, existem dois operadores na expressão *ptr — o asterisco e o ponto.

Se se consultar a Tabela de Precedências[2] da linguagem C,

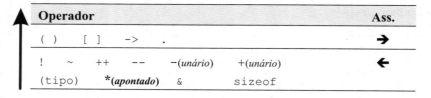

verifica-se que o operador **Ponto** (.) tem maior precedência que o operador **Apontado** (*).

Dessa forma, o compilador vai interpretar a expressão `*ptr.Nome` como

```
*(ptr.Nome)
```

o que provoca erro de compilação, pois *ptr* não é uma estrutura, não podendo assim acessar um campo seu chamado *Nome*.

O objetivo era ter acesso ao campo *Nome* que é apontado por *ptr*, isto é:

```
(*ptr).Nome
```

Como se pode observar, essa utilização é um pouco confusa e pode levar a erros de programação.

Por isso a linguagem C coloca à disposição dos programadores o operador -> (sinal menos seguido do sinal de maior), que permite simplificar a expressão anterior.

---

[2]Apêndice 2.

Nota:

Se Ptr for um ponteiro para uma estrutura e Campo um membro apontado por Ptr, então as expressões (*Ptr).Nome e Ptr->Nome são equivalentes.

Assim, o programa prog1102.c poderia ter sido escrito da seguinte forma:

prog1102.c

```
 1: #include <stdio.h>
 2:
 3: typedef struct {int Dia,Mes,Ano;} DATA;
 4:
 5: typedef struct pessoa
 6: {
 7:     char   Nome[100];
 8:     int    Idade;
 9:     float  Salario;
10:     DATA   Nasc;
11: } PESSOA;
12:
13: /* Carrega a estrutura passada por parâmetro */
14:
15: void Ler(PESSOA *ptr)
16: {
17: printf("Qual o Nome        : "); gets(ptr->Nome);
18: printf("Qual a Idade       : "); scanf("%d",&ptr->Idade);
19: printf("Qual o Salário     : "); scanf("%f",&ptr->Salario);
20: printf("Qual a Data Nascim. : ");
21: scanf("%d %d %d",&ptr->Nasc.Dia,&ptr->Nasc.Mes,&ptr->Nasc.Ano);
22: }
23:
24:
25: /* Mostra a estrutura passada por parâmetro */
26:
27: void Mostrar(struct pessoa x)
28: {
29: printf("Nome     : %s\n",x.Nome);
30: printf("Idade    : %d\n",x.Idade);
31: printf("Salário  : %.2f\n",x.Salario);
32: printf("Dt. Nasc : %d/%d/%d\n",x.Nasc.Dia,x.Nasc.Mes,
33:         x.Nasc.Ano);
34: }
35:
36: main()
37: {
38:     struct pessoa p = {"Carlos",23,12345.67,{23,5,1954}};
39:
40: Mostrar(p);
41: puts("\n");
42: Ler(&p);
43: puts("\n");
44: Mostrar(p);
45: }
```

Operações sobre Estruturas

Se *x* é uma estrutura e *m* é um membro dessa estrutura, então o operador ponto (.) permite obter o valor do membro *m* de *x* através de *x.m*.

Se *p* é um ponteiro para uma estrutura e *m* é um membro dessa estrutura, então o operador ponto (.) permite obter o valor do membro *m* de *x* através de *(*p).m*.

Se *p* é um ponteiro para uma estrutura e *m* é um membro dessa estrutura, então o operador -> permite obter o valor do membro *m* de *x* através de *p->m*.

Se *x* e *y* forem duas variáveis com a mesma estrutura, então, para copiar todos os membros de *x* para *y* basta fazer *y=x*, isto é, pode-se fazer a atribuição de estruturas.

Se *x* é uma estrutura, então &*x* devolve o endereço da estrutura em memória, isto é, o menor dos endereços ocupados pela estrutura em memória.

Se *x* é uma estrutura e *m* um campo dessa estrutura, então &*x.m* devolve o endereço de memória do membro *m* de *x*.

Não se pode fazer comparações diretas entre estruturas através dos operadores <,<=,>,>=,== ou !=. O programador deverá estabelecer qual a relação entre duas variáveis do tipo estrutura a partir de comparações entre os seus campos.

Nota: Para ter acesso a uma descrição sobre operações com ponteiros para estruturas, consulte o capítulo sobre Memória Dinâmica.

Arquivos de Estruturas

O processamento de estruturas armazenadas em arquivos é sempre realizado recorrendo a arquivos abertos em modo binário.

As estruturas são, em geral, lidas e escritas através das funções *fread* e *fwrite*, apresentadas no capítulo anterior.

A função **fread** faz parte do arquivo *stdio.h* e é responsável pela leitura para memória de um bloco de *bytes* existente em um arquivo aberto em modo binário. A sua sintaxe é:

```
int fread(const void *ptr, int size, int n, FILE *arq)
```

em que:

ptr – É um ponteiro para void (isto é, pode ser um ponteiro para qualquer tipo) e contém o endereço de memória onde queremos colocar os dados que iremos ler a partir do arquivo.

size – Indica o tamanho em *bytes*[3] de cada um dos elementos que pretendemos ler.

n – Indica o número de elementos que queremos ler.

arq – Descritor indicando o arquivo de onde os dados irão ser lidos. Esse argumento corresponde à variável que recebeu o resultado da função *fopen*.

Retorna: o número de itens lidos com sucesso. (Atenção, é o número de itens (0..n), e não o número de *bytes* lidos.)

Escrita de Blocos em Arquivos Binários

A função **fwrite** faz parte do arquivo stdio.h e é responsável por escrever um bloco de *bytes* existente em memória para um arquivo aberto em modo binário. A sua sintaxe é:

```
int fwrite(const void *ptr, int size, int n, FILE *arq)
```

em que:

---

[3] A dimensão em *bytes* de um determinado elemento pode ser obtida através do operador sizeof.

ptr – É um ponteiro para void (isto é, pode ser um ponteiro para qualquer tipo) e contém o endereço de memória daquilo que pretendemos guardar em arquivo. A palavra chave *const* indica que o parâmetro (ou o que ele aponta) não irá ser alterado.

size – Indica o tamanho em *bytes* de cada um dos elementos que pretendemos escrever.

n – Indica o número de elementos que queremos escrever.

arq – Descritor indicando o arquivo onde os dados irão ser colocados. Esse argumento é a variável que recebeu o resultado da função *fopen*.

Retorna: O número de itens que se conseguiu escrever com sucesso. (Atenção, devolve o número de itens (0..n), e não o número de *bytes* escritos.)

O posicionamento ao longo dos registros de um arquivo pode ser realizado através das funções *rewind* e *fseek*:

```
void rewind(FILE *arq)
```

Coloca o arquivo *arq* como se tivesse acabado de ser aberto.

A função mais importante de posicionamento em um arquivo é a função **fseek**, pois nos permite colocar em qualquer posição de um arquivo. Essa mobilidade pode ser relativa a um determinado local no arquivo ou independentemente de qualquer local. A sua sintaxe é:

```
int fseek(FILE *arq , long salto , int origem)
```

arq – Representa o arquivo sobre o qual pretendemos operar.

salto (ou offset) – Indica o número de *bytes* que pretendemos andar (um valor positivo indica que pretendemos andar para a frente, um valor negativo indica que pretendemos andar para trás).

origem – Indica qual o local a partir do qual queremos realizar o salto no arquivo. São admitidos apenas três valores, que estão definidos como constantes.

Constante	Valor	Significado
SEEK_SET	0	*O salto é realizado a partir da origem do arquivo.*
SEEK_CUR	1	*O salto é realizado a partir da posição corrente do arquivo.*
SEEK_END	2	*O salto é realizado a partir do final do arquivo.*

Essa função devolve 0 se o movimento dentro do arquivo foi realizado com sucesso. Caso contrário, devolve um valor diferente de 0.

Existe ainda uma função muito importante, que nos permite saber qual a posição (em termos de *bytes*) em que nos encontramos em um arquivo.

```
long ftell(FILE *arq)
```

A função *ftell* devolve a posição do arquivo em que nos encontramos, isto é, qual o número do *byte* para o qual o ponteiro aponta nesse momento.

Para percebermos como podemos armazenar e manusear estruturas em arquivos, iremos implementar, nos exercícios resolvidos e propostos, uma pequena aplicação que simule uma Base de Dados de contatos.

Resumo do Capítulo 11

A noção de estrutura em C é equivalente à noção de registro em outras linguagens de programação.

Em C, um vetor permite agrupar, sob uma mesma variável, um conjunto de elementos, sendo obrigatoriamente todos do mesmo tipo. As estruturas permitem agrupar diversos componentes em uma única variável, que podem ser definidos com tipos distintos.

O acesso aos membros de uma estrutura é feito utilizando o operador ponto (.) entre a variável e o membro da estrutura que se pretende acessar.

```
Variável.Membro
```

Podem ser colocadas estruturas dentro de estruturas.

Para evitar a repetição da palavra **struct** na declaração de variáveis, é possível definir um novo tipo de dados utilizando a palavra reservada **typedef**. A definição de novos tipos terá que ser sempre realizada a partir de tipos já existentes, definindo assim um sinônimo, isto é, uma outra forma de referência a esse tipo.

A passagem de estruturas para funções obedece às características gerais da linguagem, isto é, sempre é feita por valor. Por isso, caso se pretenda alterar uma estrutura dentro de uma função é necessário enviar o seu endereço.

Se **x** for uma estrutura, então para acessar o membro dessa estrutura faz-se **x.membro**.

Se **ptr** for um ponteiro para uma estrutura, então para acessar o membro dessa estrutura faz-se **(*ptr).membro** ou utiliza-se o operador **->** fazendo **ptr->membro**.

A leitura e a escrita de estruturas em um arquivo são feitas utilizando-se as funções **fread** e **fwrite**. Na realidade, ao utilizarmos essas funções não estamos escrevendo a estrutura, mas estamos escrevendo o conjunto de *bytes* consecutivos que a estrutura ocupa em memória.

Para obter mais detalhes sobre leitura e escrita de estruturas em arquivos, veja os exercícios implementados no final deste capítulo.

Exercícios Resolvidos

➔ Defina em C um novo tipo denominado Pessoa que contenha as seguintes características: Nome, Idade, Salário e um Indicador que mostre se o registro está apagado ou não.

```
typedef struct
{
  char Nome[30+1];
  int Idade;
  float Salario;
  char Status; /* '*' Indica que o registro está apagado */
} PESSOA;
```

➔ Implemente as funções Ler_Pessoa e Mostrar_Pessoa, que permitem ler e mostrar todos os dados relativos a uma determinada pessoa.

```
/* Lê os dados de um registro introduzidos pelo usuário */

void Ler_Pessoa(PESSOA *p)
{
  printf("Nome    : "); gets(p->Nome);
  printf("Idade   : "); scanf("%d",&p->Idade);
  printf("Salario : "); scanf("%f",&p->Salario);
  p->Status=' ';
  fflush(stdin);
}


/* Mostra na tela os dados existentes no registro */

void Mostrar_Pessoa(PESSOA p)
{
  printf("%-30s  %3d  %10.2f\n",p.Nome,p.Idade,p.Salario);
}
```

Exercícios Propostos

1. Implemente uma aplicação completa denominada **Gest.c** que contenha um Menu com as seguintes opções:

1. Inserir Registro
2. Alterar Registro
3. Apagar Registro
4. Listar Registros
5. Pesquisas
0. Sair

A opção 5 deverá apresentar um novo SubMenu com as seguintes opções:

1. Pesquisar por Intervalo de Idades
2. Pesquisar por Nome
0. Voltar

Implemente todas as funcionalidades presentes nas opções de cada um dos Menus.

[Exercício de Exame]

2. Suponha que se pretenda implementar uma lista estática de registros constituídos por um Número positivo e por um Nome com 40 caracteres.

A lista em questão não poderá ter mais que **MAX** registros (valor definido pelo programador).

a) Defina um novo tipo que represente a definição anterior de Registro.
Defina um novo tipo denominado **LISTA**, que suporte essa definição.
Declare a variável Lista que suporte, fisicamente, a lista a ser implementada.
b) Implemente a função **Inic**, que inicia a Lista.
c) Implemente a Função **Inserir**, que permite adicionar um Registro à Lista. Retorna a Posição em que foi introduzido ou -1, caso a lista esteja cheia.
d) Implemente a Função **Save**, que faz a escrita em disco de todos os registros existentes na lista; o nome do arquivo deverá ser passado como parâmetro da função. A função deverá devolver 1, se tudo correr bem, ou 0, caso contrário.
e) Implemente a Função **Load**, que faz a leitura dos registros existentes em arquivo (já aberto para leitura) e os insere na lista, levando em consideração aqueles que já possam estar lá. Retorna 1, caso tudo esteja bem, ou 0, caso contrário.
f) Implemente a Função **Listar**, que coloca na tela todos os elementos da Lista, linha a linha.

MEMÓRIA DINÂMICA

Objetivos

- Alocação de memória (*malloc, calloc, realloc*)
- Liberação de memória (*free*)
- Funções que retornam memória alocada dinamicamente
- Estruturas de dados dinâmicas
- Implementação de uma fila (dinamicamente)

Introdução

Até agora, para trabalharmos com *strings* ou vetores ou outros tipos de dados, mais ou menos complexos, era absolutamente necessário que soubéssemos, de início, qual o número de elementos de que iríamos necessitar.

Por exemplo, para criarmos duas *strings* iguais com um valor a ser introduzido pelo usuário declaravam-se as duas *strings* com uma dimensão suficientemente grande, de tal modo que a *string* introduzida pelo usuário pudesse ser copiada para o outro vetor.

Exemplo:

prog1201.c

```
 1: #include <stdio.h>
 2: #include <string.h>
 3:
 4: main()
 5: { char s[200],
 6:        outra[200]; /* 200 posições - seguro morreu de velho */
 7:
 8:   printf("Qual a sua String? "); gets(s);
 9:
10:   /* Colocar na string outra uma cópia da string s */
11:
12:   strcpy(outra,s);
13:
14:   printf("String Original: %s\nCópia: %s\n",s,outra);
15: }
```

Por que é que a *string* que irá conter a cópia tem que ser declarada *a priori* com uma determinada dimensão? Uma vez que seu objetivo é conter uma cópia da outra *string*, então podemos criar a *string* **outra** apenas depois de saber qual o espaço ocupado pela *string* introduzida pelo operador.

No entanto, tal coisa é proibida em C, pois a declaração de variáveis é feita no início dos programas/funções.

Este capítulo irá, assim, abordar a forma como se pode transpor esse problema, criando memória apenas quando se precisa dela, liberando-a assim que ela não seja mais necessária.

Poupa-se assim memória, ao evitar a alocação de grandes espaços de memória que só seriam novamente liberados quando terminasse o programa ou a função onde foram declarados.

Todas as funções que tratam da alocação dinâmica de memória encontram-se acessíveis através do **#include <stdlib.h >**.

Alocação de Memória

A alocação dinâmica de memória é normalmente realizada recorrendo-se a duas funções mais ou menos semelhantes: a função **malloc**[1] e a função **calloc**.

A sua sintaxe é a seguinte:

```
void *malloc(size_t  n_Bytes)
```

Ora, *size_t* é normalmente definido no *#include <stdlib.h>* como sendo

```
typedef unsigned int size_t;
```

---
[1] malloc = Memory Allocation.

isto é, corresponde a um inteiro sem sinal, pois só se pode alocar um número positivo de posições de memória.

O objetivo da função é criar um bloco constituído por *n_Bytes* bytes e devolver o endereço desse bloco.

Nota:

> A função *malloc* permite alocar o conjunto de *bytes* indicados pelo programador, devolvendo um ponteiro para o bloco de *bytes* criados ou NULL, caso a alocação falhe.

A função devolve um tipo um pouco esquisito **void***. Ora, como essa função permite criar qualquer tipo de dados, isto é, permite alocar qualquer número de *bytes* que ocupe um tipo de dados, o resultado terá que ser colocado num ponteiro.

Mas esse ponteiro aponta para que tipo?

Como pode alocar qualquer tipo de dados, **void*** significa que retorna um ponteiro para qualquer tipo, isto é, retorna um endereço de memória.

No exemplo anterior (prog1201.c), a criação da segunda *string* poderia ser realizada apenas depois de se saber qual o comprimento da *string* introduzida pelo utilizador.

Assim, o mesmo programa poderia ser escrito utilizando memória dinâmica do seguinte modo:

prog1202.c

```
 1: #include <stdio.h>
 2: #include <string.h>
 3: #include <stdlib.h>
 4:
 5: main()
 6: { char s[200],
 7:        *ptr ; /* Ponteiro para um conjunto de chars */
 8:
 9:   printf("Qual a sua String:"); gets(s);
10:
11:   /* Alocar a memória necessária */
12:   ptr = (char *) malloc(strlen(s)+1); /* '\0' também conta */
13:   if (ptr==NULL)
14:      puts("Problemas na Alocação da Memória");
15:   else
16:     {
17:      /* Colocar na string outra uma cópia da string s */
18:      strcpy(ptr,s);
19:
20:      /* Mostrar as duas strings */
21:      printf("String Original: %s\nCópia: %s\n",s,ptr);
22:
23:      /* Liberar a memória existente em ptr */
24:      free(ptr) ;
25:     }
26: }
```

Nesse exemplo, em vez de declararmos dois vetores declaramos um vetor e um ponteiro para o mesmo tipo do vetor (*char*).

Depois de lermos a *string* introduzida pelo utilizador, para criar uma cópia é necessário alocar o conjunto de caracteres significativos que existe na *string*, isto é, temos que alocar strlen(s) caracteres. No entanto, temos que colocar um '\0' no final do vetor para que este possa ser considerado uma *string*. Assim, teremos que alocar strlen(s)+1 *bytes*, pois cada caractere ocupa um *byte*.

```
12:    ptr = (char *) malloc(strlen(s)+1);
```

Como a função malloc devolve **void***, isto é, devolve um ponteiro para qualquer tipo, podemos evitar um *Warning* do compilador se convertermos o resultado da chamada à função *malloc* para o tipo da variável que irá receber o resultado.

Se a alocação for realizada sem problemas, a variável *ptr* passará a apontar para o primeiro *byte* do Bloco, podendo comportar-se, em tudo, como se se tratasse de um vetor denominado *ptr*.

A linha

```
24:     free(ptr);
```

permite liberar a memória anteriormente alocada. O ponteiro ptr fica com o mesmo valor, mas está apontando para uma zona de memória que já não lhe pertence.

Existe uma outra função que permite a alocação de memória. Essa função chama-se **calloc**, e sua sintaxe é:

```
void *calloc(size_t  num, size_t  size)
```

Essa função permite criar, dinamicamente, ***num*** elementos, cada um com dimensão ***size*** *bytes*.

Essa função devolve um ponteiro para a zona de memória que foi criada, ou, em caso de erro, devolve NULL.

Nota:

A função *calloc* permite criar *num* elementos, cada um deles com o mesmo número de *bytes* (size). A função coloca todos os *bytes* alocados com o valor 0 (ZERO). Devolve o endereço da zona criada ou NULL.

Problema: Implemente a função **calloc**.

```
void *calloc(size_t num , size_t size)
{
  void * tmp;
  tmp = malloc(num*size);
  if (tmp!=NULL)
    memset(tmp,'\0',num*size);
  return tmp;
}
```

Nesse caso, necessitamos de um ponteiro para criar a memória. Como se trata de um ponteiro genérico, pode ser declarado do tipo

```
void * tmp;
```

Em seguida, vamos alocar o conjunto de *bytes* de que necessitamos, isto é, *num*size bytes*

```
tmp = malloc(num*size);
```

Se o resultado for diferente de **NULL**, isto é, se tivermos conseguido alocar o espaço, então falta iniciar toda a memória com o número **0** (zero). Isso pode ser realizado recorrendo à função **memset**.

```
if (tmp!=NULL)
  memset(tmp,'\0',num*size);
```

Falta agora devolver o novo espaço alocado que se encontra no ponteiro **tmp**.

Nota: Estamos supondo que o resultado desta multiplicação não será maior que o tamanho máximo do tipo size_t, o que pode não acontecer. No entanto, esse exercício, por ser importante, é apresentado aqui.

A função **realloc** permite alterar o número de *bytes* que estão presentemente associados a um bloco previamente criado utilizando a função malloc ou calloc.

```
void *realloc(void *ptr, size_t new_size)
```

prog1203.c

```c
1:  #include <stdio.h>
2:  #include <string.h>
3:  #include <stdlib.h>
4:
5:
6:  int main(void)
7:  {
8:      char *str;
9:
10:     /* Criar String str */
11:     str = (char *) malloc(10);
12:
13:     /* colocar "Maria" na string str */
14:     strcpy(str, "Maria");
15:
16:     printf("String: %s\nEndereço:%p\n", str, str);
17:     str = (char *) realloc(str, 100);
18:     printf("String: %s\nEndereço:%p\n", str, str);
19:
20:     /* Liberar a memória */
21:     free(str);
22:
23:     return 0;
24: }
```

Notas relativas à função **realloc**:

- *Se o bloco atualmente alocado puder ser aumentado para suportar a nova dimensão, a memória adicional é também reservada, e é retornado **ptr**.*
- *Se não existir espaço suficiente para prolongar o bloco, então é criado um novo bloco com a totalidade dos bytes necessários. Os dados são copiados para a nova localização, e é retornado o novo endereço.*
- *Se o parâmetro **ptr** for igual a **NULL**, então a função comporta-se como o **malloc**.*
- *Se por algum motivo não for possível a alocação da memória ou se o número de bytes for igual a zero, é devolvido **NULL**.*

Liberar a Memória

A liberação da memória alocada através das funções *malloc*, *calloc* e *realloc* pode ser realizada através da função

void free(void *ptr)

[Exercício de Exame]

Implemente a função **strdup** que cria uma nova *string* exatamente igual à que lhe foi passada como parâmetro.

```c
char *strdup(char *s)
{
  char * tmp = (char *) malloc(strlen(s)+1);
  if (tmp!=NULL) strcpy(tmp,s);
  return tmp;
}
```

Começa-se declarando um ponteiro para receber a nova zona de memória que terá que ser criada recorrendo à função **malloc**.

Se a criação de memória (tamanho da *string s* + 1 ('\0')) tiver sido realizada com sucesso, então copia-se o conteúdo de *s* para *tmp*. Depois retorna-se o endereço em que a nova *string* foi criada.

Nota: Embora essa função não faça parte da norma ANSI, a generalidade dos compiladores a incorpora na sua biblioteca de funções (string.h).

Implementação de Estruturas de Dados Dinâmicas

Embora tenhamos utilizado unicamente exemplos com *strings*, qualquer tipo de dados pode ser criado utilizando essas funções.

Uma das áreas do ensino da programação em que se utiliza a memória dinâmica é no ensino de estrutura de dados e técnicas de programação.

Para demonstrar como se pode utilizar memória dinâmica, vamos implementar uma estrutura clássica denominada **Fila de Espera**. Uma fila (embora, infelizmente, todos o saibamos por experiência própria) caracteriza-se por manter a regra "O primeiro a entrar é o primeiro a sair", e obedece assim a uma estratégia FIFO[2].

Ora, como não sabemos inicialmente qual vai ser o número de indivíduos que pode ter que esperar na fila (pode ser 0 ou pode ser 1500), vamos criar uma fila que aumente ou diminua conforme as necessidades. Assim, a Fila de Espera terá que ter um crescimento dinâmico.

Para tal necessitamos de uma estrutura composta pelos dados e por um ponteiro para a próxima posição, isto é, para a próxima pessoa na Fila de Espera.

Nesse caso, a fila será suportada por um ponteiro. Se o ponteiro for NULL é porque a fila está vazia, se não é porque tem pelo menos um elemento.

Uma Fila de Espera vazia pode ser representada por um ponteiro ligado à terra.

Quando for colocado o próximo elemento na Fila de Espera, o estado desta será o seguinte:

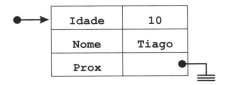

Cada vez que for inserido um novo elemento da Fila de Espera, este será sempre colocado no final.

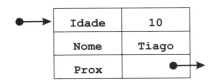

Para retirar elementos da Fila de Espera, estes saem sempre pela ordem em que entraram, isto é, o primeiro a sair terá que ser o Tiago, a seguir a Luísa e por fim a Ana.

O programa seguinte mostra o conjunto de rotinas que permitem Inserir, Retirar um Indivíduo da Fila e Listar toda a Fila.

---

[2]**FIFO** = First In-First Out.

prog1204.c

```c
1: #include <stdio.h>
2: #include <string.h>
3: #include <stdlib.h>
4:
5: typedef struct sPessoa
6: {
7:    int Idade;
8:    char Nome[20+1];
9:    struct sPessoa *Prox;
10: } PESSOA;
11:
12: typedef PESSOA* FILA ;
13:
14: /*
15:  *   Iniciar uma Fila
16:  */
17: void Inic(FILA* Fila)
18: {
19:    *Fila=NULL;
20: }
21:
22: /*
23:  *   Insere um novo registro no fim da Fila
24:  */
25:
26: void Inserir(FILA* Fila, int Idade, char* Nome)
27: {
28:    if (*Fila==NULL)
29:       {
30:          *Fila = (FILA) malloc(sizeof(PESSOA));
31:          if (*Fila==NULL) return;
32:          (*Fila)->Idade = Idade;
33:          strcpy((*Fila)->Nome, Nome);
34:          (**Fila).Prox=NULL;
35:       }
36:    else
37:       Inserir(& (**Fila).Prox, Idade, Nome);
38: }
39:
40: /*
41:  *   Apaga o primeiro elemento da Fila (se existir)
42:  */
43: void Apagar(FILA* Fila)
44: { PESSOA *Tmp = *Fila;
45:
46:    if (*Fila==NULL)   /* Não existem elementos */
47:       return;
48:
49:    *Fila = (*Fila)->Prox;
50:    free(Tmp);
51: }
52:
53: /*
54:  * Listar todos os elementos da Fila Recursivamente
55:  */
56:
57: void Listar(FILA Fila)
58: {
59:    if (Fila==NULL)
```

```
60:        return; /* Não existem elementos */
61:     printf("%d %s\n",Fila->Idade, Fila->Nome);
62:     Listar(Fila->Prox); /* Lista os outros */
63: }
64:
65: main()
66: {
67:     FILA F;
68:     Inic(&F);
69:     puts("Iniciar:");
70:     Listar(F);
71:     puts("Inserir:");
72:     Inserir(&F,10,"Tiago");
73:     Inserir(&F,20,"Luisa");
74:     Inserir(&F,30,"Ana");
75:     puts("Listar 3");
76:     Listar(F);
77:     Apagar(&F);
78:     puts("Listar 2");
79:     Listar(F);
80:     Apagar(&F);
81:     puts("Listar 1");
82:     Listar(F);
83:     Apagar(&F);
84:     puts("Listar Nada");
85:     Listar(F);
86:     Apagar(&F);
87:     puts("Listar Nada");
88:     Listar(F);
89:
90: }
```

Vamos então começar definindo o tipo de dados capaz de suportar uma Fila em que é colocada a Idade e o Nome de cada um dos elementos.

```
 5: typedef struct sPessoa
 6: {
 7:     int Idade;
 8:     char Nome[20+1];
 9:     struct sPessoa *Prox;
10: } PESSOA;
```

Como podemos reparar, cada um dos *Nós* será composto por um inteiro, uma *string* e um ponteiro para o próprio Nó. No entanto, como o typedef só termina junto ao ponto-e-vírgula final, teremos que dar um nome à estrutura (**struct sPessoa**) para podermos colocar um ponteiro apontando para essa mesma estrutura.

```
12: typedef PESSOA* FILA ;
```

Uma Fila será assim um ponteiro para Pessoa.

Foram assim definidos dois tipos de dados, um para suportar a definição dos dados (PESSOA) e outro para suportar a definição da Fila (FILA).

Nota:

A definição de estruturas ou tipos de dados deverá ser sempre realizada fora de qualquer função, para que possa ser acessível e reconhecida fora dela, isto é, a definição deve ser global.

Na função *main()* teremos que declarar uma variável que suporte fisicamente (em memória) a nossa Fila.

```
67:     FILA F;
```

A declaração anterior é equivalente a

```
67:    PESSOA* F;
```

Para inserir um novo elemento numa Fila, teremos que enviar para a função:

- *A Lista onde queremos Inserir os Dados*
- *Os Dados que queremos colocar na Fila*

Como pretendemos alterar o conteúdo da variável **F**, e uma vez que não é um vetor, teremos que enviar o seu endereço &F, e a função recebe, como parâmetro, um ponteiro para um ponteiro para uma Pessoa.

```
26:    void Inserir(FILA* Fila, int Idade, char* Nome)
```

que é equivalente a

```
26:    void Inserir(PESSOA **Fila, int Idade, char* Nome)
```

Para inserirmos dados numa fila necessitamos sempre nos colocar no final da mesma, isto é, só estamos em condições de inserir quando o ponteiro que suporta a Fila for NULL. Se não for NULL é porque tem, pelo menos, um *Nó*. Nesse caso, introduzir o elemento na Fila é o mesmo que introduzir o elemento após este primeiro elemento.

A Fila é percorrida de forma recursiva.

```
26:    void Inserir(FILA* Fila, int Idade, char* Nome)
27:    {
28:       if (*Fila==NULL)
29:          {
30:             *Fila = (FILA) malloc(sizeof(PESSOA));
31:             if (*Fila==NULL) return;
32:             (*Fila)->Idade = Idade;
33:             strcpy((*Fila)->Nome, Nome);
34:             (**Fila).Prox=NULL;
35:          }
36:       else
37:          Inserir(& (**Fila).Prox, Idade, Nome);
38:    }
```

Uma vez encontrado o final da Fila é criado nesse ponteiro um novo Nó, ali colocando-se os valores Idade e Nome e pondo NULL no ponteiro para o próximo Nó, pois como é uma Fila este é o último elemento introduzido.

Para apagar um elemento numa Fila, o escolhido é sempre o primeiro.

```
43:    void Apagar(FILA* Fila)
44:    { PESSOA *Tmp = *Fila;
45:
46:       if (*Fila==NULL)   /* Não existem elementos */
47:          return;
48:
49:       *Fila = (*Fila)->Prox;
50:       free(Tmp);
51:    }
```

Mais uma vez, temos que enviar o endereço da variável de suporte à Fila, pois a variável terá que ser alterada.

No entanto, para apagar um elemento numa Fila é necessário recorrer a uma outra variável que nos permita manter o endereço do Nó a ser liberado, enquanto a variável que suporta a Fila passa a apontar para o elemento seguinte.

Na função Listar, como a variável não vai ser alterada bastará fazer uma passagem de parâmetro sem endereço.

```
57:    void Listar(FILA Fila)
58:    {
```

```
59:    if (Fila==NULL)
60:       return; /* Não existem elementos */
61:    printf("%d %s\n",Fila->Idade, Fila->Nome);
62:    Listar(Fila->Prox); /* Lista os outros */
63: }
```

Resumo do Capítulo 12

A linguagem C disponibiliza os mecanismos de criação e destruição de memória através das funções *malloc, calloc, realloc* (criação) e *free* (destruição).

Cada uma das funções *malloc, calloc* e *realloc* tem por função criar um conjunto consecutivo de *n bytes*, devolvendo um ponteiro com o endereço da posição inicial desse Bloco.

A função *free* libera a memória anteriormente alocada por uma das outras funções, podendo esse Bloco, ou parte dele, vir a ser novamente alocado por esta ou por outra aplicação.

Exercícios Resolvidos

[Exercício de Exame]

→ Implemente a função Ascii_Create, que devolve uma *string*, com *n* caracteres, **criada dinamicamente**. A *string* é iniciada com os caracteres Ascii a partir do parâmetro **Inic**.

Exemplos:

```
Ascii_Create(3,'A')     -> "ABC"
Ascii_Create(5,'p')     -> "pqrst"
Ascii_Create(0,'A')     -> ""
```

Resolução:

```c
char * Ascii_Create(int n,char inic)
{
  int i;
  char * aux;
  if ((aux=(char *) malloc(n+1))==NULL)
    return aux; /* NULL */
  for (i=0;i<n;i++)
    aux[i]=inic+i;
  aux[i]='\0';
  return aux;
}
```

→ Implemente o conjunto de Primitivas que permitem implementar, de forma dinâmica, uma Pilha de Inteiros. A estratégia de introdução e retirada dos elementos é normalmente denominada **LIFO** — *Last In First Out*, isto é, o último a entrar é o primeiro a sair.

As primitivas a implementar são:

- *Inic — Inicia a Pilha*
- *Push — Coloca um novo Inteiro na Pilha*
- *Empty — Verifica se a Pilha está ou não vazia*
- *Pop — Retira da Pilha o elemento que está no seu topo*
- *Top — Devolve o elemento que está no topo da Pilha, ou -1, caso esteja vazia*
- *Print — Mostrar a Pilha*

Escreva um pequeno programa que teste a implementação dessa Pilha.

Prog1205.c

```c
1:  #include <stdio.h>
2:  #include <string.h>
3:  #include <stdlib.h>
4:
5:  typedef struct sNo
6:  {
7:    int N;    /* Número */
8:    struct sNo *Prox;
9:  } NO;
10:
11:
12: /*
13:  *  Iniciar uma Pilha
14:  */
15: void Inic(NO** Pilha)
16: {
17:   *Pilha=NULL;
18: }
19:
20: /*
21:  *  Insere um novo registro no Topo da Pilha
22:  */
23: void Push(NO** Pilha, int Num)
24: { NO * Tmp;
25:   Tmp = (NO*) malloc(sizeof(NO));
26:     if (Tmp==NULL) return;
27:     Tmp->N = Num;
28:     Tmp->Prox=*Pilha;
29:     *Pilha=Tmp;
30: }
31:
32:
33:
34: int Empty(NO * Pilha)
35: {
36:  return (Pilha==NULL);
37: }
38:
39: /*
40:  *  Apaga o elemento do topo da Pilha (se existir)
41:  */
42: void Pop(NO** Pilha)
43: { NO *Tmp = *Pilha;
44:
45:   if (Empty(*Pilha))  /* Não existem elementos */
46:      return;
47:
48:   *Pilha = (*Pilha)->Prox;
49:   free(Tmp);
50: }
51:
52: /*
53:  * Listar todos os elementos da Pilha Recursivamente
54:  */
55:
56: void Print(NO* Pilha)
57: {
```

```
58:    if (Empty(Pilha))
59:       return; /* Não existem elementos */
60:    printf("%d \n",Pilha->N);
61:    Print(Pilha->Prox); /* Lista os outros */
62: }
63:
64: /* Devolve o Elemento do Topo da Pilha. Supõe-se todos positivos */
65: int Top(NO *Pilha)
66: {
67:    if (Empty(Pilha))
68:       return -1; /* Não existem elementos */
69:    return Pilha->N;
70:
71: }
72:
73: main()
74: {
75:    NO* P;
76:    Inic(&P);
77:    printf("%s está vazia\n",Empty(P)?"":"Não");
78:    Print(P);
79:    puts("Push: 10");
80:    Push(&P,10);
81:    puts("Push: 20");
82:    Push(&P,20);
83:    puts("Push: 30");
84:    Push(&P,30);
85:    printf("%s está vazia\n",Empty(P)?"":"Não");
86:    Print(P);
87:    puts("Pop: ");
88:    Pop(&P);
89:    Print(P);
90:    puts("Pop: ");
91:    Pop(&P);
92:    Print(P);
93:    puts("Pop: ");
94:    Pop(&P);
95:    Print(P);
96:    printf("%s está vazia\n",Empty(P)?"":"Não");
97: }
```

Exercícios Propostos

1. **[Exercício de Exame]**

   Implemente a função **char *Repete(char *string, int n)** que cria **dinamicamente** uma nova *string* com *n* "cópias" da *string* original, separadas por espaço, exceto a última ocorrência.

   Repete("Olá",4) → **"Olá Olá Olá Olá"**

2. **[Exercício de Exame]**

   Implemente a função **char *Metade(char *s)** que cria **dinamicamente** uma nova *string* contendo apenas metade da *string* **s**.

3. **[Exercício de Exame]**

   Implemente a função **char *Inverte(char *s)** que cria **dinamicamente** uma nova *string* contendo a *string* **s** invertida.

4. **[Exercício de Exame]**

   Suponha que se pretende implementar uma lista dinâmica de números positivos em que os números ímpares fiquem todos juntos no início da lista e os pares fiquem todos juntos no final da lista.

   a) Defina o novo tipo **LISTA** que suporte essa definição.
   b) Implemente a função **Inic** que permite fazer a carga inicial de qualquer dessas Listas.
   c) Implemente a função **Inserir**, que coloca na lista o inteiro positivo enviado à função. Devolve o número inserido ou 0 (Zero), caso haja algum problema.
   d) Implemente a função **Retirar**, que retira da lista a primeira ocorrência de um determinado valor, liberando a memória associada. Devolve o elemento retirado ou zero, caso este não exista.
   e) Implemente a função **Listar**, que coloca na tela todos os elementos existentes.

5. **[Exercício de Exame]**

   Suponha um novo tipo em C denominado **REG** capaz de suportar os seguintes dados: Nome (30 caracteres), Altura e Idade.

   Suponha, igualmente, um arquivo denominado DADOS.DAT com um conjunto de registros do tipo REG gravados seqüencial e individualmente através da instrução

   fwrite(&r, sizeof(REG),1,fp);

   Suponha, também, que o arquivo já foi aberto corretamente e que está disponível através da variável global fp.

   a) Defina o tipo **REG** que suporte a definição acima apresentada.
   b) Implemente a função **void Listar(void)** que mostra o nome de todos os indivíduos existentes no arquivo.
   c) Implemente a função **int N_Maiores(int n)** que devolve o número de indivíduos existentes no arquivo com idade superior a **n** anos.
   d) Implemente a função **long N_Registros()** que devolve o número total de registros existentes no arquivo sem ter que contá-los um a um.
   e) Implemente a função _____ **Carrega_Estrutura(____*ptr)** completando os tipos de dados assinalados por _____. Essa função cria dinamicamente uma estrutura capaz de suportar todos os registros existentes no arquivo, independentemente do seu número (desde que a memória existente no computador o permita). Em seguida, copia todos os registros do arquivo para essa estrutura. Devolve o endereço de memória onde a estrutura foi criada.

Macros e o Pré-processador

13

Objetivos

- Definição de constantes simbólicas
- Definição de macros
- Expansão das macros
- Os operadores \   #   ##
- O pré-processador
- Diretivas de pré-processamento
- Compilação condicional
- Macros predefinidas
- Macro *assert()*

Introdução

Se você conseguiu resistir até este capítulo é porque, provavelmente, está mesmo convencido de que C é uma grande linguagem de programação[1]. No entanto, como costuma dizer o povo, "Toda rosa tem espinhos".

Ora, até este momento já aprendemos praticamente todas as funcionalidades da linguagem. Alguns dos pormenores ficam reservados para o próximo capítulo, onde serão apresentados separadamente, evitando assim revelá-los em capítulos onde o leitor tem outras coisas bem mais importantes com que se preocupar.

Visto isso, pensemos então no que ainda falta aprender. Já sabemos declarar e usar variáveis, contornar os problemas através das instruções condicionais (*if* e *switch*), repetir seqüências de código utilizando os três laços (*for, while* e *do while*), escrever e invocar funções e procedimentos, trabalhar com arquivos e até trabalhar com memória dinâmica.

E, na realidade, todo e qualquer problema pode ser resolvido através do conjunto de ferramentas já descrito.

Será que as **macros** são mesmo necessárias, ou terá sido um lunático que um dia, ao acordar indisposto, decidiu inventar qualquer coisa só para chatear os estudantes de programação?

Vejamos, então, qual o problema que as macros (e o Pré-processador) vieram resolver.

Problema: Implemente a função **Mult**, que devolve o produto de dois valores numéricos.

```
int Mult(int a, int b)
{
   return a*b;
}
```

Como podemos ver, a resposta era fácil. Mas será que posso multiplicar dois *floats* utilizando essa função?

Claro que não. Essa função foi feita para multiplicar dois inteiros.

A solução é fácil, faz-se outra função:

```
float Mult(float a, float b)
{
   return a*b;
}
```

Mas um novo problema irá surgir. Não podemos ter no mesmo programa duas funções diferentes com o mesmo nome. Por isso alteramos o nome das duas funções para:

```
int iMult(int a, int b)
{
   return a*b;
}

float fMult(float a, float b)
{
   return a*b;
}
```

E se quisermos multiplicar dois *longs*, ou um *long* e um *int*, ou um *float* e um *double,* ou um *long* e um *char*? Quantas funções teremos que escrever para realizar uma simples multiplicação? E para a soma, subtração, divisão, etc.?

Estamos, assim, diante de um problema complicado, pois uma linguagem tão potente não pode emperrar nesse tipo de problemas.

---

[1] Ou então não tem outra alternativa senão ler o livro, para conseguir passar nesse terrível exame.

Ora, quando escrevemos

```
x = Mult(12,2.34);
```

O que queremos fazer é

```
x = 12 * 2.34;
```

Ora, é exatamente para resolver esses problemas que existem as **macros**.

Macros

As macros são porções de código que são substituídas, pelo Pré-processador, antes mesmo de o compilador passar pelo código.

Embora sem saber, já utilizamos macros ao longo deste livro sempre que definíamos uma constante simbólica.

```
#define MAX 100
```

Como podemos reparar, esse código não é C, e sim uma ordem que é dada ao Pré-processador para que este, a partir desta linha, substitua todas as ocorrências de MAX pelo valor 100.

Se esse código fosse C, teria que ser obrigatoriamente seguido de ponto-e-vírgula.

No entanto, o termo **Macro** não é normalmente associado à definição de constantes simbólicas. Em geral o termo macro refere-se a chamadas a "*funções*" que são substituídas por outro código pelo Pré-processador.

É assim possível escrever um código que seja substituído por outro, antes de o programa ser compilado, evitando os problemas apresentados anteriormente.

Suponhamos, então, o seguinte programa:

```
main()
{
  int    i = 2;
  long   m = 3;
  float  y = 12.34;
  double z = 3.14;
  char   c = 'A';

z = Mult(2,m);
z = Mult(m,y);
z = Mult(y,z);
z = Mult(z,z);
z = Mult(z,c);
}
```

Quantas funções teríamos que escrever para poder realizar o conjunto das multiplicações sem termos problemas com o tipo dos parâmetros?

Ora, na realidade apenas pretendíamos fazer:

```
main()
{
  int    i = 2;
  long   m = 3;
  float  y = 12.34;
  double z = 3.14;
  char   c = 'A';

z = 2*m;
z = m*y;
z = y*z;
```

```
z = z*z;
z = z*c;
}
```

Bem, podemos fazer exatamente isso escrevendo **Mult** como macro e não como função. Como as macros não sabem C, não conhecem tipos de dados, logo são definidas sem levar em conta o tipo dos dados que irão receber.

A macro **Mult** irá ter dois parâmetros, os quais chamaremos **x** e **y**.

```
Mult(x,y)
```

Ora, pretendemos que o Pré-processador substitua todas as ocorrências de **Mult(x,y)** por **x*y**, adaptando-se **x** e **y** aos parâmetros enviados à macro.

Assim, a macro *Mult* define-se da seguinte forma:

```
#define  Mult(x,y)  x*y
```

Nota:

Na definição de uma Macro, a abertura dos parênteses dos parâmetros terá que ficar imediatamente após o nome da macro.

Repare que essa operação só é realizável porque o Pré-processador é invocado antes do compilador, e o código que é expandido é C puro.

Vamos, então, experimentar essa macro.

prog1301.c

```
 1: #include <stdio.h>
 2:
 3: #define  Mult(x,y)  x*y
 4:
 5: main()
 6: {
 7:    int x=4,y=5;
 8:    printf("%d*%d=%d\n",x,y,Mult(x,y));
 9:    x++;y++;
10:    printf("%d*%d=%d\n",x,y,Mult(x,y));
11: }
```

Normalmente as macros colocam-se após os *includes*, e a invocação das macros é feita da mesma forma com que se invocam as funções em C.

Verifiquemos então o resultado:

```
$ prog1301
4*5=20
5*6=30
$
```

Como podemos reparar, o programa funciona perfeitamente, pois o seu código é expandido em

```
 5: main()
 6: {
 7:    int x=4,y=5;
 8:    printf("%d*%d=%d\n",x,y,x*y);
 9:    x++;y++;
10:    printf("%d*%d=%d\n",x,y,x*y);
11: }
```

Testemos então apenas a primeira linha do programa anterior, mas com uma ligeira alteração.

prog1302.c

```
1:  #include <stdio.h>
2:
3:  #define  Mult(x,y)   x*y
4:
5:  main()
6:  {
7:     printf("%d*%d=%d\n",3+1,2+3,Mult(3+1,2+3));
8:  }
```

Repare que os valores são os mesmos, **4** (3+1) e **5** (2+3).

Ao executar o programa obtemos o seguinte resultado:

$ prog1302
4*5=8

Estranho, não é? 4*5=8. Provavelmente por isso é que existem tantas notas 8 nos exames, em vez dos 20...

Para percebermos o que está se passando, vamos fazer a expansão do *printf*. Ora, o Pré-processador apenas faz a substituição das macros. Assim, a linha 7: mantém-se exatamente igual até a invocação da macro.

```
7:     printf("%d*%d=%d\n",3+1,2+3,
```

no entanto, a expansão da macro

Mult(3+1,2+3)

é feita colocando {primeiro parâmetro} * {segundo parâmetro}

isto é,

```
7:     printf("%d*%d=%d\n",3+1,2+3,3+1*2+3);
```

Como a multiplicação tem precedência sobre a soma, o *printf* anterior é equivalente a

```
7:     printf("%d*%d=%d\n",3+1,2+3,3+(1*2)+3);
```

Ora, 3+2+3 é igual a 8, logo o resultado do *printf* é

4*5=8

O que é que falta?

Exatamente, faltam os parênteses.

E onde é que eles são colocados?

Na própria macro, para que todas as expansões sejam realizadas sem ambigüidades, resultando assim a macro:

```
3:  #define  Mult(x,y)   (x)*(y)
```

O código expandido será

```
7:     printf("%d*%d=%d\n",3+1,2+3,(3+1)*(2+3));
```

obtendo-se assim o resultado correto.

Só para confirmar, vamos experimentar uma expressão mais complexa.

Qual o resultado de 1000/Mult(2+3,7+3)?

Ora, como já não temos problemas com as somas dentro da Macro, o resultado de **Mult(2+3,7+3)** é igual a **5*10 = 50**.

Donde o resultado final será **1000/50 = 20**.

Será mesmo?

Repare, então:

prog1303.c

```
1: #include <stdio.h>
2:
3: #define  Mult(x,y)   (x)*(y)
4:
5: main()
6: {
7:    printf("%d\n",1000/Mult(2+3,7+3));
8: }
```

```
$ prog1303
2000
$
```

Estranho, o resultado da divisão é maior do que 1000?

Vamos então ver qual a expansão realizada pelo Pré-processador:

```
7:    printf("%d\n",1000/(2+3)*(7+3));
```

Como se sabe, a divisão e a multiplicação têm o mesmo nível de precedência, pelo que são realizadas pela ordem em que se encontram (da esquerda para a direita), isto é:

```
7:    printf("%d\n", (1000/(2+3))*(7+3));
```

donde se obtêm os valores

```
1000 / 5 = 200
200 * 10 = 2000
```

que corresponde ao resultado obtido.

Ora, nota-se que ainda falta um outro nível de parênteses, que deverá ser colocado em volta de toda a expressão em que a macro será expandida.

```
3: #define  Mult(x,y)   ((x)*(y))
```

Macros: Regras para a Colocação de Parênteses

Aqui vai uma receita.

Numa macro são sempre colocados três níveis de parênteses:

1. *Em volta de cada um dos parâmetros existentes na expansão da macro.*
2. *Em volta de cada expressão.*
3. *Em volta de toda macro.*

Vejamos com um exemplo.

Problema: Implemente a macro **Min**, que devolve o menor de dois valores.

A macro irá ter dois parâmetros, e terá que devolver um dos valores. Como se pretende devolver um resultado, vamos utilizar o operador ternário.

Vamos escrever a macro sem nos preocuparmos com os parênteses.

```
#define Min(a,b)   a<b ? a : b
```

Se **a<b**, então o resultado de toda a macro é **a** se não é **b**.

Vamos então colocar o primeiro nível de parênteses em volta de cada um dos parâmetros.

```
#define  Min(a,b)    (a)<(b) ? (a) : (b)
```

O segundo nível de parênteses é colocado em volta das expressões.

```
#define  Min(a,b)    ((a)<(b)) ? (a) : (b)
```

O último nível é colocado em volta da macro completa.

```
#define  Min(a,b)    (((a)<(b)) ? (a) : (b))
```

E eis a forma como se escrevem macros sem qualquer tipo de problemas.

Operador de Continuidade \

Cada macro tem que ser escrita numa única linha.

Se por acaso deixarmos um espaço entre o nome da macro e os parâmetros

```
#define  Min (a,b)   (((a)<(b)) ? (a) : (b))
```

então, cada ocorrência de **Min** é substituída por `(a,b) (((a)<(b)) ? (a) : (b))`.

Nota:

As macros têm que ser escritas numa única linha. Se houver necessidade de escrever uma macro por várias linhas, deve-se colocar o operador de continuidade das macros \ no final de cada linha a continuar.

```
#define  Min(a,b)    (((a)<(b)) ? \
                     (a) : \
                     (b) )
```

[Exercício de Exame]

a) Defina a macro Abs(x) que devolve o valor absoluto de x.

```
#define Abs(x)  (((x)>=0) ? (x) : -(x))
```

b) Defina a macro Super(a,b,c) que devolve a maior distância entre os parâmetros a,b e c. Por maior distância considera-se a diferença, em valor absoluto, entre dois valores.

Exemplo: Super(7,2,4) –> 5   /* Diferença entre 2 e 7 */

```
#define Abs(x)       (((x)>=0) ? (x) : -(x))
#define Max(x,y)     (((x)>(y)) ? (x) : (y))
#define Super(a,b,c) Max(Max(Abs(a-b),Abs(b-c)),Abs(a-c))
```

Operador

O operador # (normalmente chamado tralha ou, em inglês, *stringizing*) fornece uma flexibilidade extra à escrita de macros. Esse operador, quando se encontra antes de um dos parâmetros da macro, faz com que a expansão desse parâmetro seja realizada entre aspas.

```
#define Show(x) printf(#x)
```

Ao ser invocado com o parâmetro

```
Show(Maria Alice Belarmino)
```

a expansão gerada é

```
printf("Maria Alice Belarmino")
```

Esse operador leva em conta os caracteres especiais da linguagem. Por isso, sempre que existe algum caractere especial no parâmetro este é precedido pelo caractere \ (*Backslash*).

Ao ser invocado com o parâmetro

```
Show(Maria "Alice" Belarmino)
```

a expansão gerada é

```
printf("Maria \"Alice\" Belarmino")
```

Operador

O operador ##, também denominado operador de concatenação, permite juntar (concatenar) duas *strings* na expansão da macro sem incluir a adição de aspas ou tratamento de caracteres especiais[2].

```
#define VAR(variavel) n##variavel

main()
{
  int n1=100,n2=200,n3=300,n4=400,n5=500;
  printf("%d\n",VAR(1));
  printf("%d\n",VAR(2));
  printf("%d\n",VAR(3));
  printf("%d\n",VAR(4));
  printf("%d\n",VAR(5));
}
```

O código aqui apresentado será expandido em

```
main()
{
  int n1=100,n2=200,n3=300,n4=400,n5=500;
  printf("%d\n",n1);
  printf("%d\n",n2);
  printf("%d\n",n3);
  printf("%d\n",n4);
  printf("%d\n",n5);
}
```

O Pré-processador

O Pré-processador é uma aplicação exterior à linguagem C, embora faça parte de todos os produtos que fornecem a linguagem C.

Sempre que um programa escrito em C é compilado, na realidade lhe são aplicadas duas operações:

1. *Pré-processamento*

2. *Compilação (propriamente dita)*

No entanto, a generalidade, senão a totalidade, dos compiladores da linguagem inclui o próprio Pré-processador.

O papel do Pré-processador resume-se ao tratamento das instruções ou diretivas de pré-processamento que os programas têm. Todas elas são precedidas do caractere cardinal # .

O papel do Pré-processador resume-se, assim, a executar ou transformar todas as instruções que a ele se destinam (todas as que começam com um #) em código C.

---

[2]Também conhecido por Token Paste Operator.

É por essa razão que todas as instruções em C são seguidas de ponto-e-vírgula, mas linhas de código como

```
#include <stdio.h>
#define MAX 100
```

não são, porque são instruções para o Pré-processador.

#define

A diretiva de pré-processamento **#define** serve para definir constantes simbólicas ou para definir **Macros**.

```
/* Exemplo de Constantes Simbólicas */
#define MAX 100
#define NOME "Luís Damas"

/* Exemplo de Macros */
#define Dobro(x) (2*(x))
#define Abs(x) (((x)>=0) ? (x) : -(x))
```

#include

A diretiva **#include** é uma das que certamente estará no *Top Ten* da programação em C, devido ao seu uso constante.

O objetivo da diretiva #include é indicar ao pré-processador para substituir a linha em que se encontra pelo conteúdo do arquivo que é colocado logo após.

```
/* Inclui aqui o arquivo stdio.h  para não ter que
 * escrever todos aqueles cabeçalhos das funções printf, scanf,…, não
 * ter que definir o tipo FILE, etc.
 */

#include <stdio.h>
```

Como é do conhecimento geral, ao instalar o pacote que contém a linguagem C é automaticamente criado um conjunto de diretórios

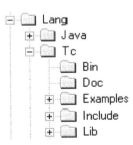

No exemplo, existe um diretório denominado **Lang** (*Languages*) onde estão colocadas todas as linguagens de programação existentes num determinado computador.

Nesse exemplo, a linguagem **C** existe no diretório chamado **Tc** (Turbo C), que contém subdiretórios no seu interior, dos quais se destacam:

Bin   Onde existem todos os executáveis (Compilador, Linker, Pré-Processador, Utilitários, etc.).

Include   Local onde existem os arquivos com extensão .h (stdio.h, string.h, etc.).

Lib   Local onde estão as bibliotecas com o código para "Linkar" para criar o executável final da aplicação. É nesse diretório que estão os arquivos .LIB ou .a (Unix) que contém o código executável das funções printf, scanf, isdigit, atoi, etc.

Ora, quando se faz **#include <stdio.h>** estamos dizendo ao pré-processador para ir ao seu diretório, isto é, ao diretório **Include**, buscar o arquivo **stdio.h** e colocá-lo nessa posição do arquivo.

O arquivo *stdio.h* é um arquivo de texto com o cabeçalho das funções que utilizamos na entrada/saída normal (*standard*), podendo ser editado com um vulgar editor de texto.

Observe esse trecho do código existente no arquivo:

```
/*   stdio.h      Definitions for stream input/output.   */

typedef unsigned size_t;

/* Constants to be used as 3rd argument for "fseek" function */
#define SEEK_CUR    1
#define SEEK_END    2
#define SEEK_SET    0

/* Definition of the control structure for streams */
typedef struct  {
int         level;      /* fill/empty level of buffer */
unsigned    flags;      /* File status flags          */
char        fd;         /* File descriptor            */
unsigned    char   hold;        /* Ungetc char if no buffer */
int         bsize;      /* Buffer size                */
unsigned    char   _FAR *buffer;  /* Data transfer buffer    */
unsigned    char   _FAR *curp;    /* Current active pointer  */
unsigned    istemp;     /* Temporary file indicator   */
short       token;      /* Used for validity checking */
}     FILE;             /* This is the FILE object    */

int     fclose(FILE _FAR *__stream);
int     fflush(FILE _FAR *__stream);
int     fgetc(FILE _FAR *__stream);
FILE    fopen(const char _FAR *__path, const char _FAR *__mode);
int     printf(const char _FAR *__format, ...);
int     puts(const char _FAR *__s);

#define getchar()   getc(stdin)
#define putchar(c)  putc((c), stdout)
```

Eis um pequeno exemplo do possível conteúdo do arquivo *stdio.h*, onde se pode detectar a declaração das funções habituais de entrada/saída sobre arquivos ou sobre os periféricos habituais, a definição do tipo FILE e mesmo a definição das macros *getchar* e *putchar* a partir de funções já existentes. Repare que sempre utilizamos as macros *getchar* e *putchar* como se fossem funções.

No entanto, poderemos querer incluir o arquivo **Dados.h**, escrito por nós, com declarações necessárias ao nosso programa, que não se encontra (e nunca deverá ser encontrado) no diretório Include do nosso compilador, mas encontra-se no diretório C:\Users\Trab\Prog\C.

A solução é colocar o caminho completo do arquivo entre aspas.

```
/* Vai ao diretório Include do Compilador buscar o arquivo */
#include <stdio.h>

/* Vai ao diretório C:\Users\Trab\Prog\C buscar o arquivo Dados.h */
#include "C:\Users\Trab\Prog\C\Dados.h"

/* Vai ao diretório atual buscar o arquivo Pessoa.h */
#include "Pessoa.h"
```

Compilação Condicional

#if ... #endif

O pré-processador pode retirar algum código da compilação, compilar partes de código na situação *x* e compilar outras partes na situação *y* através do seguinte conjunto de diretivas:

```
#if condição_1
    instruções_1
#elif condição_2
    instruções_2
...
#elif condição_n
    instruções_2
#else
    instruções_padrão
#endif
```

As diretivas **#if** e **#endif** são obrigatórias, enquanto as diretivas **#elif** (*elseif*) e **#else** são opcionais.

O número de diretivas **#elif** depende, unicamente, das necessidades do programador, mas só pode existir (se existir) uma diretiva **#else**. De qualquer forma, estas têm sempre que existir dentro do contexto de **#if ... #endif**.

Exemplo:

```
#if COMPUTADOR == 1
        #include "pc.h"
#elif COMPUTADOR == 2
        #include "mac.h"
#elif COMPUTADOR == 3
        #include "unix.h"
#else
        #error Tipo de Computador Inválido ou não Definido
#endif
```

Para compilar o código com as definições de Unix bastará colocar a seguinte linha:

#define COMPUTADOR 3

```
#if COMPUTADOR == 1
        #include "pc.h"
#elif COMPUTADOR == 2
        #include "mac.h"
#elif COMPUTADOR == 3
        #include "unix.h"
#else
        #error Tipo de Computador Inválido ou não Definido
#endif
```

#ifdef #ifndef #undef

- A diretiva *#ifdef* verifica se um determinado símbolo **está definido**.
- A diretiva *#ifndef* verifica se um determinado símbolo **não está definido**.
- A diretiva *#undef* permite **retirar a definição** de um símbolo.

prog1304.c

```
 1: #include <stdio.h>
 2:
 3: #define DEBUG
 4: main()
 5: {
 6:    int i,n=0;
 7: for (i=1; i<10; i++)
 8:    {
 9:       n=n+i;
10: #ifdef DEBUG
11:    printf("DEBUG Info: i=%d n=%d\n",i,n);
12: #endif
13:    }
14: printf("Resultado: %d\n",n);
15: }
```

No exemplo anterior é definido o símbolo **DEBUG**. Nesse caso, basta defini-lo, não é necessário atribuir-lhe um valor.

Dentro do laço, se o símbolo estiver definido, é compilada a linha 11:

Como é o caso, a saída obtida é:

```
$ prog1304
DEBUG Info: i=1 n=1
DEBUG Info: i=2 n=3
DEBUG Info: i=3 n=6
DEBUG Info: i=4 n=10
DEBUG Info: i=5 n=15
DEBUG Info: i=6 n=21
DEBUG Info: i=7 n=28
DEBUG Info: i=8 n=36
DEBUG Info: i=9 n=45
Resultado: 45
```

Se alterarmos o programa para

prog1305.c

```
 1: #include <stdio.h>
 2:
 3: #define DEBUG
 4: main()
 5: {
 6:    int i,n=0;
 7: #undef DEBUG
 8:
 9: #ifndef DEBUG
10:    puts("Debug: Desativado");
11: #endif
12:
13: for (i=1; i<10; i++)
14:    {
15:       n=n+i;
16: #ifdef DEBUG
17:    printf("DEBUG Info: i=%d n=%d\n",i,n);
18: #endif
19:    }
20: printf("Resultado: %d\n",n);
21:
22: }
```

a saída será apenas

```
Debug: Desativado
Resultado: 45
```

pois o símbolo DEBUG foi inicialmente definido

```
3: #define DEBUG
```

em seguida foi eliminada a sua definição

```
7: #undef DEBUG
```

Depois, caso o símbolo NÃO esteja definido, é mostrada a mensagem apropriada

```
 9: #ifndef DEBUG
10:   puts("Debug: Desativado");
11: #endif
```

Operador defined()

O operador **defined()**, quando integrado num *#if*, funciona de forma semelhante ao *#ifdef*.

As seguintes diretivas são equivalentes:

```
#if defined(Simbolo)         #ifdef Simbolo
```

No entanto, a existência desse operador permite a utilização de expressões mais complexas por parte do pré-processador.

```
#if defined(Este_Simbolo) && !defined(Outro_Simbolo)
```

#line

A diretiva #line permite alterar o número da linha atual. A linha atual pode ser obtida recorrendo à Macro predefinida **__LINE__**.

prog1306.c

```
 1: #include <stdio.h>
 2:
 3: main()
 4: {
 5:   printf("Estou na Linha %d\n",__LINE__);
 6:   printf("Estou na Linha %d\n",__LINE__);
 7:
 8: #line 8000
 9:   printf("Estou na Linha %d\n",__LINE__);
10:   printf("Estou na Linha %d\n",__LINE__);
11: }
```

```
$ prog1306
Estou na Linha 5
Estou na Linha 6
Estou na Linha 8000
Estou na Linha 8001
```

#error

Esta diretiva é colocada normalmente dentro de uma instrução condicional, permitindo obter um erro gerado pelo pré-processador com um formato do tipo:

```
Error: filename line# : Error directive: errormsg
```

prog1307.c

```
#include <stdio.h>
#define MAX 12039

#error Detectado um Erro
```

Ao fazer a compilação ou o pré-processamento do arquivo, seria obtido o seguinte erro:

```
Fatal prog1307.c 4: Error directive: Detectado um Erro
```

#pragma

Esta diretiva, de acordo com a norma ANSI, permite aos compiladores realizarem tarefas especiais, sendo essas tarefas indicadas através de um modo *standard*.

Esta diretiva é normalmente utilizada para indicar qual o tipo de alinhamento dos dados dentro de uma estrutura.

Macros Predefinidas

A norma ANSI define a obrigatoriedade da existência nos pré-processadores (compiladores) de um conjunto de macros predefinidas. Essas macros têm dois *underscores* __ à esquerda e outros dois à direita da macro para evitar que sejam redefinidas acidentalmente pelo programador.

As macros predefinidas são:

__DATE__   *String no formato "MMM DD YYYY".*

__TIME__   *String no formato "HH:MM:SS".*

__LINE__   *Valor numérico com o número da linha atual. O valor pode ser alterado através da diretiva* **#line**.

__FILE__   *String com o nome do arquivo atual.*

prog1308.c

```
 1: #include <stdio.h>
 2:
 3: main()
 4: {
 5:
 6: printf("Arquivo: %s\n",__FILE__);
 7: printf("Data    : %s\n",__DATE__);
 8: printf("Hora    : %s\n",__TIME__);
 9: printf("Linha   : %d\n",__LINE__);
10: #line 1234
11: printf("Linha   : %d\n",__LINE__);
12:
13: }
```

$ prog1308
```
Arquivo: PROG1308.C
Data    : Nov 15 1998
Hora    : 02:50:55
Linha   : 9
Linha   : 1234
```

Macro assert()

A macro **assert** é habitualmente utilizada no teste de erros.

Para utilizá-la é necessário fazer *#include <assert.h>*, sendo a sua sintaxe:

```
void assert(int test);
```

O argumento de invocação da macro pode ser qualquer expressão. Se o resultado dessa expressão corresponder ao valor lógico Verdade, então a macro não faz nada. Se o resultado for igual a Falso, a aplicação coloca um erro no *stderr* e aborta a execução.

Essa macro é normalmente utilizada para testar erros graves de programação. Não se trata de erros de sintaxe, mas sim de erros que advêm de programação deficiente e que podem provocar efeitos indesejados.

```
#include <assert.h>
#include <stdio.h>

void Inc_Idade(int *ptr_idade)
  {
        assert(ptr_idade!=NULL);
        assert(*ptr_idade>=0);
        (*ptr_idade)++;
  }

main(void)
  {     int x=5;
        Inc_Idade (&x);
        x=-5;
        Inc_Idade (&x);
        Inc_Idade (NULL);
  }
```

Macro offsetof()

Existe ainda uma macro menos conhecida que permite obter o *offset* (em *bytes*) de um membro de uma estrutura. Isto é, a distância desse membro ao endereço inicial dessa mesma estrutura. Essa macro chama-se **offsetof**() e necessita do *#include <stddef.h>*.

```
size_t    offsetof(struct_type, struct_member);
```

prog1309c

```
 1: #include <stdio.h>
 2: #include <stddef.h>
 3:
 4: typedef struct
 5: {
 6:   int Campo1;
 7:   double Campo2[100];
 8:   char Campo3[20];
 9: } REG;
10:
11:
12: main()
13: {
14:
15: printf("Campo1 começa no Offset %d\n", offsetof(REG,Campo1));
16: printf("Campo2 começa no Offset %d\n", offsetof(REG,Campo2));
17: printf("Campo3 começa no Offset %d\n", offsetof(REG,Campo3));
18:
19: }
```

```
$ prog1309
Campo1 começa no Offset 0
Campo2 começa no Offset 2
Campo3 começa no Offset 802
```

Evitar Múltiplos Includes

Ao escrever um código cada vez maior, podemos correr o risco de incluir várias vezes o mesmo *header file*.

Para evitar tal situação, que pode gerar alguma confusão para o compilador (com a declaração por diversas vezes da mesma variável), é possível indicar, através das diretivas ao pré-processador anteriormente apresentadas, para incluir um arquivo apenas se este ainda não tiver sido incluído.

Como é que sabemos se um arquivo já foi ou não incluído?

É simples: sempre que incluirmos um arquivo definimos um símbolo que apenas estará definido nesse arquivo.

prog1310.c

```
 1: /* Arquivo MyHeader.h */
 2:
 3: #ifdef _MYHEADER_H_
 4:    /* O arquivo já foi incluído, logo não há nada a fazer */
 5: #else
 6:    #define _MYHEADER_H_
 7:
 8:    typedef int INTEIRO;
 9:    int Var1, Var2, Var3;
10:
11:    /* Todo o conteúdo do arquivo fica aqui. */
12:
13: #endif
```

Como se pode observar, utilizamos o símbolo _MYHEADER_H_ , pois assemelha-se ao nome físico do arquivo. Colocamos, no entanto, o caractere *underscore* antes e depois do símbolo, para que este não possa ser redefinido erradamente.

O pré-processador, ao analisar o arquivo, vai verificar se o símbolo já está definido. Se já estiver definido, não se faz nada.

Se ainda não estiver definido, então o define (linha 6:), e coloca-se dentro do *#else* todo o conjunto de declarações e instruções necessárias.

O pré-processador, ao processar o seguinte código de um arquivo,

```
#include "MyHeader.h"
........
#include "MyHeader.h"
```

ao processar o primeiro *#include* faz a inclusão das definições e define o símbolo _MYHEADER_H_.

Ao processar o *#include* pela segunda vez, como já tem o símbolo _MYHEADER_H_ definido, ignora a inclusão do arquivo, pois entre o *#ifdef* e o *#else* não existe qualquer código.

Visualizar a Expansão das Macros

O processamento das macros é normalmente realizado sem que o utilizador perceba. No entanto, a generalidade dos compiladores vem acompanhada por um executável que permite ver qual o resultado do pré-processamento sem realizar a compilação. Esse executável é o **Pré-processador**.

Utilize as seguintes linhas para obter o resultado do pré-processamento do arquivo prog1310.c

Compiladores da Borland / Inprise

```
$ cpp   -oCon   -P-   prog1310.c
```
```
cpp     = C PreProcessor
-oCon   = Output (-o) para o console
-P-     = Desliga a opção que mostra, por padrão, o nº das linhas
```

Sistema Unix ou Equivalente

```
$ cc  -E  prog1310.c
```

Compiladores da Microsoft

```
$ cl  /E  prog1310.c
```
```
/E    = Enviar o resultado para o stdout
```

Macros *versus* Funções

As macros são, normalmente, constituídas por pequenas porções de código, com uma ou duas linhas, enquanto as funções podem ter a dimensão que se queira.

Os parâmetros das macros não têm tipos associados, enquanto os parâmetros das funções devem, necessariamente, ter tipo de dados.

As macros são expandidas ao longo do código, e isso quer dizer que se invocarmos 1000 vezes a macro MULT ela será expandida 1000 vezes, uma para cada invocação. Por sua vez, as funções são compiladas apenas uma vez, e cada invocação apenas envia os dados que pretendemos que sejam processados pela função.

Assim, facilmente se conclui que o processamento das macros pode ser mais rápido que o mesmo processamento realizado por funções, pois cada uma das chamadas já tem o código exato que tem que ser processado, evitando assim o *overhead* necessário à chamada das funções, com a criação de memória para os parâmetros, empilhamento dos parâmetros, criação de uma posição de memória para o valor de retorno, etc.

Como em informática toda rosa tem espinhos, tudo isso tem um preço. O preço a pagar é o tamanho dos executáveis, que cresce muito mais com a utilização de macros, pois o código é sistematicamente expandido em cada invocação, enquanto na chamada à função apenas se enviam os parâmetros para que a função faça o seu processamento.

Assim, em geral os executáveis gerados quando se utilizam macros são maiores e mais rápidos. Normalmente os executáveis gerados quando se utilizam funções são menores e ligeiramente mais lentos.

Para o programador principiante essa relação não é muito importante. No entanto, em certos casos a diferença entre uma função e uma macro pode ser determinante numa aplicação, principalmente devido ao tempo de processamento.

Como se sabe, não podemos ter duas funções com o mesmo nome. No entanto, teremos que ter cuidado para não (re)definir símbolos com nomes que já possam existir.

Resumo do Capítulo 13

O Pré-processador é uma peça de software que permite fazer algumas transformações no código escrito pelo programador imediatamente antes de este ser compilado.

O seu papel é processar todas as linhas começadas por # e substituí-las pelo código C apropriado.

Do papel desempenhado pelo pré-processador destaca-se a capacidade de definir constantes simbólicas e macros.

As macros são, normalmente, constituídas por pequenas porções de código com uma ou duas linhas, enquanto as funções podem ter a dimensão que se queira.

Os parâmetros das macros não têm tipos associados, enquanto os parâmetros das funções têm, necessariamente, que ter tipo de dados.

As macros são expandidas ao longo do código. Isso quer dizer que se se invocar 1000 vezes a macro MULT ela será expandida 1000 vezes, uma para cada invocação. Por sua vez, as funções são compiladas apenas uma vez, e cada invocação apenas envia os dados que pretendemos que sejam processados pela função.

As macros permitem obter ganhos de produtividade, pois o código por elas gerado é expandido ao longo de todas as invocações no arquivo do programador. Também por isso, os executáveis são normalmente maiores do que se tivessem sido gerados a partir de funções.

É absolutamente necessário que o programador não se esqueça de colocar os parênteses corretos na expansão da macro, de forma a que esta implemente corretamente a função para que foi projetada.

Uma outra capacidade importante do pré-processador reside na possibilidade de escrever um código que funcione em qualquer arquitetura, ao permitir a compilação condicional.

Exercícios Resolvidos

[Exercício de Exame]

→ Dadas as seguintes macros, funções e variáveis:

```
#define MAX 20
#define m_dobro(x) 2*x

int var = 4;
int f_dobro(int x) {return 2*x;}
```

1) Qual o valor que seria colocado no *stdout* em cada uma das linhas:

```
printf("%d",m_dobro(MAX+1));          |    41
printf("%d",f_dobro(1-3));            |    -4
printf("%d",m_dobro(1-3));            |    -1
printf("%d",m_dobro(2+f_dobro(2+5))); |    18
```

Como podemos reparar, a macro está mal definida, pois não são colocados os parênteses necessários. Mas é assim que terá que ser considerada.

```
m_dobro(MAX+1)            -> 2*20+1              -> 41
f_dobro(1-3)              -> f_dobro(-2)         -> -4
m_dobro(1-3)              -> 2*1-3               -> -1
m_dobro(2+f_dobro(2+5))   -> 2*2+f_dobro(2+5)    -> 4+f_dobro(7)    -> 18
```

2) Qual a expansão realizada pelo pré-processador do seguinte trecho:

m_dobro(f_dobro(MAX)+var+1)

Como apenas as macros são expandidas, irão desaparecer os símbolos *m_dobro* e *MAX*, sendo substituídos pelos valores com que foram definidos. Vejamos passo a passo:

```
m_dobro(f_dobro(MAX)+var+1)
m_dobro(f_dobro(20)+var+1)
```
2*f_dobro(20)+var+1

Repare que, embora *var* já tenha definido um valor, como não é macro continua exatamente como foi escrito.

Exercícios Propostos

1. [Exercício de Exame]

Suponha as seguintes constantes simbólicas declaradas:

```
#define   TAXA_ICMS1      5
#define   TAXA_ICMS2      17
```

1.1 Defina a macro Val_ICMS(Salario) que deverá devolver o valor do ICMS de um salário, sabendo que a taxa de ICMS a ser aplicado ao salário é TAXA_ICMS1 se o salário é menor que 10000, ou TAXA_ICMS2, caso contrário.[3]

1.2 Qual a expansão de código que o pré-processador faria do seguinte trecho

```
main()
{
  int x,y=2;
  printf("\nSalário=%f", Val_ICMS(x+y));
}
```

2. [Exercício de Exame]

Indique qual a ordem pela qual as operações são realizadas no desenvolvimento de uma aplicação.

- "Linkagem"
- Edição do código
- Compilação
- Execução da aplicação
- Pré-processamento

3. [Exercício de Exame]

a) Escreva a macro ZAP(x,v1,v2) que, caso x <=0, devolve x*v1, se não devolve x*(-v2).

b) Qual a expansão que o pré-processador faria do seguinte código:

```
#define   MAX   43
#define   MIN   -1

main()
{
  int i,j = (int) 'a';
  i = ZAP(i+j,MAX-1,MIN-1);
}
```

4. [Exercício de Exame]

4.1 Por que é que os parâmetros existentes nas macros não têm tipos de dados?

4.2 Defina a macro *toupper(ch)* que deverá converter o valor de *ch* para maiúsculas.

4.3 Qual a expansão que seria produzida pelo pré-processador a partir do seguinte trecho, utilizando a macro definida no item anterior?

```
#define FIRST 'A'
#define LAST  'Z'

main()
{
  int ch=65; /* ASCII do 'A' */
  printf("%c %c", toupper(FIRST+2),toupper(LAST+'a'-ch));
}
```

4.4 Qual a saída que seria gerada pela execução desse programa?

---
[3] Embora os salários não sejam sujeitos ao ICMS...

14

ASPECTOS AVANÇADOS

Objetivos

- *enum*
- *register*
- *union*
- *goto*
- Decimal, octal, hexadecimal e binário
- Operações *bit* a *bit*
- *Bit fields*
- Ponteiros para funções
- Divisão dos projetos por vários arquivos
- *extern*
- Variáveis e funções *static*
- Resolução de exames completos de programação

Introdução

Neste capítulo iremos abordar alguns assuntos que, apesar de não serem de utilização tão comum, estão presentes na linguagem e podem permitir resolver facilmente alguns problemas mais específicos.

Se o leitor adquirir outro livro sobre a linguagem, poderá verificar que alguns dos tópicos apresentados neste capítulo aparecem logo nos primeiros capítulos. Um exemplo típico são os operadores sobre *bits*, que são introduzidos quando todos os outros operadores são também apresentados.

Ora, é um pouco doloroso, para quem ainda mal conhece somas e subtrações, começar a ver operações sobre *bits*. Por isso reservamos alguns assuntos para um capítulo mais avançado, retirando-os dos locais onde são normalmente apresentados, evitando assim que o leitor desista ainda antes de chegar a este capítulo (era só brincadeira).

Ao contrário dos capítulos anteriores, que tinham um tema que acompanhava todo o capítulo, este, por sua vez, aborda um conjunto de tópicos de forma autônoma.

Resta o consolo de que este é o último capítulo do livro...

enum

A palavra reservada **enum** permite definir aquilo que normalmente se chama **Tipos Enumerados**.

Por exemplo, para definir um novo tipo denominado **dias**, constituído pelos dias da semana, faz-se:

```
enum dias {segunda, terca, quarta, quinta, sexta, sabado, domingo};
```

Nesse exemplo, passamos a ter um novo conjunto de valores que poderemos utilizar como se fossem constantes da linguagem.

prog1401.c

```
 1:
 2: #include <stdio.h>
 3:
 4: enum dias {segunda, terca, quarta, quinta, sexta, sabado, domingo};
 5:
 6:
 7: main(void)
 8: {  int a,b;
 9:     a = segunda;
10:     b = terca;
11:     a++;
12:     if (a==terca)
13:        puts("Estamos na Terça-Feira");
14: }
```

O compilador atribui os valores seqüencialmente a partir de 0, isto é, a constante *segunda* fica definida com o valor 0, *terca* com 1, *quarta* com 2 etc.

No entanto, poderíamos estar interessados em utilizar valores mais lógicos para essas constantes. Podemos, então, atribuir um valor a cada uma das constantes quando da sua definição.

prog1402.c

```
 1:
 2: #include <stdio.h>
 3:
 4: enum dias    {segunda=2, terca=3, quarta=4, quinta=5,
 5:              sexta=6, sabado=7, domingo=1};
 6:
 7: main(void)
```

```
 8: {  int a,b;
 9:     a = segunda;
10:     b = terca;
11:     a++;
12:     if (a==terca)
13:        puts("Estamos na Terça-Feira");
14: }
```

A definição anterior é semelhante a:

```
enum dias   {segunda=2, terca, quarta, quinta, sexta,
             sabado, domingo=1};
```

pois sempre que não se atribui um valor a uma das constantes, esta recebe o valor da constante anterior adicionado em uma unidade.

Caso não se coloque valor na primeira das constantes, esta recebe o valor 0.

register

Em C existe a possibilidade de indicar ao compilador para colocar, se possível, o conteúdo de uma variável diretamente nos registros do processador, de tal forma que a execução do código seja muito mais rápida, pois o valor passa a existir diretamente no registro do processador e não em uma posição de memória, onde terá ainda que ser acessado.

Isso é feito através do prefixo **register**.

```
register int contador;
```

Dessa forma, evita-se a perda de tempo entre o carregamento do registro a partir de uma posição de memória e a passagem do valor do registro do processador do computador para essa posição de memória depois de utilizado, existindo o valor sempre no registro.

No entanto, como se sabe, o número de registros do processador é muito reduzido, e essa instrução pode não garantir que o conteúdo da variável seja efetivamente colocado nos registros do processador.

Na realidade, ao contrário das outras instruções da linguagem, essa instrução não é uma ordem, mas sim um pedido para que, caso seja possível, a variável seja diretamente colocada nos registros do processador.

Como facilmente se perceberá, esse prefixo deve ser unicamente utilizado em variáveis simples, nunca em vetores ou estruturas.

union

A palavra reservada **union** serve para declarar estruturas especiais. A sintaxe é semelhante à declaração das estruturas em C. O que difere é a forma do armazenamento.

prog1403.c

```
 1: #include <stdio.h>
 2:
 3: struct Est
 4: {
 5:    char   c;
 6:    int    n;
 7:    float  x;
 8: };
 9:
10: union Uni
11: {
12:    char   c;
13:    int    n;
14:    float  x;
```

```
15: };
16:
17: main(void)
18: {
19:    printf("Dimensão da Estrutura: %d\n",sizeof(struct Est));
20:    printf("Dimensão da União: %d\n",sizeof(union Uni));
21:
22: }
23:
```

Ao executarmos a aplicação, verificamos que a dimensão das duas entidades é distinta.

```
$ prog1403
Dimensão da Estrutura: 7
Dimensão da União: 4
```

Uma união é aquilo que normalmente se chama *Record Variant*.

Na estrutura, cada um dos membros tem memória própria, isto é, o caractere ocupa 1 *byte*, o inteiro ocupa 2 *bytes* e o real ocupa 4 *bytes*, o que totaliza 7 *bytes*.

No caso da união, o mesmo espaço é repartido por todos os componentes. Por essa razão, o espaço ocupado pela união é o espaço do maior elemento da estrutura (nesse caso, o espaço do *float*).

Ao alterar um dos elementos da estrutura estamos alterando o valor de todos os outros, pois a memória de armazenamento é compartilhada por todos os membros da união.

prog1404.c

```
 1:  #include <stdio.h>
 2:
 3:  union Uni
 4:  {
 5:     char   c;
 6:     int    n;
 7:     float  x;
 8:  };
 9:
10:
11:  main(void)
12:  {
13:     union Uni uniao;
14:     uniao.x = 12345.6;
15:     puts("Valores Iniciais");
16:     printf(" '%c' %d  %7.2f\n",uniao.c,uniao.n,uniao.x);
17:     puts("\nVou Alterar apenas o int");
18:     uniao.n=2500;
19:     printf(" '%c' %d  %7.2f\n",uniao.c,uniao.n,uniao.x);
20:
21:  }
```

```
$ prog1404
Valores Iniciais
 'f' -6554   12345.60

Vou Alterar apenas o int
 'Ä' 2500    12290.44
```

Como se pode reparar, a alteração de um dos membros da *union* provoca alterações no conteúdo dos outros membros.

As *unions* são muito pouco utilizadas. Normalmente são utilizadas como argumentos na invocação de rotinas de interrupção, vulgarmente denominadas *interrupts*. O objetivo é enviar sempre o mesmo número de *bytes*, mesmo que estes pertençam a estruturas distintas.

goto

Esta instrução deveria ser a última a ser apresentada neste livro, e deveria vir escrita com aquelas letrinhas muito pequenas que normalmente aparecem nos contratos.

A razão é que o **goto** só deve ser utilizado em situações de erro grave, em que é necessário dar um salto incondicional para um **label** que deverá estar colocado em algum lugar no programa.

Infelizmente, muitos programadores começaram a programar em linguagens como o BASIC ou o COBOL, em que o *goto* é utilizado maciçamente.

A instrução *goto* e o seu *label* terão que estar colocados dentro da mesma função, podendo não estar dentro do mesmo bloco.

prog1405.c

```
1:    #include <stdio.h>
2:
3:  main()
4:  {
5:      int n,i;
6:      printf("Introd. um inteiro:");
7:      scanf("%d",&n);
8:
9:      for(i=1; i<=10;i++)
10:       if (n==i)
11:           goto salta1;
12:       else
13:           if (n*i==50)
14:               goto salta2;
15:
16:     puts("Nenhuma condição se verificou");
17:     goto end;
18:
19: salta1:
20:     puts("n: Valor entre 1 e 10");
21:     goto end;
22:
23: salta2:
24:     puts("n*i: Produto múltiplo de 50");
25:     goto end;
26: end:
27: }
```

Se você habitualmente programa com a instrução *goto* ou se no final da leitura deste livro ainda sente vontade de programar com *goto*, então não diga a ninguém que o leu!!! E risque já agora a palavra programador do seu cartão de apresentação.

Decimal, Octal, Hexadecimal e Binário

Bit a Bit

Com o advento da computação multimídia, olhamos para os computadores como máquinas com vocação para o tratamento de texto, imagem e som, mas na realidade os computadores continuam apenas manipulando números.

Tudo o que se passa dentro de um computador é armazenado utilizando números (sejam dados, texto, sons ou imagens).

Tudo começou com a invenção do ***bit***. Ora, o *bit* é apenas uma forma de representar dois estados: ligado e desligado[1].

Com um *bit* podemos representar dois estados: **ligado** (que representaremos por 1) e **desligado** (que representaremos por 0).

Um *bit* serve perfeitamente para indicar qual o sexo de um determinado indivíduo, pois (pelo menos até agora) apenas existem o sexo masculino e o feminino.

- *1 — Masculino*
- *0 — Feminino*

Se pretendermos representar o estado civil de uma pessoa um *bit* já não chega, pois os possíveis estados são: Solteiro, Casado, Divorciado e Viúvo.

Se juntarmos dois *bits* podemos combiná-los de forma a representar os valores anteriores

- *00 — Solteiro*
- *01 — Casado*
- *10 — Divorciado*
- *11 — Viúvo*3

Assim, para se representar conjuntos maiores de valores a solução é sempre a mesma: ir juntando *bits* até que possa representar o conjunto pretendido.

Quando é que se pára de juntar *bits*?

A questão é pertinente, pois como se faz a soma de um número com 13 *bits* com outro com apenas 2 *bits*?

A solução encontrada foi: vamos definir uma unidade. Essa unidade vai passar a ter **8 *bits*** e passa a se chamar ***byte***. Portanto, em termos computacionais o *byte* é a unidade de medida.

Como se representam então os números dentro de um *byte*?

Como se sabe, a base utilizada pelos computadores é a base 2, à qual correspondem os símbolos 0 e 1.

O número zero é fácil de representar: **00000000**

O número seguinte é obtido através da adição de uma unidade ao valor 0.

00000000+1 = **00000001**, pois 1 ainda faz parte da base em que representamos os números.

E qual será o próximo número?

```
  00000001
 +00000001
  ????
```

Essa situação é semelhante à situação com que nos deparamos quando estamos fazendo a mesma operação com o último elemento da nossa base habitual de trabalho (Base 10).

Qual o resultado de 9+1?

```
  9
 +1
  0    (e vai um)
```

logo, o resultado é semelhante a

```
  1
  9
 +1
 10
```

O mesmo vai acontecer na Base 2 (em que apenas podemos considerar os símbolos 0 e 1).

---
[1]Um pouco como os interruptores do Herman José.

Assim:

```
  1
 +1
  0     (e vai um, pois já ultrapassamos o maior elemento da base)
```

logo, o resultado é semelhante a

```
  1
  1
 +1
 10
```

isto é, na base 2 o número 2 é representado como sendo **00000010**.

O próximo número será **11** (número 3 na base 10)

```
 10
 +1
 11
```

O seguinte será obtido da mesma forma:

```
 11
 +1
  0     ( e vai um)

  1
 11
 +1
 00     ( e vai um)

 11
 11
 +1
100
```

Assim, o número 4 (Base 10) é representado por 100 na base 2.

Facilmente se representam os próximos números.

Decimal	Binário	Decimal	Binário
0	00000	10	01010
1	00001	11	01011
2	00010	12	01100
3	00011	13	01101
4	00100	14	01110
5	00101	15	01111
6	00110	16	10000
7	00111	17	10001
8	01000	18	10010
9	01001	19	10011

Se pensarmos um pouco, verificamos que os múltiplos de 2 estão todos colocados estrategicamente, contendo apenas um dos *bits* com 1 e todos os outros com zero.

Observe, também, que se numerarmos os *bits* da direita para a esquerda, começando na posição índice zero,

facilmente obteremos os valores que se apresentam na coluna da direita:

Decimal	*Binário*	Posição	Valor
1	*00001*	0	2^0
2	*00010*	1	2^1
4	*00100*	2	2^2
8	*01000*	3	2^3

Ficamos assim sabendo que se o *bit* que se apresenta na posição índice *n* estiver com 1, o número que ele representa é 2^n.

Que número é 0110_2 na Base 10?

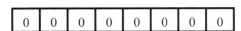

Dessa forma poderemos facilmente compreender qual o valor ao qual pertence na Base 10. Esse valor será igual a:

$0*2^3+1*2^2+1*2^1+0*2^0 = 1*2^2+1*2^1 = 4 + 2 = 6$

Como pode ser verificado pelo quadro anterior.

Byte a *Byte*

Facilmente se compreende agora que se um *byte* é constituído por 8 *bits*, o menor valor nele representado será 0

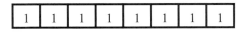

e o maior será

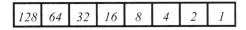

que é igual a

128	*64*	*32*	*16*	*8*	*4*	*2*	*1*

128+64+32+16+8+4+2+1 = 255

Assim, o menor número representado em um *byte* será o ZERO, e o maior será o número 255, existindo assim 256 números passíveis de serem representados por um *byte*.

Como os caracteres são armazenados em um único *byte*, essa é a razão pela qual existem apenas 256, cujos códigos numéricos vão de 0 até 255.

Decimal, Octal e Hexadecimal

Facilmente se perceberá que das três bases anteriormente mencionadas (Decimal, Octal e Hexadecimal) a que se adapta menos à computação é exatamente a base Decimal, que utilizamos diariamente.

Ora, por isso – e porque não podemos trabalhar na Base 2, pois é complicado representar valores numéricos *bit* a *bit* – foram desenvolvidas bases de trabalho diferentes.

Assim, surgiram as Bases Octal (oito símbolos) e Hexadecimal (16 Símbolos).

Base Octal

A Base Octal é formada pelos símbolos 0..7. Quando se chega ao final da Base, utiliza-se o esquema habitual (*e vai um*).

Dessa forma, os 40 primeiros números na Base Octal são:

Dec.	Octal	Dec.	Octal	Dec.	Octal	Dec.	Octal
0	0	10	12	20	24	30	36
1	1	11	13	21	25	31	37
2	2	12	14	22	26	32	40
3	3	13	15	23	27	33	41
4	4	14	16	24	30	34	42
5	5	15	17	25	31	35	43
6	6	16	20	26	32	36	44
7	7	17	21	27	33	37	45
8	10	18	22	28	34	38	46
9	11	19	23	29	35	39	47

Mais uma vez o princípio se mantém: qualquer número pode ser representado na base.

Tomemos, por exemplo, o número 29_{10}. Segundo a tabela, ele é equivalente ao número 35 na Base Octal. Vamos confirmar.

$3*8^1+5*8^0$ = $3*8 +5*1$ = $24 + 5 = 29$.

Se em um programa em C pretendermos escrever um número em Octal, bastará colocar esse valor precedido de um zero.

prog1406.c

```
1:  #include <stdio.h>
2:
3:  main()
4:  {
5:      int n;
6:
7:      n= 10;
8:      printf("Valor Inteiro: %d  Valor em Octal: %o\n",n,n);
9:
10:     n=010; /* Valor em Octal */
11:     printf("Valor Inteiro: %d  Valor em Octal: %o\n",n,n);
12: }
```

```
$ prog1406
Valor Inteiro: 10  Valor em Octal: 12
Valor Inteiro: 8   Valor em Octal: 10
```

- *A atribuição realizada na linha 7 atribui à variável **n** o valor Decimal 10 (Octal 12).*
- *A atribuição realizada na linha 10 atribui à variável **n** o valor Octal 10 (Decimal 8).*

A leitura e a escrita de valores em Octal podem ser realizadas através das funções *scanf* e *printf* utilizando o formato %*o*.

Base Hexadecimal

A Base Hexadecimal é formada por 16 símbolos. Como a nossa base de trabalho (Base 10) é composta por apenas 10 símbolos (0..9), houve a necessidade de adicionar os símbolos A(10), B(11), C(12), D(13), E(14) e F(15).

Dessa forma, os 40 primeiros números na Base Hexadecimal são:

Dec.	Hexa	Dec.	Hexa	Dec.	Hexa	Dec.	Hexa
0	0	10	A	20	14	30	1E
1	1	11	B	21	15	31	1F
2	2	12	C	22	16	32	20
3	3	13	D	23	17	33	21
4	4	14	E	24	18	34	22
5	5	15	F	25	19	35	23
6	6	16	10	26	1A	36	24
7	7	17	11	27	1B	37	25
8	8	18	12	28	1C	38	26
9	9	19	13	29	1D	39	27

Mais uma vez o princípio se mantém, qualquer número pode ser representado na base.

Tomemos, por exemplo, o número 29_{10}. Segundo a tabela ele equivale ao número 1D na Base Hexadecimal. Vamos confirmar.

$1*16^1 + D*16^0 = 1*16 + 13*1 = 16 + 13 = 29$.

Se em um programa C pretendermos escrever um número em Hexadecimal, bastará colocar esse valor precedido de 0x.

prog1407.c

```
 1:  #include <stdio.h>
 2:
 3:  main()
 4:  {
 5:      int n=10;
 6:
 7:      printf(" Valor Inteiro: %d  Valor em Hexa: %x\n",n,n);
 8:
 9:      n=0x1D; /* Valor em Hexa */
10:      printf(" Valor Inteiro: %d  Valor em Hexa: %x\n",n,n);
11:      printf(" Valor Inteiro: %d  Valor em Hexa: %X\n",n,n);
12:  }
```

```
$ prog1407
Valor Inteiro: 10   Valor em Hexa: a
Valor Inteiro: 29   Valor em Hexa: 1d
Valor Inteiro: 29   Valor em Hexa: 1D
```

A leitura e a escrita de valores em Hexadecimal podem ser realizadas através das funções *scanf* e *printf* utilizando o formato %x ou %X. No primeiro caso (**%x**), quando o número contém alguma das letras A..F ela é escrita em minúsculas. Para se escrever em maiúsculas utiliza-se o formato **%X**.

Conversões entre Bases

Para converter qualquer número da base 10 para outra, o melhor é passar sempre pela base 2, representando o número em binário.

Vamos então partir da Base 10 e representar o número 181 em todas as outras bases.

Converter Decimal para Binário

Vamos começar representando o número 181 como um conjunto de *bits*.

Começa-se sempre da esquerda para a direita.

128	64	32	16	8	4	2	1

Temos assim que representar o número 181 como uma seqüência de 0 e 1.

Vamos começar vendo se o *bit* mais à esquerda é colocado em 1 ou 0.

Se o número a ser escrito for maior ou igual ao valor associado à posição do *bit*, então esse *bit* fica com 1, se não fica com 0.

Nesse caso, como 181 >=128 o *bit* da casa 128 é colocado em 1.

1							
128	64	32	16	8	4	2	1

Nesse momento já representamos o número 128, por isso falta-nos apenas representar 181 – 128 = 53

Ora, o valor do próximo *bit* é maior que 53, logo esse *bit* não vai ser utilizado, ficando por isso com 0.

1	0						
128	64	32	16	8	4	2	1

Como 53 é maior que 32, vamos ficar com o *bit* em 1 e sobram ainda 53 – 32=21.

1	0	1					
128	64	32	16	8	4	2	1

Como 21 é maior que 16, vamos ficar com o *bit* em 1 e sobram ainda 21 – 16=5.

1	0	1	1				
128	64	32	16	8	4	2	1

Facilmente se compreenderá que para conseguir construir o número 5 a partir dos *bits* teremos de fazer 4+1, isto é, selecionando os *bits* associados a esses dois valores.

1	0	1	1		1		1
128	64	32	16	8	4	2	1

Todos os outros *bits* ficam com zero, pois o número já está complemente representado.

1	0	1	1	0	1	0	1
128	64	32	16	8	4	2	1

Só para confirmar, repare que 128+32+16+4+1 = 181.

Converter Binário para Octal

É extremamente simples converter um valor de Binário para Octal.

Repare que a Base Octal é constituída pelos seguintes oito símbolos, bastando três *bits* para representar qualquer dos números da Base:

Octal	Binário
0	000
1	001
2	010
3	011
4	100
5	101
6	110
7	111

Assim, para representar o número anterior 10110101_2 em Octal basta agrupar à direita em conjuntos de três *bits*, isto é:

(10) (110) (101) que é equivalente a (010) (110) (101)

Agora, é só ver qual é a equivalência entre esses conjuntos de três *bits* e os respectivos valores em Octal.

Repare que:

- *010 corresponde ao símbolo 2*
- *110 corresponde ao símbolo 6*
- *101 corresponde ao símbolo 5*

Obtém-se o valor 265, que é a representação em Octal do valor 181 na base 10.

Converter Binário para Hexadecimal

Converter um valor de binário para Hexadecimal é extremamente simples, fazendo-se como no procedimento anterior para a base Octal.

Repare que a Base Hexadecimal é constituída pelos 16 símbolos (0,1,2,3,4,5,6,7,8,9,A,B,C,D,E,F), sendo nesse caso necessários quatro *bits* para representar qualquer dos números da Base:

Hexa	Binário	Hexa	Binário
0	0000	8	1000
1	0001	9	1001
2	0010	A	1010
3	0011	B	1011
4	0100	C	1100
5	0101	D	1101
6	0110	E	1110
7	0111	F	1111

Assim, para representar o número anterior 181_{10} (10110101_2) em Hexadecimal basta agrupar à direita em conjuntos de quatro *bits*, isto é:

(1011)(0101)

Agora é só ver qual é a equivalência entre esses conjuntos de quatro *bits* e os respectivos valores em Hexadecimal.

Repare que:

- *1011 corresponde ao símbolo B*
- *0101 corresponde ao símbolo 5*

Obtém-se o valor $B5_{16}$, que é a representação em Hexadecimal do valor 181_{10} na base 10 e 265_8 na base 8.

Converter Binário para Decimal

Já sabemos como se faz, basta multiplicar cada um dos *bits* pelo valor da Base elevada a cada uma das potências.

Exemplo: Converter 10110 para decimal

```
10110 = 1*2⁴+0*2³+1*2²+1*2¹+0*2⁰ = 16+0+4+2+0= 22
```

Converter Octal para Decimal

Basta multiplicar cada um dos elementos constituintes do número pela base 8 elevada a cada uma das potências.

Exemplo: Converter 067 para decimal.

```
067 = 0*8²+6*8¹+7*8⁰ = 0+6*8+7 = 48+7 = 55
```

Converter Hexadecimal para Decimal

Mais uma vez basta multiplicar cada um dos elementos constituintes do número pela base 16 elevada a cada uma das potências.

Exemplo: Converter 0x1A5 para decimal

```
1A5 = 1*16²+A*16¹+5*16⁰ = 1*256+10*16+5*1 = 421
```

Operações *Bit* a *Bit*

Agora que já sabemos bem como é que os números são representados internamente, poderemos utilizar algumas características de um nível da linguagem mais baixo que permitem a manipulação de dados ao nível do *bit*.

Isso se deve ao fato de a linguagem C ter sido utilizada para implementar um sistema operacional, onde essas operações são realizadas de forma muito mais comum do que podemos imaginar.

O fato de a linguagem permitir o acesso ao nível do *bit* levou muitos autores a classificarem C como uma linguagem da mesma família do *Assembly*, o que não deixa de ser um perfeito disparate.

C, como linguagem de terceira geração, permite o acesso ao nível do *bit* utilizando operações e operadores do mesmo modo que utilizamos as somas ou as multiplicações.

Operadores de Manipulação de *Bits*

Operador	Descrição
&	*Realiza um E (AND) bit a bit.*
|	*Realiza um OU (OR) bit a bit.*
^	*Realiza um OU Exclusivo bit a bit, também designado por XOR.*
~	*Transforma todos os bits colocando-lhes o valor contrário àquele que têm na altura, isto é, troca todos os bits 1 por 0 e vice-versa. Também é denominado Complemento.*
>>	*Desloca n bits à direita, fazendo entrar bits com 0 pela esquerda. Por exemplo, se tivermos o número 10110 (em bits) e fizermos 10110 >>2 obtemos 00101. Essa é uma forma de realizar facilmente divisões por 2, 4, 8 etc.*
<<	*Desloca n bits à esquerda, fazendo entrar bits 0 pela direita. Por exemplo, se tivermos o número 10110 (em bits) e fizermos 10110 <<2 obtemos 1011000. Essa é uma forma de realizar facilmente multiplicações por 2, 4, 8 etc.*

Exemplos (Supondo todos os valores representados através de *bits*).

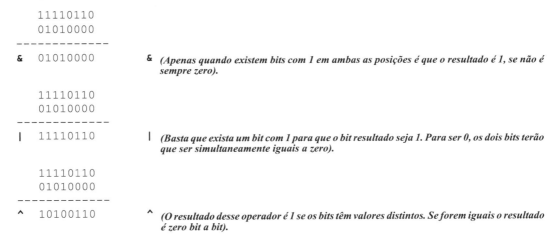

```
      11110110
      01010000
      --------
   &  01010000
```
& *(Apenas quando existem bits com 1 em ambas as posições é que o resultado é 1, se não é sempre zero).*

```
      11110110
      01010000
      --------
   |  11110110
```
| *(Basta que exista um bit com 1 para que o bit resultado seja 1. Para ser 0, os dois bits terão que ser simultaneamente iguais a zero).*

```
      11110110
      01010000
      --------
   ^  10100110
```
^ *(O resultado desse operador é 1 se os bits têm valores distintos. Se forem iguais o resultado é zero bit a bit).*

Exercício:

Implemente uma aplicação que mostre os valores contidos em um *byte*, com apenas um *bit* igual a 1, movimentando o *bit* ativo da esquerda para a direita.

prog1408.c

```
 1:  #include <stdio.h>
 2:
 3:  main()
 4:  {
 5:  unsigned char ch = 0xFF & 0x80; /* Máscara para obter o 1º Bit */
 6:  int i;
 7:  for (i=0;i<=8;i++)
 8:     printf("i=%d: valor: %d\n",i,ch >> i);
 9:
10:  }
```

```
$ prog1408
i=0: valor: 128
i=1: valor: 64
i=2: valor: 32
i=3: valor: 16
i=4: valor: 8
i=5: valor: 4
i=6: valor: 2
i=7: valor: 1
i=8: valor: 0
```

Repare que para colocar o 1º *Bit* (à esquerda) com o valor 1 faz-se:

```
5:  unsigned char ch = 0xFF & 0x80;
```

```
0xFF      1111 1111
0x80      1000 0000
------------------------
 &        1000 0000        (Resultado do & Bit a Bit)
```

Podia-se ter feito logo:

```
5:  unsigned char ch = 0x80;
```

O código restante serve para deslocar o *bit* à direita o número de vezes que pretendemos, e poderia ter sido escrito da seguinte forma:

prog1409.c

```
 1:  #include <stdio.h>
 2:
 3:  main()
 4:  {
 5:  unsigned char ch = 0xFF & 0x80; /* Máscara para obter o 1º Bit */
 6:  int i;
 7:  for (i=0 ; i<=8 ; i++ , ch = ch>>1 )
 8:     printf("i=%d: valor: %d\n",i,ch );
 9:
10:  }
```

Exercício:

Implemente uma aplicação que mostre os valores contidos em um *byte* em que os *bits* vão sendo colocados em 1 (da direita para a esquerda).

Exemplo:

```
00000001    1
00000011    3
00000111    7
```

prog1410.c

```c
1:  #include <stdio.h>
2:
3:  /* Mostra o conteúdo de um Byte em Bits */
4:  void Mostra_Byte(unsigned char ch)
5:  { int i;
6:    for (i=7;i>=0;i--)
7:       printf("%d",(ch >>i) & 1);
8:  }
9:
10: main()
11: {
12:     unsigned char ch = 0;
13:     int i;
14:     for (i=0;i<8;i++)
15:       { ch = ch + (1<<i);
16:         Mostra_Byte(ch);
17:         printf("\t%d\n",ch );
18:       }
19:
20: }
```

Bit Fields

Na definição de uma estrutura pode-se definir campos formados apenas por um ou alguns *Bits*, permitindo assim poupar espaço.

Se, por exemplo, ao se armazenar o valor "SIM" ou "NÃO", "MASCULINO" ou "FEMININO" será usado um *byte* para cada um dos caracteres armazenados. Mesmo que o usuário coloque os valores 1 ou 0 irá gastar pelo menos um *byte,* pois o menor tipo que existe em C é o tipo *char,* que ocupa um *Byte.*

Ao utilizar *Bit Fields* bastará apenas um *bit* para armazenar essa informação, pois ela tem apenas dois estados que podem ser utilizados por um único *bit*.

Vamos então definir uma estrutura em que se colocam os seguintes campos:

- *Nome*
- *Idade*
- *Sexo (0: Mulher, 1: Homem)*
- *Estado Civil (0: Solteiro, 1:Casado, 2: Viúvo: 3: Divorciado)*

```c
struct Pessoa
 {
    char Nome[30];
    int Idade;
    unsigned Sexo : 1;         /* 1 Bit  */
    unsigned Est_Civil : 2;    /* 2 Bits */
}
```

prog1411.c

```c
1:  #include <stdio.h>
2:
3:  struct Pessoa
4:  {
5:     char Nome[30];
6:     int Idade;
7:     unsigned Sexo : 1;         /* 1 Bit  */
8:     unsigned Est_Civil : 2;    /* 2 Bits */
9:  }
10:
```

```
11:
12: main()
13: {
14:    struct Pessoa p;
15:
16:    /* Carregar a Estrutura com valores */
17:    strcpy(p.Nome, "Samad o Terrível");
18:    p.Idade = 32;
19:    p.Sexo = 1;           /* Masculino */
20:    p.Est_Civil = 3;      /* Divorciado */
21:
22:    /* Mostrar os Valores */
23:    printf("Nome   : %s\n", p.Nome);
24:    printf("Idade  : %d\n", p.Idade);
25:    printf("Sexo   : %s\n", p.Sexo==0? "Feminino" : "Masculino");
26:    printf("E. Civil: ");
27:    switch(p.Est_Civil)
28:       {
29:          case 0: puts("Solteiro"); break;
30:          case 1: puts("Casado"); break;
31:          case 2: puts("Viúvo"); break;
32:          case 3: puts("Divorciado"); break;
33:       }
34: }
```

Como se pode observar, o processamento é exatamente igual ao que teríamos que realizar se tivéssemos optado por campos de tipos básicos da linguagem. Apenas se perde legibilidade dos dados, perdendo-se igualmente legibilidade do código com um aumento da sua complexidade.

Nota:

Os campos armazenados em *bits* podem ser particularmente úteis se forem utilizados para representar os dados de perguntas em que o conjunto de respostas é normalmente limitado e constituído por conjuntos predefinidos de valores.

Ponteiros para Funções

Como se ainda não chegasse o terrível drama de ter que estudar os ponteiros para dados, este capítulo ainda reserva essa última *Atençãozinha* para todos os amantes dos ponteiros.

Ora, já sabemos que é possível enviar para uma função os endereços de variáveis. No entanto, também é possível enviar para uma função o endereço de outra função, porque sempre que um programa é colocado em execução também as funções estão carregadas em memória, estando bem definido o local (endereço) onde essa função se encontra.

A declaração de um ponteiro para uma função pode ser feita com a seguinte sintaxe:

      `tipo (* ptr_para_função) (parâmetros da função)`

prog1412.c

```
1:  #include <stdio.h>
2:
3:  int Quadrado(int x)
4:  { return x*x; }
5:
6:  int Dobro(int x)
7:  { return 2*x; }
8:
9:  int Cubo(int x)
10: { return Quadrado(x)*x; }
```

```
11:
12: /* Esta função recebe dois parâmetros
13:      Um ponteiro para uma função que recebe como parâmetro um
14:          inteiro e devolve um inteiro como resultado
15:      Um inteiro a ser formatado pela função
16:
17:    Depois coloca o resultado da execução de  funcao(n) entre
18:       <<<| e |>>>
19: */
20: void Imprime_Especial( int (*funcao)(int), int n)
21: {
22:   printf("<<<|%d|>>>\n", (*funcao)(n));
23: }
24: main()
25: {
26:    Imprime_Especial(Quadrado,3);
27:    Imprime_Especial(Dobro,10);
28:    Imprime_Especial(Cubo,5);
29:
30: }
```

$ prog1412
```
<<<|9|>>>
<<<|20|>>>
<<<|125|>>>
```

Repare que a função tem que ser declarada como

```
int (*funcao)(int parametro)
```

pois se a declaração fosse

```
int *funcao(int parametro)
```

estaríamos declarando uma função (e não um ponteiro para uma função) chamada **função,** que recebe um parâmetro do tipo inteiro e devolve um ponteiro para *int*.

No entanto, os ponteiros para funções podem ser tratados como se fossem ponteiros normais, podendo navegar entre diversas funções.

prog1413.c

```
1:   #include <stdio.h>
2:
3: int Quadrado(int x)
4: { return x*x; }
5:
6: int Dobro(int x)
7: { return 2*x; }
8:
9: int Cubo(int x)
10: { return Quadrado(x)*x; }
11:
12: /* Esta função recebe dois parâmetros
13:      Um ponteiro para uma função que recebe como parâmetro um
14:          inteiro e devolve um inteiro como resultado
15:      Um inteiro a ser formatado pela função
16:
17:    Depois coloca o resultado da execução de  funcao(n) entre
18:       <<<| e |>>>
19: */
20: void Imprime_Especial( int (*funcao)(int), int n)
21: {
22:   printf("<<<|%d|>>>\n", (*funcao)(n));
23: }
```

```
24: main()
25: {
26:    int (*f)(int);
27:    f = Quadrado;
28:    Imprime_Especial(f,3);
29:    f = Dobro;
30:    Imprime_Especial(f,10);
31:    f = Cubo;
32:    Imprime_Especial(f,5);
33:
34: }
```

```
$ prog1413
<<<|9|>>>
<<<|20|>>>
<<<|125|>>>
```

As funções a executar podem ser indicadas por circunstâncias determinadas em tempo de execução do programa.

prog1414.c

```
 1: #include <stdio.h>
 2: #include <assert.h>
 3:
 4: int Quadrado(int x)
 5: { return x*x; }
 6:
 7: int Dobro(int x)
 8: { return 2*x; }
 9:
10: int Abs(int x)
11: { return x<0? -x:x; }
12:
13: /*    Esta função recebe dois parâmetros
14:         Um ponteiro para uma função que recebe como parâmetro
15:            um inteiro e devolve um inteiro como resultado
16:         Um inteiro a ser formatado pela função
17:
18:      Depois coloca o resultado da execução de  funcao(n)
19:            entre <<<| e |>>>
20: */
21:
22: void Imprime_Especial( int (*funcao)(int), int n)
23: {
24:    assert(funcao!=NULL);
25:    printf("<<<|%d|>>>\n",(*funcao)(n));
26: }
27: main()
28: {
29:    int (*f)(int);
30:    int valor;
31:    f = NULL;       /* Não aponta para função nenhuma */
32:
33:    printf("Introd. um valor inteiro:");
34:    scanf("%d",&valor);
35:    if (valor < 0)
36:       f = Abs;
37:    else
38:       if (valor <=100)
39:          f = Quadrado;
40:       else
```

```
41:            f = Dobro;
42:
43:     Imprime_Especial(f,valor);
44:
45: }
```

Divisão dos Projetos por Vários Arquivos

A maioria dos compiladores coloca à disposição um ambiente integrado de desenvolvimento de aplicações constituído por um editor onde se escreve o código, podendo-se compilar e executar o código a partir desse mesmo editor.

Ora, a maior parte dos compiladores permite a criação de **Projetos** que não são mais do que uma forma de incorporar vários arquivos de código que têm por objetivo a criação de um único executável final.

Assim, em vez de termos um arquivo de 14.000 linhas de código podemos ter um conjunto de seis ou sete arquivos, cada um com o código específico que resolve um determinado problema.

Por exemplo, para implementar um pequeno programa de vendas poderíamos ter o código dividido por vários arquivos:

- *Clientes.c*   *Arquivo com o código para a gestão de Clientes.*
- *Fornec.c*   *Arquivo com o código para a gestão de Fornecedores.*
- *Fatura.c*   *Arquivo com o código para a emissão e gestão de Faturas.*
- *Recibos.c*   *Arquivo com o código para a emissão e gestão de Recibos.*
- ...   .
- **Gestao.c**   *Arquivo com o main() e processamento de chamadas das rotinas existentes nos outros arquivos.*

Quando for necessário fazer qualquer alteração, bastará abrir o arquivo respectivo e localizar a rotina que se pretende alterar. Se isso fosse feito em um arquivo com milhares de linhas, já se pode imaginar o trabalho que daria.

Apenas um dos arquivos poderá conter a função *main()*.

As funções definidas nos diversos arquivos podem ser invocadas por um código existente em outros arquivos, pois o compilador, para gerar o executável final, compila cada um dos arquivos individualmente, juntando os arquivos **.OBJ** na fase de *linkagem*, obtendo-se apenas um único executável com o código que estava espalhado pelos vários arquivos.

Para experimentar essa divisão, comece a criar um projeto ou *workspace* no seu ambiente de desenvolvimento.

Em seguida, crie os três arquivos seguintes e adicione-os ao projeto.

princ.c

```
1: /* princ.c */
2:
3: main()
4: {
5:    int i=2,j=5;
6:
7:    printf("%d\n",f1(i));
8:    printf("%d\n",f2(j));
9: }
```

Arq1.c

```
1:  /* Arq1.c */
2:
3:  int f1(int n)
4:  {
5:     return 2*n;
6:  }
```

Arq2.c

```
1:  /* Arq2.c */
2:
3:  int f2(int n)
4:  {
5:     return n*n;
6:  }
```

Para criar um executável será necessário compilar e processar todos os arquivos. Ora, o seu ambiente de trabalho deverá ter um Menu *Compile* com a opção *Build* ou *Build All*, ou algo semelhante.

Essa opção faz com que todo o projeto seja compilado e, se não existirem erros, é feita também a *linkagem* com a criação do executável.

Utilização de Variáveis Globais entre Arquivos

Se se pretender utilizar uma variável global que seja utilizada por todos os arquivos, não se pode declará-la em todos esses arquivos, pois seria uma variável global em cada um deles.

A variável deve ser declarada em um único arquivo, além de ser declarada como **externa** nos outros arquivos onde for necessária, utilizando-se a palavra reservada *extern*.

princ.c

```
1:  /* princ.c */
2:
3:  /* Declaração da Variável Global */
4:  int var;
5:
6:  main()
7:  {
8:     int i=2,j=5;
9:
10:    var = 3;
11:
12:    printf("%d\n",f1(i));
13:    printf("%d\n",f2(j));
14: }
```

Arq1.c

```
1:  /* Arq1.c */
2:
3:  extern int var;
4:
5:  int f1(int n)
6:  {
7:     return 2*n+var;
8:  }
```

Arq2.c

```
1: /* Arq2.c */
2:
3: int f2(int n)
4: {
5:   return n*n;
6: }
```

No exemplo anterior, a variável global *var* é utilizada nos arquivos *princ.c* e *Arq1.c*.

A declaração do espaço físico é feita em *princ.c*.

princ.c: 4: int var;

A sua carga inicial é feita na função *main()*

princ.c: 10:   var = 3;

No arquivo *Arq1.c*, para poder acessar a variável no seu código ela deverá ser declarada como *extern*, pois foi definida em outro arquivo.

Arq1.c: 3: extern int var;

A palavra reservada **extern**, quer dizer "*a variável que se segue não pertence a este arquivo. O espaço que ela ocupa em memória já foi definido em outro arquivo de código C, portanto faz referência ao tipo, pois o Linker depois associará tal variável ao arquivo ao qual realmente pertence*".

Apesar de termos agora as funções dispersas por vários arquivos, continuamos a não poder ter funções diferentes com o mesmo nome, a menos que nos interesse que essa função seja apenas conhecida dentro do arquivo.

Funções *static*

Uma função pode ser reconhecida pelo compilador unicamente no arquivo onde está escrita. Para tal, basta colocar a palavra **static** antes da definição da mesma.

Dessa forma, poderemos ter, em cada arquivo, funções com nomes iguais.

princ.c

```
1: #include <stdio.h>          /* Por causa do NULL */
2: /* princ.c */
3:
4: void   iImprime_ordenado(int *);
5: void   sImprime_ordenado(char **);
6: main()
7: {
8:   int inteiros[]={2,5,7,3,0};
9:   char *strings[]={"odio","felicidade","amor","choro",NULL};
10:   iImprime_ordenado(inteiros);
11:   sImprime_ordenado(strings);
12: }
```

iFile.c

```
1: #include <stdio.h>
2: /* iFile.c */
3:
4: static void Troca(int *a,int *b)
5: {
6:   int tmp=*a;
7:   *a=*b;
8:   *b=tmp;
9: }
```

```
10:
11: static void Ordena(int *v)
12: {
13:    int alterou,i;
14:    do
15:       {
16:        for (alterou=i=0;v[i]!=0;i++)
17:           if (v[i]>v[i+1] && v[i+1]!=0)
18:              {
19:               Troca(&v[i],&v[i+1]);
20:               alterou=1;
21:              }
22:       }
23:    while (alterou);
24:
25: }
26: void iImprime_ordenado(int *v)
27: { int i;
28:    Ordena(v);
29:    puts("Imprimir Inteiros");
30:    puts("-----------------");
31:
32:    for (i=0;v[i]!=0;i++)
33:       printf("%d\n",v[i]);
34: }
```

sFile.c

```
 1: #include <stdio.h>
 2: #include <string.h>
 3: /* sFile.c */
 4:
 5: static void Troca(char **a,char **b)
 6: {
 7:    char *tmp=*a;
 8:    *a=*b;
 9:    *b=tmp;
10: }
11:
12: static void Ordena(char *v[])
13: {
14:    int alterou,i;
15:    do
16:       {
17:        for (alterou=i=0;v[i]!=NULL && v[i+1]!=NULL;i++)
18:           if (strcmp(v[i],v[i+1])>0 )
19:              {
20:               Troca(&v[i],&v[i+1]);
21:               alterou=1;
22:              }
23:       }
24:    while (alterou);
25:
26: }
27:
28: void sImprime_ordenado(char *v[])
29: { int i;
30:    Ordena(v);
31:    puts("Imprimir Strings");
32:    puts("----------------");
33:    for (i=0;v[i]!=0;i++)
34:       puts(v[i]);
35: }
```

Repare que o processamento é muito semelhante em ambos os casos, alterando apenas os tipos de dados e a forma como algumas comparações são realizadas. Por isso, interessa que as funções tenham os mesmos nomes, pois o processamento é praticamente igual.

Repare ainda que as funções invocadas na função main() não podem ser *static*, pois não seriam reconhecidas pelo *linker* no arquivo princ.c.

Variáveis *static*

Tal como as funções, também poderemos ter variáveis *static*. Estas, quando são globais, também são vistas e reconhecidas unicamente no arquivo onde foram definidas.

No entanto, se uma variável *static* for colocada dentro de uma função essa variável mantém o valor entre invocações da função, isto é, o espaço ocupado pela variável não é liberado depois de terminada a função.

Nota:

Se uma variável estática não for iniciada dentro de uma função, então fica automaticamente com o valor 0.

prog1415.c

```
 1: #include <stdio.h>
 2:
 3: void f_var_static()
 4: {
 5:    static int var = 1;
 6:    printf("f_var_static: %d\n",var);
 7:    var++;
 8: }
 9:
10: void f_var_normal()
11: {
12:    int var = 1;
13:    printf("f_var_normal: %d\n",var);
14:    var++;
15: }
16:
17: main()
18: { int i;
19:
20:    for (i=1;i<=5;i++)
21:       f_var_static();
22:
23:    printf("\n\n");
24:
25:    for (i=1;i<=5;i++)
26:       f_var_normal();
27: }
```

```
$ prog1415
f_var_static: 1
f_var_static: 2
f_var_static: 3
f_var_static: 4
f_var_static: 5


f_var_normal: 1
f_var_normal: 1
f_var_normal: 1
```

```
f_var_normal: 1
f_var_normal: 1
```

Resumo do Capítulo 14

Neste capítulo final abordamos um conjunto de características que a linguagem C tem e que, embora possam não ser muito utilizadas, podem ajudar a resolver alguns tipos de problemas.

Foi dada particular importância ao processamento e à utilização de operadores *bit* a *bit* e à divisão de aplicações em vários arquivos, suas implicações e possíveis soluções.

Uma vez que já terminamos este livro, estamos perfeitamente aptos a implementar qualquer projeto. Por isso, os Exercícios Resolvidos e Propostos serão substituídos pela resolução de exames reais realizados pelo autor em universidades onde lecionou.

Resolução de Exames Completos

Exame Nº 1

Implemente em C as seguintes funções e procedimentos:

1.1

char Ultimo(char *string)

Retorna o último caractere da *string*, ou o terminador, caso ela esteja vazia.

```
char Ultimo(char *string)
{
  if (*string=='\0')
    return '\0';
  else
    return string[strlen(string)-1];
}
```

1.2

int IsFile (char *string)

Essa função recebe uma *string* e tem por objetivo verificar se ela contém o nome de um arquivo.

Para ser considerado, o nome de um arquivo deve conter pelo menos um caractere à esquerda do ponto e um caractere à direita do ponto.

Exemplos:

```
IsFile("")              → <FALSO>
IsFile("DADOS")         → <FALSO>
IsFile("X.Y")           → <VERDADEIRO>
IsFile("DADOS.DAT")     → <VERDADEIRO>

int IsFile (char *string)
{
  char * pos_ponto = strchr(string,'.');

  if (pos_ponto==NULL)      /* Não existe o '.' */
        return 0;
  if (pos_ponto==string)    /* Não existem chars à esquerda */
        return 0;
  if (*(pos_ponto+1)=='\0') /* Não existem chars à direita */
        return 0;
```

```
        return 1;
}
```

1.3

char *Transform(char *s)

Recebe uma *string* e coloca toda a primeira metade em minúsculas e a segunda metade em MAIÚSCULAS.

Exemplos:

```
    Transform("Mafalda")   →  "mafALDA"
    Transform("Mafaldas")  →  "mafaLDAS"

char *Transform(char *s)
{ int i,len2 = strlen(s)/2;
  for (i=0;s[i]!='\0';i++)
     s[i] = (i<len2) ? tolower(s[i]) : toupper(s[i]);
  return s;
}
```

1.4

Implemente a função **char * Second(char *s)** unicamente **ATRAVÉS DO USO DE PONTEIROS**.

Esta função recebe uma *string* e devolve o endereço em que ocorre pela segunda vez o primeiro caractere da *string*.

```
char * Second(char *s)
{
  if (*s=='\0') return NULL; /* String Vazia */
  return strchr(s+1,*s);
}
```

1.5

Implemente a função **char *Metade(char *s)**, que cria **DINAMICAMENTE** uma nova *string* contendo apenas metade da *string* **s**

```
char *Metade(char *s)
{
  int len2 = strlen(s)/2;
  char *tmp=malloc(len2+1);
  if (tmp==NULL) return tmp;
  memcpy(tmp,s,len2);
  tmp[len2]='\0';
  return tmp;
}
```

2.1 Indique se são falsas ou verdadeiras as seguintes afirmações

— Uma macro valida o tipo dos parâmetros que lhe são enviados. **(Falso)**

— Em C, ao "*devolverem*" void os procedimentos devem necessariamente ter pelo menos um parâmetro. **(Falso)**

— Na função *printf* o primeiro argumento é sempre uma *string*. **(Verdadeiro)**

— Na função *scanf* todos os argumentos têm que ser endereços de memória. **(Verdadeiro)**

— Se s for um Ponteiro, então s==&(*s). **(Verdadeiro)**

2.2

Por que razão em certos casos deve-se enviar para as funções o endereço de uma variável (e não a própria variável)?

Porque como em C só existe passagem de parâmetros por valor, para que uma variável possa ser alterada dentro de uma função é necessário enviar o seu endereço, simulando assim a passagem de parâmetros por referência.

3.1

Defina a macro INVERSO que retorna sempre o *INVERSO* do parâmetro, desde que seja possível. Se não for possível, deverá retornar o próprio parâmetro.

```
#define INVERSO(x)  ((x)==0 ? (x) : 1/(x))
```

3.2

Qual a saída gerada pelo seguinte trecho?

```
#define BRASIL       10 - 4
#define FREDERICO    -BRASIL

main()
{
  int x=6;
  printf("%d %d ", INVERSO(x-BRASIL),INVERSO(FREDERICO+BRASIL));
}
```

A saída será: 0 0 (note que se trata de divisão inteira).

4.0

Implemente o utilitário **mostra**, cuja sintaxe é a seguinte:

mostra [-pos1 [-pos2]] [a$_1$…..a$_n$] [-oarq_saida]

O objetivo desse utilitário é mostrar apenas os caracteres entre as posições *Pos1* e *Pos2* de cada linha dos arquivos.

Pos1 e *Pos2* são opcionais e têm por padrão os valores 1 e 80, respectivamente.

Para existir a opção *-Pos2* terá que existir a opção *-Pos1*.

A saída é normalmente feita para a tela, no entanto se o último parâmetro apresentar o formato *-oarq_saida* a saída deverá ser enviada para o arquivo de nome **arq_saida**.

mostra.c

```
 1: #include <stdio.h>
 2: #include <string.h>
 3: #include <stdlib.h>
 4:
 5: #define MAX_LIN 80
 6:
 7: void Mostra(FILE*, char *, int pos1, int pos2);
 8:
 9: main(int argc, char *argv[])
10: {
11:   int i;                     /* Para percorrer os Parâmetros */
12:   FILE *fin, *fout=stdout;   /* Arquivos de Entrada e Saída */
13:   char linha[MAX_LIN+1];     /* Variável com a linha do Arq */
14:
15:   int pos1=1, pos2=80;
16:
17:   /* Testar a existência do Parâmetro do arquivo de Saída */
18:   if (strnicmp(argv[argc-1],"-o",2)==0)
19:     { if ((fout=fopen(argv[argc-1]+2,"wt"))==NULL)
20:       { /* O arquivo não foi criado */
21:         fprintf(stderr,"Impossível Criar o Arquivo %s\nOutput para a tela\n",argv[argc-1]+2);
22:         fout = stdout;
23:       }
```

```
24:        argc--;    /* Ultimo parâmetro já foi tratado */
25:     }
26:   i=1;
27:
28:   /* Verificar se temos -pos1 */
29:   if (argc>i && argv[i][0]=='-')
30:     { pos1 = atoi(argv[i]+1);
31:       /* Garantir que pos1 está entre 1..MAX_LIN */
32:       pos1 = min(max(pos1,1),MAX_LIN);
33:       i++;
34:
35:       if (argc>i && argv[i][0]=='-')
36:         { pos2 = atoi(argv[i]+1);
37:           pos2 = max(1,min(pos2,MAX_LIN));
38:           i++;
39:         }
40:     }
41:
42:   for( ; i< argc; i++)
43:     {
44:      fin = fopen(argv[i],"rt");
45:      if (fin==NULL) continue; /* Passa ao próximo */
46:      fprintf(fout,"%s\n",argv[i]);
47:      while (fgets(linha,MAX_LIN+1,fin)!=NULL)
48:        { /* Retirar o '\n' */
49:          if (linha[strlen(linha)-1]=='\n') linha[strlen(linha)-1]='\0';
50:          Mostra(fout,linha,pos1,pos2);
51:        }
52:      fclose(fin);
53:     }
54: }
55:
56: /*
57:  * Mostra os caracteres existentes entre as posições pos1 .. pos2
58:  * na string s
59:  */
60: void Mostra(FILE *fp, char *s, int pos1, int pos2)
61: {
62:   int len = strlen(s),i;
63:   for (i=pos1; i<=pos2 && i<=len ; i++)
64:     fputc(s[i-1],fp); /* Strings em C começam no índice 0 */
65:   fputc('\n',fp);
66:
67: }
68:
```

Exame Nº 2

Implemente em C as seguintes funções:

1.1

long int n_segundos (int n_horas)

Retorna o número de segundos contidos em um conjunto de horas.

Exemplos:

```
    n_segundos(0)    -> 0
    n_segundos(1)    -> 3600
    n_segundos(2)    -> 7200
```

```
 long int n_segundos(int n_horas)
 {
```

```
        return n_horas*3600L;
   }
```

1.2

long int num (int n_horas , char tipo)

Semelhante à função anterior, só que recebe mais um parâmetro indicando aquilo que se pretende saber: `'h'` — Horas, `'m'` — Minutos, `'s'` — Segundos.

Exemplos:

```
      num(3,'h')      -> 3
      num(3,'m')      -> 180
      num(3,'s')      -> 10800

long int num (int n_horas , char tipo)
{
    switch(tolower(tipo))
    {
       case 'h': return n_horas;
       case 'm': return n_horas*60L;
       case 's': return n_horas*60*60L;
       default : return 0L;
    }
}
```

1.3

char *str_asterisco(char*s,int n)

Coloca um asterisco em todas as posições de *s*, deixando entre cada asterisco *n* caracteres da *string*.

Exemplos:

```
      strcpy(s,"ABCDEFGH");
      /* Todos os exemplos a partir da string "ABCDEFGH" */

      str_asterisco(s,0)     ->    "********"
      str_asterisco(s,1)     ->    "*B*D*F*H"
      str_asterisco(s,2)     ->    "*BC*EF*H"

char *str_asterisco(char*s,int n)
{
  int i,len;
  for (i=0,len=strlen(s) ; i<len;i+=n+1)
     s[i]='*';
  return s;
}
```

1.4

char *Ascii_Create(int n , char inic)

Retorna uma *string* **criada dinamicamente** com *n* caracteres, sendo iniciada com os primeiros n caracteres da tabela ASCII e começando no caractere *inic*.

Exemplos:

```
      Ascii_Create(3,'A')    ->    "ABC"
      Ascii_Create(5,'p')    ->    "pqrst"
      Ascii_Create(0,'A')    ->    ""

char *Ascii_Create(int n , char inic)
{
  int i;
```

```
  char *aux;
  if ((aux= (char*) malloc(n+1))==NULL)
    return aux;
  for (i=0;i<n;i++)
    aux[i] = inic+i;
  aux[i]='\0';
  return aux;
}
```

2.1

Suponha as seguintes constantes declaradas:

```
#define    TAXA_IVA1    5
#define    TAXA_IVA2    17
```

Defina a macro Val_Iva(Valor) que deverá retornar o montante de IVA associado a um valor, sabendo que a taxa a ser aplicada é TAXA_IVA1 se o valor for menor que 10000. Caso contrário, aplica-se a TAXA_IVA2.

```
#define Val_Iva(Valor) \
            ((Valor)*(((Valor)<10000)? TAXA_IVA1:TAXA_IVA2)/100.0)
```

2.2

Qual a expansão de código que o pré-processador faria do seguinte trecho?

```
main()
{
  int x,y=2;
  printf("\nValor=%d",Val_Iva(x+y));
}
```

```
main()
{
int x,y=2;
printf("\nOrdenado=%d",((x+y)*(((x+y)<10000)? 5:17)/100.0));
}
```

3.

Implemente o utilitário **conta,** cuja sintaxe é a seguinte:

```
conta [-l][arq]
```

Esse utilitário recebe como parâmetros opcionais:

- *-l*   *Indica o desejo de mostrar o número das linhas do arquivo*
- *arq*   *Um Arquivo simples de caracteres (ou standard input)*

Esse utilitário abre o arquivo passado como parâmetro (ou o *standard input*) e indica, para cada linha do arquivo, o número de caracteres existentes por linha.

Caso se tenha igualmente passado a opção -l, é indicado o número da linha.

Exemplo:

```
$ conta alfa.txt
54
124
65
32

$ conta -l alfa.txt
1 54
2 124
3 65
4 32
```

conta.c

```
 1: #include <stdio.h>
 2: #include <string.h>
 3: #include <stdlib.h>
 4:
 5: #define OPCAO "-l"
 6:
 7: enum BOOL {FALSE,TRUE};
 8:
 9: main(int argc, char*argv[])
10: {
11:   int mostra_linhas = FALSE;  /* Mostra ou não o Nº das Linhas */
12:   int n_chars;                /* Nº de caracteres              */
13:   int n_linhas=0;             /* Nº da Linha Atual             */
14:
15:   FILE *fp=stdin;
16:   int ch;
17:
18:
19:
20:   switch(argc)
21:    {
22:      case 1: break;
23:      case 3: if (stricmp(argv[1],OPCAO)==0)
24:                 mostra_linhas=TRUE;
25:              else
26:                 fprintf(stderr,"Erro: Opção Inválida...\n");
27:      case 2: if ((fp=fopen(argv[argc-1],"rt"))==NULL)
28:              {
29:                 fprintf(stderr,"Impossível abrir o arquivo %s\n",
30:                                argv[argc-1]);
31:                 exit(1);
32:              }
33:              break;
34:      default: fprintf(stderr,"Erro: Sintaxe Inválida...\n");
35:               exit(2);
36:    }
37:
38:   n_chars=0;
39:   while ((ch=fgetc(fp))!=EOF)
40:    {
41:      if (ch!='\n')
42:         n_chars++;
43:      else
44:         {
45:          if (mostra_linhas)
46:             printf("%d ",++n_linhas);
47:          printf("%d\n",n_chars);
48:          n_chars=0;
49:         }
50:    }
51: }
```

… ASPECTOS AVANÇADOS 345

Exame Nº 3

Implemente em C as seguintes funções e procedimentos:

1.1

float Inverso(int x)

Retorna o valor Inverso de x, ou um valor adequado.

```
float Inverso(int x)
{
  if (x==0)
    return 0.0;
  else
    return 1/(float) x;
}
```

1.2

void Triangulo(int n)

Desenha na tela um Triângulo encostado à direita, com uma base de n asteriscos.

```
Triangulo(3)      Triangulo(5)
  *                   *
 **                  **
***                 ***
                   ****
                  *****

void Linha(int n, char ch)
{
  while (n--)
    putchar(ch);
}

void  Triangulo(int n)
{ int i;
  for (i=1;i<=n;i++)
    {
      Linha(n-i,' ');
      Linha(i,'*');
      putchar('\n');
    }
}
```

1.3

char *Encosta(char *string)

Essa função recebe uma *string* e coloca todos os caracteres Maiúsculos encostados à Esquerda e os Minúsculos encostados à Direita.

Exemplos:

```
Encosta("")            →  ""
Encosta("123AbCd45")   →  "AC12345bd"
Encosta("X.Y")         →  "XY."
Encosta("x1A2")        →  "A12x"
void Troca(char *c1,char *c2)
{
  char tmp=*c1;
  *c1=*c2;
```

```c
    *c2=tmp;
}

char *Encosta(char *s)
{ int i,existem_alteracoes,len=strlen(s)-1;
  do
   {
    existem_alteracoes=0;
    for (i=0;i<len;i++)
      if (!isupper(s[i]) && isupper(s[i+1]) ||
          islower(s[i]) && !islower(s[i+1]))
        {
           Troca(&s[i],&s[i+1]);
           existem_alteracoes=1;
        }
   }
  while(existem_alteracoes);
  return s;
}
```

1.4

Implemente a função **char * Up_Down(char *s)** unicamente **ATRAVÉS DO USO DE PONTEIROS**. Não é permitida a utilização de índices do tipo inteiro para percorrer a *string*, podendo-se unicamente declarar como variáveis locais as variáveis do tipo ponteiro.

Essa função recebe uma *string* e a transforma colocando alternadamente os caracteres em Maiúsculas e Minúsculas.

Exemplo:

    Up_Down("Palhaco") → **"PaLhAcO"**
    Up_Down("Nascym=Maior") → **"NaScYm=mAiOr"**

```c
char * Up_Down(char *s)
{
  char *ptr=s;
  while (*ptr!='\0')
   { if (((ptr-s) %2)==0)      /* Se for um índice par */
       *ptr = toupper(*ptr);
     else
       *ptr = tolower(*ptr);
     ptr++;
   }
  return s;
}
```

1.5

Implemente a função **char *Repete(char *string, int n)** que cria **DINAMICAMENTE** uma nova *string* com **n** "cópias" da *string* original, separadas por espaço, exceto a última ocorrência.

Exemplo:

    Repete("Ola",4) → **"Ola Ola Ola Ola"**

```c
char *Repete(char *string, int n)
{
  int i;
  char * aux;
  if ((aux=(char *) malloc(n*(strlen(string)+1)))==NULL)
     return aux; /* NULL */

  for (i=1 , aux[0]='\0' ; i<=n ; i++)
   { strcat(aux,string);
     if (i!=n) strcat(aux," ");
```

```
      }
   return aux;
}
```

2.0

Defina a macro Vizinhanca(x,y,Delta)

Que verifica se *x* está em uma vizinhança *Delta* de *y*, isto é, se

| x-y | < Delta

```
#define ABS(x)  ((x)>=0 ? (x) : -(x))
#define Vizinhanca(x,y,Delta)  (ABS((x)-(y))<(Delta))
```

3.0

A maioria dos compiladores C permite colocar um terceiro parâmetro na função **main**, normalmente denominado **env**, o qual é iniciado com as variáveis de ambiente do computador em que o programa está executando.

Exemplo:

```
PROMPT=$p$g
winbootdir=C:\WINDOWS
COMSPEC=C:\WINDOWS\COMMAND.COM
PATH=D:\LANG\TC\BIN;C:\WINDOWS;C:\WINDOWS\COMMAND;C:\UTILS;C:\BATS
TMP=C:\TMP
windir=C:\WINDOWS
```

Esses valores são armazenados no vetor de *strings* denominado env, sendo terminado por NULL na última posição.

Escreva um programa completo em C que mostre as variáveis de ambiente e o respectivo valor separados por **-->**.

```
PROMPT-->$p$g
winbootdir-->C:\WINDOWS
COMSPEC-->C:\WINDOWS\COMMAND.COM
PATH-->D:\LANG\TC\BIN;C:\WINDOWS;C:\WINDOWS\COMMAND;C:\UTILS;C:\BATS
TMP-->C:\TMP
windir-->C:\WINDOWS
```

```
main(int argc, char *argv[], char *env[])
{ char *ptr;
   while (*env!=NULL)
     {
      ptr = strchr(*env,'=');
      if (ptr!=NULL)
        { *ptr='\0';
          printf("%s-->%s\n",*env,ptr+1);
        }
      env++;
     }
}
```

outra forma utilizando a função *sscanf*

```
main(int argc, char *argv[], char *env[])
{ char var[100],valor[100];
   while (*env!=NULL)
     {
      if (sscanf(*env,"%[^=]%*c%s",var,valor)==2)
         printf("%s-->%s\n",var,valor);
      env++;
     }
}
```

4.0

Implemente o utilitário **Mostra**, cuja sintaxe é a seguinte:

```
Mostra   Arquivo   [p1 p2 ….. pk]
```

Esse utilitário abre o arquivo passado por parâmetro constituído por linhas com um único número precedido por um dólar $.

Exemplo: Arquivo **PROG.TXT**

```
$3
$1
$1
$2
$7
$2
```

Em seguida mostra os parâmetros do utilitário, associando cada $n a cada p*n*. Se não for passado parâmetro algum que seja referido no arquivo (no exemplo o $7), o programa não gera qualquer saída, continuando até chegar ao final do arquivo.

Exemplo:

```
$ Mostra    Prog.txt    Casa    Rua    Heroi    Boa    Bom
Heroi
Casa
Casa
Rua
Rua
```

mostra.c

```
 1: #include <stdio.h>
 2: #include <stdlib.h>
 3:
 4: #define MAX_LIN 80
 5:
 6: main(int argc, char *argv[])
 7: {
 8:    int pos;
 9:    FILE *fin;
10:    char linha[MAX_LIN+1];    /* Variável com a linha do Arq */
11:
12:    if (argc==1) return;
13:    if ((fin=fopen(argv[1],"rt"))==NULL)
14:    {
15:      fprintf(stderr,"Impossível Abrir o Arquivo %s\n",argv[1]);
16:      exit(1);
17:    }
18:    i=2;
19:
20:    while (fgets(linha,MAX_LIN+1,fin)!=NULL)
21:      {
22:         if (linha[0]=='$')
23:           pos = atoi(linha+1);
24:         if (pos>0 && pos<=argc-1)
25:           puts(argv[pos+1]);
26:      }
27:    fclose(fin);
28:   exit(0);
29: }
```

Solução dos Exercícios Propostos

Capítulo 1 — Resoluções

1. A função **main**().

2. Com um ponto-e-vírgula (;).

3. Com chaves { }.

4. Não, por isso é que se tem que colocar a linha **#include <stdio.h>**

5. Para adicionar um conjunto de facilidades (funções) de leitura e escrita.

6. Cabeçalhos de funções (*headers*).

7. *Header Files*

8. Porque não foi necessário utilizar qualquer função de entrada/saída.

9. Sim, pois uma *string* é composta por caracteres a serem apresentados. Não importa se são maiúsculas ou minúsculas, pois dentro de uma *string* são simplesmente caracteres, que são devolvidos do mesmo modo que foram apresentados.

10. *stdio* = ***st**andard **i**nput/**o**utput*

11.

    11.1 *main()* está escrito com letra maiúscula (Main).

    11.2 Faltam os parênteses ( ) na função *main*.

    11.3 A função *print* não faz parte da linguagem C, nem é disponível nas funções de entrada/saída padrão.

Nota: Neste caso o erro detectado era um erro de linkagem e não de compilação, uma vez que o programa obedece à sintaxe da linguagem. O linker, ao tentar encontrar o código relativo à função print (e não printf), não vai encontrá-lo (nem no programa, nem nas bibliotecas da própria linguagem), sendo assim incapaz de gerar o respectivo executável.

11.4 A invocação de qualquer função em C deve ser realizada com apenas um conjunto de parênteses. Nesse caso, o erro de compilação que seria detectado indicaria que o compilador estava à espera de um ; após a instrução `printf("Hello")`.

11.5 O comentário indicando a origem do referido programa deveria terminar com o símbolo */ e não outra vez com o símbolo /*.

11.6 Não são permitidos comentários dentro de comentários.

11.7 A *string* **Hello World** tem que ser escrita entre aspas: "Hello World".

11.8 Falta um ; após o *printf*.

11.9 Falta um # antes do include. Deveria ser **#include <stdio.h>**

11.10 As *string*s em C são delimitadas por "aspas" e não 'aspas simples'.

12. Os comentários devem ser escritos

    d)   Sempre que o programador ache necessário ou conveniente

13. Um programa em C que tenha comentários no seu código é em relação a outro que os não tenha

    d)   Executado à mesma velocidade, pois os comentários são simplesmente ignorados pelo compilador, não havendo qualquer reflexo deles em tempo de execução.

14. Os Comentários (as afirmações verdadeiras estão assinaladas com ✓)

- · só podem ocupar uma única linha
- ✓ podem ocupar várias linhas
- · podem conter outros comentários dentro
- ✓ começam por /* e terminam com */
- ✓ não têm qualquer influência na velocidade de execução de um programa·
- · têm que começar no início de uma linha
- · quando ocupam apenas uma linha não precisam terminar com */

15.
```
#include <stdio.h>
main()
{
  printf("Bem-Vindos ao /Mundo\\ da programação em \"C\"\n");
}
```

16.
```
#include <stdio.h>
main()
{
  printf("   *\n ***\n*****\n /|\\\n");
}
```

17.
```
#include <stdio.h>
main()
{
  printf("Total\t=\t100%%\n");
  printf("IVA\t=\t17%%\n");
  printf("IRS\t=\t15%%\n");
  printf("--------------------\n");
  printf("Liq\t=\t68%%\n");
}
```

18. A diferença entre fazer *printf("ola")* e *puts("ola")* é que a função **puts** *(put string)* automaticamente coloca um New Line após a *string* que mandarmos escrever. Desse modo *puts("ola")* é equivalente a *printf("ola\n")*.

Capítulo 2 — Resoluções

1.

```
a)  y int;              /* ERRO: Sintaxe Incorreta */
b)  int ;               /* ERRO: Falta a Variável */
c)  integer x;          /* ERRO: integer não é um tipo de C */
d)  inta , b;           /* ERRO: Nome da variável junto ao tipo */
e)  float f, g , c;     /* OK */
f)  char ch1=ch2='A';   /* ERRO: Só se pode fazer uma atribuição */
                        /* ERRO: depois de declaradas as variáveis*/
g)  char ch1 = 'A', ch2 = 'A';   /* OK */
```

2. **c)** Um valor aleatório

3.

```
a)  Valor       /* OK */
b)  &xvar       /* ERRO: Caractere inicial inválido */
c)  dez%        /* ERRO: Caractere final inválido */
d)  a+b         /* ERRO: Caractere + inválido */
e)  _Kabonga    /* OK - embora não aconselhável (underscore) */
f)  MENOS       /* OK - embora não aconselhável (maiúsculas) */
g)  10a         /* ERRO: Primeiro caractere é dígito */
h)  a10         /* OK */
i)  main        /* ERRO: Palavra Reservada */
j)  F1          /* OK */
```

4. O nome de uma variável

- ✓ deve indicar aquilo que ela armazena
- · deve ser o Menor Possível
- · deve ser o Maior Possível
- ✓ deve ser o mais explícito Possível
- · deve ser todo Escrito em Maiúsculas
- ✓ pode, mas não deve, começar por underscore (_)
- ✓ pode conter mais do que 1 caractere

5.

Int	%d
float	%f ou %e
char	%c
short int	%hd
long int	%ld
signed long int	%ld

6.

a) Verdade
b) Falso
c) Verdade
d) Verdade, pois o bit usado para representar os números negativos pode ser então usado para representar mais um conjunto de números positivos. O maior valor de um tipo un-

signed é igual o dobro do maior número do tipo signed correspondente, somado de uma unidade.[1]

- e) Falso. Uma variável do tipo char só pode armazenar um único caractere.
- f) Falso. Todos os caracteres pertencem à tabela ASCII.
- g) Falso. Uma variável do tipo char armazena sempre apenas um único caractere, qualquer que ele seja. Embora certos caracteres se escrevam recorrendo a mais de um caractere (ex: '\t'), internamente são apenas guardados num único *byte*. O uso de mais de um caractere para representar certos caracteres especiais serve unicamente para facilitar a vida do programador.
- h) Verdade.

7.

7.1 A variável **x** foi declarada duas vezes.

7.2 *int* é uma palavra reservada e, como tal, não pode ser usada como identificador de uma variável.

7.3 Atribuições em cascata (como x=y=z=0;) só podem ser realizadas depois de as variáveis terem sido todas declaradas.

Deveria ter sido feito

```
int x,y,z;
x = y = z = 0;
```

ou então

```
int x=0, y=0, z=0;
```

8.

8.1 A função *scanf* serve unicamente para a leitura de valores, não devendo ser colocados outros caracteres na *string* do formato. Caso se queira escrever uma *string* antes de solicitar o número, deverá ser usada a função *printf*.

```
#include <stdio.h>
main()
{
   int n;
   printf("Introduza um N°");
   scanf("%d", &n);
   printf("O n° = %d\n",n);
}
```

8.2 O *scanf* não deve conter o caractere **\n** na sua *string*, pois não termina a leitura imediatamente depois de escrever o valor solicitado.

8.3 Os formatos de leitura e escrita de variáveis devem estar de acordo com os tipos das variáveis que são processadas, evitando assim sérios problemas que só poderão vir a ser detectados muitas linhas à frente.

Como a variável *n* é do tipo inteiro, deveria ser usado o formato de leitura e escrita %d. Poder-se-ia também alterar a variável para *float* que o programa passaria a funcionar corretamente.

---

[1] Exemplo: *signed char*   limites: -128 a 127
unsigned char   limites: 0 a 255

9.

prog0220.c

```
 1: #include <stdio.h>
 2:
 3: main()
 4: {
 5: int dia, mes, ano;
 6: printf("Ano: "); scanf("%d",&ano);
 7: printf("Mes: "); scanf("%d",&mes);
 8: printf("Dia: "); scanf("%d",&dia);
 9: printf("Data Completa: %d/%d/%d\n",dia,mes,ano);
10: }
```

Note que não existe qualquer tipo de formato específico para o tratamento de datas nas funções *printf* e *scanf*. Estas têm que ser tratadas como se fossem inteiros.

10.

prog0221.c

```
1: #include <stdio.h>
2:
3: main()
4: {
5: int dia, mes, ano;
6: printf("Data (Formato aaaa-mm-dd): ");
7: scanf("%d-%d-%d",&ano,&mes,&dia);
8: printf("Data Completa: %d/%d/%d\n",dia,mes,ano);
9: }
```

Nesse caso, para realizar a leitura completa de uma data pode-se indicar no formato de leitura da função *scanf* qual o caractere separador entre as várias componentes. O utilizador é então obrigado a colocar o caractere '-' entre as várias componentes a serem lidas.

Experimente introduzir as datas 1995-02-01 e 1995/02/01 e compare os resultados.

Capítulo 3 — Resoluções

1. Como é possível que as variáveis do tipo *float* contenham erros de arredondamento devido ao conjunto de operações que poderão ter sido realizadas, pode acontecer que uma variável contenha um valor próximo de 0.0 (ex. 0.00000001), representando então Verdade e não Falso, como deveria.

2.

   2.1 Verdade

   2.2 Verdade, é a própria estrutura da linguagem que o determina

   2.3 Falso

   2.4 Verdade, mesmo um Bloco é considerado uma única instrução

   2.5 Falso, o programador organiza o código como bem entender

   2.6 Verdade

3. Como a instrução *if-else* contém apenas uma instrução após o *if*, o compilador verifica se após essa instrução aparece a palavra *else*. Caso não apareça, é porque o *if* terminou (isto é, não tem *else*), e a próxima instrução não pertence ao *if*. O mesmo se passa em relação ao *else*.

4. Sim, nada o impede.

5. Não.

6. O trecho da esquerda verifica se x é igual a zero. Caso seja, escreve X, se não for, escreve Y.

O trecho da direita não faz um teste, mas uma atribuição do valor zero a x. Como em C qualquer atribuição devolve o valor atribuído, o valor da atribuição é zero. Como zero em C representa Falso, vai sempre escrever Y. Temos ainda o fato de a variável x ficar sempre com o valor zero.

7. Programação.

8. Mais legível que outro que não o seja.

9. Um compilador não faz qualquer tipo de verificação da indentação.

10.

Vantagens

O *if* permite o teste de condições que não estão limitadas a valores constantes.

```
if (x>y)
```

A instrução *if* permite a utilização de mais de uma condição.

```
if (x>10 && x<100)…
```

Desvantagens

Quando o número de condições é muito elevado, *if-else* encadeados podem tornar o código particularmente confuso.

O *switch* permite encadear diversos *case*, controlando-os com a instrução *break*.

11. Não se pode utilizar a instrução *break* num *if*. A instrução *break* pode apenas ser utilizada no *switch* *(*e em laços, como você aprenderá mais tarde*)*.

12.

    a) Falso
    b) Verdade
    c) Verdade   /* Notar que é uma atribuição */
    d) Falso   /* Notar que é uma atribuição */

13.

    a) Falso
    b) Verdade
    c) Falso, pois o resultado da expressão é zero.
    d) Verdade

14.
```
if (x == 0 && y <= 32)
   printf("Sucesso!!!");
```

15.

15.1: *break* dentro de um *if*.

15.2: *if* não tem *then* em C.

15.3: *switch* não tem *else*, mas sim *default*.

16.

prog0321.c

```
 1: #include <stdio.h>
 2: /* Versão 1 */
 3: main()
 4: {
 5:   int n;
 6:   printf("Introd. um N°: ");scanf("%d",&n);
 7:   if (n==0)
 8:       printf("Número é igual a zero\n");
 9:   else
10:       printf("Número não é igual a zero\n");
11: }
```

prog0321.c

```
 1: #include <stdio.h>
 2: /* Versão 2 */
 3: main()
 4: {
 5:   int n;
 6:   printf("Introd. um N°: ");scanf("%d",&n);
 7:   if (!n)
 8:       printf("Número é igual a zero\n");
 9:   else
10:       printf("Número não é igual a zero\n");
11: }
```

prog0321.c

```
 1: #include <stdio.h>
 2: /* Versão 3 */
 3: main()
 4: {
 5:   int n;
 6:   printf("Introd. um N°: ");scanf("%d",&n);
 7:   if (n!=0)
 8:       printf("Número não é igual a zero\n");
 9:   else
10:       printf("Número é igual a zero\n");
11: }
```

prog0321.c

```
 1: #include <stdio.h>
 2: /* Versão 4 */
 3: main()
 4: {
 5:   int n;
 6:   printf("Introd. um N°: ");scanf("%d",&n);
 7:   if (n)
 8:       printf("Número não é igual a zero\n");
 9:   else
10:       printf("Número é igual a zero\n");
11: }
```

17.
prog0322.c

```c
1: #include <stdio.h>
2: main()
3: {
4:   int n;
5:   printf("Introd. um Nº: ");scanf("%d",&n);
6:   switch (n)
7:      { case  0: printf("Número é igual a zero\n");
8:                 break;
9:        default: printf("Número não é igual a zero\n");
10:     }
11: }
```

18.
prog0323.c

```c
1: #include <stdio.h>
2: main()
3: {
4:   int ano;
5:   printf("Introd. um Anoº: ");scanf("%d",&ano);
6:   if ((ano%4 == 0 && ano%100 != 0) || ano%400 == 0)
7:      printf("Ano é Bissexto\n");
8:   else
9:      printf("Ano não é Bissexto\n");
10: }
```

19.

19.1

prog0324.c

```c
1: #include <stdio.h>
2: main()
3: {
4:   int mes, n_dias;
5:   printf("Introd. o nº do mês 1..12: ");scanf("%d",&mes);
6:   if (mes == 2)
7:      n_dias = 28;
8:   else
9:      if (mes == 4 || mes == 6 || mes == 9 || mes == 11)
10:        n_dias = 30;
11:     else
12:        n_dias = 31;
13:
14:  printf("O mês %d tem %d dias\n",mes,n_dias);
15: }
```

19.2

prog0324.c

```c
1: #include <stdio.h>
2: main()
3: {
4:   int mes, n_dias;
5:   printf("Introd. o nº do mês 1..12: ");scanf("%d",&mes);
6:   switch(mes)
7:      {
8:         case  2: n_dias = 28; break;
```

```
 9:            case  4:
10:            case  6:
11:            case  9:
12:            case 11: n_dias = 30; break;
13:            default: n_dias = 31;
14:        }
15:     printf("O mês %d tem %d dias\n",mes,n_dias);
16: }
```

19.3

prog0324.c

```
 1: #include <stdio.h>
 2: main()
 3: {
 4:    int mes, n_dias=0;
 5:    printf("Introd. o nº do mês 1..12: ");scanf("%d",&mes);
 6:    switch(mes)
 7:       {
 8:            case  1: /* 31 dias */
 9:            case  3:
10:            case  5:
11:            case  7:
12:            case  8:
13:            case 10:
14:            case 12: n_dias = n_dias + 1;
15:            case  4: /* 30 dias */
16:            case  6:
17:            case  9:
18:            case 11: n_dias = n_dias + 2;
19:            default: n_dias = n_dias + 28;
20:       }
21:    printf("O mês %d tem %d dias\n",mes,n_dias);
22: }
```

Nota: Todos os meses têm pelo menos 28 dias. No entanto, alguns têm que apresentar 30 dias (2+28) e outros 31 dias (1+2+28).

20.

prog0325.c

```
 1: #include <stdio.h>
 2:
 3: main()
 4: {
 5:  int dia,mes,ano;
 6:  printf("Data: dd mm aaaa: ");
 7:  scanf("%d %d %d",&dia,&mes,&ano);
 8:  switch(mes)
 9:    {
10:     case 2: if (dia >=1 && dia <= 28 +((ano%4==0&&ano%100!=0)|| ano%400==0))
11:              printf("Data Válida");
12:           else
13:              printf("Data Inválida");
14:            break;
15:     case 4:
16:     case 6:
17:     case 9:
18:     case 11: if (dia >=1 && dia <= 30)
19:               printf("Data Válida");
```

```
20:              else
21:                 printf("Data Inválida");
22:              break;
23:    default: if (mes <1 || mes > 12)
24:               printf("Data Inválida");
25:             else
26:                if (dia >=1 && dia <= 31)
27:                   printf("Data Válida");
28:                else
29:                   printf("Data Inválida");
30:    }
31:
32: }
```

Notar que (ano%4==0&&ano%100!=0)||ano%400==0) devolve o valor 1 ou 0 conforme o ano seja bissexto ou não. Esse valor é então adicionado a 28, de forma a obter o valor 29 ou 28 conforme seja bissexto ou não.

Capítulo 4 — Resoluções

1.

- **1.1** Verdade.

- **1.2** Falso. Só executam o corpo se a condição for Verdadeira.

- **1.3** Verdade.

- **1.4** Falso, todas as componentes são opcionais, embora se tenha sempre que manter os dois separadores das componentes (;).

- **1.5** Verdade.

- **1.6** Verdade, porque senão o compilador deixaria de saber que componentes pertenciam a cada parte do laço *for*.

- **1.7** Falso, se a condição do laço *for* ou *while* for falsa no início, a instrução nunca é executada. Essa afirmação só é verdadeira para o laço *do ... while*.

- **1.8** Falso. As cargas iniciais são sempre executadas uma única vez.

- **1.9** Falso, a condição é sempre testada mais uma vez do que o número de vezes que a instrução é executada. Esse teste extra é realizado quando a condição é falsa, não sendo por isso executada a instrução.

- **1.10** Verdade.

- **1.11** Falso. Um laço é uma única instrução.

- **1.12** Verdade.

- **1.13** Verdade.

- **1.14** Verdade.

- **1.15** Falso. Nenhum laço o faz.

- **1.16** Falso. O laço é executado **ENQUANTO** a condição se verificar.

- **1.17** Verdade.

- **1.18** Falso. Termina o laço. O programa continua na instrução seguinte ao laço.

- **1.19** Verdade. Senão pode-se entrar numa situação de laço infinito.

- **1.20** Verdade.

2.

```
do                          condição_aux = Verdade;       /* Obrigar a */
   instrução;               while (condição||condição_aux) /* entrar no ciclo */
while (condição);              instrução;
                            }
```

3.

```
for (inic; condição ; pos-inst)   inic;
      instrução;                  while (condição)
                                     { instrução;
                                        pos-inst;
                                     }
```

4.

```
while (condição)        for (; condição ;)
   instrução;              instrução;
```

5. Nenhuma, o laço termina e o programa continua na instrução seguinte.

6. A instrução *continue*, quando presente num laço *while*, termina a instrução do laço, passando a execução para a avaliação da condição. Quando presente no laço *for*, a instrução *continue* termina a execução da instrução, sendo em seguida executada a componente pós-instrução do laço *for*. Dessa forma, no laço *while* o programador terá que ter o cuidado de atualizar as variáveis de controle do laço antes de utilizar a instrução continue, a fim de evitar laços infinitos.

7. O seguinte trecho de programa

```
i=1;
while (i<=20)
   { if (i==10)
         continue;
      else
        printf("%d\n",i);
      i++;
   }
```

não é equivalente ao trecho solicitado, pois quando a variável toma o valor 10 a instrução termina passando ao teste da condição sem que o valor da variável de controle tenha sido alterado. Obtém-se, assim, um laço infinito.

A resolução correta poderia ser realizada do seguinte modo:

```
i=1;
while (i<=20)
   { if (i==10)
       { i++; /* atualizar a var. antes de voltar a testar a cond.*/
         continue;
       }
     else
       printf("%d\n",i);
     i++;
   }
```

8.

prog0419.c

```
 1: #include <stdio.h>
 2:
 3: main()
 4: {
 5:    int i,j,n;
 6:
 7:    printf("Qual o Nº de Ramos: "); scanf("%d", &n);
 8:    for (i=1 ; i<=n ; i++)
 9:       {
10:          for (j=1 ; j<=i ; j++)
11:             putchar('*');
12:          putchar('\n');
13:       }
14: }
```

Notar que o laço externo indica qual o número de linhas que vamos mostrar (n linhas). No entanto, cada uma das linhas tem que mostrar apenas o número de asteriscos igual ao número da linha em questão, de forma a mostrar um triângulo.

Dessa forma, o laço interno terá que iterar apenas um número de vezes igual ao número da linha em que se está nessa altura. Depois de escritos todos os asteriscos de uma linha, é necessário mudar de linha.

Este é um exemplo típico de um laço interno cujo número de iterações depende do valor da variável de controle do laço externo.

9.

prog0420.c

```
 1: #include <stdio.h>
 2:
 3: main()
 4: {
 5:    int i,j,n;
 6:
 7:    printf("Qual o Nº de Ramos: "); scanf("%d", &n);
 8:    for (i=1 ; i<=n ; i++)
 9:       {
10:          for (j=1 ; j<=i ; j++)
11:             putchar('A'+i-1);
12:          putchar('\n');
13:       }
14: }
```

Repare que na primeira linha queremos escrever a letra 'A', na segunda a letra 'B' (que é igual a 'A'+1) e assim sucessivamente. Podemos, assim, usar a variável que controla as linhas para ir acrescentando uma unidade ao caractere a ser escrito em cada uma das linhas. No entanto, como a variável i começa com o valor 1 e não 0, como seria desejável para escrever a letra 'A' na primeira linha, somos obrigados a subtrair uma unidade a cada caractere escrito para obter o caractere correto.

10.

prog0421.c

```
 1: #include <stdio.h>
 2:
 3: main()
```

```
 4: {
 5:   int n;
 6:
 7:   do
 8:     {
 9:         printf("Introd. um n°: ");
10:         scanf("%d", &n);
11:     }
12:   while ( n < 1 || n > 100 );
13:
14:   printf("Foi Introduzido o n° %d\n",n);
15: }
```

11.

prog0422.c

```
 1: #include <stdio.h>
 2:
 3: main()
 4: {
 5:   int i,conta;
 6:   char ch;
 7:   for (i=0,conta=1 ; i<=255 ; i++)
 8:      { printf("%3d --> %c\n",i, (char) i);
 9:        if (conta == 20)
10:           {
11:              do
12:                { printf("Pressione c ou C para continuar ...");
13:                  scanf(" %c", &ch);
14:                }
15:              while (ch != 'c' && ch != 'C');
16:              conta=1;
17:           }
18:        else
19:           conta++;
20:      }
21: }
```

12.

prog0423.c

```
 1: #include <stdio.h>
 2:
 3: main()
 4: {
 5:   int i,nmin,nmax,tmp;
 6:
 7:   do
 8:     {
 9:         printf("Introd. um N° entre 0 e 255: ");
10:         scanf("%d",&nmin);
11:     }
12:   while (nmin < 0 || nmin > 255);
13:
14:   do
15:     {
16:         printf("Introd. outro N° entre 0 e 255: ");
17:         scanf("%d",&nmax);
18:     }
19:   while (nmax < 0 || nmax > 255);
20:
```

```
21:    /* Verificar se é necessário trocar os valores das variáveis */
22:
23:    if (nmin > nmax)
24:       {
25:          tmp = nmin;
26:          nmin = nmax;
27:          nmax = tmp;
28:       }
29:
30:    for (i=nmin ; i<=nmax ; i++)
31:       printf("%3d --> %c\n",i, (char) i);
32:
33: }
```

13. Na primeira instrução x recebe o valor de i já incrementado, enquanto na segunda instrução o valor de i só é incrementado depois de atribuído a x.

```
i=5;                              i=5;
x= ++i;                           x= i++;
printf(" %d %d", i, x);           printf(" %d %d", i, x);
/* Mostra  6  6  */               /* Mostra  6  5  */
```

14. Sim.

15. Não. Esses operadores só podem ser utilizados em variáveis.

16. Na expressão a=-2 a variável a recebe o valor -2. Na expressão a-=2 o valor de a é decrementado em duas unidades. Lembrar que **a-=2** é equivalente a a=a-2.

17. O programa vai entrar (teoricamente) num laço infinito, pois o teste do laço é realizado apenas depois de a variável ser incrementada, nunca sendo por isso igual a zero. Notar que se trata de um laço do ... *while*.

18. A diferença entre os dois trechos de código está na altura em que a variável i é incrementada e em qual é o valor que entra para o teste da condição do laço *while*.

```
i = 0;                            i = 0;
while (i++)                       while (++i)
   printf("%d\n",i);                 printf("%d\n",i);
```

No exemplo da esquerda o valor de i é usado no teste do *while*. Como i tem o valor zero (Falso), o laço termina imediatamente, não sendo o *printf* executado. Na instrução seguinte, o valor de i é igual a 1.

No exemplo da direita o valor de i é incrementado antes de ser disponibilizado ao laço. Assim, no primeiro teste da condição o valor de i vai ser igual a 1 e não zero como no exemplo anterior, pois o incremento é realizado antes da utilização da variável. Mais uma vez estamos diante de um laço (teoricamente) infinito, pois a condição é sempre diferente de zero.

19. O laço, em cada uma das 200 iterações, executa a sua instrução. Nesse caso executa 200 vezes a instrução vazia que é representada pelo ponto-e-vírgula, que provavelmente o programador colocou após o *for* por engano. Só em seguida escreve o valor de i, que é igual a 201.

20.
   1. 20 vezes
   2. 10 vezes (para os valores de i = 1, 3, 5, 7, 9, 11, 13, 15, 17, 19)
   3. 41 vezes (20 - (-20) + 1)
   4. 50 vezes (10*5)

21.

	x	y	z
	5	10	7
x++	6	10	7
y*=(z++ +2)	6	90	8
y=!x	6	0	8
z=(x%2)+ --y	6	-1	-1
z=(x==y)	6	-1	0
!z	6	-1	0
z=x%8	6	-1	6

Notar que !z não coloca em z o valor lógico contrário ao que z tem, pois uma variável só é alterada quando fazemos alguma atribuição. Exemplo: z = !z; ou quando se usam os operadores ++ ou --.

A instrução !z; não faz rigorosamente nada. Em princípio, o compilador emite o correspondente aviso.

Capítulo 5 — Resoluções

1.
- *a)* Falso.
- *b)* Verdade.
- *c)* Falso. Pode devolver qualquer tipo básico ou ponteiro.
- *d)* Falso. Um parâmetro tem sempre que ter um tipo associado.
- *e)* Verdade
- *f)* Falso.
- *g)* Falso. Termina sempre.
- *h)* Falso. Esta afirmação apenas é verdadeira na função **main**.
- *i)* Verdade, porque ao sair da função main não há mais nada a executar.
- *j)* Falso. Se fosse, como é que se poderia invocar a função?
- *k)* Verdade.
- *l)* Falso. Deve executar uma única tarefa.
- *m)* Falso. Por que 10?
- *n)* Falso. Por que 6?
- *o)* Verdade
- *p)* Verdade
- *q)* Verdade
- *r)* Verdade

2.

- **2.1** Ponto-e-vírgula após o cabeçalho da função.
- **2.2** A função "*void*" não pode retornar qualquer valor.
- **2.3** Protótipo difere do cabeçalho da função.
- **2.4** Protótipo difere do cabeçalho da função. Se a função não é declarada com um tipo ou com **void**, por padrão retorna **int**.
- **2.5** Falta o nome da função.
- **2.6** Declaração dos parâmetros feita incorretamente. Cada um dos parâmetros deveria ser precedido do tipo respectivo. void f(int x, **int** y).

3.
- a) (sem qualquer saída)
- b) Já Passei em C
     Ola
- c) (sem qualquer saída)
- d) 0
- e) -1
     -3
     -5
     (laço infinito com os números ímpares)

4.
```
int Abs(int x)
{
  if (x>=0)
    return x;
  else
    return -x;
}
```
ou
```
int Abs(int x)
{
  return (x>=0) ? x : -x;
}
```

5.
```
float VAL(float x, int n, float t)
{
  float res;
  int i;

  for(res=0,i=1; i<=n ; i++)
    res = res + x/Pot(1+t,i);

  return res;
}
```

6.
```
long int n_segundos(int n_horas)
{
  return (long) n_horas * 3600;
}
```

7

7.1 /* com if-else */
```
#include <stdio.h>
long int num(int n_horas, char tipo)
{
  if (tipo=='h' || tipo == 'H')
    return (long) n_horas;
  else
    if (tipo=='m' || tipo == 'M')
      return (long) n_horas*60;
    else
      return (long) n_horas*60*60;
}
```

```
    main()
    {
      printf("%ld\n",num(3,'h'));
      printf("%ld\n",num(3,'m'));
      printf("%ld\n",num(3,'s'));
    }
```

7.2 /* Com o switch com break */

```
    long int num(int n_horas, char tipo)
    {
      switch(tipo)
        { case 'h':
          case 'H': return (long) n_horas;
          case 'm':
          case 'M': return (long) n_horas*60;
          default: return (long) n_horas*60*60;
        }
    }
```

7.3 /* Com o switch sem qualquer break */

```
    long int num(int n_horas, char tipo)
    { long res=n_horas;
      switch(tipo)
        {
          case 's':
          case 'S': res=res*60;
          case 'm':
          case 'M': res=res*60;
        }
      return res;
    }
```

8.
```
  float Max(float x, float y, float w)
  {
    if (x > y)
      if (x > w)
        return x;
      else
        return w;
    else
      if (y > w)
        return y;
      else
        return w;
  }
```

9.
```
  int Impar(int x)      /* Se não é múltiplo de 2*/
  {
    return x%2;                /* ou return x%2==1; */
  }
```

10.
```
  int Entre(int x, int lim_inf, int lim_sup)
  {
    return (x >= lim_inf && x <= lim_sup);
  }
```

11.

11.1
```
int isdigit(char c)
{
  return (c>='0' && c<='9');
}
```

11.2
```
int isalpha(char c)
{
  return (c>='a' && c<='z' || c>='A' && c<='Z');
}
```

11.3
```
int isalnum(char c)
{
  return isalpha(c) || isdigit(c);
}
```

11.4
```
int islower(char c)
{
  return (c>='a' && c<='z');
}
```

11.5
```
int isupper(char c)
{
  return (c>='A' && c<='Z');
}
```

11.6
```
int isspace(char c)
{
  return c==' ' || c=='\t'; /* Espaço ou TAB */
}
```

11.7
```
char tolower(char c)
{
  if isupper(c)
    return c + 'a' -'A';
  else
    return c;
}
```

11.8
```
char toupper(char c)
{
if islower(c)
    return c + 'A' -'a';
  else
    return c;
}
```

12.
```
int is_square(int x, int y)
{
  return x==y*y;
}
```

13.

```
int Minus(int valor)
{
  if (valor<0)
    return valor;
  else
    return -valor;
}
```

ou

```
int Minus(int valor)
{
  if (valor<0)
    return valor;
  return -valor;
}
```

ou

```
int Minus(int valor)
{
  return -abs(valor); /* Usando a função escrita anteriormente */
}
```

14.

```
int is_special(int x)
{
  return 2*x==x*x;
}
```

15.

```
int Cubo(int x)
{
  return x*x*x;
}
```

16.

```
int IsVogal(char ch)
{
  return ch=='a' || ch=='e' || ch=='i' || ch=='o' || ch=='u' ||
         ch=='A' || ch=='E' || ch=='I' || ch=='O' || ch=='U';
}
```

ou

```
int IsVogal(char ch)
{
  ch = toupper(ch);
  return ch=='A' || ch=='E' || ch=='I' || ch=='O' || ch=='U';
}
```

ou

```
int IsVogal(char ch)
{
  switch (tolower(ch))
    {
      case 'a':
      case 'e':
      case 'i':
      case 'o':
      case 'u': return 1;
      default : return 0;
    }
}
```

Capítulo 6 — Resoluções

1.

1.1. Os índices do vetor variam entre 0 e 9, e não entre 1 e 10.

1.2. Depois de terminado o laço, o valor de i é 10, logo v[10] = 101; vai causar problemas, pois o vetor termina no índice 9.

1.3. A dimensão de um vetor tem que ser uma constante ou expressão constante.

1.4. A declaração de um vetor obriga que todas as dimensões sejam explicitadas. (Erro de compilação). **Não se pode declarar vetores sem dimensão**.

1.5. O número de elementos que dá a carga inicial do vetor é superior à dimensão do vetor. (Erro de compilação).

1.6. Se colocar um ; após o **#define**, todas as ocorrências de MAX serão substituídas por **30;**, isso irá provocar erros de sintaxe. Exemplo: `int v[30;]`.

2.

prog0609.c

```
 1: #include <stdio.h>
 2: float max(float v[ ],int n); /* Declaração da Função */
 3: float max(float v[ ],int n)
 4: { int i;
 5:     float maior = v[0];
 6:     for (i=1;i<n;i++)
 7:         if (v[i]>maior)
 8:             maior = v[i];
 9:     return maior;
10: }
11:
12: main()    /* Programa de Teste */
13: {
14:     float x[] = {10.0,20.0,15.0,50.0,27.0};
15:
16:     printf("O maior dos 3 primeiros elementos = %f\n",max(x,3));
17:     printf("O maior dos 5 primeiros elementos = %f\n",max(x,5));
18:
19: }
```

3.

prog0610.c

```
 1: #include <stdio.h>
 2: #define MAX 3   /* Para teste vamos usar o 3 */
 3:
 4: void transpor(int v[MAX][MAX])
 5: {
 6:     int i,j,tmp;
 7:
 8:     for (i=0;i<MAX;i++)
 9:       for (j=i+1;j<MAX;j++)
10:         {
11:            tmp = v[i][j];
12:          v[i][j] = v[j][i];
13:          v[j][i] = tmp;
14:         }
15: }
16:
```

```
17: void imprime(int v[][MAX])
18: {
19:     int i,j;
20:     for (i=0;i<MAX;i++)
21:         { for (j=0;j<MAX;j++)
22:             printf("%d ",v[i][j]);
23:           putchar('\n');
24:         }
25: }
26: main()
27: {
28: int x[][MAX] = {{1,2,3},{4,5,6},{7,8,9}}; /* Matriz de 3x3 */
29:
30: puts("MATRIZ INICIAL");
31: imprime(x);
32: transpor(x);
33: puts("DEPOIS DA INVERSÃO");
34: imprime(x);
35: }
```

Notar que a troca de elementos num vetor deve ser realizada apenas para a metade dos valores, pois em cada troca são deslocados dois valores.

4.

prog0611.c

```
 1: #include <stdio.h>
 2:
 3: #define DIM 3
 4: #define ESPACO ' '
 5:
 6: void inic(char s[][DIM]);
 7: void mostra(char s[DIM][DIM]);
 8: int Ganhou(char g[DIM][DIM],char ch);
 9: int Linha(char v[],char c);
10: int Coluna(char g[DIM][DIM], int col,char ch);
11:
12:
13: /* Inicia o Tabuleiro */
14: void inic(char s[][DIM])
15: {
16:     int i,j;
17:     for(i=0;i<DIM;i++)
18:         for(j=0;j<DIM;j++)
19:             s[i][j]=ESPACO;
20: }
21:
22: /* Mostra o aspecto do tabuleiro */
23: void mostra(char s[DIM][DIM])
24: { int i,j;
25:     for (i=0;i<DIM;i++)
26:         {
27:             for (j=0;j<DIM;j++)
28:                 printf("%c %c",s[i][j],j==DIM-1?' ':'|');
29:             if (i!=DIM-1) printf("\n-------");
30:             putchar('\n');
31:         }
32: }
33:
34: /* Verifica se a n-ésima linha está preenchida com o char c */
35: int Linha(char v[],char c)
36: {
37:     return v[0]==v[1] && v[1]==v[2] && v[0]==c;
```

```c
38: }
39:
40: /* Verifica se a coluna col está toda preenchida com o char ch */
41: int Coluna(char g[DIM][DIM], int col,char ch)
42: {
43:    return g[0][col]==g[1][col] && g[1][col]==g[2][col] && g[0][col]==ch;
44: }
45:
46: /* Verifica se alguma das diagonais está preenchida totalmente  */
47: /* com o char ch                                                */
48: int Diagonal(char g[DIM][DIM],char ch)
49: {
50:    return (g[0][0]==g[1][1] && g[2][2]==g[1][1] & g[0][0]== ch) ||
51:           (g[0][2]==g[1][1] && g[2][0]==g[1][1] & g[0][2]== ch);
52: }
53:
54:
55: /* Verifica se o jogador do caractere ch ganhou o jogo */
56: int Ganhou(char g[DIM][DIM],char ch)
57: {
58:     if (Linha(g[0],ch) || Linha(g[1],ch) || Linha(g[2],ch))
59:         return 1;
60:     if (Coluna(g,0,ch) || Coluna(g,1,ch) || Coluna(g,2,ch))
61:         return 1;
62:     if (Diagonal(g,ch))
63:         return 1;
64:     return 0;   /* Não ganhou o Jogo */
65: }
66:
67: main()
68: {
69:     char Velha[DIM][DIM];
70:     int posx, posy;
71:     char ch = '0';   /* Caractere a Jogar */
72:     int n_jogadas = 0;
73:
74:     inic(Velha);
75:     while (1)     /* Laço Infinito */
76:       { mostra(Velha);
77:         printf("\nIntroduza a Posição de Jogo Linha Coluna: ");
78:         scanf("%d %d",&posx,&posy);
79:         if (posx> DIM || posy>DIM)
80:            {printf("\n\n**** Valores Inválidos ****\n\n");
81:             continue; /* Proxima iteração */
82:            }
83:         posx--;posy--; /* Os índices do vetor começam em ZERO */
84:         if (Velha[posx][posy]==ESPACO) /* Casa Livre */
85:           { Velha[posx][posy] = ch = (ch == '0') ? 'X' : '0';
86:             n_jogadas++;
87:             if (Ganhou(Velha,ch)) /* Basta verificar o jogador corrente */
88:                {printf("\n\n**** Ganhou o Jogador %c ****\n\n",ch);
89:              break;
90:                }
91:            }
92:         else
93:           printf("Posiçao já ocupada\nJogue Novamente!!!\n");
94:         if (n_jogadas==DIM*DIM)
95:            { printf("\n\n**** EMPATE TÉCNICO ***\n\n");
96:              break; /* Acabar o Laço */
97:            }
98:        }
99:     mostra(Velha);
100: }
```

5.

```c
char *memcpy(char *dest, char *orig, int n)
{
    int i;
    for (i=0;i<n;i++)
        dest[i] = orig[i];
    return dest;
}
```

6. Notar que essa função terá que devolver um valor lógico indicando se os vetores possuem os mesmos elementos nas *n* primeiras posições.

```c
int memcmp(char *s1, char *s2, int n)
{
        int i;
        for (i=0;i<n;i++)
           if (s1[i] != s2[i])
              return 0; /* Não são iguais */
        return 1; /* Terminou o laço e todos os elementos são iguais */
}
```

7. Esta solução é semelhante à anterior. A única diferença é que devemos ignorar se cada um dos caracteres se encontra em maiúsculas ou minúsculas. Recorremos para tal à função **toupper**, que converte qualquer caractere para maiúsculas.

Nota: para ter acesso a essa função, o seu arquivo deverá conter o **#include <ctype.h>**.

#include <ctype.h>

```c
int memcmp(char *s1, char *s2, int n)
{
  int i;
  for (i=0;i<n;i++)
    if (toupper(s1[i])!= toupper(s2[i]))
       return 0; /* Não são iguais */
  return 1; /* Terminou o laço e todos os elementos são iguais */
}
```

Capítulo 7 — Resoluções

1.

```c
char Nome[25+1];
ou
char Nome[26];
```

2.

2.1

```c
int strcounta(char *s)           /* isalpha: Necessário <ctype.h> */
{
        int i,conta;
        for (i=conta=0 ; s[i]!='\0' ; i++)
           if (isalpha(s[i]))   /* Se o caractere for alfabético */
                 conta++;       /* Incrementar o contador        */
        return conta;
}
```

2.2

```c
char * init_str(char *s)
{
        s[0] = '\0';
        return s;
}
```

2.3

```c
int ult_ind_chr1(char *s , char c)    /* Versão 1 */
{
        int i,ind=-1;
        for (i=0 ; s[i]!='\0' ; i++)
           if (s[i]==c)
                ind = i;
        return ind;
}

int ult_ind_chr2(char *s , char c)    /* Versão 2 */
{
        int i;
        for (i=strlen(s)-1 ; i>=0 ; i--)
           if (s[i]==c)
                return i;
        return -1;
}
```

2.4

```c
char * strlwr(char *str)
{
  int i;
  for (i=0 ; str[i]!='\0' ; i++)
    str[i] = tolower(str[i]);    /* tolower: Necessário <ctype.h> */
  return str;
}
```

2.5

```c
char * strnset(char *s , char ch , int n)        /* Versão 1 */
{
        int i;
        for (i=0 ; s[i]!='\0' && i<n ; i++)
           s[i]=ch;
        return s;
}

char * strnset(char *s , char ch , int n)        /* Versão 2 */
{
        int i;
        for (i=0 ; s[i]!='\0' ; i++)
           if (i<n)
                s[i]=ch;
           else
                break;
        return s;
}
```

2.6

```c
int stricmp(char *s1, char *s2)   /* toupper: Necessário <ctype.h> */
```

SOLUÇÃO DOS EXERCÍCIOS PROPOSTOS 373

```
        {
                int i=0;
                while (toupper(s1[i])==toupper(s2[i]) && s1[i]!='\0')
                   i++;
                return (toupper(s1[i]) - toupper(s2[i]));
        }
```

3.

3.1

```
char * repeticoes(char *s)
{
        int i,j;
        for (i=j=0; s[i]!='\0'; i++)
           if (strcountc(s,s[i])>1) /* Ocorre mais que 1 vez */
                   s[j++] = s[i];
        s[j]='\0';
        return s;
}
```

3.2

```
char n_esimo(char *s , int n)
{
    return s[n-1]; /* Pois os índices dos vetores começam em 0 */
}
```

3.3

```
char * strpack(char *s)
{ int i,j;
        for (i=j=0; s[i]!='\0';i++)
           if (s[i]!=s[j])
                   s[++j]=s[i];
        s[++j]='\0';
        return s;
}
```

3.4

```
char * Entremeado(char *s , int n)
{
        int i,j, len=strlen(s);
        if (n==0) return s;

        for (i=j=0; i<len ; i+=n+1)
           s[j++] = s[i];
        s[j]='\0';
return s;
}
```

3.5

```
#define SPACE ' '

char * xspace(char *s)
{
   int i=strlen(s);              /* i = nº caracteres em s */
   int N_Espacos = strcountc(s,SPACE);    /* Nº de Espaços em s */
   int Dim = 2*i-N_Espacos;   /* Dimensão total da string resultado */

   s[Dim--] ='\0';              /* Delimitador */
   for (--i ; i>=0 ; i--)
     if (s[i] == SPACE)
```

```
              s[Dim--] = s[i];            /* É um espaço. Copiar apenas */
          else
             {
               s[Dim--]=SPACE;            /* Colocar o espaço */
               s[Dim--]=s[i];             /* após este caractere */
             }
      return s;
}
```

3.6

```
char Max_Ascii(char *str)
{
        int i;
        char res='\0';   /* Menor Código ASCII */
        for (i=0; str[i]!='\0';i++)
           res = res > str[i] ? res : str[i];
        return res;
}
```

3.7

```
char *Prox_Char(char *s)
{
        int i;
        for (i=0;s[i]!='\0';i++)
           s[i]=s[i]+1;           /* Caractere ASCII Seguinte */
        return s;
}
```

3.8

Se o último caractere da tabela ASCII existir na *string*, quando for incrementada uma unidade vai ficar igual a 256, valor que não cabe num *byte*. No entanto, o valor armazenado vai corresponder ao caractere número ZERO.

Funciona como se os códigos dos caracteres dessem a volta e começassem de novo a partir do zero.

Dessa forma a *string* pode vir a terminar não no '\0' de origem, mas numa posição anterior que correspondia à posição ocupada pelo último caractere da tabela ASCII na *string* original.

3.9

```
char *UpDown(char *s)    /* Versão 1 */
{
        int i;
        for (i=0;s[i]!='\0'; i++)
           if (i%2==0)                /* Se for par */
              s[i] = toupper(s[i]);
           else                       /* Se for ímpar */
              s[i] = tolower(s[i]);
        return s;
}

char *UpDown(char *s)    /* Versão 2 */
{
        int i;
        for (i=0;s[i]!='\0'; i++)
              s[i] = (i%2==0) ? toupper(s[i]) : tolower(s[i]);
        return s;
}
```

Notar que ambas as soluções necessitavam do #include <ctype.h> por causa das funções *tolower* e *toupper*.

3.10

```c
char *allspaces(char *s)     /* Versão 1 */
{
        int i;
        for (i=0;s[i]!='\0'; i++)
           s[i]=' ';
        return s;
}
```

ou

```c
char *allspaces(char *s)     /* Versão 2 */
{
        return strset(s,' ');
}
```

3.11

```c
char *strijset(char *s , int i, int j, char ch)
{
        if (i>=strlen(s)) return s;
        while (i<=j && s[i]!='\0')
           s[i++]=ch;
        return s;
}
```

3.12

```c
char *strduplica(char *s)
{
        int i,len=strlen(s);
        for (i=0 ; i<len ; i++)
           s[i+len] = s[i];
        s[i+len]='\0';
        return s;
}
```

3.13

```c
int atoi(char *s)           /* Necessário #include <ctype.h> */
{
  int i=0,res=0,sinal=1;
  if (s[0]=='-' || s[0]=='+')
     i=1;                   /* Começa após o 1º caractere */
  if (s[0]=='-') sinal=-1;  /* É um nº negativo            */

  for ( ; isdigit(s[i]) ; i++)
     res = res * 10 + s[i] - '0';
  return res*sinal;
}
```

Nota: Esta função faz parte da biblioteca-padrão de C e, para utilizá-la, basta colocar o **#include <stdlib.h>**.

Repare que se a *string* for igual a "123" o processamento é o seguinte

```
res = 0
res = res*10 + 1 = 0*10 + 1 = 1
res = res*10 + 2 = 1*10 + 2 = 12
res = res*10 + 3 = 12*10 + 3 = 123
```

No entanto, é bom salientar que para obter, por exemplo, o inteiro 4 correspondente ao caractere '4' é necessário subtrair o valor do código ASCII do caractere '0'.

Exemplo:

```
4 = '4' -'0'
```

3.14

```c
char *wordupr(char *s)
{
  int i;
  s[0] = toupper(s[0]); /* O primeiro fica sempre em maiúsculas */
  for (i=1 ; s[i-1]!='\0' ; i++)
    if (s[i-1]==' ') /* Se o caractere anterior for um espaço */
      s[i] = toupper(s[i]);
    else
      s[i] = tolower(s[i]);
  return s;
}
```

3.15

```c
char *lower_upper(char *s)
{
  int i, existem_trocas = 1 , len = strlen(s);
  char tmp; /* Aux para a realização da troca de caracteres */

  while (existem_trocas)
  {
    existem_trocas = 0;
    for(i=0 ; i<len-1 ; i++)
      if (isupper(s[i]) && islower(s[i+1]))
        {
          tmp=s[i];
          s[i]=s[i+1];
          s[i+1]=tmp;
          existem_trocas=1;
        }
  }
  return s;
}
```

3.16

```c
char * All_Big(char *s)
{
  int i,j;
  for (i=j=0; s[i]!='\0'; i++)
        if (isupper(s[i]))
           s[j++]=s[i];
  s[j]=0;
  return s;
}
```

3.17

```c
int Is_Len_OK(char *string, int comprimento)
{
  return strlen(string)==comprimento;
}
```

3.18

```c
int Is_Alfa_Digit(char *s)
{
  int i;
  for (i=0;s[i]!='\0';i++)
```

```c
      if (i%2==0)
        if (!isalpha(s[i])) return 0;
      else
        if (!isdigit(s[i])) return 0;
    return 1;
  }
```

3.19

```c
    char *Transform(char *s)   /* Versão 1 */
    {
      int i,len=strlen(s);
      for (i=0;i<len;i++)
        if (i<len/2)
          s[i] = tolower(s[i]);
        else
          s[i] = toupper(s[i]);
      return s;
    }

    char *Transform(char *s)        /* Versão 2 */
    {
      int i,len=strlen(s)-1;
      for (i=0;i<=len;i++,len--)
        { s[i] = tolower(s[i]);
          s[len] = toupper(s[len]);
        }
      return s;
    }
```

4.

prog0707.c

```c
 1: #define OP_SAIR "SAIR"
 2:
 3: /*
 4:  * Coloca no Parâmetro Sobrenome a última palavra da string Nome.
 5:  * Em seguida retira essa palavra da string Nome colocando um '\0'
 6:  *
 7:  */
 8:
 9: void Separa(char *Nome, char * Sobrenome)
10: {
11:        int i,j;
12:        if (strcountc(Nome,' ')==0)     /* Existe apenas uma ou zero
13: palavras no nome */
14:          {
15:                Sobrenome[0]='\0';
16:                return;
17:          }
18:        /* Existe a garantia que há um sobrenome */
19:
20:        for (i=strlen(Nome)-1,j=0 ; Nome[i]!=' ' ; )
21:          Sobrenome[j++] = Nome[i--];
22:        Sobrenome[j]='\0';       /* Terminar a string Sobrenome       */
23:        Nome[i]='\0';            /* Retirar o sobrenome da String Nome */
24:
25: /* Como a string Sobrenome foi colocada do fim para o princípio é
26:  * necessário invertê-la
27:  */
28:
29:        strrev(Sobrenome);
30: }
```

```
31:
32: main()
33: {
34: char Nome[100],Sobrenome[20];
35:
36:   for (;;)   /* Equivalente a while (1) */
37:   {
38:     printf("Nome: ");
39:     gets(Nome);
40:     if (stricmp(Nome,OP_SAIR)==0) break; /* Sair do Programa */
41:     Separa(Nome,Sobrenome);
42:     printf("%s, %s\n",wordupr(Sobrenome),wordupr(Nome));
43:   }
44: }
45:
```

Capítulo 8 — Resoluções

1.

Usando s	Usando ptr	Valor
s[2] ou *(s+2)	ptr[2] ou *(ptr+2)	'r'
s ou &s[0]	ptr	1000
s+1 ou &s[1]	ptr+1	1001
(não aplicável)	&ptr	5000

2.

   2.1 O operador - **&** (*Endereço de*).

   2.2 O caractere asterisco *.

   2.3 Coloca-se entre o tipo para o qual aponta e o nome da variável.

   2.4 Um endereço.

   2.5 NULL.

   2.6 Designa-se por *Apontado por* e representa-se através de um asterisco *.

   2.7 *(&ptr) == ptr

   2.8 v[0] ou *v ou *(v+0)

   2.9 Porque os elementos de qualquer vetor ocupam sempre posições contíguas de memória.

   2.10 `float **var;`

3.

prog0808.c

```
1: #include <stdio.h>
2: #include <string.h>
3:
4: char *strrchr(char *str , char ch)      /* Versão 1 */
5: {
6:     int i;
7:     char *ptr = NULL;
8:     for (i=0; str[i]!='\0'; i++)
9:         if (str[i]==ch)
```

```
10:               ptr=&str[i];
11:
12:      return ptr;
13: }
14:
15: char *strrchr1(char *str , char ch)    /* Versão 2 */
16: {
17: char *ptr=str+strlen(str)-1; /* Colocar no ult. char da string */
18:     while (ptr >= str)
19:         if (*ptr==ch)
20:             return ptr;
21:         else
22:             ptr--;
23:
24:   return NULL;
25: }
26:
27:
28: main()
29: {
30:   char Nome[100];
31:   char *Sobrenome;
32:   printf("Introd. uma string: ");gets(Nome);
33:
34:   Sobrenome = strrchr(Nome,' ');
35:   if (Sobrenome==NULL) /* Não tem sobrenome. Não existe o espaço */
36:     Sobrenome=Nome;
37:   else
38:     Sobrenome++;      /* Pois estava apontando o espaço em branco */
39:   puts(Sobrenome);
40: }
41:
```

4.

```
char *strstr(char *str1, char *str2)
{
int i,ii,j,len=strlen(str1)-strlen(str2);
for (i=0 ; i<=len ; i++)
   { for (ii=i , j=0 ; str1[ii]==str2[j] && str2[j]!='\0' ; j++,ii++)
         ;
     if (str2[j]=='\0')
         return str1+i;
   }
return NULL;
}
```

5.

```
char *First_Vogal(char *s)
{
  const char vogais[] = "aeiou";
  int i;
  for (i=0 ; s[i]!='\0'; i++)
    if (strchr(vogais,tolower(s[i]))!=NULL)
      return &s[i];
  return NULL;
}
```

6.

/* Copia os caracteres de orig para dest do fim para o princípio */

`char *strrcpy(char *dest,char *orig)`

```
{
  int len;
  for (len = strlen(orig); len>=0 ; len--)
  dest[len]=orig[len];
  return dest;
}

char *strins(char *dest , char *orig)
{
  strrcpy(dest+strlen(orig),dest);
  memcpy(dest,orig,strlen(orig));
  return dest;
}
```

Na resolução deste exercício foi necessário implementar uma função que realizasse a cópia do final para o início da *string*, uma vez que ela poderá ter que ser copiada para cima dela própria.

Começa-se por copiar a *string* existente no destino para a posição **strlen(orig)**, pois a *string* origem irá ocupar **strlen(orig)** caracteres na *string* **dest**.

Depois usa-se a função *memcpy*, e não a função *strcpy* para copiar a *string* **orig** para **dest**, porque a função *memcpy* não coloca o terminador '\0' que iria apagar o primeiro caractere da *string* **dest** anterior, terminando aí a *string* resultado.

7.

   a) pv = v;   /* ou pv = &v[0]; */
        ppv = &pv;

   b)

v						pv		ppv		
10	20	30	40	50		100		500		
100	101	102	103	104		500		700		

   A única restrição em relação aos endereços a serem usados é que todos os elementos do vetor fiquem em posições contíguas de memória.

   c)
```
printf("%d %d %d\n", v[0] , *pv       , **ppv       );
printf("%d %d %d\n", v[1] , *(pv+1)   , *(*ppv+1)   );
printf("%d %d %d\n", v[2] , pv[3]     , (*ppv)[4]   );
printf("%d %d %d\n", *v-1 , *(pv+1)-1 , *(*ppv+2)-1);
```

   d) Colocaria na tela (usando os endereços apresentados em b))

   100   500   700

8.
```
char * StrDelUpper(char *s)
{ char *prim, *ptr;
  prim = ptr = s;

  while (*s) /* Equivalente a while (*s!='\0') */
    { if (!isupper(*s))
        *ptr++=*s;
      s++;
    }
  *ptr='\0';
  return prim;
}
```

9.
```
char * StrDelStr(char *s1,char *s2)
{
 char *loc = strstr(s1,s2);
 if (loc!=NULL)                           /* Se s2 existir em s1 */
   strcpy(loc,loc+strlen(s2));
 return s1;
}
```

10.

   a) px = &x;
   py = &y;

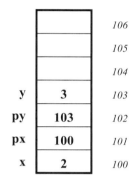

b)

```
printf("%d  %d\n", x, y);      →     2    3
printf("%d  %d\n",*px,*py);    →     2    3
printf("%d  %d\n",&px,&py);    →     101  102
```

c) Se se fizer px = py então

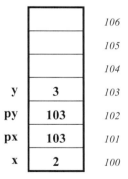

```
printf("%d %d %d %d %d %d %d %d", x, &x, px, *px, y, &y , py, *py)

2   100   103   3   3   103   103   3
```

Capítulo 9 — Resoluções

1.

Pergunta: Na função **iszero**, queremos alterar o parâmetro *n*?

Resposta: Não, apenas queremos verificar se o seu valor é zero ou não.

```
int iszero(int n) /* n - Parâmetro de input */
{
```

```
        return n==0;
    }
```

Pergunta: Na função **add1**, queremos alterar o parâmetro *n*?

Resposta: Sim, pois queremos adicionar uma unidade ao valor que já contém. Teremos, por isso, que passar o endereço da variável.

```
void add1(int *n)   /* n - Parâmetro de entrada/saída */
{
   (*n)++;
}
```

Pergunta: Na função **zero** queremos alterar o parâmetro *n*?

Resposta: Sim, pois queremos colocar o valor zero no parâmetro independentemente do valor que ele traga de fora. Teremos por isso que passar o endereço da variável.

```
void zero(int *n)   /* n - Parâmetro de saída */
{
   *n = 0;
}
```

Diz-se que um parâmetro é de **entrada** se o valor trazido por este é importante para o processamento da função. Nos exemplos anteriores, as funções **iszero** e **add1** usam o valor existente no parâmetro para o processamento.

Diz-se que um parâmetro é de **saída** se o valor deste é alterado dentro da função e enviado para fora desta. Nos exemplos anteriores, as funções **add1** e **zero** alteram o valor existente no parâmetro.

Diz-se que um parâmetro é de **entrada/saída** se o valor trazido por este é importante para o processamento da função e é enviado para fora desta alterado.

Notar que se a palavra **saída** (isto é, o parâmetro vai sair alterado) existir no tipo de parâmetro, então deveremos enviar para a função o endereço da variável.

2.

prog0911.c

```
 1: #include <stdio.h>
 2:
 3: int Ler_Inteiro(char *Prompt)
 4: {
 5:    int n;
 6:    do
 7:    {
 8:       printf(Prompt);
 9:       scanf("%d",&n);
10:    }
11:    while (n<0);
12:    return n;
13: }
14:
15: main()
16: {
17:    int Idade, Total;
18:    Idade = Ler_Inteiro("Introd. a Idade: ");
19:    Total = Ler_Inteiro("Qual o Total a Depositar?\n\t");
20: }
```

3.

prog0912.c

```
 1: #include <stdio.h>
 2:
 3: void Ler_Inteiro(char *Prompt, int *ptr_valor)
 4: {
 5:     do
 6:     {
 7:         printf(Prompt);
 8:         scanf("%d",ptr_valor);
 9:     }
10:     while (*ptr_valor<0);
11: }
12:
13: main()
14: {
15:     int Idade, Total;
16:     Ler_Inteiro("Introd. a Idade: ", &Idade);
17:     Ler_Inteiro("Qual o Total a Depositar?\n\t",&Total);
18:     printf("Idade: %d \n\nTotal: %d\n",Idade,Total);
19: }
```

Repare com atenção que pretendemos alterar a variável que enviamos para a função, por isso temos que enviar o seu endereço. Este endereço é recebido na função e colocado no ponteiro **ptr_valor**.

Repare bem no *scanf* que é realizado dentro da função Ler_Inteiro e verifique que, para ler o inteiro, não se colocou o **&** antes da variável **ptr_valor**, pois esta já contém o endereço que queremos enviar para a função *scanf*, local onde esta irá colocar o inteiro que leu.

4.

prog0913.c

```
 1: #include <stdio.h>
 2:
 3: long int Fib_Rec(int n)
 4: {
 5:     if (n<0) return -1L; /* Parâmetro Inválido */
 6:     if (n<=1)
 7:         return 1L;
 8:     else
 9:         return Fib_Rec(n-1)+Fib_Rec(n-2);
10: }
11:
12: long int Fib_Ite(int n)
13: {
14:     int i;
15:     long n1,n2,tmp;
16:     if (n<0) return -1L; /* Parâmetro Inválido */
17:     if (n<=1)     return 1L;
18:     for (i=2,n1=n2=1 ; i<n ; i++)
19:         { tmp = n1;
20:             n1 = n2;
21:             n2 = n1+tmp;
22:         }
23:     return n1+n2;
24: }
25: main()
26: {
27: int n;
28:     do
```

```
29:            {
30:                printf("Introd. um inteiro: ");
31:                scanf("%d",&n);
32:                printf("Fib_Ite(%d) = %ld\n",n, Fib_Ite(n));
33:                printf("Fib_Rec(%d) = %ld\n",n, Fib_Rec(n));
34:            }
35:    while (n>0);
36: }
```

Repare que a função iterativa é muito mais complicada de implementar que a versão recursiva, cuja implementação é direta.

Nota: As funções retornam um **long int**, pois o resultado de uma invocação pode ser muito grande, não cabendo num inteiro. A instrução `return 1L;` é equivalente a `return (long) 1;`

5.

prog0914.c

```
 1: #include <stdio.h>
 2: #include <string.h>
 3:
 4: char *rec_strcat(char *dest, char *orig)
 5: {
 6:     if (*dest=='\0')
 7:         return strcpy(dest,orig);
 8:     return rec_strcat(dest+1,orig)-1;
 9: }
10: main()
11: {
12:     char s[100];
13:     gets(s);
14:     puts(rec_strcat(s,"OLA"));
15: }
```

Repare que concatenar uma *string* com outra é simplesmente copiar essa mesma *string* quando ela for encontrada, nas diversas chamadas recursivas, na *string* vazia (no destino).

Notar também que ao fazer `return rec_strcar(dest+1,orig)` se está retornando o endereço seguinte ao presente em **dest**, sendo por isso necessário retirar deste uma unidade (-1) para obter o endereço original de **dest**.

6.

prog0915.c

```
 1: #include <stdio.h>
 2:
 3: char * strchr(char *str, char ch)
 4: {
 5:     if (*str=='\0')
 6:         return NULL;
 7:     else
 8:         if (*str==ch)
 9:             return str;
10:         else
11:             return strchr(str+1,ch);
12: }
13: main()
14: {
15:     char s[100];
16:     do
```

```
17:            {
18:                    gets(s);
19:                    puts(strchr(s,'a'));
20:            }
21:     while (*s);
22:
23: }
```

7.

Neste exercício temos que definir o cabeçalho da função, bem como os seus parâmetros. Como é indicado no enunciado, todos os parâmetros são do tipo inteiro, e para facilitar as coisas vamos realizar apenas operações entre inteiros, retornando assim um inteiro.

A função terá que receber como parâmetros a informação necessária ao cálculo do somatório, isto é, o valor de **a** e de **n**. Repare que o valor de **i** não deve ser um parâmetro, pois varia sempre entre 1 e o parâmetro **n**, devendo ser, então, uma variável local.

```
int Exp(int n, int a)
{
        int i,res=0;
        for (i=1 ; i<=n ; i++)
           res+=(a+i/n)*(a+i/n);
        return res;
}
```

8.

prog0916.c

```
1: #include <stdio.h>
2:
3: main(int argc, char** argv, char **env)
4: {
5:     while (*env)
6:     puts(*env++);
7: }
```

9.

prog0917.c

```
1: #include <stdio.h>
2: #include <string.h>
3:
4: main(int argc, char** argv, char **env)
5: {
6:     while (*env)
7:        puts(strchr(*env++,'=')+1);
8: }
```

Capítulo 10 — Resoluções

1.

Line.c

```
1: #include <stdio.h>
2: #include <stdlib.h>
3:
4: #define MAX_STR 120   /* Dim. da maior string */
```

```
 5:
 6: main(int argc, char *argv[])
 7: {
 8:   FILE * fp;
 9:   char s[MAX_STR+1]; /* Linha lida do arquivo */
10:   int i=0;          /* Contador das linhas    */
11:
12:   if (argc==1)
13:    {
14:       fprintf(stderr,"Sintaxe: Line Arquivo\n\n");
15:       exit(1);
16:    }
17:
18:   if ((fp=fopen(argv[1],"r"))==NULL)
19:    {
20:      fprintf(stderr,"Impossível Abrir o Arquivo %s\n\n",argv[1]);
21:      exit(1);
22:    }
23:
24:   while ( fgets(s,MAX_STR+1,fp)!=NULL)
25:      printf("%2d: %s",++i,s);
26:
27: fclose(fp);
28: exit(0);
29: }
```

2.

Proc.c

```
 1: #include <stdio.h>
 2: #include <string.h>
 3: #include <stdlib.h>
 4:
 5: main(int argc, char *argv[])
 6: {
 7:   FILE * fp;
 8:   int So_Total=0;    /* Por padrão, processa tudo */
 9:   int n1, n2;        /* Operandos */
10:   char op;           /* Operador  */
11:   long res, total=0L;/* Total acumulado */
12:
13: if (argc==3)
14:  So_Total = (stricmp(argv[1],"-t")==0); /* ver se argv[2]=="-t" */
15:
16:   if (argc<2 || argc >3)
17:       {
18:          fprintf(stderr,"Sintaxe: Proc [-t] Arquivo\n");
19:          exit(1);
20:       }
21:
22:   if ((fp=fopen(argv[argc-1],"r"))==NULL)
23:       {
24:          fprintf(stderr,"Impossível Abrir o Arquivo %s\n\n", argv[argc-1]);
25:          exit(2);
26:       }
27:
28:   while ( fscanf(fp,"%d%c%d", &n1,&op,&n2)==3) /* Leu as 3 vars */
29:      {
30:         switch(op)
```

```
31:             {
32:                     case '+': res = n1 + n2; break;
33:                     case '-': res = n1 - n2; break;
34:                     case '*': res = n1 * n2; break;
35:                     case '/': res = n1 / n2; break;
36:             }
37:         if (!So_Total)
38:             printf("%d %c %d = %ld\n",n1,op,n2,res);
39:         total+=res;
40:     }
41: printf("%ld\n",total);
42: fclose(fp);
43: exit(0);
44: }
```

Capítulo 11 — Resoluções

1.

Gest.c

```
 1: #include <stdio.h>
 2: #include <string.h>
 3: #include <conio.h>
 4: #include <stdlib.h>   /* Função exit    */
 5: #include <ctype.h>    /* Função toupper */
 6:
 7: #define ARQ "Dados.Dat"  /* Arquivo com os Dados */
 8:
 9: #define OP_INSERIR   '1'
10: #define OP_ALTERAR   '2'
11: #define OP_APAGAR    '3'
12: #define OP_LISTAR    '4'
13: #define OP_PESQUISAR '5'
14:
15: #define OP_SAIR      '0'
16:
17: #define OP_PESQ_IDADE '1'
18: #define OP_PESQ_NOME  '2'
19:
20: char *MainMenu[]={
21:    "1. Inserir Registro",
22:    "2. Alterar Registro",
23:    "3. Apagar Registro",
24:    "4. Listar Registros",
25:    "5. Pesquisas",
26:    "0. Sair",
27:    NULL    /* Acabaram as Opções */
28:    };
29:
30: char *PesqMenu[]={
31:    "1. Pesquisar por Intervalo de Idades",
32:    "2. Pesquisar por Nome",
33:    "0. Voltar",
34:    NULL    /* Acabaram as Opções */
35:    };
36:
37: FILE *fp;  /* Variável Global pois é útil ao longo do prog. */
38:
39: typedef struct
```

```
 40: {
 41:    char Nome[30+1];
 42:    int Idade;
 43:    float Salario;
 44:    char Status; /* '*' Indica que o registro está apagado */
 45: } PESSOA;
 46:
 47:
 48: void Mensagem(char *msg);
 49:
 50:
 51: /* Lê os dados de um registro introduzidos pelo usuário */
 52:
 53: void Ler_Pessoa(PESSOA *p)
 54: {
 55:   printf("Nome    : "); gets(p->Nome);
 56:   printf("Idade   : "); scanf("%d",&p->Idade);
 57:   printf("Salário : "); scanf("%f",&p->Salario);
 58:   p->Status=' ';
 59:   fflush(stdin);
 60: }
 61:
 62: /* Mostra na tela, os dados existente no registro */
 63:
 64: void Mostrar_Pessoa(PESSOA p)
 65: {
 66:    printf("%-30s  %3d  %10.2f\n",p.Nome,p.Idade,p.Salario);
 67: }
 68:
 69: /* Adiciona uma Pessoa ao Arquivo */
 70: void Adicionar_Pessoa(PESSOA p)
 71: {
 72:    fseek(fp, 0L, SEEK_END);
 73:    if (fwrite(&p,sizeof(p),1,fp)!=1)
 74:      Mensagem("Adicionar Pessoa: Falhou a escrita do Registro");
 75: }
 76:
 77: /* Coloca uma mensagem na tela */
 78: void Mensagem(char *msg)
 79: {
 80:    printf(msg);
 81:    getchar();
 82: }
 83:
 84: /*
 85:  * Verifica se o Arquivo já existe. Se não existir, ele é criado
 86:  * Se já existir, abre-o em Modo de Leitura e Escrita (r+b)
 87:  */
 88:
 89: void Inic()
 90: {
 91:    fp=fopen(ARQ,"r+b"); /* Tentar Abrir */
 92:    if (fp==NULL)
 93:      {
 94:       fp =fopen(ARQ,"w+b");    /* Criar o Arquivo */
 95:       if (fp==NULL)
 96:         {
 97:          fprintf(stderr,"ERRO FATAL: Impossível Criar Arquivo de Dados\n");
 98:          exit(1);
 99:         }
100:      }
```

```
101: }
102:
103: /*
104:  * Faz um Menu Simples com as opções do vetor de Strings.
105:  * Seleciona a Opção, usando o primeiro caractere de cada string.
106:  * Devolve o primeiro caractere da opção
107:  */
108: char Menu(char *Opcoes[])
109: { int i;
110:   char ch;
111:
112:   while (1)
113:   { /* Cls */
114:     printf("\n\n\n\n\n\n\n\n\n\n\n\n\n\n\n\n\n\n\n\n\n\n\n\n\n");
115:     for (i=0; Opcoes[i]!=NULL; i++)
116:       printf("\t\t%s\n\n",Opcoes[i]);
117:
118:     printf("\n\n\t\tOpção: ");
119:     ch = getchar(); fflush(stdin);
120:     for (i=0; Opcoes[i]!=NULL; i++)
121:       if (Opcoes[i][0]==ch)
122:         return ch;
123:   }
124: }
125:
126: void Inserir_Pessoa()
127: { PESSOA x;
128:   Ler_Pessoa(&x);
129:   Adicionar_Pessoa(x);
130: }
131:
132: void Alterar_Pessoa()
133: { PESSOA x;
134:   long int n_reg;
135:   printf("Qual o Nº do Registro: ");
136:   scanf("%ld", & n_reg);fflush(stdin);
137:   if (fseek(fp,(n_reg-1)*sizeof(PESSOA),SEEK_SET)!=0)
138:     {
139:      Mensagem("Registro Inexistente ou Problemas no posicionamento!!!");
140:      return;
141:     }
142:   if (fread(&x,sizeof(PESSOA),1,fp)!=1)
143:     {
144:      Mensagem("Problemas na Leitura do Registro!!!");
145:      return;
146:     }
147:
148:   if (x.Status=='*')
149:     {
150:      Mensagem("Um Registro Apagado não pode ser alterado!!!\n\n");
151:      return;
152:     }
153:
154:   printf("\n\nDados Atuais\n\n");
155:   Mostrar_Pessoa(x);
156:   printf("\n\nNovos Dados\n\n");
157:   Ler_Pessoa(&x);
158:
159:   // Recuar um Registro no Arquivo
160:   fseek(fp,-(long) sizeof(PESSOA),SEEK_CUR);
161:   // Reescrever o Registro;
```

```
162:    fwrite(&x,sizeof(PESSOA),1,fp);
163:    fflush(fp); /* Despejar os Dados no Disco Rígido */
164:  }
165:
166: void Apagar_Pessoa()
167: { PESSOA x;
168:   long int n_reg;
169:   char resp;
170:
171:    printf("Qual o Nº do Registro: ");
172:    scanf("%ld", & n_reg);fflush(stdin);
173:    if (fseek(fp,(n_reg-1)*sizeof(PESSOA),SEEK_SET)!=0)
174:     {
175:      Mensagem("Registro Inexistente ou Problemas no posicionamento!!!");
176:      return;
177:     }
178:    if (fread(&x,sizeof(PESSOA),1,fp)!=1)
179:     {
180:      Mensagem("Problemas na Leitura do Registro!!!");
181:      return ;
182:     }
183:
184:    if (x.Status=='*')
185:     {
186:      Mensagem("Registro já está Apagado!!!\n\n");
187:      return;
188:     }
189:
190:    printf("\n\nDados Atuais\n\n");
191:    Mostrar_Pessoa(x);
192:    printf("\n\nApagar o Registro (s/n)???: "); resp = getchar();
193:    fflush(stdin);
194:    if (toupper(resp)!='S') return;
195:
196:    x.Status='*';
197:    // Recuar um Registro no Arquivo
198:    fseek(fp,-(long) sizeof(PESSOA),SEEK_CUR);
199:    // Reescrever o Registro;
200:    fwrite(&x,sizeof(PESSOA),1,fp);
201:    fflush(fp); /* Despejar os Dados no Disco Rígido */
202: }
203:
204: void Listar()
205: { long int N_Linhas =0;
206:   PESSOA reg;
207:   rewind(fp);
208:   while(1)
209:    {
210:     if (fread(&reg,sizeof(reg),1,fp)!=1) break;/* Sair do Laço */
211:     if (reg.Status=='*') continue ;   /* Passa ao próximo */
212:     Mostrar_Pessoa(reg);
213:     N_Linhas++;
214:     if (N_Linhas%20==0)
215:        Mensagem("PRESSIONE <ENTER> para continuar . . . ");
216:    }
217:  Mensagem("\n\nPRESSIONE <ENTER> para continuar . . . "); /* No fim da Listagem */
218: }
219:
220: void Pesquisar_Idades(int ini, int fim)
221: { PESSOA reg;
```

```
222:    rewind(fp);
223:
224:    while (fread(&reg,sizeof(PESSOA),1,fp))
225:      if (reg.Status!='*' && reg.Idade>=ini && reg.Idade<=fim)
226:        Mostrar_Pessoa(reg);
227:
228:  Mensagem("\n\nPRESSIONE <ENTER> para continuar . . . "); /* No fim da Listagem */
229: }
230:
231: void Pesquisar_Nome(char *s)
232: { PESSOA reg;
233:    rewind(fp);
234:
235:    while (fread(&reg,sizeof(PESSOA),1,fp))
236:      if (reg.Status!='*' && strstr(reg.Nome,s))
237:        Mostrar_Pessoa(reg);
238:
239:  Mensagem("\n\nPRESSIONE <ENTER> para continuar . . . "); /* No fim da Listagem */
240: }
241:
242:
243:
244: main()
245: {
246:    char  Opcao;
247:    Inic();
248:    while ((Opcao =Menu(MainMenu))!=OP_SAIR)
249:      switch(Opcao)
250:        { case OP_INSERIR: Inserir_Pessoa(); break;
251:          case OP_ALTERAR: Alterar_Pessoa(); break;
252:          case OP_APAGAR:  Apagar_Pessoa(); break;
253:          case OP_LISTAR:  Listar(); break;
254:          case OP_PESQUISAR:
255:            while((Opcao=Menu(PesqMenu))!=OP_SAIR)
256:              switch (Opcao)
257:                {
258:                case OP_PESQ_IDADE:
259:                  { int n1,n2;
260:                    printf("Qual o intervalo de Idades: ");
261:                    scanf("%d%d",&n1,&n2);fflush(stdin);
262:                    Pesquisar_Idades(n1,n2);
263:                        break;
264:                  }
265:                case OP_PESQ_NOME:
266:                  { char string[BUFSIZ+1];
267:                    printf("Qual o Nome a Procurar: ");
268:                    gets(string);fflush(stdin);
269:                    Pesquisar_Nome(string);
270:                  }
271:                }
272:        }
273: }
```

2.

  a)

  #define MAX 10

  typedef struct

```c
  { unsigned int N;
    char Nome[40+1];
  } REGISTRO;

  typedef struct
  {
    REGISTRO v[MAX];
    int Conta;
  } LISTA;

 main()
 {
  LISTA Lista;
 }
```

b)
```c
  void Inic(LISTA * ptr)
  {
    ptr->Conta=0;
  }
```

c)
```c
  int Cheia(LISTA L)
  {
    return L.Conta==MAX;
  }

  int Inserir(LISTA *ptr, REGISTRO r)
  {
    if (Cheia(*ptr))
          return -1;
    ptr->v[ptr->Conta] = r;
    return ptr->Conta++;
  }
```

d)
```c
  int Save(LISTA L, char * Nome_Arq)   /* Versão 1 */
  { int i;
    FILE *fp=fopen(Nome_Arq,"wb");
    if (fp==NULL) return 0;
    for (i=0 ; i<L.Conta;i++)
          if (fwrite(&L.v[i],sizeof(REGISTRO),1,fp)!=1) return 0;
    fclose(fp);
    return 0;
  }

  /* Outra Forma de escrever o Mesmo */
  int Save_Outro(LISTA L, char * Nome_Arq)   /* Versão 2 */
  {
    FILE *fp=fopen(Nome_Arq,"wb");
    if (fp==NULL) return 0;
    if (fwrite(L.v,sizeof(REGISTRO),L.Conta,fp)!=L.Conta) return 0;
    fclose(fp);
    return 0;
  }
```

e)
```c
  int Load (LISTA *L, FILE *fp)
  { REGISTRO R;
    rewind(fp); /* Ir para o princípio do Arquivo */
    while (fread(&R,sizeof(R),1,fp)==1)
```

```
         if (Inserir(L,R)==-1) return -1;
      return 0;
    }

   f)
     void Listar(LISTA L)
     {
       int i;
       for (i=0;i<L.Conta;i++)
            printf("%d %s\n",L.v[i].N , L.v[i].Nome);
     }
```

prog1103.c   (Programa Completo)

```
 1: #include <stdio.h>
 2: #include <string.h>
 3: #include <stdlib.h>
 4:
 5: #define MAX 10
 6:
 7: typedef struct
 8: { unsigned int N;
 9:   char Nome[40+1];
10: } REGISTRO;
11:
12: typedef struct
13: {
14:   REGISTRO v[MAX];
15:   int Conta;
16: } LISTA;
17:
18: void Inic(LISTA * ptr)
19: {
20:   ptr->Conta=0;
21: }
22:
23: int Cheia(LISTA L)
24: {
25:   return L.Conta==MAX;
26: }
27:
28: int Inserir(LISTA *ptr, REGISTRO r)
29: {
30:   if (Cheia(*ptr))
31:       return -1;
32:   ptr->v[ptr->Conta] = r;
33:   return ptr->Conta++;
34: }
35:
36: int Save(LISTA L, char * Nome_Arq)
37: { int i;
38:   FILE *fp=fopen(Nome_Arq,"wb");
39:   if (fp==NULL) return 0;
40:   for (i=0 ; i<L.Conta;i++)
41:      if (fwrite(&L.v[i],sizeof(REGISTRO),1,fp)!=1) return 0;
42:   fclose(fp);
43:   return 0;
44: }
45:
46: /* Outra Forma de escrever o Mesmo */
47: int Save_Outro(LISTA L, char * Nome_Arq)
```

```
48: {
49:    FILE *fp=fopen(Nome_Arq,"wb");
50:    if (fp==NULL) return 0;
51:    if (fwrite(L.v,sizeof(REGISTRO),L.Conta,fp)!=L.Conta) return 0;
52:    fclose(fp);
53:    return 0;
54: }
55:
56: /* fp supõe-se aberto */
57: int Load (LISTA *L, FILE *fp)
58: { REGISTRO R;
59:    rewind(fp); /* Ir para o princípio do Arquivo */
60:    while (fread(&R,sizeof(R),1,fp)==1)
61:        if (Inserir(L,R)==-1) return -1;
62:    return 0;
63: }
64:
65: void Listar(LISTA L)
66: {
67:    int i;
68:    for (i=0;i<L.Conta;i++)
69:        printf("%d %s\n",L.v[i].N , L.v[i].Nome);
70: }
71:
72: main()
73: {
74:  int i;
75:  LISTA Lista;
76:
77:  REGISTRO R = {100,"LUIS"};
78:  Inic(&Lista);
79:  Listar(Lista);
80:  for (i=0;i<=MAX;i++)
81:    R.N = i,Inserir(&Lista,R);
82:  Listar(Lista);
83: }
```

Capítulo 12 — Resoluções

1.

```
char *Repete(char *string, int n)
{
  int i;
  char * aux;
  if ((aux=(char *) malloc(n*(strlen(string)+1)))==NULL)
        return aux; /* NULL */

  for (i=1 , aux[0]='\0' ; i<=n ; i++)
        { strcat(aux,string);
            if (i!=n) strcat(aux," ");
        }
  return aux;
}
```

2.

```
char *Metade(char *s)
{ char * tmp = (char*) malloc(strlen(s)/2+1);
  if (tmp==NULL) return tmp;
  strncpy(tmp,s,strlen(s)/2);
```

```
      tmp[strlen(s)/2]='\0';
      return tmp;
   }
```

3.

```
   char *Inverte(char *s)
   { char * tmp = (char*) malloc(strlen(s)+1);
      if (tmp==NULL) return tmp;
      strcpy(tmp,s);
      strrev(tmp);
      return tmp;
   }
```

4.

prog1206.c

```
 1: #include <stdio.h>
 2: #include <string.h>
 3: #include <stdlib.h>
 4:
 5: typedef struct sNo
 6: {
 7:    unsigned int N;   /* Número positivo */
 8:    struct sNo *Prox;
 9: } LISTA;
10:
11:
12: /*
13:  *   Iniciar uma Lista
14:  */
15: void Inic(LISTA** Lista)
16: {
17:    *Lista=NULL;
18: }
19:
20: /*
21:  *   Insere um novo registro na Lista
22:  */
23: unsigned Inserir(LISTA** Lista, unsigned int Num)
24: { LISTA * Tmp;
25:    if (Num%2==1 || *Lista==NULL) /* Se for Impar é logo inserido */
26:       {  Tmp = (LISTA*) malloc(sizeof(LISTA));
27:          if (Tmp==NULL) return 0;
28:          Tmp->N = Num;
29:          Tmp->Prox=*Lista;
30:          *Lista=Tmp;
31:          return Num;
32:       }
33:    else
34:       return Inserir(&(**Lista).Prox,Num);
35: }
36:
37:
38: /*
39:  *   Apaga o primeiro elemento da Lista (se existir)
40:  */
41: unsigned Retirar(LISTA** Lista, unsigned Num)
42: { LISTA *Tmp;
43:
44:    if (*Lista==NULL)   /* Num não existe na Lista */
45:       return 0;
46:
```

```
47:      if ((**Lista).N!=Num)   /* não é o elemento a apagar */
48:        return Retirar(&(**Lista).Prox,Num);
49:      else
50:        { unsigned so_para_devolver = (**Lista).N;
51:         Tmp =*Lista;
52:         *Lista = (*Lista)->Prox;
53:         free(Tmp);
54:         return so_para_devolver;
55:        }
56: }
57:
58: /*
59:  * Listar todos os elementos da Lista Recursivamente
60:  */
61:
62: void Print(LISTA* Lista)
63: {
64:   if (Lista==NULL)
65:     return; /* Não existem elementos */
66:   printf("%d \n",Lista->N);
67:   Print(Lista->Prox); /* Lista os outros */
68: }
69:
70:
71:
72: main()
73: { int i;
74:   LISTA* P;
75:   Inic(&P);
76:   Print(P);
77:   puts("Inserir: 10..5");
78:   for (i=10;i<=15;i++)
79:     Inserir(&P,i);
80:   Print(P);
81:   puts("Inserir: 13");
82:   Inserir(&P,13);
83:   Print(P);
84:   puts("Retirar 12");
85:   Retirar(&P,12);
86:   Print(P);
87:   puts("Retirar 13 ");
88:   Retirar(&P,13);
89:   Print(P);
90:   puts("Retirar 13 ");
91:   Retirar(&P,13);
92:   Print(P);
93:   puts("Retirar 13 ");
94:   Retirar(&P,13);
95:   Print(P);
96: }
```

5.

prog1207.c

```
1: #include <stdio.h>
2: #include <string.h>
3: #include <stdlib.h>
4:
5: typedef struct
6: {
7:   char Nome[30+1];
8:   float Altura;
9:   int Idade;
```

```
10: } REG;
11:
12: /* Arquivo: Variável Global */
13: FILE *fp;
14:
15: /*
16:  * Só para conseguir testar o programa.
17:  * Esta função coloca 10 registros no Arquivo
18:  */
19: void Inic()
20: { char *v[]={"UM","DOIS","TRES","QUATRO","CINCO",
21:               "SEIS","SETE","OITO","NOVE","DEZ"};
22:   int i;
23:   REG r;
24:   FILE *fp = fopen("DADOS.DAT","wb"); /* Criar o Arquivo */
25:   if (fp==NULL) return;
26:   for(i=0;i<10;i++)
27:       { strcpy(r.Nome,v[i]);
28:         r.Idade = i*10;
29:         r.Altura = 1+i*.1;
30:         fwrite(&r,sizeof(r),1,fp);
31:       }
32:   fclose(fp);
33: }
34:
35: /* Listar Todos */
36:
37: void Listar()
38: { REG r;
39:   /* Salvaguardar a posição atual */
40:   long Old_Pos = ftell(fp);
41:   /* Ir para o princípio do arquivo */
42:   rewind(fp);
43:
44:   while(fread(&r,sizeof(r),1,fp)==1)
45:       printf("%-30s  %3d  %7.2f\n",r.Nome,r.Idade,r.Altura);
46:
47:   /* Reposicionar o Arquivo */
48:   fseek(fp,Old_Pos,SEEK_SET);
49: }
50:
51: /* Contar o Nº dos Maiores que n Anos */
52:
53: int N_Maiores(int n)
54: { REG r;
55:   int Contador=0;
56:   /* Salvaguardar a posição atual */
57:   long Old_Pos = ftell(fp);
58:   /* Ir para o princípio do arquivo */
59:   fseek(fp,0L,SEEK_SET); /* igual a rewind(fp) */
60:
61:   while(fread(&r,sizeof(r),1,fp)==1)
62:       if (r.Idade>n)
63:          Contador++;
64:
65:   /* Reposicionar o Arquivo */
66:   fseek(fp,Old_Pos,SEEK_SET);
67:
68:   return Contador;
69: }
70:
71: /* Devolver o Nº de Registros existentes no Arquivo */
72:
73: long N_Registros()
74: {
75:   long res;
76:   /* Salvaguardar a posição atual */
```

```
 77:    long Old_Pos = ftell(fp);
 78:
 79:    /* Ir para o fim do arquivo */
 80:    fseek(fp,0L,SEEK_END);
 81:
 82:    /* Nº Registros = Nº Total de Bytes / Tamanho do Registro */
 83:    res = ftell(fp)/sizeof(REG);
 84:
 85:    /* Reposicionar o Arquivo */
 86:    fseek(fp,Old_Pos,SEEK_SET);
 87:
 88:    return res;
 89: }
 90:
 91: REG * Carrega_Estrutura(REG **ptr)
 92: { long Old_Pos = ftell(fp);
 93:
 94:    *ptr = calloc((int)N_Registros,sizeof(REG));
 95:    if (*ptr==NULL) return NULL;
 96:
 97:    rewind(fp);
 98:    fread(*ptr,sizeof(REG),N_Registros(),fp);
 99:
100:    /* Reposicionar o Arquivo */
101:    fseek(fp,Old_Pos,SEEK_SET);
102:
103:    return *ptr;
104: }
105:
106: main()
107: { long n;
108:    REG *v,*outro;
109:    Inic();
110:    fp = fopen("DADOS.DAT","rb");
111:    if (fp==NULL)
112:       {
113:          printf("Impossível abrir o Arquivo dos Dados\n");
114:          exit(1);
115:       }
116:    Listar();
117:    printf("Nº de Elementos Adultos  = %d\n",N_Maiores(18));
118:    printf("Nº de Elementos Velhotes = %d\n",N_Maiores(65));
119:
120:    printf("\nNº de Registros = %d\n",N_Registros());
121:
122:    outro = (REG *) Carrega_Estrutura(&v);
123:    if (outro!=NULL)
124:       for (n=0;n<N_Registros();n++)
125:          printf("%-30s %3d %5.2f %-30s %3d %5.2f\n",
126:             v[n].Nome,v[n].Idade,v[n].Altura,
127:             outro[n].Nome,outro[n].Idade,outro[n].Altura);
128:
129:    free(v); /* O outro apenas aponta para v */
130: }
```

Capítulo 13 — Resoluções

1.

1.1 (Duas possíveis soluções)

```
#define Val_ICMS(Salario)    (((Salario) <10000) ? \
                              ((Salario)*TAXA_IVA1/100.0) : \
                              ((Salario)*TAXA_IVA2/100.0))
```

```
#define Val_ICMS(Salario)  \
    ((Salario)*(((Salario) <10000) ? TAXA_ICMS1 : TAXA_ICMS2)/100.0)
```

1.2 Repare que o valor de x nem sequer está ainda definido. Mas isso não nos importa, pois apenas queremos ver qual a expansão realizada para a macro. (Vamos considerar a primeira versão apresentada no item anterior).

```
main()
{
int x,y=2;
printf("\nSalário=%f", (((x+y) <10000) ? ((x+y)*5/100.0) :
((x+y)*17/100.0)));
}
```

2.

    2.1 Edição do Código

    2.2 Pré-processamento

    2.3 Compilação

    2.4 "Linkagem"

    2.5 Execução da aplicação

3.

a)

```
#define ZAP(x,v1,v2) (((x)<=0) ? (x)*(v1) : (x)*(-(v2)))
```

b)

```
main()
{
int i,j = (int) 'a';
i = (((i+j)<=0) ? (i+j)*(43-1) : (i+j)*(-(-1-1)));
}
```

4.

    4.1 Porque o papel do pré-processador é fazer a substituição das macros pelas expressões que lhe seguem. Além do mais, o pré-processador não sabe C, logo não consegue perceber o que é um inteiro ou um *double*. Limita-se a fazer a substituição dos parâmetros enviados à macro pela expressão nela definida.

    O pré-processador pode ser utilizado por outras linguagens para realizar substituições de expressões.

    4.2

```
#define toupper(ch) ((ch)>='a' && (ch)<='z' ? (ch) + 'A' - 'a' : (ch))
```

    4.3

```
main()
{
int ch=65;
printf("%c %c", (('A'+2)>='a' && ('A'+2)<='z' ? ('A'+2) + 'A' - 'a'
: ('A'+2)),(('Z'+'a'-ch)>='a' && ('Z'+'a'-ch)<='z' ? ('Z'+'a'-ch) +
'A' - 'a' : ('Z'+'a'-ch)));
}
```

    4.4

        C   z

APÊNDICES

I - Palavras Reservadas

Palavra	Descrição
asm	*Indica que se trata de instruções em Assembly.*
auto	*A variável é criada quando a função é invocada e destruída quando esta termina. É o tipo de criação de variáveis-padrão.*
break	*Permite terminar qualquer dos laços ou o switch.*
case	*Parte integrante da instrução switch.*
char	*Tipo que permite armazenar um caractere com ou sem sinal.*
const	*Um prefixo que impede que uma variável seja alterada.*
continue	*Instrução que passa o controle do programa para a próxima iteração de qualquer dos laços.*
default	*Permite, dentro de um switch, associar código quando o valor testado não está em nenhum case.*
do	*Componente do laço do ... while.*
double	*Reais de precisão dupla.*
else	*Componente do if, executa o bloco de instruções associadas quando a condição do if é falsa.*
enum	*Definição de tipos enumerados.*
extern	*O objeto está definido num outro arquivo de código.*
far	*Prefixo para declarar ponteiros com 32 bits.*
float	*Reais de precisão simples.*
for	*Laço for.*
goto	*Permite a realização de saltos incondicionais para labels.*
if	*Permite o teste de uma condição.*
int	*Tipo de dados para armazenar um inteiro.*
Long	*Tipo de dados para armazenar um inteiro longo (4 bytes).*
near	*Prefixo para declarar ponteiros com 16 bits.*
register	*Prefixo que solicita o armazenamento da variável diretamente nos registros do processador.*
return	*Instrução de saída de uma função. Pode retornar um valor.*
short	*Tipo de dados para armazenar um inteiro curto (2 bytes).*
signed	*A variável irá conter valores positivos e negativos.*

sizeof	*Operador que retorna o número de bytes de uma variável ou tipo.*
static	*Indica ao compilador para guardar o valor das variáveis entre as chamadas a uma função. Restringe o escopo das variáveis e funções ao arquivo onde foram declaradas.*
struct	*Definição de estruturas (registros).*
switch	*Permite a implementação de if-else consecutivos com menor grau de complexidade.*
typedef	*Definição de tipos.*
union	*Permite que um conjunto de diversas variáveis compartilhe o mesmo espaço em memória.*
unsigned	*A variável só irá conter valores positivos ou zero.*
void	*Indica que uma função não retorna nada ou não tem parâmetros.*
volatile	*Indica que uma variável pode ser alterada.*
while	*Laço repetitivo. Pode aparecer só ou fazer parte do laço do...while.*

II - Tabela de Precedências

Operador	Associatividade
( ) [ ] -> .	→
! ~ ++ -- - *(unário)* + *(unário)* **(casting)** *(apontado)* & `sizeof`	←
* / %	→
+ -	→
<< >>	→
< <= > >=	→
== !=	→
&	→
^	→
|	→
&&	→
||	→
? : *(Operador Ternário)*	←
= += -= *= /= %= <<= >>= &= ^= |=	←
, *(Vírgula)*	→

Nota: As precedências aumentam no sentido da seta.

BIBLIOGRAFIA

Teach Yourself C in 21 Days

Peter Aitken & Bradley Jones
SAMS Publishing, 1992

Advanced C

Peter Hipson
SAMS Publishing, 1992

ÍNDICE

##, 302
#define, 303
#elif, 305
#else, 305
#endif, 305
#error, 307
#if, 305
#ifdef, 305
#ifndef, 305
#include, 303
    evitar múltiplos includes, 310
#line, 307
#pragma, 308
#undef, 305
., 269
\ Caracteres especiais com o operador #, 301
· #, 11, 139, 303
· %o, 323
· %x, 324
· &, 327
· ^, 327
· |, 327
· ~, 327
· <<, 327
· >>, 327
.EXE, 5
.h. *Veja Header Files*
.LIB, 5
.o, 4, 5
.OBJ, 4, 333
    __DATE__, 308
    __FILE__, 308
    __LINE__, 308
    __TIME__, 308
· --, 93
· \', 14
· \ - Caracteres Especiais, 13
· ! (NOT), 63
· ", 231
· " \t, 14
· "a", 231
· "r", 231
· "w", 231
· #define - Declaração de constantes, 138
· $?, 236
· %, 26
· %%, 14
· %=, 97
· %c, 37
· %d e %i, 28, 45
· %e, 35
· %E, 35
· %e e %E, 35
· %f, 34
· %s, 157
· %u, 32
· &, 181, 210, 212, 214, 383
· & (Endereço), 176
· &&, 63
· * - Apontado por, 179
· *=, 97
· /, 26
· /* ... */, 14
· /=, 97
· ;, 10
· ; - no Laço for, 87
· ? (Operador Ternário), 66
· [ ], 131
· \\, 14, 231
· _ *(Underscore)*, 23
· { ... }. *Veja* Bloco
· | (Pipe), 242
· ||, 63
· ++, 93
· ++x e x++, 94
· +=, 97
· =. *Veja* Atribuição
· -=, 97
· = Atribuições em Cascata, 25
· == vs. =, 54
· -> , 276
· > - Redirecionamento de saída, 240
· '\0', 156
· '\0' utilizado como valor lógico Falso, 162
· '\0' e '0', 156
· 2>, 242
· \7, 14
· \a, 14
· \a, \7 Exemplo, 16
· \b, 14
· \n *(New Line)*, 12, 14
· \ooo, 14
· \r, 14
· \t, 14
· \t - Exemplo, 16
· \v, 14
· \x$_{nn}$, 14

A

a.out, 5
Acesso direto, 250
Alocação de memória, 283
ANSI, 1, 2, 15, 216
Apagar um caractere numa String, 169
Apontado por, 179
append, 231

argc, 214
Argumentos, 108, 110
argv, 216
    em detalhes, 218
    representação visual, 218
Aritmética de ponteiros, 186
Arquivos
    abertura, 230
        para leitura e escrita, 231
    acesso
        direto, 256
        seqüencial, 256
    binários, 250
    de entrada, 229
    de estruturas, 278
    de saída, 229
    detecção de EOF, 234
    entrada e saída formatadas, 238
    escrita de caracteres, 236
    fclose, 233
    fechamento, 230
    fputc, 236
    leitura de caracteres, 235
    modo(s)
        binário, 232
        de texto, 232
        de abertura, 231
    nome, 231
    objeto, 4, 117
Array. *Veja* Vetor
ASCII, 41, 155
    diferença entre caracteres, 166
asm, 403
Aspas, 36
    simples, 36
Aspas *versus* aspas simples, 155
Assembly, 2
assert(), 309
assert.h, 309
atoi, 172, 217, 245
    implementação, 375
Atribuição, 24
    composta, 96
    dentro da condição do laço, 162
auto, 403
aux device, 239

B

Backslash. Veja"
Base
    hexadecimal, 322
    octal, 322

408 ÍNDICE

BASIC, 2, 318
BEGIN ... END, 9
Bell (laboratórios), 1
Bell Telephone Laboratories, 1
Bell. *Veja* \7; \a
Bibliografia, 406
Bibliotecas de funções, 10
Bit, 318
Bit Fields, 329
Bits, 24
Bloco, 9, 57, 284
    caso especial, 63
BOOLEAN, 52
Borland, 45
Borland C, 45
break, 70, 89, 403
buffer, 233
    do teclado, 39, 233
Build, 334
Build All, 334
Bytes, 24, 30

C

C++, 3, 4, 10, 209
Cabeçalho das funções, 117
calloc, 283, 285
Caracteres, 36
    e inteiros, 40
    e strings, 154
Carga inicial automática
    de ponteiros 182
    de strings, 156
Carriage Return, 232
case, 68, 403
Case Sensitive, 9, 15, 23
Casting, 42, 148
Chamada recursiva, 220
char, 36, 403
char **argv, 218
char *argv[ ], 218
char e String, 170
COBOL, 1, 2, 9, 318
Colchetes, 131
COM1, 239
Comentários, 14
Comparação de strings, 165
Compilação, 4, 5
Compilador, 4
Compile, 334
Complemento, operações bit a bit, 327
Comprimento de uma string, 159
Concatenação de Strings, 162
const, 230, 403
    declaração de constantes, 138
const e #define, 139
Constantes, 137
    const e #define, 138
    definição, 138
    simbólicas, 139, 303
continue, 90, 403
Conversões entre bases, 324
Converter
    binário
        para decimal, 326
        para hexadecimal, 325
        para octal, 325
    decimal para binário, 324
    hexadecimal para decimal, 326
    octal para decimal, 326
Cópia de strings, 161
copy, 216
core, 214
core dump, 214
Corpo
    da função, 112
    do Laço, 81
CR+LF, 232, 256
Criar um projeto, 333
ctype.h, 128, 164

D

Declaração de ponteiros, 181
default, 68, 403

defined, 307
Definição de tipos, 270
Delimitador
    de strings, 156
    utilizado como valor lógico, 162
Device Independent, 229
Diretivas de pré-processamento, 303
Divisão
    dos projetos por arquivos, 333
    inteira, 26
do, 403
do ... while, 88
double, 33, 403
Dupla precisão. *Veja double*

E

else, 403
Encadeamento de estruturas, 272
End of File. *Veja* End-of-File
Endereço, 176, 210
    de uma função, 330
End-of-File, 234, 238, 254, 255
ENTER, 39, 87, 158
entrada-padrão, 239
enum, 315, 403
EOF, 234, 236
Erro_Fatal, 250
ERRORLEVEL, 236
Erros na utilização dos tipos char e int, 42
Escrita de Strings
    na tela, 157
    puts, 157
ESPAÇO, 158
Espaços em branco, 11
Estruturas, 267
    acesso aos membros, 269
    arquivos, 278
    carga inicial automática, 269
    de dados, 287
    declaração, 267
        de variáveis, 267
    dentro de estruturas, 272
    operações, 277
    operador ponto, 269
    passagem para funções, 273
exit, 235, 245
extern, 334, 403
    significado, 335

F

FALSE. *Veja* Valores lógicos
Falso. *Veja* Valores lógicos, 119
far, 403
fatorial, 219
fclose, 233
fcloseall, 233
Fechamento de um arquivo, 233
feof, 254
fflush, 40, 233
fflush(stdin), 89
fgetc, 234
fgets, 244
    detecção de End-of-File, 245
Fibonacci, 226
FIFO, 287
Fila de espera, 287
FILE, 230, 304
Filtro, 244
float, 33, 403
    obtenção da parte fracionária, 47
    obtenção da parte inteira, 47
flushall, 234
flushed, 233
fopen, 230
for, 85, 403
FORTRAN, 1, 2
fprintf, 238
fputc, 236
fread, 250, 252, 261
fscanf, 238
fseek, 258
ftell, 257, 262
Função(ões), 104

cabeçalho, 117
características, 107
como funcionam, 108
corpo da função, 112
e procedimentos, 115
invocação, 207
linha, 109
nome de uma função, 108
onde colocar, 117
parâmetros, 108, 110
passagem
    de strings como parâmetros, 159
    de vetores, 212
    de vetores como parâmetros, 135
    de vetores multidimensionais, 142
ponteiros para, 330
protótipos, 118
que retornam valores lógicos, 119
return, 113
tipo de retorno, 205
tipo de retorno-padrão, 115
FUNCTION, 115
Function should return a value, 10
fwrite, 250

G

getchar(), 38
    problemas, 39
gets, 158
    implementação da função, 170
goto, 318, 403

H

head, 244
Header Files, 11, 349
Headers, 349
Hello World, 10
História no país dos telefones, 175

I

if, 403
if - else, 54
    encadeados, 60
ignore case, 169, 171
Indentação, 58
Indirection, 179
int, 26, 403
Inteiros, 26
Inteligência artificial, 2
interrupts, 317
Inversão de uma string, 165
Invocação de uma função, 207

J

Java, 3
Jogo da velha, 130, 152

K

Ken Thompson, 1
Kernighan & Ritchie, 1

L

Label (goto), 318
Laços, 80
    encadeados, 91
    infinitos, 93
Leitura de strings (*scanf*), 157
Leitura de strings (gets), 158
leitura e escrita em arquivos, 231
LIFO, 291
Line, 265
Line Feed, 232
Linha de comando, 215
Linkagem, 5
Linker, 5, 335
LISP, 2
long, 31, 403

M

Macro(s), 2, 297
    #define, 303
    assert, 309
    defined(), 307
    funções *versus,* 311
    operador #, 301
    operador ##, 302
    operador de continuidade ", 301
    parênteses, 299, 300
    predefinidas, 308
    visualizar a expansão, 310
main, 9, 215
make, 5
malloc, 283
Matriz(es), 140
memcmp, 152
memcpy, 152
memicmp, 152
Memória, alocação, 283
Memory Fault, 214
memset, 285
Modo(s)
    binário, 232
    de abertura, 230
    de texto, 232
Módulo, 26
more, 242
mostra, 264
Mostrar *bits* de um *byte,* 328
MS-DOS, 6, 215, 217, 231, 232, 234, 236, 240, 241, 242, 255, 256

N

near, 403
Nested Comments, 15
New Line. Ver \n
NewLine, 229, 232
NULL, 182, 189
    definição, 182
NULL no *argv,* 216
NULL *versus* '\0', 197
Números Reais. *Veja float*

O

Octal, 156
offset, 258
offsetof(), 309
Operações
    bit a bit, 327
    sobre estruturas, 277
operador #, 301
operador ##, 302
Operador(es)
    condicional - ?, 66
    endereço, 176
    lógicos, 63
    relacionais, 53
Overhead (custo adicional), 223, 311

P

Palavras reservadas, 23, 403
Parâmetros, 110
    de funções e procedimentos, 108
Partes de uma função, 204
PASCAL, 1, 2, 9, 12, 52, 115
Passagem
    de estruturas para funções, 273
    de parâmetros, 206
        na linha de comando, 215
        por referência, 209
        por valor, 209
    de strings para funções, 159
    de vetores para funções, 135, 191, 212
Pipes, 242
Pointers, 174
Ponteiros, 174
    acesso a elementos de um vetor, 190
    comparação, 189
    de ponteiros, 194
    decremento, 187
    diferença, 188
    e tipos de dados, 184
    e vetores, 185
        acesso aos elementos, 190
    exemplos, 182
    genéricos, 283
    incremento, 186
    para funções, 330
    tipos dos vários componentes, 195
Ponto
    -e-vírgula no *for,* 160
    flutuante, 33
Portabilidade, 1
Portável. *Veja* Portabilidade
Precedências, 65, 276
Precisão Simples. *Veja float*
Pré-processador, 297, 302
Pré-processamento, 139
printf, 10
    escrita de strings, 157
printf versus *puts,* 350
Procedimentos, 104, 204
PROCEDURE, 115
PROCEDURE DIVISION, 9
Projetos, 333
PROLOG, 2
Prompt, 6
Protótipo de uma função, 118
putchar, 85
puts, 157
puts versus *printf,* 350

R

RAM, 180
rand, 147
Random Access Memory, 180
read, 231
Reais, operações sobre, 35
realloc, 285
    notas, 286
Record variant, 317
Recursão, 219
Recursividade, 124, 219
    exemplos, 221
    iteratividade *versus,* 223
    regras para a escrita de funções, 221
Redirecionamento, 240
register, 316, 403
Registros, 267
Resolução de exames, 338
Resto da divisão, 26
return, 113, 164, 403
    funções que devolvem ponteiros (char *), 161
return (em procedimentos), 116
rewind, 258, 261
Ritchie & Kernighan, 1
Ritchie, Dennis, 1
rotinas de interrupção, 317

S

saída-padrão, 239
scanf, 28
    problemas com a leitura de strings, 158
    quando necessita &, 214
    sem & na leitura de strings, 157
SEEK_CUR, 258
SEEK_END, 258
SEEK_SET, 258
Sena, 145
short, 31, 403
signed, 31, 32, 45, 403
signed char, 167
size_t, 283
sizeof, 30, 185, 251, 260, 404
sscanf, 347
standard error, 239
standard printer, 239
static, 404
    funções, 335
    variáveis, 337
stdaux, 233, 239
stddef.h, 309
stderr, 233, 239
stdin, 40, 233, 239, 245
stdio.h, 11, 303
stdlib.h, 217, 283, 375
stdout, 233, 239
stdprn, 233, 239
strcat, 162
    implementação com ponteiros, 193
    implementação recursiva, 226
strchr, 169
    implementação recursiva, 227
strcmp, 165
    implementação recursiva, 222
strcounta, 171
strcountc, 163
strcountd, 163
strcpy, 161
    implementação com ponteiros, 192
strdelc, 169
strdup, 286
stream, 229
streams, 247
stricmp, 169, 171
    implementação, 372
string, 10
    contagem
        de ocorrências de um caractere, 163
        do número de dígitos, 163
    definição, 154, 156
    índice de um caractere, 164
    inversão, 165
    palíndromo, 165
    troca de elementos, 165
string.h, 170
Stringizing operator, 301
Strings, 153, 154
    apagar um caractere, 169
    carga inicial automática, 156
    compactação de caracteres consecutivos, 172
    comparação
        alfabética, 165
        com ignore case, 169
    comprimento, 159
    concatenação, 162
    conversão
        para maiúsculas, 169
        para minúsculas, 169
    cópia, 161
    delimitador, 156
    e caracteres, 154
    e vetores de caracteres, 156, 170
    funções que devolvem char *, 161
    passagem de strings como parâmetros, 159
    procura de um caractere numa string, 169
    procura uma string dentro de outra, 169
    remover um caractere, 169
strlen, 159
    implementação com ponteiros, 188
    implementação recursiva, 222
strlwr, 169, 171
    implementação, 171
strnset, 171
strpack, 172
strpad, 167
strpal, 164
strrev, 165
strset, 170
strstr, 169
struct, 404
strupr, 169, 171
    implementação, 171
switch, 68, 404

T

TAB, 158
Tabela de Precedências, 405
Tabelas-verdade, 64
Tecla, 6
    ENTER, 37
    RETURN, 37
The C Programming Language, 1
time, 148
Tipo(s)

de passagem de parâmetros, 206
de retorno, 205
enumerados, 315
Token Paste Operator ##, 302
Troca, 205
de elementos numa string, 165
TRUE. *Veja* Valores lógicos
Turbo C, 45
typedef, 270, 404

U

union, 316, 404
Unix, 1, 3, 4, 5, 214, 236, 242, 311
unsigned, 31, 32, 45, 404
unsigned char, 167

V

v == &v[0], 185
Valores lógicos, 52
Variáveis, 22
    carga inicial automática, 25
    como valores lógicos, 82
    espaço associado, 24
    globais entre arquivos, 334
    locais, 119
    nomes de, 23
Verdade. *Veja* Valores lógicos, 119
Vetor(es)
    carga inicial automática, 132
    de caracteres e strings, 156
    declaração, 130
        sem dimensão, 134
    definição, 130
    índices dos elementos, 131
    multidimensionais, 140
        carga inicial automática, 141
        passagem para funções, 142
void, 10, 116, 251, 404
void *, 182, 284
volatile, 404

W

w+b, 260
Warning, 4, 10
while, 81, 404
Workspace, 333
WRITE, 12, 231
WRITELN, 12